5대 항만공사 통합편

NCS + 전공 + 모의고사 5회

KB210770

시대에듀

시대에듀 5대 항만공사 통합편
NCS + 전공 + 최종점검 모의고사 5회 + 무료NCS특강

Always with you

사람의 인연은 길에서 우연하게 만나거나 함께 살아가는 것만을 의미하지는 않습니다.
책을 펴내는 출판사와 그 책을 읽는 독자의 만남도 소중한 인연입니다.
시대에듀는 항상 독자의 마음을 헤아리기 위해 노력하고 있습니다. 늘 독자와 함께하겠습니다.

머리말 PREFACE

국내 5대 항만공사는 신입직원을 채용할 예정이다. 경기평택항만공사를 제외한 네 곳 항만공사의 채용절차는 「입사지원서 접수 ➡ 서류전형 ➡ 필기전형 ➡ 면접전형 ➡ 최종 합격자 발표」 순서로 이루어지고, 경기평택항만공사의 채용절차는 「입사지원서 접수 ➡ 필기전형 ➡ 서류전형 ➡ 면접전형 ➡ 최종 합격자 발표」 순서로 이루어진다. 필기전형은 직업기초능력평가와 직무수행능력평가로 진행한다. 그중 직업기초능력평가는 의사소통능력, 자원관리능력, 수리능력, 조직이해능력, 문제해결능력 총 5개의 영역을 평가하며, 2024년 하반기에는 피듈형으로 진행되었다. 또한, 직무수행능력평가는 사무직의 경우 경영학원론, 경제학원론을 평가하므로 세부내용은 반드시 확정된 채용공고를 통해 확인해야 한다. 따라서 필기전형에서 고득점을 받기 위해 다양한 유형에 대한 폭넓은 학습과 문제풀이능력을 높이는 등 철저한 준비가 필요하다.

5대 항만공사 합격을 위해 시대에듀에서는 항만공사 통합편 판매량 1위의 출간 경험을 토대로 다음과 같은 특징을 가진 도서를 출간하였다.

도서의 특징

❶ 기출복원문제를 통한 출제 유형 확인!
- 2024년 하반기 주요 공기업 NCS 및 2024~2023년 전공 기출복원문제를 수록하여 공기업별 출제 경향을 파악할 수 있도록 하였다.

❷ 출제 영역 맞춤 문제를 통한 실력 상승!
- 직업기초능력평가 대표기출유형&기출응용문제를 수록하여 유형별로 대비할 수 있도록 하였다.
- 직무수행능력평가 적중예상문제를 수록하여 전공까지 확실하게 준비할 수 있도록 하였다.

❸ 최종점검 모의고사를 통한 완벽한 실전 대비!
- 철저한 분석을 통해 실제 유형과 유사한 최종점검 모의고사를 수록하여 자신의 실력을 점검할 수 있도록 하였다.

❹ 다양한 콘텐츠로 최종 합격까지!
- 5대 항만공사 채용 가이드와 면접 기출질문을 수록하여 채용 전반에 대비할 수 있도록 하였다.
- 온라인 모의고사를 무료로 제공하여 필기전형에 대비할 수 있도록 하였다.

끝으로 본 도서를 통해 5대 항만공사 채용을 준비하는 모든 수험생 여러분이 합격의 기쁨을 누리기를 진심으로 기원한다.

SDC(Sidae Data Center) 씀

◇ **미션**

> 부산항을 고부가가치 항만으로 육성하여 국가경제에 이바지한다

◇ **비전**

> 초연결시대를 주도하는 글로벌 종합항만서비스 리더

◇ **핵심가치**

혁신　전문성　상생　소통

◇ **경영방침**

기민한 조직　유연한 사고　유능한 인재

◇ 전략방향 및 전략과제

미래항만 패러다임 선도	▶	• 스마트 항만 인프라 확대 • 고객 중심 연결성 강화 • 항만 디지털전환 가속화
항만 부가가치 극대화	▶	• 운영효율 및 생산성 향상 • 배후단지 경쟁력 고도화 • 항만 기능 다양화
항만산업 생태계 육성	▶	• 항만산업 혁신성장 지원 • 민간협력해외사업 활성화 • 소통 기반 서비스 개선
효율·성과 중심의 기관 혁신	▶	• 깨끗하고 안전한 항만 운영 • 건전재정 기반 성과 경영 • 투명하고 합리적인 조직관리

◇ 인재상

글로벌 항만 전문인 Best Port Specialist	ESG 선도인 Public Interest Oriented	미래 도전 혁신인 A Game Changer
세계 최고 전문성을 갖추고 현장의 문제를 해결하는 창의적 인재	공동의 가치를 추구하며 상호 존중과 협력을 기반으로 국민의 신뢰를 받는 인재	더 높은 목표를 달성하기 위해 변화를 리드하여 혁신하는 열정을 다하는 인재

◇ **미션**

> 우리는 인천항을 물류와 해양관광의 중심기지로 육성하여
> 국민경제 발전에 이바지한다.

◇ **비전**

> 물류와 해양관광을 선도하는 지속가능 복합가치 항만

◇ **핵심가치**

전문역량 | 소통협력 | 혁신선도 | 열린사고

◇ **경영방침**

창의도전 | 안전우선 | 사업혁신 | 고객만족

◇ 전략목표 및 전략과제

| 동아시아
물류 · 해양관광 허브 | ▶ | • 인천항 특화형 물동량 창출
• 해양관광 신(新)수요 창출
• 항만물류 및 해양관광 인프라 고도화 |

| 미래 혁신을
선도하는 인천항 | ▶ | • 항만운영 체계 스마트화
• 친환경 · 안전 · 보안 항만 실현
• 항만-지역 연계형 상생 발전 |

| 책임경영의
효율성 제고 | ▶ | • 투명하고 청렴한 윤리경영 체계 강화
• 경영자원의 효율성 증대
• 사람 중심 소통 · 협력적 기업문화 구축 |

◇ 인재상

책임감과 전문지식을 갖춘 전문인

인화력을 갖추고 소통하는 협력인

진취적으로 변화를 주도하는 혁신인

공정한 태도로 신뢰를 주는 청렴인

◇ **비전**

> 에너지 물류를 선도하는 에코 스마트 항만

◇ **핵심가치**

미래선도   고객우선   혁신지향   사회책임

◇ **2040 경영목표**

> 신사업 매출액 비중 30%

> 물동량 2.5억 톤

> 부채비율 20% 미만

> U-ESG지수 S등급

◇ **전략방향 및 전략과제**

| 친환경에너지 물류 선도 | ▷ | • APAC 에너지 물류허브 도약
• 선박연료 종합 공급 거점
• 수익 사업모델 다각화 |

| 고객유치 경쟁력 강화 | ▷ | • 항만 운영 경쟁력 강화
• 항만 수요 및 물동량 창출
• 초연결 지능항만 구현 |

| 경영관리 효율화 | ▷ | • 조직 인적자원관리 효율화
• 재무 건전성 확보
• 경영 혁신 |

| 지속가능 경영 실현 | ▷ | • 친환경 안전 항만
• 지역경제 상생협력
• 지배구조 투명성 강화 |

◇ **인재상**

창의적 사고	새로운 미래가치를 꿈꾸고 혁신을 선도하는 인재
전문성	최고가 되고자 경쟁력을 갖춰 나가는 인재
책임의식	UPA人의 사명을 갖고 맡은 역할에 최선을 다하는 인재
소통과 협력	고객과 동료를 존중하고 함께 성장하는 인재

◇ **미션**

> 여수 · 광양항을 경쟁력 있는 해양산업 중심기지로 육성하여
> 국민경제 및 지역사회 발전에 기여

◇ **비전**

> 지속가능한 미래 물류를 선도하는 글로벌 종합항만 리더

◇ **핵심가치**

혁신선도 고객지향 상생안전 책임효율

◇ **경영방침**

고객 최우선 발로 뛰는 영업 안전한 항만 지역과 상생

◆ 전략목표 및 전략과제

미래 항만 패러다임 선도	▶	• 스마트 항만 인프라 고도화 • 미래 항만 역량 강화 • 해양관광 거점 육성
고부가가치 항만 구축	▶	• 항만 물류 네트워크 확대 • 항만 운영 효율성 강화 • 항만 배후단지 경쟁력 강화
ESG 책임경영 강화	▶	• 친환경 클린 항만 선도 • 무결점 안전 항만 실현 • 공정 · 투명성 기반 국민신뢰 강화
경영관리 효율화	▶	• 지속가능 책임경영 구현 • 국민 체감 서비스 혁신 • 혁신 지향 조직문화 확산

◆ 인재상

전문인	국제적인 안목과 물류서비스 전문 지식을 지닌 사람
상생인	사회적 실현에 적극적인 사람
도전인	도전정신과 창의력이 풍부한 사람

◇ **미션**

> 글로벌 항만물류 중심 평택항 발전과 해양레저·안전 확산으로
> 국가 및 지역 성장에 기여한다.

◇ **비전**

> 글로벌 항만물류와 해양안전을 선도하는 지속가능 플랫폼, GPPC

◇ **핵심가치**

미래성장 · 안전지향 · 고객신뢰 · 혁신선도

◇ 2030 경영목표

컨테이너 물동량 1,000천TEU	해양레저 안전사고 건수 0건
ESG 경영수준 G-ESG지표 S등급	경영평가 등급 '가' 등급

◇ 전략목표 및 전략과제

글로벌 친환경 항만 개발	▶	• 친환경 항만배후단지 적기 조성 • 글로벌 수준 항만 인프라 운영 • 국내외 평택항 이용 활성화
해양레저 · 안전 활성화	▶	• 고객지향적 해양레저 시설 운영 • 대국민 안전 체계 구축 • 해양레저 안전문화 확산
GPPC형 지속가능 경영	▶	• 지속가능한 친환경 경영 강화 • 지역 중심 사회적 가치 확대 • 투명하고 정직한 성장
효율 · 성과 중심의 경영 관리	▶	• 경영혁신 통한 조직관리 효율화 • 이해관계자 소통 체계 고도화 • 디지털 플랫폼 서비스 체계 구축

신입 채용 안내 INFORMATION

부산항만공사

◇ 지원자격(공통)

1. 성별 · 학력 · 전공 : 제한 없음[단, 임용예정일 기준 공사 정년(만 60세) 미만인 자]
2. 병역 : 병역필 또는 면제자(단, 현역의 경우 최종합격자 발표일 이전 전역 가능한 자)
3. 부산항만공사 취업규칙 제9조에 따른 채용 결격사유가 없는 자
4. 임용 즉시 근무 가능한 자

◇ 필기전형(사무 기준)

구분	내용	문항	시간
인성검사	적합/부적합 판정	250문항	30분
직업기초능력평가	의사소통능력, 자원관리능력, 수리능력, 조직이해능력, 문제해결능력	50문항	60분
직무수행능력평가	경영학원론(재무 · 회계 포함), 경제학원론	50문항	60분

◇ 면접전형

구분		분야	내용
토론면접		전 분야	조별 토론
역량면접	집단		조별 집단면접
	개별		응시자별 개별면접

❖ 위 채용 안내는 2025년 상반기 채용공고를 기준으로 작성하였으므로 세부내용은 반드시 확정된 채용공고를 확인하기 바랍니다.

인천항만공사

◇ 지원자격(공통)

❶ 연령 · 학력 · 전공 : 제한 없음[단, 임용예정일 기준 공사 정년(만 60세) 미만인 자]

❷ 병역 : 병역필 또는 면제자(단, 현역의 경우 최종합격자 발표일 이전 전역 가능한 자)

❸ 인천항만공사 인사규정 제12조에 따른 결격사유가 없는 자

❹ 임용 발령일로부터 정상근무 가능한 자

◇ 필기전형(사무 기준)

구분	내용	문항	시간
인성검사	적격/부적격 판정	250문항	30분
직업기초능력평가	의사소통능력, 자원관리능력, 수리능력, 조직이해능력, 문제해결능력	50문항	60분
직무수행능력평가	경영학원론, 경제학원론	50문항	70분

◇ 면접전형

구분	분야	비율
토론면접	전 분야	30%
역량면접		70%

❖ 위 채용 안내는 2024년 하반기 채용공고를 기준으로 작성하였으므로 세부내용은 반드시 확정된 채용공고를 확인하기 바랍니다.

신입 채용 안내 INFORMATION

◇ 지원자격(공통)

① 연령 · 성별 · 학력 : 제한 없음[단, 임용예정일 기준 공사 정년(만 60세) 미만인 자]
② 한국사능력검정시험(국사편찬위원회) 3급 이상 합격자
③ 울산항만공사 인사규정 제13조에 따른 채용 결격사유가 없는 자
④ 임용예정일부터 즉시 근무가 가능한 자

◇ 필기전형(사무 기준)

구분	내용	문항	시간
인성검사	적/부 판정	250문항	30분
직업기초능력평가	의사소통능력, 자원관리능력, 수리능력, 조직이해능력, 문제해결능력	50문항	60분
직무수행능력평가	경영학원론(재무 · 회계 포함), 경제학원론	50문항	70분

◇ 면접전형

구분	분야	내용
역량면접	전 분야	입사지원서 및 경험 · 상황 · 활동 등에 대한 사전에 준비된 질의서를 토대로 직업기초능력 및 직무능력 측정
발표면접		부여된 주제에 대하여 Presentation 및 질의 · 응답

❖ 위 채용 안내는 2025년 상반기 채용공고를 기준으로 작성하였으므로 세부내용은 반드시 확정된 채용공고를 확인하기 바랍니다.

여수광양항만공사

◇ **지원자격(공통)**

❶ 연령 · 성별 · 학력 : 제한 없음[단, 임용예정일 기준 공사 정년(만 60세) 미만인 자]

❷ 병역 : 병역필 또는 면제자(단, 현역의 경우 최종합격자 발표일 이전 전역 가능한 자)

❸ 여수광양항만공사 인사규정 제12조에 따른 결격사유가 없는 자

❹ 임용예정일부터 즉시 근무 가능한 자

◇ **필기전형(사무 기준)**

구분	내용	문항	시간
인성검사	적격/부적격 판정	250문항	30분
직업기초능력평가	의사소통능력, 자원관리능력, 수리능력, 조직이해능력, 문제해결능력	50문항	60분
직무수행능력평가	경영학원론, 경제학원론	50문항	60분

◇ **면접전형**

구분		분야	내용
토론면접		전 분야	응시자 간 토론
역량면접	집단면접		응시자별 공통 질의 · 응답 면접
	개별면접		1:다(多) 면접

❖ 위 채용 안내는 2024년 채용공고를 기준으로 작성하였으므로 세부내용은 반드시 확정된 채용공고를 확인하기 바랍니다.

경기평택항만공사

◇ 지원자격(공통)

① 연령 : 만 18세 이상 만 60세 미만인 자

② 병역 : 병역법 제76조에서 정한 병역의무 불이행 사실이 없는 자

③ 경기평택항만공사 인사규정 제14조, 부패방지 및 국민권익위원회의 설치와 운영에 관한 법 등 기타 법령에 의하여 응시자격이 정지되지 아니한 자

◇ 필기전형(사무 기준)

구분	내용	문항	시간
인성검사	적/부 판정	210문항	30분
직업기초능력평가	의사소통능력, 수리능력, 문제해결능력, 자원관리능력, 조직이해능력	50문항	50분
직무수행능력평가	경영학, 경제학	40문항	40분

◇ 면접전형

구분		분야	내용
블라인드 면접	직무적합성	전 분야	직무수행능력, 분석적 사고, 프레젠테이션능력, 창의적 사고, 의사소통능력, 팀워크 · 협동
	인성		조직적응력, 윤리의식 · 정신자세, 도전정신

❖ 위 채용 안내는 2023년 및 2025년 상반기 채용공고를 기준으로 작성하였으므로 세부내용은 반드시 확정된 채용공고를 확인하기 바랍니다.

총평

5대 항만공사의 필기전형은 대부분 피듈형으로 출제되었다. 직무수행능력평가보다 직업기초능력평가가 비교적 쉬운 편이었으나, 학습이 필요한 모듈형의 문제도 출제되었다는 후기도 일부 있었다. 의사소통능력의 경우 항만 관련 지문이 다수 출제되었으며, 수리능력의 경우 응용 수리보다는 표나 그래프를 이해하는 자료 이해 문제의 비중이 높았다. 마찬가지로 문제해결능력과 자원관리능력도 주어진 자료를 해석하는 피셋 유형의 문제가 많이 출제된 편이었다.

◇ 영역별 출제 비중

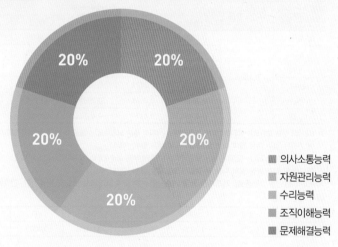

■ 의사소통능력
■ 자원관리능력
■ 수리능력
■ 조직이해능력
■ 문제해결능력

구분	출제 특징	출제 키워드
의사소통능력	• 문서 내용 이해 문제가 출제됨	• 항만, 선박 등
자원관리능력	• 시간 계획 문제가 출제됨 • 품목 확정 문제가 출제됨	• 대중교통 소요 시간 및 비용, 순이익 계산, 간트차트 등
수리능력	• 자료 이해 문제가 다수 출제됨 • 자료 계산 문제가 출제됨	• 항만 선적량, 할인율 계산 등
조직이해능력	• 조직 구조 문제가 출제됨 • 업무 종류 문제가 출제됨	• 조직도, 영리/비영리기업, Smart 등
문제해결능력	• 자료 해석 문제가 다수 출제됨 • 모듈형 문제가 일부 출제됨	• 비교연상법, 창의적 사고 등

NCS 문제 유형 소개 NCS TYPES

PSAT형

▎수리능력

04 다음은 신용등급에 따른 아파트 보증률에 대한 사항이다. 자료와 상황에 근거할 때, 갑(甲)과 을(乙)의 보증료의 차이는 얼마인가?(단, 두 명 모두 대지비 보증금액은 5억 원, 건축비 보증금액은 3억 원이며, 보증서 발급일로부터 입주자 모집공고 안에 기재된 입주 예정 월의 다음 달 말일까지의 해당 일수는 365일이다)

- (신용등급별 보증료)=(대지비 부분 보증료)+(건축비 부분 보증료)
- 신용평가 등급별 보증료율

구분	대지비 부분	건축비 부분				
		1등급	2등급	3등급	4등급	5등급
AAA, AA		0.178%	0.185%	0.192%	0.203%	0.221%
A⁺		0.194%	0.208%	0.215%	0.226%	0.236%
A⁻, BBB⁺	0.138%	0.216%	0.225%	0.231%	0.242%	0.261%
BBB⁻		0.232%	0.247%	0.255%	0.267%	0.301%
BB⁺~CC		0.254%	0.276%	0.296%	0.314%	0.335%
C, D		0.404%	0.427%	0.461%	0.495%	0.531%

※ (대지비 부분 보증료)=(대지비 부분 보증금액)×(대지비 부분 보증료율)×(보증서 발급일로부터 입주자 모집공고 안에 기재된 입주 예정 월의 다음 달 말일까지의 해당 일수)÷365

※ (건축비 부분 보증료)=(건축비 부분 보증금액)×(건축비 부분 보증료율)×(보증서 발급일로부터 입주자 모집공고 안에 기재된 입주 예정 월의 다음 달 말일까지의 해당 일수)÷365

- 기여고객 할인율율 : 보증료, 거래기간 등을 기준으로 기여도에 따라 6개 군으로 분류하며, 건축비 부분 요율에서 할인 가능

구분	1군	2군	3군	4군	5군	6군
차감률	0.058%	0.050%	0.042%	0.033%	0.025%	0.017%

〈상황〉

- 갑 : 신용등급은 A⁺이며, 3등급 아파트 보증금을 내야 한다. 기여고객 할인율에서는 2군으로 선정되었다.
- 을 : 신용등급은 C이며, 1등급 아파트 보증금을 내야 한다. 기여고객 할인율은 3군으로 선정되었다.

① 554,000원
② 566,000원
③ 582,000원
④ 591,000원
⑤ 623,000원

특징
▶ 대부분 의사소통능력, 수리능력, 문제해결능력을 중심으로 출제(일부 기업의 경우 자원관리능력, 조직이해능력을 출제)
▶ 자료에 대한 추론 및 해석 능력을 요구

대행사
▶ 엑스퍼트컨설팅, 커리어넷, 태드솔루션, 한국행동과학연구소(행과연), 휴노 등

모듈형

┃ 문제해결능력

41 문제해결절차의 문제 도출 단계는 (가)와 (나)의 절차를 거쳐 수행된다. 다음 중 (가)에 대한 설명으로 적절하지 않은 것은?

(가)	→	(나)
전체 문제를 개별화된 이슈들로 세분화		문제에 영향력이 큰 핵심이슈를 선정

① 문제의 내용 및 영향 등을 파악하여 문제의 구조를 도출한다.
② 본래 문제가 발생한 배경이나 문제를 일으키는 메커니즘을 분명히 해야 한다.
③ 현상에 얽매이지 말고 문제의 본질과 실제를 봐야 한다.
④ 눈앞의 결과를 중심으로 문제를 바라봐야 한다.
⑤ 문제 구조 파악을 위해서 Logic Tree 방법이 주로 사용된다.

특징
▶ 이론 및 개념을 활용하여 푸는 유형
▶ 채용 기업 및 직무에 따라 NCS 직업기초능력평가 10개 영역 중 선발하여 출제
▶ 기업의 특성을 고려한 직무 관련 문제를 출제
▶ 주어진 상황에 대한 판단 및 이론 적용을 요구

대행사
▶ 인트로맨, 휴스테이션, ORP연구소 등

피듈형(PSAT형 + 모듈형)

┃ 자원관리능력

07 다음 자료를 근거로 판단할 때, 연구모임 A ~ E 중 세 번째로 많은 지원금을 받는 모임은?

〈지원계획〉

• 지원을 받기 위해서는 한 모임당 5명 이상 9명 미만으로 구성되어야 한다.
• 기본지원금은 모임당 1,500천 원을 기본으로 지원한다. 단, 상품개발을 위한 모임의 경우는 2,000천 원을 지원한다.
• 추가지원금

등급	상	중	하
추가지원금(천 원/명)	120	100	70

※ 추가지원금은 연구 계획 사전평가결과에 따라 달라진다.
• 협업 장려를 위해 협업이 인정되는 모임에는 위의 두 지원금을 합한 금액의 30%를 별도로 지원한다.

〈연구모임 현황 및 평가결과〉

특징
▶ 기초 및 응용 모듈을 구분하여 푸는 유형
▶ 기초인지모듈과 응용업무모듈로 구분하여 출제
▶ PSAT형보다 난도가 낮은 편
▶ 유형이 정형화되어 있고, 유사한 유형의 문제를 세트로 출제

대행사
▶ 사람인, 스카우트, 인크루트, 커리어케어, 트리피, 한국사회능력개발원 등

주요 공기업 적중 문제 TEST CHECK

5대 항만공사

01 다음 글의 내용으로 적절하지 않은 것은?

우리는 매일의 날씨를 직접 체감하며 살아간다. 어제는 더웠기 때문에 오늘은 옷을 얇게 입고, 저녁에 비가 내리기 시작했기 때문에 다음날 가방에 우산을 챙기기도 한다. 즉, 과거의 날씨를 체험했기 때문에 오늘과 내일의 날씨를 준비하며 살아갈 수 있는 것이다. 이 때문에 19세기 중반부터 전 세계의 기상 관측소와 선박, 부표에서 온도를 측정해왔고, 이를 통해 지난 160년 동안의 온도 변화를 알아낼 수 있었다. 또한 수천 년 동안의 역사 기록물을 통하여 기후와 관련된 정보를 파악함은 물론, 위성 체계가 갖춰진 1979년 이후부터는 지상 위 인간의 시야를 벗어나 대류권, 성층권에서도 지구의 기후 변화를 감시할 수 있게 되었다.

그렇다면 기록 이전의 기후를 알 수 있는 방법은 무엇일까? 인류는 '기후 대리지표'라고 불리는 바다의 퇴적물이나 산호, 빙하, 나무 등에 나타난 반응을 토대로 과거 기후를 추측하고 있다. 이러한 기후 대리지표를 분석하기 위해서는 물리학, 화학, 생물학 등 기초과학을 필요로 한다.

바다의 퇴적물은 1억 7,000만 년 이상 된 해저가 없어 최대 1억 5,000만 년 전까지의 기후가 산출된다. 특히 고요한 바닷가의 물에서 어떠한 방해 없이 쌓인 퇴적물은 대륙에서만 발견되며 1억 7,000만 년을 넘는 과거의 기후를 알 수 있는데, 퇴적물에 포함된 플랑크톤 껍질에 당시의 기후 변화가 담겨 있다.

'얼음 기둥'은 극지방에 쌓인 눈이 얼음으로 변하고, 또 다시 눈이 쌓여 얼음이 되는 과정을 수십만 년 동안 반복해 만들어진 빙하를 막대기 모양으로 시추한 것을 의미한다. 남극 대륙의 빙하 기둥에서는 약 80만 년 전, 그린란드 빙하에서는 12만 5,000년 전 기후를 알 수 있으며, 산악 빙하의 경우에는 최대 1만 년 전까지의 기후 정보를 담고 있다.

한편, 위와 같은 퇴적물이나 빙하 기둥 안에 있는 산소동위원소를 이용하여 과거 온도를 알 수도 있다. 빙하의 물 분자는 가벼운 산소로 구성되는 비율이 높고 빙하기에는 바닷물에 무거운 산소 비율이 높아지기 때문에, 온도가 낮은 물에서 무거운 산소는 가벼운 산소보다 탄산칼슘에 더 많이 녹아 들어간다. 이를 이용해 퇴적물의 플랑크톤 껍질 속 탄산칼슘의 산소동위원소 비율로 과거 바닷물 온도를 알 수 있는 것이다. 또한 빙하를 만드는 눈의 경우 기온이 높아질수록 무거운 산소 비율이 높아지는 것을 이용해 과거 온도를 추정하기도 한다.

① 빙하를 만드는 눈은 기온이 높아질수록 무거운 산소에 비해 가벼운 산소 비율이 낮아진다.

② 기후 대리지표를 통하여 인류가 기록하기 전의 기후도 알 수 있게 되었다.

③ 대륙의 퇴적물을 이용하면 바다의 퇴적물로는 알 수 없는 과거의 기후 변화를 알 수 있다.

④ 얼음 기둥으로 가장 오래 전 기후를 알기 위해서는 산악 빙하나 그린란드 빙하보다는 남극 대륙의 빙하를 시추해야 한다.

⑤ 19세기 후반부터 세계 각지에서 온도를 측정하기 시작해 1979년 이후부터는 전 세계가 기후 변화를 감시하게 되었다.

14 거래처에 도착한 이후의 비용을 고려하지 않을 때, H회사에서부터 거래처까지 최단 시간으로 가는 방법과 최소 비용으로 가는 방법 간의 비용 차는 얼마인가?

① 1,900원   ② 2,000원

③ 2,100원   ④ 2,200원

⑤ 2,300원

코레일 한국철도공사

교통사고 ▶ 키워드

※ 다음은 K국의 교통사고 사상자 2,500명에 대해 조사한 자료이다. 이어지는 질문에 답하시오. [3~4]

〈교통사고 현황〉

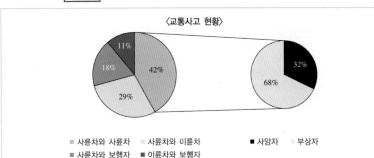

- ■ 사륜차와 사륜차   ■ 사륜차와 이륜차   ■ 사망자   ■ 부상자
- ■ 사륜차와 보행자   ■ 이륜차와 보행자

※ 사상자 수와 가해자 수는 같다.

〈교통사고 가해자 연령〉

구분	20대	30대	40대	50대	60대 이상
비율	38%	21%	11%	8%	( )

※ 교통사고 가해자 연령 비율의 합은 100%이다.

지하철 요금 ▶ 키워드

※ 수원에 사는 H대리는 가족들과 가평으로 여행을 가기로 하였다. 다음은 가평을 가기 위한 대중교통 수단별 운행요금 및 소요시간과 자가용 이용 시 현황에 대한 자료이다. 이어지는 질문에 답하시오. [26~28]

〈대중교통수단별 운행요금 및 소요시간〉

구분	운행요금			소요시간		
	수원역 ~ 서울역	서울역 ~ 청량리역	청량리역 ~ 가평역	수원역 ~ 서울역	서울역 ~ 청량리역	청량리역 ~ 가평역
기차	2,700원	–	4,800원	32분	–	38분
버스	2,500원	1,200원	3,000원	1시간 16분	40분	2시간 44분
지하철	1,850원	1,250원	2,150원	1시간 03분	18분	1시간 17분

※ 운행요금은 어른 편도 요금이다.

〈자가용 이용 시 현황〉

구분	통행료	소요시간	거리
A길	4,500원	1시간 49분	98.28km
B길	4,400원	1시간 50분	97.08km
C길	6,600원	1시간 49분	102.35km

※ 거리에 따른 주유비는 124원/km이다.

조건
• H대리 가족은 어른 2명, 아이 2명이다.

주요 공기업 적중 문제 TEST CHECK

한국부동산원

의사소통 ▶ 키워드

07 다음 글에 나타난 의사소통의 저해요인으로 가장 적절한 것은?

> '말하지 않아도 알아요.'라는 TV 광고 음악에 많은 사람이 공감했던 것과 같이 과거 우리 사회에서는 자신의 의견을 직접적으로 드러내지 않는 것을 미덕이라고 생각했다. 하지만 직접 말하지 않아도 상대가 눈치껏 판단하고 행동해 주길 바라는 '눈치' 문화가 오히려 의사소통 과정에서의 불신과 오해를 낳는다.

① 의사소통 기법의 미숙
② 부족한 표현 능력
③ 평가적이며 판단적인 태도
④ 선입견과 고정관념
⑤ 폐쇄적인 의사소통 분위기

RANK 함수 ▶ 키워드

27 다음은 조직심리학 수업을 수강한 학생들의 성적이다. 최종점수는 중간시험과 기말시험의 평균점수에서 90%, 출석점수에서 10%가 반영된다. 최종점수를 높은 순으로 나열했을 때, 1~2등은 A, 3~5등은 B, 나머지는 C를 받는다. 최종점수, 등수, 등급을 엑셀의 함수기능을 이용하여 작성하려고 할 때, 필요가 없는 함수는?(단, 최종점수는 소수점 둘째 자리에서 반올림한다)

	A	B	C	D	E	F	G
1	이름	중간시험	기말시험	출석	최종점수	등수	등급
2	강하나	97	95	10	87.4	1	A
3	김지수	92	89	10	82.5	3	B
4	이지운	65	96	9	73.4	5	B
5	전이지	77	88	8	75.1	4	B
6	송지나	78	75	8	69.7	6	C
7	최진수	65	70	7	61.5	7	C
8	유민호	89	95	10	83.8	2	A

① IFS
② AVERAGE
③ RANK
④ ROUND
⑤ AVERAGEIFS

한국수자원공사

맞춤법 ▶ 유형

04 다음 중 밑줄 친 부분의 맞춤법이 옳지 않은 것은?

① 바리스타로서 자부심을 가지고 커피를 내렸다.
② 어제는 왠지 피곤한 하루였다.
③ 용감한 시민의 제보로 진실이 드러났다.
④ 점심을 먹은 뒤 바로 설겆이를 했다.

자리 배치 ▶ 유형

29 K기업의 영업1팀은 강팀장, 김대리, 이대리, 박사원, 유사원으로 이루어져 있었으나, 최근 인사이동으로 인해 팀원의 변화가 일어났고, 이로 인해 자리를 새롭게 배치하려고 한다. 〈조건〉이 다음과 같을 때, 항상 옳은 것은?

─〈조건〉─
• 영업1팀의 김대리는 영업2팀의 팀장으로 승진하였다.
• 이번 달 영업1팀에 김사원과 이사원이 새로 입사하였다.
• 자리는 일렬로 위치해 있으며, 영업1팀은 영업2팀과 마주하고 있다.
• 자리의 가장 안 쪽 옆은 벽이며, 반대편 끝자리의 옆은 복도이다.
• 각 팀의 팀장은 가장 안 쪽인 왼쪽 끝에 앉는다.
• 이대리는 영업2팀 김팀장의 대각선에 앉는다.
• 박사원의 양 옆은 신입사원이 앉는다.
• 김사원의 자리는 이사원의 자리보다 왼쪽에 있다.

① 이대리는 강팀장과 인접한다.
② 박사원의 자리는 유사원의 자리보다 왼쪽에 있다.
③ 이사원의 양 옆 중 한쪽은 복도이다.
④ 김사원은 유사원과 인접하지 않는다.

확률 ▶ 유형

12 K학교의 학생은 A과목과 B과목 중 한 과목만을 선택하여 수업을 받는다고 한다. A과목과 B과목을 선택한 학생의 비율이 각각 전체의 40%, 60%이고, A과목을 선택한 학생 중 여학생은 30%, B과목을 선택한 학생 중 여학생은 40%라고 하자. K학교의 3학년 학생 중에서 임의로 뽑은 학생이 여학생일 때, 그 학생이 B과목을 선택한 학생일 확률은?

① $\frac{1}{3}$

② $\frac{2}{3}$

③ $\frac{1}{4}$

④ $\frac{3}{4}$

도서 200% 활용하기 STRUCTURES

1 기출복원문제로 출제경향 파악

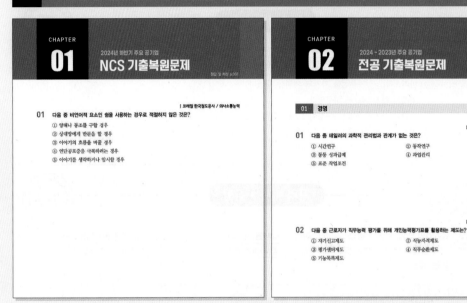

▶ 2024년 하반기 주요 공기업 NCS 및 2024~2023년 전공 기출복원문제를 수록하여 공기업별 출제경향을 파악할 수 있도록 하였다.

2 출제 영역 맞춤 문제로 필기전형 완벽 대비

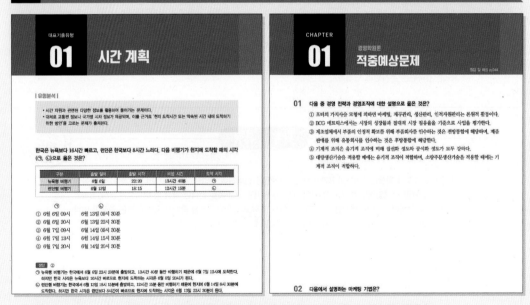

▶ 직업기초능력평가 대표기출유형&기출응용문제를 수록하여 유형별로 대비할 수 있도록 하였다.
▶ 직무수행능력평가(경영학원론·경제학원론) 적중예상문제를 수록하여 전공까지 확실하게 대비할 수 있도록 하였다.

3 최종점검 모의고사 + OMR을 활용한 실전 연습

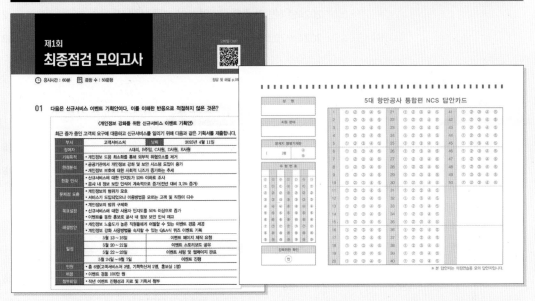

▶ 최종점검 모의고사와 OMR 답안카드를 수록하여 실제로 시험을 보는 것처럼 마무리 연습을 할 수 있도록 하였다.
▶ 모바일 OMR 답안채점/성적분석 서비스를 통해 필기전형에 대비할 수 있도록 하였다.

4 인성검사부터 면접까지 한 권으로 최종 마무리

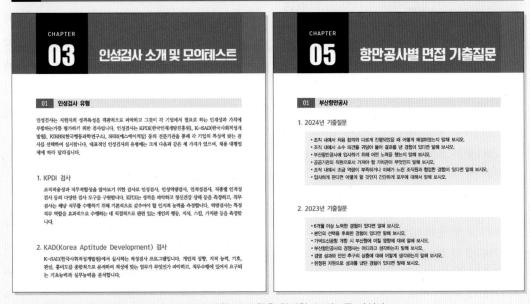

▶ 인성검사 모의테스트를 수록하여 인성검사 유형 및 문항을 확인할 수 있도록 하였다.
▶ 항만공사별 면접 기출질문을 통해 실제 면접에서 나오는 질문을 미리 파악하고 연습할 수 있도록 하였다.

이 책의 차례 CONTENTS

Add+ 특별부록

CHAPTER 01 2024년 하반기 주요 공기업 NCS 기출복원문제	2
CHAPTER 02 2024∼2023년 주요 공기업 전공 기출복원문제	33

PART 1 직업기초능력평가

CHAPTER 01 의사소통능력	4
대표기출유형 01 문서 내용 이해	
대표기출유형 02 글의 주제·제목	
대표기출유형 03 빈칸 삽입	
대표기출유형 04 문단 나열	
대표기출유형 05 내용 추론	
CHAPTER 02 자원관리능력	26
대표기출유형 01 시간 계획	
대표기출유형 02 비용 계산	
대표기출유형 03 품목 확정	
대표기출유형 04 인원 선발	
CHAPTER 03 수리능력	44
대표기출유형 01 응용 수리	
대표기출유형 02 자료 계산	
대표기출유형 03 자료 이해	
대표기출유형 04 자료 변환	
CHAPTER 04 조직이해능력	62
대표기출유형 01 경영 전략	
대표기출유형 02 조직 구조	
대표기출유형 03 업무 종류	
CHAPTER 05 문제해결능력	74
대표기출유형 01 명제 추론	
대표기출유형 02 SWOT 분석	
대표기출유형 03 자료 해석	
대표기출유형 04 규칙 적용	

PART 2 직무수행능력평가

CHAPTER 01 경영학원론	88
CHAPTER 02 경제학원론	95

PART 3 최종점검 모의고사

제1회 최종점검 모의고사	106
제2회 최종점검 모의고사	144

PART 4 채용 가이드

CHAPTER 01 블라인드 채용 소개	200
CHAPTER 02 서류전형 가이드	202
CHAPTER 03 인성검사 소개 및 모의테스트	209
CHAPTER 04 면접전형 가이드	216
CHAPTER 05 항만공사별 면접 기출질문	226

별 책 정답 및 해설

Add+ 특별부록	2
PART 1 직업기초능력평가	24
PART 2 직무수행능력평가	44
PART 3 최종점검 모의고사	54
OMR 답안카드	

Add+

특별부록

CHAPTER 01   2024년 하반기 주요 공기업 NCS 기출복원문제

CHAPTER 02   2024 ~ 2023년 주요 공기업 전공 기출복원문제

▌코레일 한국철도공사 / 의사소통능력

01 다음 중 비언어적 요소인 쉼을 사용하는 경우로 적절하지 않은 것은?

① 양해나 동조를 구할 경우

② 상대방에게 반문을 할 경우

③ 이야기의 흐름을 바꿀 경우

④ 연단공포증을 극복하려는 경우

⑤ 이야기를 생략하거나 암시할 경우

▌코레일 한국철도공사 / 의사소통능력

02 다음 밑줄 친 부분에 해당하는 키슬러의 대인관계 의사소통 유형은?

> 의사소통 시 이 유형의 사람은 따뜻하고 인정이 많고 자기희생적이나 타인의 요구를 거절하지 못하므로 타인과의 정서적인 거리를 유지하는 노력이 필요하다.

① 지배형 ② 사교형

③ 친화형 ④ 고립형

⑤ 순박형

03 다음 글을 통해 알 수 있는 철도사고 발생 시 행동요령으로 적절하지 않은 것은?

> 철도사고는 지하철, 고속철도 등 철도에서 발생하는 사고를 뜻한다. 많은 사람이 한꺼번에 이용하며 무거운 전동차가 고속으로 움직이는 특성상 철도사고가 발생할 경우 인명과 재산에 큰 피해가 발생한다.
>
> 철도사고는 다양한 원인에 의해 발생하며 사고 유형 또한 다양하게 나타나는데, 대표적으로는 충돌사고, 탈선사고, 열차화재사고가 있다. 이 사고들은 철도안전법에서 철도교통사고로 규정되어 있으며, 많은 인명피해를 야기하므로 철도사업자는 반드시 이를 예방하기 위한 조치를 취해야 한다. 또한 승객들은 위험으로부터 빠르게 벗어나기 위해 사고 시 대피요령을 파악하고 있어야 한다.
>
> 국토교통부는 철도사고 발생 시 인명과 재산을 보호하기 위한 국민행동요령을 제시하고 있다. 이 행동요령에 따르면 지하철에서 사고가 발생할 경우 가장 먼저 객실 양 끝에 있는 인터폰으로 승무원에게 사고를 알려야 한다. 만약 화재가 발생했다면 곧바로 119에 신고하고, 여유가 있다면 객실 양 끝에 비치된 소화기로 불을 꺼야 한다. 반면 화재의 진화가 어려울 경우 입과 코를 젖은 천으로 막고 화재가 발생하지 않은 다른 객실로 이동해야 한다. 전동차에서 대피할 때는 안내방송과 승무원의 안내에 따라 질서 있게 대피해야 하며 이때 부상자, 노약자, 임산부가 먼저 대피할 수 있도록 배려하고 도와주어야 한다. 만약 전동차의 문이 열리지 않으면 반드시 열차가 멈춘 후에 안내방송에 따라 비상핸들이나 비상콕크를 돌려 문을 열고 탈출해야 한다. 전동차가 플랫폼에 멈췄을 경우 스크린도어를 열고 탈출해야 하는데, 손잡이를 양쪽으로 밀거나 빨간색 비상바를 밀고 탈출해야 한다. 반대로 역이 아닌 곳에서 멈췄을 경우 감전의 위험이 있으므로 반드시 승무원의 안내에 따라 반대편 선로의 열차 진입에 유의하며 대피 유도등을 따라 침착하게 비상구로 대피해야 한다.
>
> 이와 같이 승객들은 철도사고 발생 시 신고, 질서 유지, 빠른 대피를 중점적으로 유념하여 행동해야 한다. 철도사고는 사고 자체가 일어나지 않도록 철저한 안전관리와 예방이 필요하지만, 다양한 원인으로 예상치 못하게 발생한다. 따라서 철도교통을 이용하는 승객 또한 평소에 안전 수칙을 준수하고 비상 상황에서 침착하게 대처하는 훈련이 필요하다.

① 침착함을 잃지 않고 승무원의 안내에 따라 대피해야 한다.
② 화재사고 발생 시 규모가 크지 않다면 빠르게 진화 작업을 해야 한다.
③ 선로에서 대피할 경우 승무원의 안내와 대피 유도등을 따라 대피해야 한다.
④ 전동차에서 대피할 때는 탈출이 어려운 사람부터 대피할 수 있도록 도와야 한다.
⑤ 철도사고 발생 시 탈출을 위해 우선 비상핸들을 돌려 열차의 문을 개방해야 한다.

04 다음 글을 읽고 알 수 있는 하향식 읽기 모형의 사례로 적절하지 않은 것은?

글을 읽는 것은 단순히 책에 쓰인 문자를 해독하는 것이 아니라 그 안에 담긴 의미를 파악하는 과정이다. 그렇다면 사람들은 어떤 방식으로 글의 의미를 파악할까? 세상의 모든 어휘를 알고 있는 사람은 없을 것이다. 그러나 대부분의 사람들, 특히 고등교육을 받은 성인들은 자신이 잘 모르는 어휘가 있더라도 글의 전체적인 맥락과 의미를 파악할 수 있다. 이를 설명해 주는 것이 바로 하향식 읽기 모형이다.

하향식 읽기 모형은 독자가 이미 알고 있는 배경지식과 경험을 바탕으로 글의 전체적인 맥락을 먼저 파악하는 방식이다. 하향식 읽기 모형은 독자의 능동적인 참여를 활용하는 읽기로, 여기서 독자는 단순히 글을 받아들이는 수동적인 존재가 아니라 자신의 지식과 경험을 활용하여 글의 의미를 구성해 나가는 주체적인 역할을 한다. 이때 독자는 글의 내용을 예측하고 추론하며, 심지어 자신의 생각을 더하여 글에 대한 이해를 넓혀갈 수 있다.

하향식 읽기 모형의 장점은 빠르고 효율적인 독서가 가능하다는 것이다. 글의 전체적인 맥락을 먼저 파악하기 때문에 글의 핵심 내용을 빠르게 파악할 수 있고, 배경지식을 활용하여 더 깊이 있는 이해를 얻을 수 있다. 또한 예측과 추론을 통한 능동적인 독서는 독서에 대한 흥미를 높여 주는 효과도 있다.

그러나 하향식 읽기 모형은 독자의 배경지식에 의존하여 읽는 방법이므로 배경지식이 부족한 경우 글의 의미를 정확하게 파악하기 어려울 수 있으며, 배경지식에 의존하여 오해를 할 가능성도 크다. 또한 글의 내용이 복잡하다면 많은 배경지식을 가지고 있더라도 글의 맥락을 적극적으로 가정하거나 추측하기 어려운 것 또한 하향식 읽기 모형의 단점이 된다.

하향식 읽기 모형은 글의 내용을 빠르게 이해하고 독자 스스로 내면화할 수 있으므로 독서 능력 향상에 유용한 방법이다. 그러나 모든 글에 동일하게 적용할 수 있는 읽기 모형은 아니므로 글의 종류와 독자의 배경지식에 따라 적절한 읽기 전략을 사용해야 한다. 따라서 하향식 읽기 모형과 함께 상향식 읽기(문자의 정확한 해독), 주석 달기, 소리 내어 읽기 등 다양한 읽기 전략을 활용하여야 한다.

① 회의 자료를 읽기 전 회의 주제를 먼저 파악하여 회의 안건을 예상하였다.

② 기사의 헤드라인을 먼저 읽어 기사의 내용을 유추한 뒤 상세 내용을 읽었다.

③ 제품 설명서를 읽어 제품의 기능과 각 버튼의 용도를 파악하고 기계를 작동시켰다.

④ 요리법의 전체적인 조리 과정을 파악하고 단계별로 필요한 재료와 순서를 확인하였다.

⑤ 서문이나 목차를 통해 책의 전체적인 흐름을 파악하고 관심 있는 부분을 집중적으로 읽었다.

05 농도가 15%인 소금물 200g과 농도가 20%인 소금물 300g을 섞었을 때, 섞인 소금물의 농도는?

① 17%   ② 17.5%

③ 18%   ④ 18.5%

⑤ 19%

06 남직원 A~C, 여직원 D~F 6명이 일렬로 앉고자 한다. 여직원끼리 인접하지 않고, 여직원 D와 남직원 B가 서로 인접하여 앉는 경우의 수는?

① 12가지   ② 20가지

③ 40가지   ④ 60가지

⑤ 120가지

07 다음과 같이 일정한 규칙으로 수를 나열할 때 빈칸에 들어갈 수로 옳은 것은?

−23	−15	−11	5	13	25	( )	45	157	65

① 49   ② 53

③ 57   ④ 61

⑤ 65

08 다음은 K시의 유치원, 초·중·고등학교, 고등교육기관의 취학률 및 초·중·고등학교의 상급학교 진학률에 대한 자료이다. 이에 대한 설명으로 옳지 않은 것은?

〈유치원, 초·중·고등학교, 고등교육기관 취학률〉

(단위 : %)

구분	2014년	2015년	2016년	2017년	2018년	2019년	2020년	2021년	2022년	2023년
유치원	45.8	45.2	48.3	50.6	51.6	48.1	44.3	45.8	49.7	52.8
초등학교	98.7	99	98.6	98.9	99.3	99.6	98.1	98.1	99.5	99.9
중학교	98.5	98.6	98.1	98	98.9	98.5	97.1	97.6	97.5	98.2
고등학교	95.3	96.9	96.2	95.4	96.2	94.7	92.1	93.7	95.2	95.6
고등교육기관	65.6	68.9	64.9	66.2	67.5	69.2	70.8	71.7	74.3	73.5

〈초·중·고등학교 상급학교 진학률〉

(단위 : %)

구분	2014년	2015년	2016년	2017년	2018년	2019년	2020년	2021년	2022년	2023년
초등학교	100	100	100	100	100	100	100	100	100	100
중학교	99.7	99.7	99.7	99.7	99.7	99.7	99.7	99.7	99.7	99.6
고등학교	93.5	91.8	90.2	93.2	91.7	90.5	91.4	92.6	93.9	92.8

① 중학교의 취학률은 매년 97% 이상이다.

② 매년 취학률이 가장 높은 기관은 초등학교이다.

③ 고등교육기관의 취학률이 70%를 넘긴 해는 2020년부터이다.

④ 2023년에 중학교에서 고등학교로 진학하지 않은 학생의 비율은 전년 대비 감소하였다.

⑤ 고등교육기관의 취학률이 가장 낮은 해와 고등학교의 상급학교 진학률이 가장 낮은 해는 같다.

09 다음은 A기업과 B기업의 2024년 1 ~ 6월 매출액에 대한 자료이다. 이를 그래프로 옮겼을 때의 개형으로 옳은 것은?

〈2024년 1 ~ 6월 A, B기업 매출액〉

(단위 : 억 원)

구분	2024년 1월	2024년 2월	2024년 3월	2024년 4월	2024년 5월	2024년 6월
A기업	307.06	316.38	315.97	294.75	317.25	329.15
B기업	256.72	300.56	335.73	313.71	296.49	309.85

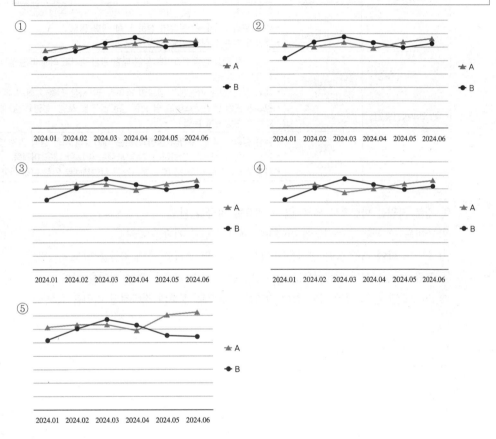

10 다음은 스마트 팜을 운영하는 K사에 대한 SWOT 분석 결과이다. 이에 따른 전략이 나머지와 다른 것은?

〈K사 스마트 팜 SWOT 분석 결과〉

구분		분석 결과
내부환경요인	강점 (Strength)	• 차별화된 기술력 : 기존 스마트 팜 솔루션과 차별화된 센서 기술, AI 기반 데이터 분석 기술 보유 • 젊고 유연한 조직 : 빠른 의사결정과 시장 변화에 대한 적응력 • 정부 사업 참여 경험 : 스마트 팜 관련 정부 사업 참여 가능성
	약점 (Weakness)	• 자금 부족 : 연구개발, 마케팅 등에 필요한 자금 확보 어려움 • 인력 부족 : 다양한 분야의 전문 인력 확보 필요 • 개발력 부족 : 신규 기술 개발 속도 느림
외부환경요인	기회 (Opportunity)	• 스마트 팜 시장 성장 : 스마트 팜에 대한 관심 증가와 이에 따른 정부의 적극적인 지원 • 해외 시장 진출 가능성 : 글로벌 스마트 팜 시장 진출 기회 확대 • 활발한 관련 연구 : 스마트 팜 관련 공동연구 및 포럼, 설명회 등 정보 교류가 활발하게 논의
	위협 (Threat)	• 경쟁 심화 : 후발 주자의 등장과 기존 대기업의 시장 장악 가능성 • 기술 변화 : 빠르게 변화하는 기술 트렌드에 대한 대응 어려움 • 자연재해 : 기후 변화 등 예측 불가능한 자연재해로 인한 피해 가능성

① 정부 지원을 바탕으로 연구개발에 필요한 자금을 확보
② 스마트 팜 관련 공동연구에 참가하여 빠르게 신규 기술을 확보
③ 스마트 팜에 대한 높은 관심을 바탕으로 온라인 펀딩을 통해 자금을 확보
④ 포럼 등 설명회에 적극적으로 참가하여 전문 인력 확충을 위한 인맥을 확보
⑤ 스마트 팜 관련 정부 사업 참여 경험을 바탕으로 정부의 적극적인 지원을 확보

11 다음 대화에서 공통적으로 나타나는 논리적 오류로 가장 적절한 것은?

> A : 반려견 출입 금지라고 쓰여 있는 카페에 갔는데 거절당했어. 반려견 출입 금지면 고양이는 괜찮은 거 아니야?
> B : 어제 직장동료가 "조심히 들어가세요."라고 했는데 집에 들어갈 때만 조심하라는 건가?
> C : 친구가 비가 와서 우울하다고 했는데, 비가 안 오면 행복해지겠지?
> D : 이웃을 사랑하라는 선생님의 가르침을 실천하기 위해 사기를 저지른 이웃을 숨겨 주었어.
> E : 의사가 건강을 위해 채소를 많이 먹으라고 하던데 앞으로는 채소만 먹으면 되겠어.
> F : 긍정적인 생각을 하면 좋은 일이 생기니까 아무리 나쁜 일이 있어도 긍정적으로만 생각하면 될 거야.

① 무지의 오류

② 연역법의 오류

③ 과대해석의 오류

④ 허수아비 공격의 오류

⑤ 권위나 인신공격에 의존한 논증

12 A ~ E열차를 운행거리가 가장 긴 순서대로 나열하려고 한다. 운행시간 및 평균 속력이 다음과 같을 때, C열차는 몇 번째로 운행거리가 긴 열차인가?(단, 열차 대기시간은 고려하지 않는다)

〈A ~ E열차 운행시간 및 평균 속력〉

구분	운행시간	평균 속력
A열차	900분	50m/s
B열차	10시간 30분	150km/h
C열차	8시간	55m/s
D열차	720분	2.5km/min
E열차	10시간	2.7km/min

① 첫 번째

② 두 번째

③ 세 번째

④ 네 번째

⑤ 다섯 번째

13 다음 글에서 나타난 문제해결 절차의 단계로 가장 적절한 것은?

> K대학교 기숙사는 최근 학생들의 불만이 끊이지 않고 있다. 특히, 식사의 질이 낮고, 시설이 노후화
> 되었으며, 인터넷 연결 상태가 불안정하다는 의견이 많았다. 이에 K대학교 기숙사 운영위원회는 문
> 제해결을 위해 긴급회의를 소집했다.
> 회의에서 학생 대표들은 식단의 다양성 부족, 식재료의 신선도 문제, 식당 내 위생 상태 불량 등을
> 지적했다. 또한, 시설 관리 담당자는 건물 외벽의 균열, 낡은 가구, 잦은 누수 현상 등 시설 노후화
> 문제를 강조했다. IT 담당자는 기숙사 내 와이파이 연결 불안정, 인터넷 속도 저하 등 통신환경 문
> 제를 제기했다.
> 기숙사 운영위원회는 이러한 다양한 의견을 종합하여 문제를 더욱 구체적으로 분석하기로 결정했
> 다. 먼저, 식사 문제의 경우 학생들의 식습관 변화에 따른 메뉴 구성의 문제 식자재 조달 과정의
> 비효율성, 조리 시설의 부족 등의 문제를 파악했다. 시설 문제는 건물의 노후화로 인한 안전 문제,
> 에너지 효율 저하, 학생들의 편의성 저하 등으로 세분화했다. 마지막으로, 통신환경 문제는 기존
> 네트워크 장비의 노후화, 학생 수 증가에 따른 네트워크 부하 증가 등의 세부 문제가 제시되었다.

① 문제 인식　　　　　　　　　　　② 문제 도출
③ 원인 분석　　　　　　　　　　　④ 해결안 개발
⑤ 실행 및 평가

14 다음 중 빈칸에 들어갈 단어로 가장 적절한 것은?

> 감사원의 조사 결과 J공사는 공공사업을 위해 투입된 세금을 본래의 목적에 사용하지 않고 무단으
> 로 _____했음이 밝혀졌다.

① 전용(轉用)　　　　　　　　　　② 남용(濫用)
③ 적용(適用)　　　　　　　　　　④ 활용(活用)
⑤ 준용(遵用)

15 다음 중 비행을 하기 위한 시조새의 신체 조건으로 가장 적절한 것은?

> 시조새(Archaeopteryx)는 약 1억 5천만 년 전 중생대 쥐라기 시대에 살았던 고대 생물로, 조류와 공룡의 중간 단계에 위치한 생물이다. 1861년 독일 바이에른 지방에 있는 졸른호펜 채석장에서 화석이 발견된 이후, 시조새는 조류의 기원과 공룡에서 새로의 진화 과정을 밝히는 데 중요한 단서를 제공해 왔다. '시조(始祖)'라는 이름에서 알 수 있듯이 시조새는 현대 조류의 조상으로 여겨지며 고생물학계에서 매우 중요한 연구 대상으로 취급된다.
>
> 시조새는 오늘날의 새와는 여러 가지 차이점이 있다. 이빨이 있는 부리, 긴 척추뼈로 이루어진 꼬리, 그리고 날개에 있는 세 개의 갈고리 발톱은 공룡의 특징을 잘 보여준다. 비록 현대 조류처럼 가슴뼈가 비행에 최적화된 형태로 발달되지는 않았지만, 갈비뼈와 팔에 강한 근육이 붙어있어 짧은 거리를 활강하거나 나뭇가지 사이를 오르내리며 이동할 수 있었던 것으로 추정된다.
>
> 한편, 시조새는 비대칭형 깃털을 가진 최초의 동물 중 하나로, 이는 비행을 하기에 적합한 형태이다. 시조새의 깃털은 현대의 날 수 있는 조류처럼 바람을 맞는 곳의 깃털은 짧고, 뒤쪽은 긴 형태인데, 이러한 비대칭형 깃털은 양력을 제공해 짧은 거리의 활강을 가능하게 했으며, 새의 조상으로서 비행의 초기 형태를 보여준다. 이로 인해 시조새는 공룡에서 새로 이어지는 진화 과정을 이해하는 데 있어 중요한 생물학적 증거로 여겨지고 있다.
>
> 시조새의 화석 연구는 당시의 생태계에 대한 정보도 제공하고 있다. 시조새는 열대 우림이나 활엽수림 근처에서 생활하며 나뭇가지를 오르내렸을 가능성이 큰 것으로 추정된다. 시조새의 이동 방식에 대해서는 여러 가설이 존재하지만, 짧은 거리의 활강을 통해 먹이를 찾고 이동했을 것이라는 주장이 유력하다.
>
> 결론적으로 시조새는 공룡과 새의 특성을 모두 가진 중간 단계의 생물로, 진화의 과정을 이해하는 데 핵심적인 역할을 한다. 시조새의 다양한 신체적 특징들은 공룡에서 새로 이어지는 진화의 연결고리를 보여주며, 조류 비행의 기원을 이해하는 중요한 증거로 평가된다.

① 날개 사이에 근육질의 익막이 있다.
② 날개에는 세 개의 갈고리 발톱이 있다.
③ 날개의 깃털이 비대칭 구조로 형성되어 있다.
④ 척추뼈가 꼬리까지 이어지는 유선형 구조이다.
⑤ 현대 조류처럼 가슴뼈가 비행에 최적화된 구조이다.

16 다음 글의 주제로 가장 적절한 것은?

사람들에게 의학을 대표하는 인물을 물어본다면 대부분 히포크라테스(Hippocrates)를 떠올릴 것이다. 히포크라테스는 당시 신의 징벌이나 초자연적인 힘으로 생각되었던 질병을 관찰을 통해 자연적 현상으로 이해하였고, 당시 마술이나 철학으로 여겨졌던 의학을 분리하였다. 이에 따라 의사라는 직업이 과학적인 기반 위에 만들어지게 되었다. 현재에는 의학의 아버지로 불리며 히포크라테스 선서라고 불리는 의사의 윤리적 기준을 저술한 것으로 알려져 있다. 이처럼 히포크라테스는 서양의학의 상징으로 받아들여지지만, 서양의학에 절대적인 영향을 준 사람은 클라우디오스 갈레노스(Claudius Galenus)이다.

갈레노스는 로마 시대 검투사 담당의에서 황제 마르쿠스 아우렐리우스의 주치의로 활동한 의사로, 해부학, 생리학, 병리학에 걸친 방대한 의학체계를 집대성하여 이후 1,000년 이상 서양의학의 토대를 닦았다. 당시에는 인체의 해부가 금지되어 있었기 때문에 갈레노스는 원숭이, 돼지 등을 사용하여 해부학적 지식을 쌓았으며, 임상 실험을 병행하여 의학적 지식을 확립하였다. 이러한 해부 및 실험을 통해 갈레노스는 여러 장기의 기능을 밝히고, 근육과 뼈를 구분하였으며, 심장의 판막이나 정맥과 동맥의 차이점 등을 밝혀내거나, 혈액이 혈관을 통해 신체 말단까지 퍼져나가며 신진대사를 조절하는 물질을 운반한다고 밝혀냈다. 물론 갈레노스도 히포크라테스가 주장한 4원소에 따른 4체액설(혈액, 담즙, 황담즙, 흑담즙)을 믿거나 피를 뽑아 치료하는 사혈법을 주장하는 등 현대 의학과는 거리가 있지만, 당시에 의학 이론을 해부와 실험을 통해 증명하고 방대한 저술을 남겼다는 놀라운 업적을 가지고 있으며, 이는 가장 오랫동안 서양의학을 실제로 지배하는 토대가 되었다.

① 갈레노스의 생애와 의학의 발전
② 고대에서 현대까지 해부학의 발전 과정
③ 히포크라테스 선서에 의한 전문직의 도덕적 기준
④ 히포크라테스와 갈레노스가 서양의학에 끼친 영향과 중요성
⑤ 히포크라테스와 갈레노스의 4체액설이 현대 의학에 끼친 영향

17 다음 중 제시된 단어와 가장 비슷한 단어는?

비상구

① 진입로   ② 출입구

③ 돌파구   ④ 여울목

⑤ 탈출구

18 A열차가 어떤 터널을 진입하고 5초 후 B열차가 같은 터널에 진입하였다. 그로부터 5초 후 B열차가 터널을 빠져나왔고 5초 후 A열차가 터널을 빠져나왔다. A열차가 터널을 빠져나오는 데 걸린 시간이 14초일 때, B열차는 A열차보다 몇 배 빠른가?(단, A열차와 B열차 모두 속력의 변화는 없으며, 두 열차의 길이는 서로 같다)

① 2배   ② 2.5배

③ 3배   ④ 3.5배

⑤ 4배

19 A팀은 5일부터 5일마다 회의실을 사용하고, B팀은 4일부터 4일마다 회의실을 사용하기로 하였으며, 두 팀이 사용하고자 하는 날이 겹칠 경우에는 A, B팀이 번갈아가며 사용하기로 하였다. 어느 날 A팀과 B팀이 사용하고자 하는 날이 겹쳤을 때, 겹친 날을 기준으로 A팀이 9번, B팀이 8번 회의실을 사용했다면, 이때까지 A팀은 회의실을 최대 몇 번 이용하였는가?(단, 회의실 사용일이 첫 번째로 겹친 날에는 A팀이 먼저 사용하였으며 회의실 사용일은 주말 및 공휴일도 포함한다)

① 61회   ② 62회

③ 63회   ④ 64회

⑤ 65회

20 다음 모스 굳기 10단계에 해당하는 광물 A ~ C가 〈조건〉을 만족할 때, 이에 대한 설명으로 옳은 것은?

〈모스 굳기 10단계〉

단계	1단계	2단계	3단계	4단계	5단계
광물	활석	석고	방해석	형석	인회석
단계	6단계	7단계	8단계	9단계	10단계
광물	정장석	석영	황옥	강옥	금강석

- 모스 굳기 단계의 단계가 낮을수록 더 무른 광물이고, 단계가 높을수록 단단한 광물이다.
- 단계가 더 낮은 광물로 단계가 더 높은 광물을 긁으면 긁힘 자국이 생기지 않는다.
- 단계가 더 높은 광물로 단계가 더 낮은 광물을 긁으면 긁힘 자국이 생긴다.

조건

- 광물 A로 광물 B를 긁으면 긁힘 자국이 생기지 않는다.
- 광물 A로 광물 C를 긁으면 긁힘 자국이 생긴다.
- 광물 B로 광물 C를 긁으면 긁힘 자국이 생긴다.
- 광물 B는 인회석이다.

① 광물 C는 석영이다.
② 광물 A는 방해석이다.
③ 광물 A가 가장 무르다.
④ 광물 B가 가장 단단하다.
⑤ 광물 B는 모스 굳기 단계가 7단계 이상이다.

21 J공사는 지방에 있는 지점 사무실을 공유 오피스로 이전하고자 한다. 다음 사무실 이전 조건을 참고할 때, 〈보기〉 중 이전할 오피스로 가장 적절한 곳은?

〈사무실 이전 조건〉

- 지점 근무 인원 : 71명
- 사무실 예상 이용 기간 : 5년
- 교통 조건 : 역이나 버스 정류장에서 도보 10분 이내
- 시설 조건 : 자사 홍보영상 제작을 위한 스튜디오 필요, 회의실 필요
- 비용 조건 : 다른 조건이 모두 가능한 공유 오피스 중 가장 저렴한 곳(1년 치 비용 선납 가능)

보기

구분	가용 인원수	보유시설	교통 조건	임대비용
A오피스	100인	라운지, 회의실, 스튜디오, 복사실, 탕비실	A역에서 도보 8분	1인당 연간 600만 원
B오피스	60인	회의실, 스튜디오, 복사실	B정류장에서 도보 5분	1인당 월 40만 원
C오피스	100인	라운지, 회의실, 스튜디오	C역에서 도보 7분	월 3,600만 원
D오피스	90인	회의실, 복사실, 탕비실	D정류장에서 도보 4분	월 3,500만 원 (1년 치 선납 시 8% 할인)
E오피스	80인	라운지, 회의실, 스튜디오	E역과 연결된 사무실	월 3,800만 원 (1년 치 선납 시 10% 할인)

① A오피스   ② B오피스

③ C오피스   ④ D오피스

⑤ E오피스

※ 다음은 에너지바우처 사업에 대한 자료이다. 이어지는 질문에 답하시오. [22~23]

<에너지바우처>

1. 에너지바우처란?
   국민 모두가 시원한 여름, 따뜻한 겨울을 보낼 수 있도록 에너지 취약계층을 위해 에너지바우처(이용권)를 지급하여 전기, 도시가스, 지역난방, 등유, LPG, 연탄을 구입할 수 있도록 지원하는 제도
2. 신청대상 : 소득기준과 세대원 특성기준을 모두 충족하는 세대
   • 소득기준 : 국민기초생활 보장법에 따른 생계급여 / 의료급여 / 주거급여 / 교육급여 수급자
   • 세대원 특성기준 : 주민등록표 등본상 기초생활수급자(본인) 또는 세대원이 다음 중 어느 하나에 해당하는 경우
     − 노인 : 65세 이상
     − 영유아 : 7세 이하의 취학 전 아동
     − 장애인 : 장애인복지법에 따라 등록한 장애인
     − 임산부 : 임신 중이거나 분만 후 6개월 미만인 여성
     − 중증질환자, 희귀질환자, 중증난치질환자 : 국민건강보험법 시행령에 따라 보건복지부장관이 정하여 고시하는 중증질환, 희귀질환, 중증난치질환을 가진 사람
     − 한부모가족 : 한부모가족지원법에 따른 '모' 또는 '부'로서 아동인 자녀를 양육하는 사람
     − 소년소녀가정 : 보건복지부에서 정한 아동분야 지원대상에 해당하는 사람(아동복지법에 의한 가정위탁보호 아동 포함)
   • 지원 제외 대상 : 세대원 모두가 보장시설 수급자
   • 다음의 경우 동절기 에너지바우처 중복 지원 불가
     − 긴급복지지원법에 따라 동절기 연료비를 지원받은 자(세대)
     − 한국에너지공단의 등유바우처를 발급받은 자(세대)
     − 한국광해광업공단의 연탄쿠폰을 발급받은 자(세대)
     ※ 하절기 에너지바우처를 사용한 수급자가 동절기에 위 사업들을 신청할 경우 동절기 에너지바우처를 중지 처리한 후 신청(중지사유 : 타동절기 에너지이용권 수급)
     ※ 단, 동절기 에너지바우처를 일부 사용한 경우 위 사업들은 신청 불가
3. 바우처 지원금액

구분	1인 세대	2인 세대	3인 세대	4인 이상 세대
하절기	55,700원	73,800원	90,800원	117,000원
동절기	254,500원	348,700원	456,900원	599,300원
총액	310,200원	422,500원	547,700원	716,300원

4. 지원방법
   • 요금차감
     − 하절기 : 전기요금 고지서에서 요금을 자동으로 차감
     − 동절기 : 도시가스 / 지역난방 중 하나를 선택하여 고지서에서 요금을 자동으로 차감
   • 실물카드 : 동절기 도시가스, 등유, LPG, 연탄을 실물카드(국민행복카드)로 직접 결제

22 다음 중 에너지바우처에 대한 설명으로 옳지 않은 것은?

① 36개월의 아이가 있는 의료급여 수급자 A는 에너지바우처를 신청할 수 있다.

② 혼자서 아이를 3명 키우는 교육급여 수급자 B는 1년에 70만 원을 넘게 지원받을 수 있다.

③ 보장시설인 양로시설에 살면서 생계급여를 받는 70세 독거노인 C는 에너지바우처를 신청할 수 있다.

④ 에너지바우처 기준을 충족하는 D는 겨울에 연탄보일러를 사용하므로 실물카드를 받는 방법으로 지원을 받아야 한다.

⑤ 희귀질환을 앓고 있는 어머니와 함께 단둘이 사는 생계급여 수급자 E는 에너지바우처를 통해 여름에 전기비에서 73,800원이 차감될 것이다.

23 다음은 A, B가족의 에너지바우처 정보이다. A, B가족이 올해 에너지바우처를 통해 지원받는 금액의 총합은 얼마인가?

〈A, B가족의 에너지바우처 정보〉

구분	세대 인원	소득기준	세대원 특성기준	특이사항
A가족	5명	의료급여 수급자	영유아 2명	연탄쿠폰 발급받음
B가족	2명	생계급여 수급자	소년소녀가정	지역난방 이용

① 190,800원   ② 539,500원

③ 948,000원   ④ 1,021,800원

⑤ 1,138,800원

24 다음 C 프로그램을 실행하였을 때의 결과로 옳은 것은?

```
#include <stdio.h>
int main( ) {
    int result=0;
    while (result<2) {
        result=result+1;
        printf("%d\n",result);
        result=result-1;
    }
}
```

① 실행되지 않는다.　　　　　　　　② 0
　　　　　　　　　　　　　　　　　　 1

③ 0　　　　　　　　　　　　　　　　④ 1
　 −1　　　　　　　　　　　　　　　 1

⑤ 1이 무한히 출력된다.

25 다음은 A국과 B국의 물가지수 동향에 대한 자료이다. [E2] 셀에 「=ROUND(D2,−1)」를 입력하였을 때, 출력되는 값은?

<A, B국 물가지수 동향>

	A	B	C	D	E
1	측정 연월	A국	B국	평균 판매지수	
2	2024년 1월	122.313	112.36	117.3365	
3	2024년 2월	119.741	110.311	115.026	
4	2024년 3월	117.556	115.379	116.4675	
5	2024년 4월	124.739	118.652	121.6955	
6	⋮	⋮	⋮	⋮	
7					

① 100　　　　　　　　　　　　　　　② 105
③ 110　　　　　　　　　　　　　　　④ 115
⑤ 120

26 다음 중 빈칸에 들어갈 내용으로 가장 적절한 것은?

> 주의력 결핍 과잉행동장애(ADHD)는 학령기 아동에게 흔히 나타나는 질환으로, 주의력 결핍, 과잉행동, 충동성의 증상을 보인다. 이는 아동의 학교 및 가정생활에 큰 영향을 미치며, 적절한 치료와 관리가 필요하다. ADHD의 원인은 신경화학적 요인과 유전적 요인이 복합적으로 작용하는 것으로 여겨진다. 도파민과 노르에피네프린 같은 신경전달물질의 불균형이 주요 원인으로 지목되며, 가족력이 있는 경우 ADHD 발병 확률이 높아진다. 연구에 따르면, ADHD는 상당한 유전적 연관성을 보이며, 부모나 형제 중에 ADHD를 가진 사람이 있을 경우 그 위험이 증가한다.
>
> 환경적 요인도 ADHD 발병에 영향을 미칠 수 있다. 임신 중 음주, 흡연, 약물 사용 등이 위험을 높일 수 있으며, 조산이나 저체중 출산도 연관성이 있다. 이러한 환경적 요인들은 태아의 뇌 발달에 영향을 미쳐 ADHD 발병 가능성을 증가시킬 수 있다. 그러나 이러한 요인들이 단독으로 ADHD를 유발하는 것은 아니며, 다양한 요인이 복합적으로 작용하여 증상이 나타난다.
>
> ADHD 치료는 약물요법과 비약물요법으로 나뉜다. 약물요법에서는 메틸페니데이트 같은 중추신경 자극제가 널리 사용된다. 이 약물은 도파민과 노르에피네프린의 재흡수를 억제해 증상을 완화한다. 이러한 약물은 주의력 향상과 충동성 감소에 효과적이며, 많은 연구에서 그 효능이 입증되었다. 비약물요법으로는 행동개입 요법과 심리사회적 프로그램이 있다. 이는 구조화된 환경에서 집중을 방해하는 요소를 최소화하고, 연령에 맞는 개입방법을 적용한다. 예를 들어, 학령기 아동에게는 그룹 부모훈련과 교실 내 행동개입 프로그램이 추천된다.
>
> 가정에서는 부모가 아이가 해야 할 일을 목록으로 작성하도록 돕고, 한 번에 한 가지씩 처리하도록 지도해야 한다. 특히 아이의 바람직한 행동에는 칭찬하고, 잘못된 행동에는 책임을 지도록 하는 것이 중요하다. 이러한 방법은 아이의 자존감을 높이고 긍정적인 행동을 강화하는 데 도움이 된다. 학교에서는 과제를 짧게 나누고, 수업이 지루하지 않도록 하며, 규칙과 보상을 일관되게 유지해야 한다. 교사는 ADHD 아동이 주의가 산만해질 수 있는 환경적 요소를 제거하고, 많은 격려와 칭찬을 통해 학습 동기를 유발해야 한다.
>
> ADHD는 완치가 어려운 만성 질환이지만 적절한 치료와 관리를 통해 증상을 개선할 수 있다. 약물 치료와 비약물 치료를 병행하고 가정과 학교에서 적절한 지원이 이루어지면 ADHD 아동도 건강하고 행복한 삶을 영위할 수 있다. 결론적으로, ADHD는 ＿＿＿＿＿＿＿＿＿＿＿＿＿＿＿ 따라서 다양한 원인에 부합하는 맞춤형 치료와 환경 조성을 통해 아동의 잠재력을 최대한 발휘할 수 있도록 지원해야 한다. 이는 아동이 자신의 능력을 충분히 발휘하고 성공적인 삶을 살아가는 데 중요한 역할을 한다.

① 완벽한 치료가 불가능한 불치병이다.

② 약물 치료를 통해 쉽게 치료가 가능하다.

③ 다양한 원인이 복합적으로 작용하는 질환이다.

④ 아동에게 적극적으로 개입하여 충동성을 감소시켜야 하는 질환이다.

27 다음 중 밑줄 친 단어가 맞춤법상 옳지 않은 것은?

① 김주임은 지난 분기 매출을 조사하여 증가량을 <u>백분율</u>로 표기하였다.

② 젊은 세대를 중심으로 빠른 이직 트렌드가 형성되어 <u>이직률</u>이 높아지고 있다.

③ 이번 학기 <u>출석율</u>이 이전보다 크게 향상되어 학생들의 참여도가 높아지고 있다.

④ 이번 시험의 <u>합격률</u>이 역대 최고치를 기록하며 수험생들에게 희망을 안겨주었다.

28 S공사는 2024년 상반기에 신입사원을 채용하였다. 전체 지원자 중 채용에 불합격한 남성 수와 여성 수의 비율은 같으며, 합격한 남성 수와 여성 수의 비율은 2 : 3이라고 한다. 남성 전체 지원자와 여성 전체 지원자의 비율이 6 : 7일 때, 합격한 남성 수가 32명이면 전체 지원자는 몇 명인가?

① 192명   ② 200명

③ 208명   ④ 216명

29 다음은 직장가입자 보수월액보험료에 대한 자료이다. A씨가 〈조건〉에 따라 장기요양보험료를 납부할 때, A씨의 2023년 보수월액은?(단, 소수점 첫째 자리에서 반올림한다)

〈직장가입자 보수월액보험료〉

- 개요 : 보수월액보험료는 직장가입자의 보수월액에 보험료율을 곱하여 산정한 금액에 경감 등을 적용하여 부과한다.
- 보험료 산정 방법
  - 건강보험료는 다음과 같이 산정한다.

    (건강보험료)=(보수월액)×(건강보험료율)

    ※ 보수월액 : 동일사업장에서 당해 연도에 지급받은 보수총액을 근무월수로 나눈 금액
  - 장기요양보험료는 다음과 같이 산정한다.

    2022.12.31. 이전 : (장기요양보험료)=(건강보험료)×(장기요양보험료율)

    2023.01.01. 이후 : $(장기요양보험료)=(건강보험료)\times\dfrac{(장기요양보험료율)}{(건강보험료율)}$

〈2020 ~ 2024년 보험료율〉

(단위 : %)

구분	2020년	2021년	2022년	2023년	2024년
건강보험료율	6.67	6.86	6.99	7.09	7.09
장기요양보험료율	10.25	11.52	12.27	0.9082	0.9182

조건

- A씨는 K공사에서 2011년 3월부터 2023년 9월까지 근무하였다.
- A씨는 3개월 후 2024년 1월부터 S공사에서 현재까지 근무하고 있다.
- A씨의 2023년 장기요양보험료는 35,120원이었다.

① 3,866,990원
② 3,974,560원
③ 4,024,820원
④ 4,135,970원

30   다음 중 개인정보보호법에서 사용하는 용어에 대한 정의로 옳지 않은 것은?

① '가명처리'란 추가 정보 없이도 특정 개인을 알아볼 수 있도록 처리하는 것을 말한다.

② '정보주체'란 처리되는 정보에 의하여 알아볼 수 있는 사람으로서 그 정보의 주체가 되는 사람을 말한다.

③ '개인정보'란 살아 있는 개인에 관한 정보로서 성명, 주민등록번호 및 영상 등을 통하여 개인을 알아볼 수 있는 정보를 말한다.

④ '처리'란 개인정보의 수집, 생성, 연계, 연동, 기록, 저장, 보유, 가공, 편집, 검색, 출력, 정정, 복구, 이용, 제공, 공개, 파기, 그 밖에 이와 유사한 행위를 말한다.

31   다음은 생활보조금 신청자의 소득 및 결과에 대한 자료이다. 월 소득이 100만 원 이하인 사람은 보조금 지급이 가능하고, 100만 원을 초과한 사람은 보조금 지급이 불가능할 때, 보조금 지급을 받는 사람의 수를 구하는 함수로 옳은 것은?

〈생활보조금 신청자 소득 및 결과〉

	A	B	C	D	E
1	지원번호	소득(만 원)	결과		
2	1001	150	불가능		
3	1002	80	가능		보조금 지급 인원 수
4	1003	120	불가능		
5	1004	95	가능		
6	⋮	⋮	⋮		
7					

① =COUNTIF(A:C, "<=100")   ② =COUNTIF(A:C, <=100)

③ =COUNTIF(B:B, "<=100")   ④ =COUNTIF(B:B, <=100)

32 다음은 초등학생의 주차별 용돈에 대한 자료이다. 빈칸에 들어갈 함수를 바르게 짝지은 것은?(단, 한 달은 4주로 한다)

〈초등학생 주차별 용돈〉

	A	B	C	D	E	F
1	학생번호	1주	2주	3주	4주	합계
2	1	7,000	8,000	12,000	11,000	(A)
3	2	50,000	60,000	45,000	55,000	
4	3	70,000	85,000	40,000	55,000	
5	4	10,000	6,000	18,000	14,000	
6	5	24,000	17,000	34,000	21,000	
7	6	27,000	56,000	43,000	28,000	
8	한 달 용돈이 150,000원 이상인 학생 수					(B)

	(A)	(B)
①	=SUM(B2:E2)	=COUNTIF(F2:F7, ">=150,000")
②	=SUM(B2:E2)	=COUNTIF(B2:E2, ">=150,000")
③	=SUM(B2:E2)	=COUNTIF(B2:E7, ">=150,000")
④	=SUM(B2:E7)	=COUNTIF(F2:F7, ">=150,000")

33 다음 중 빅데이터 분석 기획 절차를 순서대로 바르게 나열한 것은?

① 범위 설정 → 프로젝트 정의 → 위험 계획 수립 → 수행 계획 수립

② 범위 설정 → 프로젝트 정의 → 수행 계획 수립 → 위험 계획 수립

③ 프로젝트 정의 → 범위 정의 → 위험 계획 수립 → 수행 계획 수립

④ 프로젝트 정의 → 범위 설정 → 수행 계획 수립 → 위험 계획 수립

34 다음 중 밑줄 친 부분의 단어가 어법상 옳은 것은?

> K씨는 항상 ㉠ 짜깁기 / 짜집기한 자료로 보고서를 작성했다. 처음에는 아무도 눈치채지 못했지만, 시간이 지나면서 K씨의 작업이 다른 사람들의 것과 비교해 질적으로 떨어지는 것이 분명해졌다. K씨는 결국 동료들 사이에서 ㉡ 뒤처지기 / 뒤쳐지기 시작했고, 격차를 좁히기 위해 더 많은 시간을 투자해야 했다.

	㉠	㉡
①	짜깁기	뒤처지기
②	짜깁기	뒤처지기
③	짜집기	뒤처지기
④	짜집기	뒤쳐지기

35 다음 중 공문서 작성 시 유의해야 할 점으로 옳지 않은 것은?

① 한 장에 담아내는 것이 원칙이다.

② 부정문이나 의문문의 형식은 피한다.

③ 마지막엔 반드시 '끝'자로 마무리한다.

④ 날짜 다음에 괄호를 사용할 경우에는 반드시 마침표를 찍는다.

36 영서가 어머니와 함께 40분 동안 만두를 60개 빚었다고 한다. 어머니가 혼자서 1시간 동안 만두를 빚을 수 있는 개수가 영서가 혼자서 1시간 동안 만두를 빚을 수 있는 개수보다 10개 더 많을 때, 영서는 1시간 동안 만두를 몇 개 빚을 수 있는가?

① 30개   ② 35개

③ 40개   ④ 45개

37 대칭수는 순서대로 읽은 수와 거꾸로 읽은 수가 같은 수를 가리키는 말이다. 예컨대, 121, 303, 1,441, 85,058 등은 대칭수이다. 1,000 이상 50,000 미만의 대칭수는 모두 몇 개인가?

① 180개 　　　　　　　　　　　　② 325개

③ 405개 　　　　　　　　　　　　④ 490개

38 어떤 자연수 '25□'가 3의 배수일 때, □에 들어갈 수 있는 모든 자연수의 합은?

① 12 　　　　　　　　　　　　② 13

③ 14 　　　　　　　　　　　　④ 15

39 바이올린, 호른, 오보에, 플루트 4가지의 악기를 다음 〈조건〉에 따라 좌우로 4칸인 선반에 각각 1대씩 보관하려 한다. 각 칸에는 1대의 악기만 배치할 수 있을 때, 왼쪽에서 두 번째 칸에 배치할 수 없는 악기는?

> **조건**
> • 호른은 바이올린 바로 왼쪽에 위치한다.
> • 오보에는 플루트 왼쪽에 위치하지 않는다.

① 바이올린 　　　　　　　　　　　　② 호른

③ 오보에 　　　　　　　　　　　　④ 플루트

40 다음 중 비영리 조직에 해당하지 않는 것은?

① 교육기관 　　　　　　　　　　　　② 자선단체

③ 사회적 기업 　　　　　　　　　　　　④ 비정부기구

41 다음은 D기업의 분기별 재무제표에 대한 자료이다. 2022년 4분기의 영업이익률은 얼마인가?

〈D기업 분기별 재무제표〉

(단위 : 십억 원, %)

구분	2022년 1분기	2022년 2분기	2022년 3분기	2022년 4분기	2023년 1분기	2023년 2분기	2023년 3분기	2023년 4분기
매출액	40	50	80	60	60	100	150	160
매출원가	30	40	70	80	100	100	120	130
매출총이익	10	10	10	( )	−40	0	30	30
판관비	3	5	5	7	8	5	7.5	10
영업이익	7	5	5	( )	−8	−5	22.5	20
영업이익률	17.5	10	6.25	( )	−80	−5	15	12.5

※ (영업이익률)=(영업이익)÷(매출액)×100

※ (영업이익)=(매출총이익)−(판관비)

※ (매출총이익)=(매출액)−(매출원가)

① −30%　　　　　　　　② −45%

③ −60%　　　　　　　　④ −75%

42 5km/h의 속력으로 움직이는 무빙워크를 이용하여 이동하는 데 36초가 걸렸다. 무빙워크 위에서 무빙워크와 같은 방향으로 4km/h의 속력으로 걸어 이동할 때 걸리는 시간은?

① 10초　　　　　　　　② 15초

③ 20초　　　　　　　　④ 25초

43 다음 순서도에서 출력되는 result 값은?

〈순서도 기호〉

기호	설명	기호	설명
	시작과 끝을 나타낸다.		어느 것을 택할 것인지 판단한다.
	데이터를 입력하거나 계산하는 등의 처리를 한다.		선택한 값을 출력한다.

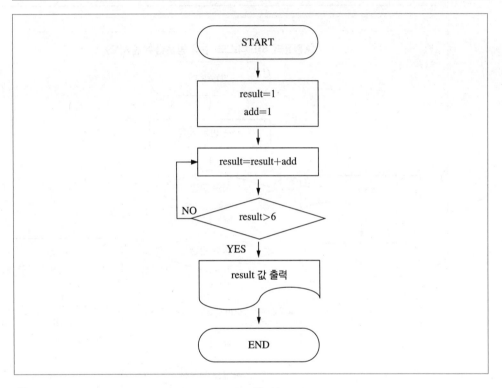

① 11
② 10
③ 9
④ 8
⑤ 7

44 다음은 A컴퓨터 A/S센터의 하드디스크 수리 방문접수 과정에 대한 순서도이다. 하드디스크 데이터 복구를 문의할 때, 출력되는 도형은 무엇인가?

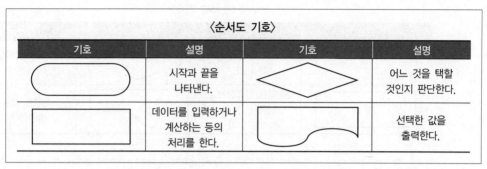

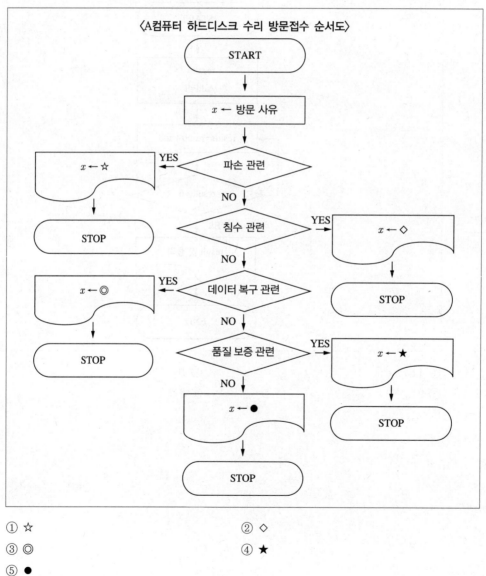

① ☆   ② ◇

③ ◎   ④ ★

⑤ ●

45 다음은 EAN-13 바코드 부여 규칙에 대한 자료이다. 상품코드의 맨 앞 자릿수가 9일 때, 2 ~ 7번째 자릿수가 '387655'라면 이를 이진코드로 바르게 변환한 것은?

〈EAN-13 바코드 부여 규칙〉

1. 13자리 상품코드의 맨 앞 자릿수에 따라 다음과 같이 변환한다.

상품코드 번호	2 ~ 7번째 자릿수	8 ~ 13번째 자릿수
0	AAAAAA	CCCCCC
1	AABABB	CCCCCC
2	AABBAB	CCCCCC
3	AABBBA	CCCCCC
4	ABAABB	CCCCCC
5	ABBAAB	CCCCCC
6	ABBBAA	CCCCCC
7	ABABAB	CCCCCC
8	ABABBA	CCCCCC
9	ABBABA	CCCCCC

2. A, B, C는 다음과 같이 상품코드 번호를 이진코드로 변환한 값이다.

상품코드 번호	A	B	C
0	0001101	0100111	1110010
1	0011001	0110011	1100110
2	0010011	0011011	1101100
3	0111101	0100001	1000010
4	0100011	0011101	1011100
5	0110001	0111001	1001110
6	0101111	0000101	1010000
7	0111011	0010001	1000100
8	0110111	0001001	1001000
9	0001011	0010111	1110100

	2번째 수	3번째 수	4번째 수	5번째 수	6번째 수	7번째 수
①	0111101	0001001	0010001	0101111	0111001	0110001
②	0100001	0001001	0010001	0000101	0111101	0111101
③	0111101	0110111	0111011	0101111	0111001	0111101
④	0100001	0101111	0010001	0010111	0100111	0001011
⑤	0111101	0011001	0010001	0101111	0011001	0111001

※ 다음은 청소 유형별 청소기 사용 방법 및 고장 유형별 확인 사항에 대한 자료이다. 이어지는 질문에
   답하시오. [46~47]

〈청소 유형별 청소기 사용 방법〉

구분	사용 방법
일반 청소	1. 기본형 청소구를 장착해 주세요. 2. 작동 버튼을 눌러 주세요.
틈새 청소	1. 기본형 청소구의 입구 돌출부를 누르고 잡아당기면 좁은 흡입구를 꺼낼 수 있습니다. 　반대로 돌출부를 누르면서 밀어 넣으면 좁은 흡입구를 안쪽으로 정리할 수 있습니다. 2. 1.의 좁은 흡입구를 꺼낸 상태에서 돌출부를 시계 방향으로 돌리면 돌출부를 고정할 수 있습니다. 3. 좁은 흡입구를 고정한 후 작동 버튼을 눌러 주세요. 　(좁은 흡입구에는 솔이 함께 들어 있습니다)
카펫 청소	1. 별도의 돌기 청소구로 교체해 주세요. 　(기본형으로도 카펫 청소를 할 수 있으나, 청소 효율이 떨어집니다) 2. 작동 버튼을 눌러 주세요.
스팀 청소	1. 별도의 스팀 청소구로 교체해 주세요. 2. 스팀 청소구의 물통에 물을 충분히 채운 후 뚜껑을 잠가 주세요. 　※ 반드시 전원을 분리한 상태에서 진행해 주세요. 3. 걸레판에 걸레를 부착한 후 스팀 청소구의 노즐에 장착해 주세요. 　※ 반드시 전원을 분리한 상태에서 진행해 주세요. 4. 스팀 청소 버튼을 누르고 안전 스위치를 눌러 주세요. 　※ 안전을 위해 안전 스위치를 누르는 동안에만 스팀이 발생합니다. 　※ 스팀 청소 작업 도중 및 완료 직후에 청소기를 거꾸로 세우거나 스팀 청소구를 눕히면 뜨거운 　　물이 새어 나와 화상을 입을 수 있습니다. 5. 스팀 청소 완료 후 물이 충분히 식은 후 물통 및 스팀 청소구를 분리해 주세요. 　※ 충분히 식지 않은 상태에서 분리 시 뜨거운 물이 새어 나와 화상의 위험이 있습니다.

〈고장 유형별 확인 사항〉

구분	확인 사항
흡입력 약화	• 흡입구, 호스, 먼지통, 먼지분리기에 크기가 큰 이물질이 걸려 있는지 확인해 주세요. • 필터를 교체해 주세요. • 먼지통, 먼지분리기, 필터의 조립 상태를 확인해 주세요.
청소기 미작동	• 전원이 제대로 연결되어 있는지 확인해 주세요.
물 보충 램프 깜빡임	• 물통에 물이 충분한지 확인해 주세요. • 물이 충분히 채워졌어도 꺼질 때까지 시간이 다소 걸립니다. 잠시 기다려 주세요.
스팀 안 나옴	• 물통에 물이 충분한지 확인해 주세요. • 안전 스위치를 눌렀는지 확인해 주세요.
바닥에 물이 남음	• 스팀 청소구를 너무 자주 좌우로 기울이면 물이 소량 새어 나올 수 있습니다. • 걸레가 많이 젖었으므로 걸레를 교체해 주세요.
악취 발생	• 제품 기능상의 문제는 아니므로 고장이 아닙니다. • 먼지통 및 필터를 교체해 주세요. • 스팀 청소구의 물통 등 청결 상태를 확인해 주세요.
소음 발생	• 흡입구, 호스, 먼지통, 먼지분리기에 크기가 큰 이물질이 걸려 있는지 확인해 주세요. • 먼지통, 먼지분리기, 필터의 조립 상태를 확인해 주세요.

46 다음 중 청소 유형별 청소기 사용 방법에 대한 설명으로 옳지 않은 것은?

① 기본형 청소구로 카펫 청소가 가능하다.

② 스팀 청소 직후 통을 분리하면 화상의 위험이 있다.

③ 기본형 청소구를 이용하여 좁은 틈새를 청소할 수 있다.

④ 안전 스위치를 1회 누르면 별도의 외부 입력 없이 스팀을 지속하여 발생시킬 수 있다.

⑤ 스팀 청소 시 물 보충 및 걸레 부착 작업은 반드시 전원을 분리한 상태에서 진행해야 한다.

47 다음 중 고장 유형별 고객 확인 사항이 옳지 않은 것은?

① 물 보충 램프 깜빡임 : 잠시 기다리기

② 악취 발생 : 스팀 청소구의 청결 상태 확인하기

③ 흡입력 약화 : 먼지통, 먼지분리기, 필터 교체하기

④ 바닥에 물이 남음 : 물통에 물이 너무 많이 있는지 확인하기

⑤ 소음 발생 : 흡입구, 호스, 먼지통, 먼지분리기의 이물질 걸림 확인하기

48 다음 중 동료의 피드백을 장려하기 위한 방안으로 적절하지 않은 것은?

① 행동과 수행을 관찰한다.

② 즉각적인 피드백을 제공한다.

③ 뛰어난 수행성과에 대해서는 인정한다.

④ 간단하고 분명한 목표와 우선순위를 설정한다.

⑤ 긍정적인 상황에서는 피드백을 자제하는 것도 나쁘지 않다.

49 다음 중 내적 동기를 유발하는 방법으로 적절하지 않은 것은?

① 변화를 두려워하지 않는다.

② 업무 관련 교육을 생략한다.

③ 주어진 일에 책임감을 갖는다.

④ 창의적인 문제해결법을 찾는다.

⑤ 새로운 도전의 기회를 부여한다.

50 다음은 갈등 정도와 조직 성과의 관계에 대한 그래프이다. 이에 대한 설명으로 옳지 않은 것은?

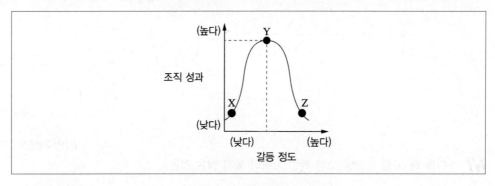

① 적절한 갈등이 있을 경우 가장 높은 조직 성과를 얻을 수 있다.

② 갈등이 없을수록 조직 내부가 결속되어 높은 조직 성과를 보인다.

③ Y점에서는 갈등의 순기능, Z점에서는 갈등의 역기능이 작용한다.

④ 갈등이 없을 경우 낮은 조직 성과를 얻을 수 있다.

⑤ 갈등이 잦을 경우 낮은 조직 성과를 얻을 수 있다.

01	경영

┃ 코레일 한국철도공사

01 다음 중 테일러의 과학적 관리법과 관계가 없는 것은?

① 시간연구   ② 동작연구

③ 동등 성과급제   ④ 과업관리

⑤ 표준 작업조건

┃ 코레일 한국철도공사

02 다음 중 근로자가 직무능력 평가를 위해 개인능력평가표를 활용하는 제도는?

① 자기신고제도   ② 직능자격제도

③ 평가센터제도   ④ 직무순환제도

⑤ 기능목록제도

┃ 코레일 한국철도공사

03 다음 중 데이터베이스 마케팅에 대한 설명으로 옳지 않은 것은?

① 기업 규모와 관계없이 모든 기업에서 활용이 가능하다.

② 기존 고객의 재구매를 유도하며, 장기적인 마케팅 전략 수립이 가능하다.

③ 인구통계, 심리적 특성, 지리적 특성 등을 파악하여 고객별 맞춤 서비스가 가능하다.

④ 단방향 의사소통으로 고객과 1 : 1 관계를 구축하여 즉각적으로 반응을 확인할 수 있다.

⑤ 고객자료를 바탕으로 고객 및 매출 증대에 대한 마케팅 전략을 실행하는 데 목적이 있다.

04 다음 중 공정성 이론에서 절차적 공정성에 해당하지 않는 것은?

① 접근성   ② 반응속도

③ 형평성   ④ 유연성

⑤ 적정성

05 다음 중 e-비즈니스 기업의 장점으로 옳지 않은 것은?

① 빠른 의사결정을 진행할 수 있다.

② 양질의 고객서비스를 제공할 수 있다.

③ 배송, 물류비 등 각종 비용을 절감할 수 있다.

④ 소비자에게 더 많은 선택권을 부여할 수 있다.

⑤ 기업이 더 높은 가격으로 제품을 판매할 수 있다.

06 다음 중 조직시민행동에 대한 설명으로 옳지 않은 것은?

① 조직 구성원이 수행하는 행동에 대해 의무나 보상이 존재하지 않는다.

② 조직 구성원의 자발적인 참여가 바탕이 되며, 대부분 강제적이지 않다.

③ 조직 내 바람직한 행동을 유도하고, 구성원의 조직 참여도를 제고한다.

④ 조직 구성원의 처우가 좋지 않을수록 조직시민행동은 자발적으로 일어난다.

⑤ 조직의 리더가 구성원으로부터 신뢰를 받을 때 구성원의 조직시민행동이 크게 증가한다.

07 다음 중 분배적 협상의 특징으로 옳지 않은 것은?

① 협상에 따른 이익을 정해진 비율로 분배한다.

② 정보를 숨겨 필요한 정보만 선택적으로 활용한다.

③ 협상을 통해 공동의 이익을 확대(Win – Win)한다.

④ 상호 목표 배치 시 자기의 입장을 명확히 주장한다.

⑤ 간부회의, 밀실회의 등을 통한 의사결정을 주로 진행한다.

08 다음 글에서 설명하는 직무분석방법은?

> • 여러 직무활동을 동시에 기록할 수 있다.
> • 직무활동 전체의 모습을 파악할 수 있다.
> • 직무성과가 외형적일 때 적용이 가능하다.

① 관찰법   ② 면접법
③ 워크 샘플링법   ④ 질문지법
⑤ 연구법

09 다음 중 전문품에 대한 설명으로 옳지 않은 것은?

① 가구, 가전제품 등이 해당된다.
② 제품의 가격이 상대적으로 비싼 편이다.
③ 특정 브랜드에 대한 높은 충성심이 나타난다.
④ 충분한 정보 제공 및 차별화가 중요한 요소로 작용한다.
⑤ 소비자가 해당 브랜드에 대한 충분한 지식이 없는 경우가 많다.

10 다음 중 연속생산에 대한 설명으로 옳은 것은?

① 단위당 생산원가가 낮다.
② 운반비용이 많이 소요된다.
③ 제품의 수명이 짧은 경우 적합한 방식이다.
④ 제품의 수요가 다양한 경우 적합한 방식이다.
⑤ 작업자의 숙련도가 떨어질 경우 작업에 참여시키지 않는다.

11 다음 중 주식 관련 상품에 대한 설명으로 옳지 않은 것은?

① ELF : ELS와 ELD의 중간 형태로, ELS를 기초 자산으로 하는 펀드를 말한다.

② ELB : 채권, 양도성 예금증서 등 안전자산에 주로 투자하며, 원리금이 보장된다.

③ ELD : 수익률이 코스피200지수에 연동되는 예금으로, 주로 정기예금 형태로 판매한다.

④ ELS : 주가지수 또는 종목의 주가 움직임에 따라 수익률이 결정되며, 만기가 없는 증권이다.

⑤ ELT : ELS를 특정금전신탁 계좌에 편입하는 신탁상품으로, 투자자의 의사에 따라 운영한다.

12 다음 중 인사와 관련된 이론에 대한 설명으로 옳지 않은 것은?

① 로크는 인간이 합리적으로 행동한다는 가정에서 개인이 의식적으로 얻으려고 설정한 목표가 동기와 행동에 영향을 미친다고 주장하였다.

② 브룸은 동기 부여에 대해 기대이론을 적용하여 기대감, 적합성, 신뢰성을 통해 구성원의 직무에 대한 동기 부여를 결정한다고 주장하였다.

③ 매슬로는 욕구의 위계를 생리적 욕구, 안전의 욕구, 애정과 공감의 욕구, 존경의 욕구, 자아실현의 욕구로 나누어 단계별로 욕구가 작용한다고 설명하였다.

④ 맥그리거는 인간의 본성에 대해 부정적인 관점인 X이론과 긍정적인 관점인 Y이론이 있으며, 경영자는 조직목표 달성을 위해 근로자의 본성(X, Y)을 파악해야 한다고 주장하였다.

⑤ 허즈버그는 욕구를 동기요인과 위생요인으로 나누었으며, 동기요인에는 인정감, 성취, 성장 가능성, 승진, 책임감, 직무 자체가 해당되고, 위생요인에는 보수, 대인관계, 감독, 직무안정성, 근무환경, 회사의 정책 및 관리가 해당된다.

13 다음 글에 해당하는 마케팅 STP 단계는?

> • 서로 다른 욕구를 가지고 있는 다양한 고객들을 하나의 동질적인 고객집단으로 나눈다.
> • 인구, 지역, 사회, 심리 등을 기준으로 활용한다.
> • 전체시장을 동질적인 몇 개의 하위시장으로 구분하여 시장별로 차별화된 마케팅을 실행한다.

① 시장세분화 ② 시장매력도 평가

③ 표적시장 선정 ④ 포지셔닝

⑤ 재포지셔닝

14 다음 중 BCG 매트릭스에 대한 설명으로 옳지 않은 것은?

① X축은 상대적 시장 점유율, Y축은 성장률을 의미한다.

② 1970년대 미국 보스턴컨설팅그룹에 의해 개발된 경영전략 분석기법이다.

③ 수익이 많고 안정적이어서 현상을 유지하는 것이 필요한 사업은 스타(Star)이다.

④ 물음표(Question Mark), 스타(Star), 현금젖소(Cash Cow), 개(Dog)의 4개 영역으로 구성된다.

15 다음 중 변혁적 리더십의 특성으로 옳지 않은 것은?

① 구성원들은 리더가 이상적이며 높은 수준의 기준과 능력을 지니고 있다고 생각한다.

② 리더는 구성원 모두가 공감할 수 있는 바람직한 목표를 설정하고, 그들이 이를 이해하도록 한다.

③ 리더는 구성원들의 생각, 가치, 신념 등을 발전시키고, 그들이 창의적으로 행동하도록 이끈다.

④ 구성원들을 리더로 얼마나 육성했는지보다 구성원의 성과 측정을 통해 객관성을 가질 수 있다는 효과가 있다.

16 다음 중 변혁적 리더십의 구성요소에 해당하지 않는 것은?

① 감정적 치유   ② 카리스마
③ 영감적 동기화   ④ 지적 자극

17 다음 중 매트릭스 조직의 단점으로 옳지 않은 것은?

① 책임, 목표, 평가 등에 대한 갈등이 유발되어 혼란을 줄 수 있다.

② 관리자 및 구성원 모두에게 역할 등에 대한 스트레스를 유발할 수 있다.

③ 힘의 균형을 유지하기 어려워 경영자의 개입이 빈번하게 일어날 수 있다.

④ 구성원의 창의력을 저해하고, 문제해결에 필요한 전문지식이 부족할 수 있다.

18 다음 중 가치사슬 분석을 통해 얻을 수 있는 효과로 옳지 않은 것은?

① 프로세스 혁신　　　　　　　　② 원가 절감
③ 매출 확대　　　　　　　　　　④ 품질 향상

19 다음 K기업 재무회계 자료를 참고할 때, 기초부채를 계산하면 얼마인가?

> • 기초자산 : 100억 원
> • 기말자본 : 65억 원
> • 총수익 : 35억 원
> • 총비용 : 20억 원

① 30억 원　　　　　　　　　　② 40억 원
③ 50억 원　　　　　　　　　　④ 60억 원

20 다음 중 ERG 이론에 대한 설명으로 옳지 않은 것은?

① 매슬로의 욕구 5단계설을 발전시켜 주장한 이론이다.
② 인간의 욕구를 중요도 순으로 계층화하여 정의하였다.
③ 인간의 욕구를 존재욕구, 관계욕구, 성장욕구의 3단계로 나누었다.
④ 상위에 있는 욕구를 충족시키지 못하면 하위에 있는 욕구는 더욱 크게 감소한다.

21 다음 중 기업이 사업 다각화를 추진하는 목적으로 볼 수 없는 것은?

① 기업의 지속적인 성장 추구　　　② 사업위험 분산
③ 유휴자원의 활용　　　　　　　④ 기업의 수익성 강화

22 다음 중 종단분석과 횡단분석의 비교가 옳지 않은 것은?

구분	종단분석	횡단분석
방법	시간적	공간적
목표	특성이나 현상의 변화	집단의 특성 또는 차이
표본 규모	큼	작음
횟수	반복	1회

① 방법
② 목표
③ 표본 규모
④ 횟수

23 다음 중 향후 채권이자율이 시장이자율보다 높아질 것으로 예상될 때 나타날 수 있는 현상으로 옳은 것은?

① 1년 만기 은행채, 장기신용채 등의 발행이 늘어난다.
② 만기에 가까워질수록 채권가격 상승에 따른 이익을 얻을 수 있다.
③ 채권가격이 액면가보다 높은 가격에 거래되는 할증채 발행이 증가한다.
④ 별도의 이자 지급 없이 채권발행 시 이자금액을 공제하는 방식을 선호하게 된다.

24 다음 중 BCG 매트릭스에 대한 설명으로 옳은 것은?

① 스타(Star) 사업 : 높은 시장점유율로 현금창출은 양호하나, 성장 가능성은 낮은 사업이다.
② 현금젖소(Cash Cow) 사업 : 성장 가능성과 시장점유율이 모두 낮아 철수가 필요한 사업이다.
③ 개(Dog) 사업 : 성장 가능성과 시장점유율이 모두 높아서 계속 투자가 필요한 유망 사업이다.
④ 물음표(Question Mark) 사업 : 신규 사업 또는 현재 시장점유율은 낮으나, 향후 성장 가능성이 높은 사업이다.

25 다음 중 테일러의 과학적 관리법의 특징에 대한 설명으로 옳지 않은 것은?

① 작업량에 따라 임금을 차등하여 지급한다.
② 작업능률을 최대로 높이기 위하여 노동의 표준량을 정한다.
③ 관리에 대한 전문화를 통해 노동자의 태업을 사전에 방지한다.
④ 작업에 사용하는 도구 등을 개별 용도에 따라 다양하게 제작하여 성과를 높인다.

┃ 서울교통공사

01 다음 중 수요의 가격탄력성에 대한 설명으로 옳지 않은 것은?

① 수요의 가격탄력성은 가격의 변화에 따른 수요의 변화를 의미한다.
② 분모는 상품 가격의 변화량을 상품 가격으로 나눈 값이다.
③ 대체재가 많을수록 수요의 가격탄력성은 탄력적이다.
④ 가격이 1% 상승할 때 수요가 2% 감소하였으면 수요의 가격탄력성은 2이다.
⑤ 가격탄력성이 0보다 크면 탄력적이라고 할 수 있다.

┃ 서울교통공사

02 다음 중 대표적인 물가지수인 GDP 디플레이터를 구하는 계산식으로 옳은 것은?

① (실질 GDP)÷(명목 GDP)×100
② (명목 GDP)÷(실질 GDP)×100
③ (실질 GDP)+(명목 GDP)÷2
④ (명목 GDP)−(실질 GDP)÷2
⑤ (실질 GDP)÷(명목 GDP)×2

┃ 서울교통공사

03 다음 〈조건〉을 참고할 때, 한계소비성향(MPC) 변화에 따른 현재 소비자들의 소비 변화폭은?

조건
• 기존 소비자들의 연간 소득은 3,000만 원이며, 한계소비성향은 0.6을 나타내었다.
• 현재 소비자들의 연간 소득은 4,000만 원이며, 한계소비성향은 0.7을 나타내었다.

① 700   ② 1,100
③ 1,800   ④ 2,500
⑤ 3,700

04 다음 중 빈칸에 들어갈 단어가 바르게 짝지어진 것은?

> • 환율이 ___㉠___ 하면 순수출이 증가한다.
> • 국내이자율이 높아지면 환율은 ___㉡___ 한다.
> • 국내물가가 오르면 환율은 ___㉢___ 한다.

	㉠	㉡	㉢
①	하락	상승	하락
②	하락	상승	상승
③	하락	하락	하락
④	상승	하락	상승
⑤	상승	하락	하락

05 다음 중 독점적 경쟁시장에 대한 설명으로 옳지 않은 것은?

① 독점적 경쟁시장은 완전경쟁시장과 독점시장의 중간 형태이다.
② 대체성이 높은 제품의 공급자가 시장에 다수 존재한다.
③ 시장진입과 퇴출이 자유롭다.
④ 독점적 경쟁기업의 수요곡선은 우하향하는 형태를 나타낸다.
⑤ 가격경쟁이 비가격경쟁보다 활발히 진행된다.

06 다음 중 고전학파와 케인스학파에 대한 설명으로 옳지 않은 것은?

① 케인스학파는 경기가 침체할 경우, 정부의 적극적 개입이 바람직하지 않다고 주장하였다.
② 고전학파는 임금이 매우 신축적이어서 노동시장이 항상 균형상태에 이르게 된다고 주장하였다.
③ 케인스학파는 저축과 투자가 국민총생산의 변화를 통해 같아지게 된다고 주장하였다.
④ 고전학파는 실물경제와 화폐를 분리하여 설명한다.
⑤ 케인스학파는 단기적으로 화폐의 중립성이 성립하지 않는다고 주장하였다.

07 다음 사례에서 나타나는 현상으로 옳은 것은?

> • 물은 사용 가치가 크지만 교환 가치가 작은 반면, 다이아몬드는 사용 가치가 작지만 교환 가치는
>   크게 나타난다.
> • 한계효용이 작을수록 교환 가치가 작으며, 한계효용이 클수록 교환 가치가 크다.

① 매몰비용의 오류　　　　　　　　　② 감각적 소비
③ 보이지 않는 손　　　　　　　　　　④ 가치의 역설
⑤ 희소성

08 다음 자료를 참고하여 실업률을 구하면 얼마인가?

> • 생산가능인구 : 50,000명
> • 취업자 : 20,000명
> • 실업자 : 5,000명

① 10%　　　　　　　　　　　　　　② 15%
③ 20%　　　　　　　　　　　　　　④ 25%
⑤ 30%

09 J기업이 다음 〈조건〉과 같이 생산량을 늘린다고 할 때, 한계비용은 얼마인가?

> **조건**
> • J기업의 제품 1단위당 노동가격은 4, 자본가격은 6이다.
> • J기업은 제품 생산량을 50개에서 100개로 늘리려고 한다.
> • 평균비용 $P = 2L + K + \dfrac{100}{Q}$ (L : 노동가격, K : 자본가격, Q : 생산량)

① 10　　　　　　　　　　　　　　　② 12
③ 14　　　　　　　　　　　　　　　④ 16

10 다음은 A국과 B국이 노트북 1대와 TV 1대를 생산하는 데 필요한 작업 시간을 나타낸 자료이다. A국과 B국의 비교우위에 대한 설명으로 옳은 것은?

구분	노트북	TV
A국	6시간	8시간
B국	10시간	8시간

① A국이 노트북, TV 생산 모두 비교우위에 있다.

② B국이 노트북, TV 생산 모두 비교우위에 있다.

③ A국은 노트북 생산, B국은 TV 생산에 비교우위가 있다.

④ A국은 TV 생산, B국은 노트북 생산에 비교우위가 있다.

11 다음 중 다이내믹 프라이싱에 대한 설명으로 옳지 않은 것은?

① 동일한 제품과 서비스에 대한 가격을 시장 상황에 따라 변화시켜 적용하는 전략이다.

② 호텔, 항공 등의 가격을 성수기 때 인상하고, 비수기 때 인하하는 것이 대표적인 예이다.

③ 기업은 소비자별 맞춤형 가격을 통해 수익을 극대화할 수 있다.

④ 소비자 후생이 증가해 소비자의 만족도가 높아진다.

12 다음 〈보기〉 중 빅맥 지수에 대한 설명으로 옳은 것을 모두 고르면?

> **보기**
> ㉠ 빅맥 지수를 최초로 고안한 나라는 미국이다.
> ㉡ 각 나라의 물가수준을 비교하기 위해 고안된 지수로, 구매력 평가설을 근거로 한다.
> ㉢ 맥도날드 빅맥 가격을 기준으로 한 이유는 전 세계에서 가장 동질적으로 판매되고 있는 상품이기 때문이다.
> ㉣ 빅맥 지수를 구할 때 빅맥 가격은 제품 가격과 서비스 가격의 합으로 계산한다.

① ㉠, ㉡   ② ㉠, ㉢

③ ㉡, ㉢   ④ ㉡, ㉣

13 다음 중 확장적 통화정책의 영향으로 옳은 것은?

① 건강보험료가 인상되어 정부의 세금 수입이 늘어난다.

② 이자율이 하락하고, 소비 및 투자가 감소한다.

③ 이자율이 상승하고, 환율이 하락한다.

④ 은행이 채무불이행 위험을 줄이기 위해 더 높은 이자율과 담보 비율을 요구한다.

14 다음 중 노동의 수요공급곡선에 대한 설명으로 옳지 않은 것은?

① 노동 수요는 파생수요라는 점에서 재화시장의 수요와 차이가 있다.

② 상품 가격이 상승하면 노동 수요곡선은 오른쪽으로 이동한다.

③ 토지, 설비 등이 부족하면 노동 수요곡선은 오른쪽으로 이동한다.

④ 노동에 대한 인식이 긍정적으로 변화하면 노동 공급곡선은 오른쪽으로 이동한다.

15 다음 〈조건〉에 따라 S씨가 할 수 있는 최선의 선택은?

```
조건
```
• S씨는 퇴근 후 운동을 할 계획으로 헬스, 수영, 자전거, 달리기 중 하나를 고르려고 한다.
• 각 운동이 주는 만족도(이득)는 헬스 5만 원, 수영 7만 원, 자전거 8만 원, 달리기 4만 원이다.
• 각 운동에 소요되는 비용은 헬스 3만 원, 수영 2만 원, 자전거 5만 원, 달리기 3만 원이다.

① 헬스   ② 수영
③ 자전거   ④ 달리기

PART 1

직업기초능력평가

CHAPTER 01   의사소통능력

CHAPTER 02   자원관리능력

CHAPTER 03   수리능력

CHAPTER 04   조직이해능력

CHAPTER 05   문제해결능력

의사소통능력

합격 Cheat Key

의사소통능력은 평가하지 않는 공사·공단이 없을 만큼 필기시험에서 중요도가 높은 영역으로, 세부 유형은 문서 이해, 문서 작성, 의사 표현, 경청, 기초 외국어로 나눌 수 있다. 문서 이해·문서 작성과 같은 지문에 대한 주제 찾기, 내용 일치 문제의 출제 비중이 높으며, 문서의 특성을 파악하는 문제도 출제되고 있다.

1 문제에서 요구하는 바를 먼저 파악하라!

의사소통능력에서 가장 중요한 것은 제한된 시간 안에 빠르고 정확하게 답을 찾아내는 것이다. 의사소통능력에서는 지문이 아니라 문제가 주인공이므로 지문을 보기 전에 문제를 먼저 파악해야 하며, 문제에 따라 전략적으로 빠르게 풀어내는 연습을 해야 한다.

2 잠재되어 있는 언어 능력을 발휘하라!

세상에 글은 많고 우리가 학습할 수 있는 시간은 한정적이다. 이를 극복할 수 있는 방법은 다양한 글을 접하는 것이다. 실제 시험장에서 어떤 내용의 지문이 나올지 아무도 예측할 수 없으므로 평소에 신문, 소설, 보고서 등 여러 글을 접하는 것이 필요하다.

3 **상황을 가정하라!**

업무 수행에 있어 상황에 따른 언어 표현은 중요하다. 같은 말이라도 상황에 따라 다르게 해석될 수 있기 때문이다. 그런 의미에서 자신의 의견을 효과적으로 전달할 수 있는 능력을 평가하는 것이다. 업무를 수행하면서 발생할 수 있는 여러 상황을 가정하고 그에 따른 올바른 언어표현을 정리하는 것이 필요하다.

4 **말하는 이의 입장에서 생각하라!**

잘 듣는 것 또한 하나의 능력이다. 상대방의 이야기에 귀 기울이고 공감하는 태도는 업무를 수행하는 관계 속에서 필요한 요소이다. 그런 의미에서 다양한 상황에서 듣는 능력을 평가하는 것이다. 말하는 이가 요구하는 듣는 이의 태도를 파악하고, 이에 따른 판단을 할 수 있도록 언제나 말하는 사람의 입장이 되는 연습이 필요하다.

01 문서 내용 이해

| 유형분석 |

- 주어진 지문을 읽고 선택지를 고르는 전형적인 독해 문제이다.
- 지문은 주로 신문기사(보도자료 등)나 업무 보고서, 시사 등이 제시된다.
- 공사공단에 따라 자사와 관련된 내용의 기사나 법조문, 보고서 등이 출제되기도 한다.

K씨는 성장기인 아들의 수면습관을 바로 잡기 위해 수면습관에 관련된 글을 찾아보았다. 다음 글을 읽고 이해한 내용으로 적절하지 않은 것은?

> 수면은 비렘(non – REM)수면과 렘수면으로 이뤄진 사이클이 반복되면서 이뤄지는 복잡한 신경계의 상호작용이며, 좋은 수면이란 이 사이클이 끊어지지 않고 충분한 시간 동안 유지되도록 하는 것이다. 수면 패턴은 일정한 것이 좋으며, 깨는 시간을 지키는 것이 중요하다. 그리고 수면 패턴은 휴일과 평일 모두 일정하게 지키는 것이 성장하는 아이들의 수면 리듬을 유지하는 데 좋다. 수면 상태에서 깨어날 때 영향을 주는 자극들은 '빛, 식사 시간, 운동, 사회 활동' 등이 있으며, 이 중 가장 강한 자극은 '빛'이다. 침실을 밝게 하는 것은 적절한 수면 자극을 방해하는 것이다. 반대로 깨어날 때 강한 빛 자극을 주면 수면 상태에서 빠르게 벗어날 수 있다. 이는 뇌의 신경 전달 물질인 멜라토닌의 농도와 연관되어 나타나는 현상이다. 수면 중 최대치로 올라간 멜라토닌은 시신경이 강한 빛에 노출되면 빠르게 줄어들게 되는데, 이때 수면 상태에서 벗어나게 된다. 아침 일찍 일어나 커튼을 젖히고 밝은 빛이 침실 안으로 들어오게 하는 것은 매우 효과적인 각성 방법인 것이다.

① 잠에서 깨는 데 가장 강력한 자극을 주는 것은 빛이었구나.
② 멜라토닌의 농도에 따라 수면과 각성이 영향을 받는군.
③ 평일에 잠이 모자란 우리 아들은 잠을 보충해줘야 하니까 휴일에 늦게까지 자도록 둬야겠다.
④ 좋은 수면은 비렘수면과 렘수면의 사이클이 충분한 시간 동안 유지되도록 하는 것이구나.
⑤ 우리 아들 침실이 좀 밝은 편이니 충분한 수면을 위해 암막커튼을 달아줘야겠어.

정답 ③
수면 패턴은 휴일과 평일 모두 일정하게 지키는 것이 성장하는 아이들의 수면 리듬을 유지하는 데 좋다. 따라서 휴일에 늦잠을 자는 것은 적절하지 않다.

풀이 전략!
주어진 선택지에서 키워드를 체크한 후, 지문의 내용과 비교해 가면서 내용의 일치 유무를 빠르게 판단한다.

01   다음 글의 내용으로 가장 적절한 것은?

사람의 키는 주로 다리뼈의 길이에 의해서 결정된다. 다리뼈는 뼈대와 뼈끝판, 그리고 뼈끝으로 구성되어 있다. 막대기 모양의 뼈대는 뼈 형성세포인 조골세포를 가지고 있다. 그리고 뼈끝은 다리뼈의 양쪽 끝 부분이며 뼈끝과 뼈대의 사이에는 여러 개의 연골세포층으로 구성된 뼈끝판이 있다. 뼈끝판의 세포층 중 뼈끝과 경계면에 있는 세포층에서만 세포분열이 일어난다.

연골세포의 세포분열이 일어날 때, 뼈대 쪽에 가장 가깝게 있는 연골세포의 크기가 커지면서 뼈끝판이 두꺼워진다. 크기가 커진 연골세포는 결국 죽으면서 빈 공간을 남기고 이렇게 생긴 공간이 뼈대에 있는 조골세포로 채워지면서 뼈가 형성된다. 이 과정을 되풀이하면서 뼈끝판이 두꺼워지는 만큼 뼈대의 길이 성장이 일어나는데, 이는 연골세포의 분열이 계속되는 한 지속된다.

사춘기 동안 뼈의 길이 성장에는 여러 호르몬이 관여하는데, 이 중 뇌에서 분비하는 성장호르몬은 직접 뼈에 작용하여 뼈를 성장시킨다. 또한 성장호르몬은 간세포에 작용하여 뼈의 길이 성장 과정 전체를 촉진하는 성장인자를 분비하도록 한다. 이외에도 갑상샘 호르몬과 남성호르몬인 안드로겐도 뼈의 길이 성장에 영향을 미친다. 성장호르몬이 뼈에 작용하기 위해서는 갑상샘 호르몬의 작용이 있어야 하기 때문에 갑상샘 호르몬은 뼈의 성장에 중요한 요인이다. 안드로겐은 뼈의 성장을 촉진함으로써 사춘기 남자의 급격한 성장에 일조한다. 부신에서 분비되는 안드로겐은 이 시기에 나타나는 뼈의 길이 성장에 관여한다. 하지만 사춘기가 끝날 때, 안드로겐은 뼈끝판 전체에서 뼈가 형성되도록 하여 뼈의 길이 성장을 정지시킨다. 결국 사춘기 이후에는 호르몬에 의한 뼈의 길이 성장이 일어나지 않는다.

① 사춘기 이후에 뼈의 길이가 성장하였다면, 호르몬이 그 원인이다.

② 사람의 키를 결정짓는 다리뼈는 연골세포의 분열로 인해 성장하게 된다.

③ 뼈끝판의 세포층 중 뼈대와 경계면에 있는 세포층에서만 세포분열이 일어난다.

④ 뼈의 성장을 촉진시키는 호르몬인 안드로겐은 남성호르몬으로서, 여자에게서는 생성되지 않는다.

⑤ 성장호르몬은 간세포에 작용하여 뼈 성장을 촉진하는 성장인자를 분비하는 등 뼈 성장에 간접적으로 도움을 준다.

02 다음 중 통합환경 관리제도에 대한 설명으로 가장 적절한 것은?

효율적으로 환경오염을 막는 방법

올해 1월부터 시행 중인 '통합환경 관리제도'는 최신 과학기술에 기반을 둔 스마트한 대책으로 평가받고 있다. 대기, 수질, 토양 등 개별적으로 이루어지던 관리 방식을 하나로 통합해 환경오염물질이 다른 분야로 전이되는 것을 막는 것이다. 유럽연합을 비롯해 세계 각국에서 운영하는 효율적인 환경수단을 우리나라의 현실과 특성에 맞게 설계한 점이 특징이다.

관리방식의 통합이 가져온 변화는 크다. 먼저 대기배출시설, 수질오염배출시설 등 총 10종에 이르는 인허가는 통합허가 1종으로 줄었고, 관련 서류도 통합환경 허가시스템을 통해 온라인으로 간편하게 제출할 수 있다. 사업장별로 지역 맞춤형 허가기준을 부여해 5~8년마다 주기적으로 검토하며 단속과 적발 위주였던 사후관리가 정밀점검과 기술 진단 방식으로 전환됐다. 또한, 통합환경 관리 운영을 위한 참고문서인 최적가용기법(BREF)을 보급해 사업장이 자발적으로 환경 관리와 관련 허가에 사용할 수 있도록 돕는다.

H공사는 환경전문심사원으로 지정돼 통합환경 계획서 검토, 통합관리사업장 현장 확인 및 오염물질 배출 여부 확인 등 제도가 원활하게 시행되도록 지원할 계획이다. 통합환경 관리제도와 통합환경 허가시스템에 관한 문의가 있다면 통합허가 지원센터에서 상담받을 수 있다. 환경을 종합적으로 관리하면서 환경을 개선하고 자원을 효율적으로 이용할 수 있는 통합환경 관리제도에 많은 기업이 자발적으로 참여함으로써 환경과 산업의 상생이 실현되고 있다.

① 통합허가 관련 서류는 온라인으로도 제출할 수 있다.
② 관리방식의 통합은 총 10종에 이르는 인허가를 3종으로 줄였다.
③ 사업장별로 업종 맞춤형 허가기준을 부여해 10년마다 주기적으로 검토한다.
④ 사업장에 최적가용기법을 보급해 사업장이 공공기관을 통해 환경 관리 교육을 받을 수 있도록 한다.
⑤ 통합환경 관리제도는 통합적으로 이루어지던 관리 방식을 대기, 수질, 토양으로 분리해 환경오염 물질이 다른 분야로 전이되는 것을 막기 위해 만들어졌다.

03 다음 글의 내용으로 적절하지 않은 것은?

> 인천은 예로부터 해상활동의 중심지였다. 지리적으로 한양과 인접해 있을 뿐 아니라 가깝게는 강화, 서산, 수원, 태안, 개성 등지와 멀리는 충청, 황해, 평안, 전라지방으로부터 온갖 지역 생산품이 모이는 곳이었다. 즉, 상권이 전국에 미치는 매우 중요한 지역이었으며 갑오개혁 이후에는 일본군, 관료, 상인들이 한양으로 들어오는 관문이었다.
>
> 현재 인천광역시 옥련동에 남아 있는 능허대는 백제가 당나라와 교역했던 사실을 말해주는 대표적인 유적이다. 고구려 역시 광개토대왕 이래 남진정책을 펼치면서 경기만을 활용해 해상활동을 활발하게 전개했고, 이를 국가 발전의 원동력으로 삼았다. 고려는 황해를 무대로 한 해상세력이 건국한 국가였으므로 인천을 비롯한 경기만은 송나라는 물론 이슬람 권역과 교역하는 주요거점이 되었다. 조선시대 인천은 조운선의 중간 기착지였다. 이처럼 고대로부터 인천지역이 해상교역에서 중요한 역할을 담당했던 것은 한반도의 허리이자, 황해의 핵심적 위치에 자리하고 있기 때문이었다.
>
> 인천항의 근대 산업항으로서의 역사는 1883년 개항에 의해 본격적으로 시작된다. 그 무렵 인천 도호부는 인구 4,700여 명의 작은 마을이었다. 비록 외세에 의한 강제적 개항이며 식민지 찬탈의 창구였으나, 1900년대 초 인천은 우리나라 무역총액의 50%를 담당하는 국내 대표항구로서 자리 잡게 되었다. 그리고 이후 우리나라 근대화와 산업화를 이끈 주역으로 역할을 수행하게 된다.

① 인천은 지리적 특성으로 해상활동의 중심지였다.

② 능허대는 백제의 국내 교역이 활발했음을 말해주는 대표적인 유적이다.

③ 광개토대왕은 경기만을 이용한 해상활동으로 국가를 발전시킬 수 있었다.

④ 인천은 조선시대에 조운선의 중간 기착지로 활용되었다.

⑤ 근대 산업항으로서의 인천항은 외세에 의한 강제적 개항으로 시작되었다.

04 다음 글을 이해한 내용으로 가장 적절한 것은?

개인의 합리성과 사회의 합리성은 병행할 수 있을까? 이 문제와 관련하여 고전 경제학에서는 개인이 합리적으로 행동하면 사회 전체적으로도 합리적인 결과를 얻을 수 있다고 말한다. 물론 여기에서 '합리성'이란 여러 가지 가능한 대안 가운데 효용의 극대화를 추구하는 방향으로 선택을 한다는 의미의 경제적 합리성을 의미한다. 따라서 개인이 최대한 자신의 이익에 충실하면 모든 자원이 효율적으로 분배되어 사회적으로도 이익이 극대화된다는 것이 고전 경제학의 주장이다.

그러나 개인의 합리적 선택이 반드시 사회적인 합리성으로 연결되지 못한다는 주장도 만만치 않다. 이른바 '죄수의 딜레마' 이론에서는 서로 의사소통을 할 수 없도록 격리된 두 용의자가 각각의 수준에서 가장 합리적으로 내린 선택이 오히려 집합적인 결과에서는 두 사람 모두에게 비합리적인 결과를 초래할 수 있다고 설명하고 있다. 즉, 다른 사람을 고려하지 않고 자신의 이익만을 추구하는 개인적 차원의 합리성만을 강조하면, 오히려 사회 전체적으로는 비합리적인 결과를 초래할 수 있다는 것이다. 죄수의 딜레마 이론을 지지하는 쪽에서는 심각한 환경오염 등 우리 사회에 존재하는 문제의 대부분을 이 이론으로 설명한다.

일부 경제학자들은 이러한 주장에 대하여 강하게 반발한다. 그들은 죄수의 딜레마 현상이 보편적인 현상이라면, 우리 주위에서 흔히 발견할 수 있는 협동은 어떻게 설명할 수 있느냐고 반문한다. 사실 우리 주위를 돌아보면, 사람들은 의외로 약간의 손해를 감수하더라도 협동을 하는 모습을 곧잘 보여 주곤 한다. 그들은 이런 행동들도 합리성을 들어 설명한다. 안면이 있는 사이에서는 오히려 상대방과 협조를 하는 행동이 장기적으로는 이익이 된다는 것을 알기 때문에 협동을 한다는 것이다. 즉, 협동도 크게 보아 개인적 차원의 합리적 선택이 집합적으로 나타난 결과로 보는 것이다.

그러나 이런 해명에도 불구하고 우리 주변에서는 각종 난개발이 도처에서 자행되고 있으며, 환경오염은 이제 전 지구적으로 만연해 있는 것이 엄연한 현실이다. 자기 집 부근에 도로나 공원이 생기기를 원하면서도 정작 그 비용은 부담하려고 하지 않는다든지, 남에게 해를 끼치는 일인 줄 뻔히 알면서도 쓰레기를 무단 투기하는 등의 행위를 서슴지 않고 한다. '합리적인 개인'이 '비합리적인 사회'를 초래하고 있는 것이다.

그렇다면 죄수의 딜레마와 같은 현상을 극복하고 사회적인 합리성을 확보할 수 있는 방안은 무엇인가? 그것은 개인적으로는 도덕심을 고취하고, 사회적으로는 의사소통 과정을 원활하게 하는 것이라고 할 수 있다. 개인들이 자신의 욕망을 적절하게 통제하고 남을 배려하는 태도를 지니면 죄수의 딜레마 같은 현상에 빠지지 않고도 개인의 합리성을 추구할 수 있을 것이다. 아울러 서로 간의 원활한 의사소통을 통해 공감의 폭을 넓히고 신뢰감을 형성하며, 적절한 의사수렴 과정을 거친다면 개인의 합리성이 보다 쉽게 사회적 합리성으로 이어지는 길이 열릴 것이다.

① 사회의 이익은 개인의 이익을 모두 합한 것이다.
② 사람들은 이기심보다 협동심이 더 강하다.
③ 사회가 기계라면 사회를 이루는 개인은 그 기계의 부속품일 수밖에 없다.
④ 전체 사회를 위해 개인의 희생은 감수할 수밖에 없다.
⑤ 사회적 합리성을 위해서는 개인의 노력만으로는 안 된다.

05 다음 글을 읽고 온실가스·에너지 목표관리제에 대한 설명으로 적절하지 않은 것을 〈보기〉에서 모두 고르면?

> H공사는 지구온난화에 대비하는 전 세계의 흐름에 발맞춰 2010년부터 '온실가스·에너지 목표관리제'를 운영하고 있다. 2030년까지 국가 온실가스 배출전망치(BAU) 대비 37%를 줄이는 것이 목표이다. H공사는 온실가스를 많이 배출하고 에너지 소비가 큰 업체를 매년 관리대상 업체로 지정한다. 또한 온실가스 감축, 에너지 절약 및 이용 효율과 같은 목표를 설정하고 목표 범위 이내로 온실가스 배출량과 에너지 소비량을 줄이도록 지속해서 관리한다.
>
> 관리대상으로 지정된 업체는 온실가스·에너지에 대한 명세서, 목표이행 계획서 및 이행실적 보고서를 매년 제출해야 한다. 별도의 검증기관은 명세서가 정확히 작성됐는지 확인하며 관리업체가 목표를 달성하지 못했을 경우 정부는 과태료를 부과한다. 또한 중앙행정기관, 지자체, 공공기관 등 공공부문에서 소유하거나 임차해 사용하는 건물 및 차량에도 온실가스·에너지 목표관리제가 적용된다.
>
> 공공부문 역시 2030년까지 온실가스를 30% 이상 줄여야 하는 것이 목표이며, 더욱 효과적으로 감축 계획을 이행할 수 있도록 온실가스 감축 기술 진단 및 전문컨설팅, 담당자 역량강화 교육 서비스를 지원해 온실가스를 줄이도록 독려하고 있다.
>
> 현재 온실가스·에너지 목표관리대상은 총 358개, 공공부문 대상기관은 824개 등으로 해마다 느는 추세이다. 민관이 한마음 한뜻이 되어 지구온난화에 대비한 힘찬 발걸음을 시작한 것이 지구의 온도가 1℃ 내려가는 그날이 머잖아 찾아올 것이라 기대되는 이유이다.

> **보기**
>
> ㄱ. 기업체뿐만 아니라 공공부문에서도 온실가스·에너지 목표관리제를 적용한다.
> ㄴ. 온실가스 감축 계획을 효과적으로 진행할 수 있도록 전문적인 교육을 했다.
> ㄷ. 온실가스를 많이 배출하고 에너지 소비가 가장 많이 줄어든 업체를 매년 관리대상 업체로 지정한다.
> ㄹ. 공공부문은 2030년까지 온실가스를 37% 이상 줄이는 것을 목표로 하고 있다.
> ㅁ. 관리대상으로 지정된 업체는 목표이행 계획서를 제출해야 하며, 미달성한 경우 상부 업체는 과태료를 부과한다.

① ㄱ, ㄴ, ㄷ   ② ㄱ, ㄷ, ㄹ
③ ㄴ, ㄷ, ㅁ   ④ ㄴ, ㄹ, ㅁ
⑤ ㄷ, ㄹ, ㅁ

02 글의 주제 · 제목

| 유형분석 |

- 주어진 지문을 파악하여 전달하고자 하는 핵심 주제를 고르는 문제이다.
- 정보를 종합하고 중요한 내용을 구별하는 능력이 필요하다.
- 설명문부터 주장, 반박문까지 다양한 성격의 지문이 제시되므로 글의 성격별 특징을 알아두는 것이 좋다.

다음 글의 주제로 가장 적절한 것은?

표준화된 언어는 의사소통을 효과적으로 하기 위하여 의도적으로 선택해야 할 공용어로서의 가치가 있다. 반면에 방언은 지역이나 계층의 언어와 문화를 보존하고 드러냄으로써 국가 전체의 언어와 문화를 다양하게 발전시키는 토대로서의 가치가 있다. 이러한 의미에서 표준화된 언어와 방언은 상호 보완적인 관계에 있다. 표준화된 언어가 있기에 정확한 의사소통이 가능하며, 방언이 있기에 개인의 언어생활에서나 언어 예술 활동에서 자유롭고 창의적인 표현이 가능하다. 결국 우리는 표준화된 언어와 방언 둘 다의 가치를 인정해야 하며, 발화(發話) 상황(狀況)을 잘 고려해서 표준화된 언어와 방언을 잘 가려서 사용할 줄 아는 능력을 길러야 한다.

① 표준화된 언어는 방언보다 효용가치가 있다.
② 창의적인 예술 활동에서는 방언의 기능이 중요하다.
③ 정확한 의사소통을 위해서는 표준화된 언어가 꼭 필요하다.
④ 표준화된 언어와 방언을 구분할 줄 아는 능력을 길러야 한다.
⑤ 표준화된 언어와 방언에는 각각 독자적인 가치와 역할이 있다.

정답 ⑤

마지막 문장의 '표준화된 언어와 방언 둘 다의 가치를 인정'하고, '잘 가려서 사용할 줄 아는 능력을 길러야 한다.'는 내용을 바탕으로 ⑤와 같은 주제를 이끌어 낼 수 있다.

풀이 전략!

'결국', '즉', '그런데', '그러나', '그러므로' 등의 접속어 뒤에 주제가 드러나는 경우가 많다는 것에 주의하면서 지문을 읽는다.

01 다음 글의 핵심 내용으로 가장 적절한 것은?

> 현대 사회는 대중 매체의 영향을 많이 받는 사회이며, 그중에서도 텔레비전의 영향은 거의 절대적입니다. 언어 또한 텔레비전의 영향을 많이 받습니다. 그런데 텔레비전의 언어는 우리의 언어 습관을 부정적인 방향으로 흐르게 하고 있습니다.
>
> 텔레비전은 시청자들의 깊이 있는 사고보다는 감각적 자극에 호소하는 전달 방식을 사용하고 있습니다. 또 현대 자본주의 사회에서의 텔레비전 방송은 상업주의에 편승하여 대중을 붙잡기 위한 방편으로 쾌락과 흥미 위주의 언어를 무분별하게 사용합니다. 결국 텔레비전은 대중의 이성적 사고 과정을 마비시켜 오염된 언어 습관을 무비판적으로 수용하게 합니다. 그렇기 때문에 언어 사용을 통해 발전시킬 수 있는 상상적 사고를 기대하기 어렵게 하며, 창조적인 언어 습관보다는 단편적인 언어 습관을 갖게 만듭니다.
>
> 따라서 좋은 말 습관의 형성을 위해서는 또 다른 문화 매체가 필요합니다. 이러한 문제의 대안으로 문학 작품의 독서를 제시하려고 합니다. 문학은 작가적 현실을 언어를 매개로 형상화한 예술입니다. 작가적 현실을 작품으로 형상화하기 위해서는 작가의 복잡한 사고 과정을 거치듯이, 작품을 바르게 이해·해석·평가하기 위해서는 독자의 상상적 사고를 거치게 됩니다. 또한 문학은 아름다움을 지향하는 언어 예술로서 정제된 언어를 사용하므로 문학 작품의 감상을 통해 습득된 언어 습관은 아름답고 건전하리라 믿습니다.

① 바른 언어 습관의 형성과 건전하고 창의적인 사고를 위해 텔레비전을 멀리 해야 한다.

② 사고 능력을 기르고 건전한 언어 습관을 길들이기 위해서 문학 작품의 독서가 필요하다.

③ 쾌락과 흥미 위주의 언어 습관을 지양하고 사고 능력을 기를 수 있는 언어 습관을 길러야 한다.

④ 대중 매체가 개인의 언어 습관과 사고 과정에 미치는 영향이 절대적이므로 대중 매체에서 문학작품을 다뤄야 한다.

⑤ 언어는 자신의 사상을 표현하는 매체일 뿐만 아니라 그것을 사용하는 사람의 인격을 가늠하는 척도이므로 바른 언어 습관이 중요하다.

02 다음 기사의 주제로 가장 적절한 것은?

정부는 조직 구성원의 다양성 확보와 포용 사회 구현을 위해 지난 2017년 11월 공공부문 여성 대표성 제고 5개년 계획을 수립하고, 2022년까지 고위공무원 여성의 비율 10%, 공공기관 임원 여성의 비율 20% 달성 등 각 분야의 목표치를 설정하였다.

12개 분야 가운데 고위공무원단은 지난해 목표치인 6.8에 못 미쳤으나, 나머지 11개 분야는 2018년 목표치를 달성했다. 국가직 고위공무원단 여성 비율은 2017년 6.5%에서 2018년 6.7%로 상승했다. 국가직 본부 과장급 공무원 여성 비율은 같은 기간 14.8%에서 17.5%로, 공공기관 임원은 11.8%에서 17.9%로 확대됐다. 여성 국립대 교수는 15.8%에서 16.6%로, 여성 교장·교감은 40.6%에서 42.7%로 늘었다. 또한 여성군인 간부 비율은 5.5%에서 6.2%로 상승했으며, 일반 경찰 중 여성 비율은 10.9%에서 11.7%로, 해경은 11.3%에서 12.0%로 늘었다. 정부위원회 위촉직 여성 참여율은 41.9%까지 높아졌다.

정부는 올해 여성 고위공무원이 없는 중앙부처에 1명 이상의 임용을 추진하고, 범정부 균형 인사 추진계획을 마련할 예정이다. 또한 여성 임원이 없는 공공기관에 여성 임원을 최소 1인 이상 선임하도록 독려할 방침이다. 여성 관리직 목표제 적용 대상은 300인 이상 기업에서 전체 지방공기업으로 확대된다. 국립대 교수 성별 현황 조사를 위한 양성평등 실태조사 법적 근거를 마련하고, 여성군인·경찰 신규 채용을 늘릴 계획이다. 헌법기관·중앙행정기관 위원회 성별 참여 조사 결과도 처음으로 공표한다. 그 외 여성의 실질적인 의사결정 권한 정도가 측정되도록 정부혁신평가 지표를 개선하고 자문단 운영, 성평등 교육도 계속 시행한다.

여성가족부 장관은 "의사결정 영역에서의 성별 균형적 참여는 결과적으로 조직의 경쟁력 제고에 도움이 된다."라며 "이에 대해 공감대를 갖고 자율적으로 조직 내 성별 균형성을 확보해 나가려는 민간부문에 대해서도 지원할 계획"이라고 말했다.

---

① 성차별 없는 블라인드 채용
② 여성 고위관리직 확대를 위한 노력
③ 고위공무원단의 여성 비율이 낮은 이유
④ 취업난 해결을 위한 정부 정책의 문제점
⑤ 유리천장, 여성들의 승진을 가로막는 장애물

03 다음 기사의 제목으로 적절하지 않은 것은?

대·중소기업 간 동반성장을 위한 '상생'이 산업계의 화두로 조명 받고 있다. 4차 산업혁명 시대 도래 등 글로벌 시장에서의 경쟁이 날로 치열해지는 상황에서 대기업과 중소기업이 힘을 합쳐야 살아 남을 수 있다는 위기감이 상생의 중요성을 부각하고 있다고 분석된다. 재계 관계자는 "그동안 반도체, 자동차 등 제조업에서 세계적인 경쟁력을 갖출 수 있었던 배경에는 대기업과 협력업체 간 상생의 역할이 컸다."라며 "고속 성장기를 지나 지속 가능한 구조로 한 단계 더 도약하기 위해 상생경영이 중요하다."라고 강조했다.

우리 기업들은 협력사의 경쟁력 향상이 곧 기업의 성장으로 이어질 것으로 보고 2·3차 중소 협력업체들과의 상생경영에 힘쓰고 있다. 단순히 갑을 관계에서 대기업을 서포트해야 하는 존재가 아니라 상호 발전을 위한 동반자라는 인식이 자리 잡고 있다는 분석이다. 이에 따라 협력사들에 대한 지원도 거래대금 현금 지급 등 1차원적인 지원 방식에서 벗어나 경영 노하우 전수, 기술 이전 등을 통한 '상생 생태계' 구축에 도움을 주는 방향으로 초점이 맞춰지는 추세이다.

특히 최근에는 상생 협력이 대기업이 중소기업에 주는 일시적인 시혜 차원의 문제가 아니라 경쟁에서 살아남기 위한 생존 문제와 직결된다는 인식이 강하다. 협약을 통해 협력업체를 지원해 준 대기업이 업체의 기술력 향상으로 더 큰 이득으로 보상받고 이를 통해 우리 산업의 경쟁력이 강화된다는 것이다.

경제 전문가는 "대·중소기업 간의 상생 협력이 강제 수단이 아니라 문화적으로 자리 잡아야 할 시기"라며 "대기업, 특히 오너 중심의 대기업들도 단기적인 수익이 아닌 장기적인 시각에서 질적 평가를 통해 협력업체의 경쟁력을 키울 방안을 고민해야 한다."라고 강조했다.

이와 관련해 국내 주요 기업들은 대기업보다 연구개발(R&D) 인력과 관련 노하우가 부족한 협력사들을 위해 각종 노하우를 전수하는 프로그램을 운영 중이다. S전자는 협력사들에 기술 노하우를 전수하기 위해 경영관리 제조 개발 품질 등 해당 전문 분야에서 20년 이상 노하우를 가진 S전자 임원과 부장급 100여 명으로 '상생컨설팅팀'을 구성했다. 지난해부터는 해외에 진출한 국내 협력사에도 노하우를 전수하고 있다.

① 상생경영, 함께 가야 멀리 간다.
② 동반성장을 위한 상생의 중요성
③ 시혜적 차원에서의 대기업 지원의 중요성
④ 지속 가능한 구조를 위한 상생 협력의 중요성
⑤ 대기업과 중소기업, 상호 발전을 위한 동반자로

| 유형분석 |

- 주어진 지문을 바탕으로 빈칸에 들어갈 내용을 찾는 문제이다.
- 선택지의 내용을 정확하게 확인하고 빈칸 앞뒤 문맥을 파악하는 능력이 필요하다.

다음 글의 빈칸에 들어갈 내용으로 가장 적절한 것은?

힐링(Healing)은 사회적 압박과 스트레스 등으로 손상된 몸과 마음을 치유하는 방법을 포괄적으로 일컫는 말이다. 우리보다 먼저 힐링이 정착된 서구에서는 질병 치유의 대체 요법 또는 영적 · 심리적 치료 요법 등을 지칭하고 있다. 국내에서도 최근 힐링과 관련된 갖가지 상품이 유행하고 있다. 간단한 인터넷 검색을 통해 수천 가지의 상품을 확인할 수 있을 정도이다. 종교적 명상, 자연 요법, 운동 요법 등 다양한 형태의 힐링 상품이 존재한다. 심지어 고가의 힐링 여행이나 힐링 주택 등의 상품도 나오고 있다. 그러나 _____ _____ 우선 명상이나 기도 등을 통해 내면에 눈뜨고, 필라테스나 요가를 통해 육체적 건강을 회복하여 자신감을 얻는 것부터 출발할 수 있다.

① 힐링이 먼저 정착된 서구의 힐링 상품들을 참고해야 할 것이다.
② 많은 돈을 들이지 않고서도 쉽게 할 수 있는 일부터 찾는 것이 좋을 것이다.
③ 이러한 상품들의 값이 터무니없이 비싸다고 느껴지지는 않을 것이다.
④ 자신을 진정으로 사랑하는 법을 알아야 할 것이다.
⑤ 혼자만 할 수 있는 힐링 상품을 찾는 것보다는 다른 사람과 함께 하는 힐링 상품을 찾는 것이 좋을 것이다.

정답 ②

우선 '그러나'를 통해 빈칸에는 앞의 내용에 상반되는 내용이 오는 것임을 알 수 있다. 따라서 수천 가지의 힐링 상품이나 고가의 상품들을 참고하는 것과는 상반된 내용을 찾으면 된다. 또한, 빈칸 뒤의 내용이 주위에서 쉽게 할 수 있는 힐링 방법을 통해 자신감을 얻는 것부터 출발해야 한다는 내용이므로, 빈칸에는 많은 돈을 들이지 않고도 쉽게 할 수 있는 일부터 찾아야 한다는 내용인 ②가 오는 것이 적절하다.

풀이 전략!

빈칸 앞뒤의 문맥을 파악한 후 선택지에서 가장 어울리는 내용을 찾는다. 빈칸 앞에 접속사가 있다면 이를 활용한다.

01   다음 글의 빈칸 ㉠ ~ ㉢에 들어갈 접속어가 바르게 연결된 것은?

> 현존하는 한국 범종 중에서 신라 범종이 으뜸이다. 신라 범종으로는 상원사 동종, 성덕대왕 신종, 용주사 범종이 있으며 모두 국보로 지정되어 있다. 이 가운데 에밀레종이라 알려진 성덕대왕 신종은 세계의 보배라 여겨진다. ____㉠____ 이러한 평가는 미술이나 종교의 차원에 국한될 뿐, 에밀레종이 갖는 음향공학 차원의 가치는 간과되고 있다.
>
> 에밀레종을 포함한 한국 범종은 종신(鐘身)이 작고 종구(鐘口)가 벌어져 있는 서양 종보다 종신이 훨씬 크다는 점에서는 중국 범종과 유사하다. 또한 한국 범종은 높은 종탑에 매다는 서양 종과 달리 높지 않은 종각에 매단다는 점에서도 중국 범종과 비슷하다. ____㉡____ 중국 범종은 종신의 중앙 부분에 비해 종구가 나팔처럼 벌어져 있는 반면, 한국 범종은 종구가 항아리처럼 오므라져 있다. ____㉢____ 한국 범종은 중국 범종에 비해 지상에 더 가까이 땅에 닿을 듯이 매단다.
>
> 나아가 한국 범종은 종신과 대칭 형태로 바닥에 커다란 반구형의 구덩이를 파두는데, 바로 여기에 에밀레종이나 여타 한국 범종의 숨은 진가가 있다. 한국 범종의 이러한 구조는 종소리의 조음에 영향을 미쳐 독특한 음향을 내게 한다. 이 구덩이는 100헤르츠 미만의 저주파 성분이 땅속으로 스며들게 하고, 커다란 울림통으로 작용하여 소리의 여운을 길게 한다.

	㉠	㉡	㉢
①	그리고	그러므로	또한
②	그러므로	그리고	그러나
③	그러므로	하지만	그러나
④	그러나	하지만	또한
⑤	그러나	그리고	그러므로

02 다음 글의 빈칸에 들어갈 문장을 〈보기〉에서 찾아 순서대로 바르게 나열한 것은?

요즘에는 낯선 곳을 찾아갈 때 지도를 해석하며 어렵게 길을 찾지 않아도 된다. 이는 기술력의 발달에 따라 제공되는 공간 정보를 바탕으로 최적의 경로를 탐색할 수 있게 되었기 때문이다. ＿＿＿＿＿＿＿＿＿＿＿＿＿＿＿＿ 이처럼 공간 정보가 시간에 따른 변화를 반영할 수 있게 된 것은 정보를 수집하고 분석하는 정보 통신 기술의 발전과 밀접한 관련이 있다.

공간 정보의 활용은 '위치정보시스템(GPS)'과 '지리정보시스템(GIS)' 등의 기술적 발전과 휴대전화나 태블릿 PC 등 정보 통신 기기의 보급을 기반으로 한다. 위치정보시스템은 공간에 대한 정보를 수집하고, 지리정보시스템은 정보를 저장, 분류, 분석한다. 이렇게 분석된 정보는 사용자의 요구에 따라 휴대전화나 태블릿 PC 등을 통해 최적화되어 전달된다.

길 찾기를 예로 들어 이 과정을 살펴보자. 휴대전화 애플리케이션을 이용해 사용자가 가려는 목적지를 입력하고 이동 수단으로 버스를 선택하였다면, 우선 사용자의 현재 위치가 위치정보시스템에 의해 실시간으로 수집된다. 그리고 목적지와 이동 수단 등 사용자의 요구와 실시간으로 수집된 정보에 따라 지리정보시스템은 탑승할 버스 정류장의 위치, 다양한 버스 노선, 최단 시간 등을 분석하여 제공한다. ＿＿＿＿＿＿＿＿＿＿＿＿＿＿

＿＿＿＿＿＿＿＿＿＿＿＿＿＿＿ 예를 들어, 여행지와 관련한 공간 정보는 여행자의 요구와 선호에 따라 선별적으로 분석되어 활용된다. 나아가 유동 인구를 고려한 상권 분석과 교통의 흐름을 고려한 도시 계획 수립에도 공간 정보 활용이 가능하게 되었다. 획기적으로 발전되고 있는 첨단 기술이 적용된 공간 정보가 국가 차원의 자연재해 예측 시스템에도 활발히 활용된다면 한층 정밀한 재해 예방 및 대비가 가능해질 것이다. 이로 인해 우리의 삶도 더 편리하고 안전해질 것으로 기대된다.

보기

㉠ 어떤 곳의 위치 좌표나 지리적 형상에 대한 정보뿐만 아니라 시간에 따른 공간의 변화를 포함한 공간 정보를 이용할 수 있게 되면서 가능해진 것이다.

㉡ 더 나아가 교통 정체와 같은 돌발 상황과 목적지에 이르는 경로의 주변 정보까지 분석하여 제공한다.

㉢ 공간 정보의 활용 범위는 계속 확대되고 있다.

① ㉠, ㉡, ㉢   ② ㉠, ㉢, ㉡
③ ㉡, ㉠, ㉢   ④ ㉡, ㉢, ㉠
⑤ ㉢, ㉠, ㉡

03 다음 글의 빈칸에 들어갈 내용으로 가장 적절한 것은?

탁월함은 어떻게 습득되는가, 그것을 가르칠 수 있는가? 이 물음에 대하여 아리스토텔레스는 지성의 탁월함은 가르칠 수 있지만, 성품의 탁월함은 비이성적인 것이어서 가르칠 수 없고, 훈련을 통해서 얻을 수 있다고 대답한다.

그는 좋은 성품을 얻는 것을 기술을 습득하는 것에 비유한다. 그에 따르면, 리라(Lyra)를 켬으로써 리라를 켜는 법을 배우며 말을 탐으로써 말을 타는 법을 배운다. 어떤 기술을 얻고자 할 때 처음에는 교사의 지시대로 행동한다. 그리고 반복 연습을 통하여 그 행동이 점점 더 하기 쉽게 되고 마침내 제2의 천성이 된다. 이와 마찬가지로 어린아이는 어떤 상황에서 어떻게 행동해야 진실되고 관대하며 예의를 차리게 되는지 일일이 배워야 한다. 훈련과 반복을 통하여 그런 행위들을 연마하다 보면 그것들을 점점 더 쉽게 하게 되고, 결국에는 스스로 판단할 수 있게 된다.

그는 올바른 훈련이란 강제가 아니고 그 자체가 즐거움이 되어야 한다고 지적한다. 또한 그렇게 훈련받은 사람은 일을 바르게 처리하는 것을 즐기게 되고, 일을 바르게 처리하고 싶어하게 되며, 올바른 일을 하는 것을 어려워하지 않게 된다. 이처럼 성품의 탁월함이란 사람들이 '하는 것'만이 아니라 사람들이 '하고 싶어 하는 것'과도 관련된다. 그리고 한두 번 관대한 행동을 한 것으로 충분하지 않으며, 늘 관대한 행동을 하고 그런 행동에 감정적으로 끌리는 성향을 갖고 있어야 비로소 관대함에 관하여 성품의 탁월함을 갖고 있다고 할 수 있다.

다음과 같은 예를 통해 아리스토텔레스의 견해를 생각해 보자. 갑돌이는 성품이 곧고 자신감이 충만하다. 그가 한 모임에 참석하였는데, 거기서 다수의 사람들이 옳지 않은 행동을 한다고 생각했을 때, 그는 다수의 행동에 대하여 비판의 목소리를 낼 것이며 그렇게 하는 데 별 어려움을 느끼지 않을 것이다. 한편, 수줍어하고 우유부단한 병식이도 한 모임에 참석하였는데, 그 역시 다수의 행동이 잘못되었다는 판단을 했다고 하자. 이런 경우에 병식이는 일어나서 다수의 행동이 잘못되었다고 말할 수 있겠지만, 그렇게 하려면 엄청난 의지를 발휘해야 할 것이고 자신과 힘든 싸움도 해야 할 것이다. 그런데도 병식이가 그렇게 행동했다면 우리는 병식이가 용기 있게 행동하였다고 칭찬할 것이다. 그러나 아리스토텔레스의 입장에서 성품의 탁월함을 가진 사람은 갑돌이다. 왜냐하면 _____ 우리가 어떠한 사람을 존경할 것인가가 아니라, 우리 아이를 어떤 사람으로 키우고 싶은가라는 질문을 받는다면 우리는 아리스토텔레스의 견해에 가까워질 것이다. 왜냐하면 우리는 우리 아이들을 갑돌이와 같은 사람으로 키우고 싶어 할 것이기 때문이다.

① 그는 내적인 갈등 없이 옳은 일을 하기 때문이다.
② 그는 옳은 일을 하는 천성을 타고났기 때문이다.
③ 그는 주체적 판단에 따라 옳은 일을 하기 때문이다.
④ 그는 자신이 옳다는 확신을 가지고 옳은 일을 하기 때문이다.
⑤ 그는 다른 사람들의 칭찬을 의식하지 않고 옳은 일을 하기 때문이다.

| 유형분석 |

- 각 문단의 내용을 파악하고 논리적 순서에 맞게 나열하는 복합적인 문제이다.
- 전체적인 글의 흐름을 이해하는 것이 중요하며, 각 문장의 지시어나 접속어에 주의한다.

다음 문단을 논리적 순서대로 바르게 나열한 것은?

> (가) 오류가 발견된 교과서들은 편향적 내용을 검증 없이 인용하거나 부실한 통계를 일반화하는 등의 문제점을 보였다. 대표적으로 교과서 대부분이 대도시의 온도 상승 평균값만을 보고 한반도의 기온 상승이 세계 평균보다 2배 높다고 과장한 것으로 나타났다.
>
> (나) 환경 관련 교과서 대부분이 표면적으로 드러나는 사실을 검증하지 않고 그대로 싣는 문제점을 보였다. 고등학생들이 보는 교과서인 만큼 객관적 사실에 기반을 둬 균형 있는 내용을 실어야 한다.
>
> (다) 고등학교 환경 관련 교과서 대부분이 특정 주장을 검증 없이 게재하는 등 많은 오류가 존재한다는 보수 환경·시민단체의 지적이 제기됐다. 환경정보평가원이 고등학교 환경 관련 교과서 23종을 분석한 결과 총 1,175개의 오류가 발견됐다.
>
> (라) 또한 우리나라 전력 생산의 상당 부분을 차지하는 원자력 발전의 경우 단점만을 자세히 기술하고 경제성과 효율성이 낮은 신재생 에너지는 장점만 언급한 교과서도 있었다.

① (가) – (라) – (나) – (다)   ② (나) – (가) – (라) – (다)

③ (나) – (다) – (가) – (라)   ④ (다) – (가) – (라) – (나)

⑤ (다) – (라) – (나) – (가)

정답 ④

제시문은 교과서에서 많은 오류가 발견된 사실을 제시하고 오류의 유형과 예시를 차례로 언급하며 문제 해결에 대한 요구를 제시하고 있는 글이다. 따라서 (다) 교과서에서 많은 오류가 발견 – (가) 교과서에서 나타나는 오류의 유형과 예시 – (라) 편향된 내용을 담은 교과서의 또 다른 예시 – (나) 교과서의 문제 지적과 해결 촉구 순으로 나열하는 것이 적절하다.

풀이 전략!

상대적으로 시간이 부족하다고 느낄 때는 선택지를 참고하여 문장의 순서를 생각해 본다.

※ 다음 문단을 논리적 순서대로 바르게 나열한 것을 고르시오. [1~2]

01

> (가) 글의 구조를 고려한 독서의 방법에는 요약하기와 조직자 활용하기 방법이 있다. 내용 요약하기는 문단의 중심 화제를 한두 문장으로 표현해 보는 일이다. 조직자란 내용을 조직하는 단위들이다. 이를 잘 찾아내면 글의 요점을 파악하기 쉽다.
>
> (나) 한 편의 완성된 글은 구조를 갖고 있으며 그 속에는 글쓴이의 중심 생각은 물론 글쓰기 전략도 들어 있다. 이때 글을 쓰는 목적이 무엇이냐에 따라 글쓰기 전략이 달라진다.
>
> (다) 정보를 전달하는 글은 정보를 쉽고 명료하게 조직하는 전략을 사용하고, 설득하는 글은 '서론 – 본론 – 결론'의 짜임을 취하며 주장을 설득력 있게 펼친다.
>
> (라) 독자 입장에서는 글이 구조를 갖고 있다는 점을 염두에 두고 글쓴이가 글을 쓴 목적이나 의도를 추리하며 글을 읽어야 한다.

① (가) – (나) – (라) – (다)   ② (가) – (다) – (나) – (라)
③ (가) – (라) – (나) – (다)   ④ (나) – (다) – (라) – (가)
⑤ (나) – (라) – (가) – (다)

02

> (가) 상품의 가격은 기본적으로 수요와 공급의 힘으로 결정된다. 시장에 참여하고 있는 경제 주체들은 자신이 가진 정보를 기초로 하여 수요와 공급을 결정한다.
>
> (나) 이런 경우에는 상품의 가격이 우리의 상식으로는 도저히 이해하기 힘든 수준까지 일시적으로 뛰어오르는 현상이 나타날 가능성이 있다. 이런 현상은 특히 투기의 대상이 되는 자산의 경우 자주 나타나는데, 우리는 이를 '거품 현상'이라고 부른다.
>
> (다) 그러나 현실에서는 사람들이 서로 다른 정보를 갖고 시장에 참여하는 경우가 많다. 어떤 사람은 특정한 정보를 갖고 있는데 거래 상대방은 그 정보를 갖고 있지 못한 경우도 있다.
>
> (라) 일반적으로 거품 현상이란 것은 어떤 상품, 자산의 가격이 지속해서 급격히 상승하는 현상을 가리킨다. 이와 같은 지속적인 가격 상승이 일어나는 이유는 애초에 발생한 가격 상승이 추가적인 가격 상승의 기대로 이어져 투기 바람이 형성되기 때문이다.
>
> (마) 이들이 똑같은 정보를 함께 갖고 있으며 이 정보가 아주 틀린 것이 아닌 한, 상품의 가격은 어떤 기본적인 수준에서 크게 벗어나지 않을 것이라고 예상할 수 있다.

① (가) – (다) – (나) – (라) – (마)   ② (가) – (마) – (다) – (나) – (라)
③ (라) – (가) – (다) – (나) – (마)   ④ (라) – (다) – (가) – (나) – (마)
⑤ (마) – (가) – (다) – (라) – (나)

- 주어진 지문을 바탕으로 도출할 수 있는 내용을 찾는 문제이다.
- 선택지의 내용을 정확하게 확인하고 지문의 정보와 비교하여 추론하는 능력이 필요하다.

다음 글을 통해 추론할 수 없는 것은?

제약 연구원이란 제약 회사에서 약을 만드는 과정에 참여하는 사람을 말한다. 제약 연구원은 이러한 모든 단계에 참여하지만, 특히 신약 개발 단계와 임상 시험 단계에서 가장 중점적인 역할을 한다. 일반적으로 약을 만드는 과정은 새로운 약품을 개발하는 신약 개발 단계, 임상 시험을 통해 개발된 신약의 약효를 확인하는 임상 시험 단계, 식약처에 신약이 판매될 수 있도록 허가를 요청하는 약품 허가 요청 단계, 마지막으로 의료진과 환자를 대상으로 신약에 대해 홍보하는 영업 및 마케팅의 단계로 나눈다.

제약 연구원이 되기 위해서는 일반적으로 약학을 전공해야 한다고 생각하기 쉽지만, 약학 전공자 이외에도 생명 공학, 화학 공학, 유전 공학 전공자들이 제약 연구원으로 활발하게 참여하고 있다. 만일 신약 개발의 전문가가 되고 싶다면 해당 분야에서 오랫동안 연구한 경험이 필요하기 때문에 대학원에서 석사나 박사 학위를 취득하는 것이 유리하다.

제약 연구원이 되기 위해서는 전문적인 지식도 중요하지만, 사람의 생명과 관련된 일인 만큼, 무엇보다도 꼼꼼함과 신중함, 책임 의식이 필요하다. 또한 제약 회사라는 공동체 안에서 일을 하는 것이므로 원만한 일의 진행을 위해서 의사소통능력도 필수적으로 요구된다. 오늘날 제약 분야가 빠르게 성장하고 있다는 점을 고려할 때, 일에 대한 도전 의식, 호기심과 탐구심 등도 제약 연구원에게 필요한 능력으로 꼽을 수 있다.

① 제약 연구원은 약품 허가 요청 단계에 참여한다.
② 오늘날 제약 연구원에게 요구되는 능력이 많아졌다.
③ 생명이나 유전 공학 전공자도 제약 연구원으로 일할 수 있다.
④ 신약 개발 전문가가 되려면 반드시 석사나 박사를 취득해야 한다.
⑤ 제약 연구원과 관련된 정보가 부족하다면 약학을 전공해야만 제약 연구원이 될 수 있다고 생각할 수 있다.

정답 ④

제시문에 따르면 신약 개발의 전문가가 되기 위해서는 해당 분야에서 오랫동안 연구한 경험이 필요하므로 석사나 박사 학위를 취득하는 것이 유리하다고 하였다. 그러나 석사나 박사 학위는 신약 개발 전문가가 되는 데 도움을 준다는 것일 뿐이므로 반드시 필요한 필수 조건인지는 알 수 없다. 따라서 ④는 제시문을 통해 추론할 수 없다.

풀이 전략!

주어진 지문이 어떠한 내용을 다루고 있는지 파악한 후 선택지의 키워드를 확실하게 체크하고, 지문의 정보에서 도출할 수 있는 내용을 찾는다.

01   다음 글에서 추론할 수 있는 것은?

> 10월 9일은 오늘의 한글을 창제해서 세상에 펴낸 것을 기념하고, 한글의 우수성을 기리기 위한 국경일이다. 한글은 인류가 사용하는 문자 중에서 창제자와 창제연도가 명확히 밝혀진 문자임은 물론, 체계적이고 과학적인 원리로 어린아이도 배우기 쉬운 문자이다. 한글의 우수성은 한자나 영어와 비교해 봐도 쉽게 알 수 있다. 기본적인 생활을 하기 위해서 3,000자에서 5,000자 정도의 수많은 문자의 모양과 의미를 외워야 하는 표의문자 한자와는 달리, 한글은 소리를 나타내는 표음문자이기 때문에 24개의 문자만 익히면 쉽게 조합하여 학습할 수 있다.
> 한글의 이러한 과학적인 부분은 실제로 세계 학자들 사이에서도 찬탄을 받는다. 한글이 세계 언어학계에 본격적으로 알려진 것은 1960년대이다. 영국의 저명한 언어학자인 샘프슨(G. Sampson) 교수는 '한글은 세계에서 과학적인 원리로 창제된 가장 훌륭한 글자'라고 평가한다. 그는 특히 '발성 기관이 소리를 내는 모습을 따라 체계적으로 창제된 점이 과학적이며 문자 자체가 소리의 특징을 반영했다는 점이 놀랍다.'라고 평가한다. 동아시아 역사가 라이샤워(O. Reichaurer)도 '한글은 전적으로 독창적이고 놀라운 음소문자로, 세계의 어떤 나라의 일상 문자에서도 볼 수 없는 가장 과학적인 표기 체계이다.'라고 찬탄하고 있으며, 미국의 다이아몬드(J. Diamond) 교수 역시 '세종이 만든 28자는 세계에서 가장 훌륭한 알파벳이자 가장 과학적인 표기법 체계'라고 평가한다.
> 이러한 점을 반영하여 유네스코에서는 훈민정음을 기록유산으로 등록함은 물론, 세계적으로 문맹 퇴치에 이바지한 사람에게 '세종대왕'의 이름을 붙인 상을 주고 있다. 이처럼 세계적으로 인정받는 우리의 독창적이고 고유한 글자인 '한글'에 대해 우리는 더욱더 큰 자긍심을 느껴야 할 것이다.

① 한글을 배우기 위해서는 문자의 모양과 의미를 외워야 한다.

② 한글은 소리를 나타내는 표음문자이기 때문에 한자와 달리 문자를 따로 익힐 필요는 없다.

③ 영국의 저명한 언어학자인 샘프슨(G. Sampson) 교수는 '세종이 만든 28자는 세계에서 가장 훌륭한 알파벳'이라고 평가했다.

④ 세계적으로 문맹 퇴치에 이바지한 사람에게 유네스코에서 '세종대왕 상'을 수여하는 이유는 한글 창제에 담긴 세종대왕의 정신을 기리기 위함일 것이다.

⑤ 한글이 세계 언어학계에 본격적으로 알려진 것은 1970년대로 샘프슨(G.Sampson) 교수, 동아시아 역사가 라이샤워(O. Reichaurer) 등의 저명한 학자들로부터 찬탄을 받았다.

02 다음 '철학의 여인'의 논지를 따를 때, 밑줄 친 ㉠으로 적절한 것을 〈보기〉에서 모두 고르면?

다음은 철학의 여인이 비탄에 잠긴 보에티우스에게 건네는 말이다.

"나는 이제 네 병의 원인을 알겠구나. 이제 네 병의 원인을 알게 되었으니 ㉠ 너의 건강을 회복할 방법을 찾을 수 있게 되었다. 그 방법은 병의 원인이 되는 잘못된 생각을 바로잡아 주는 것이다. 너는 너의 모든 소유물을 박탈당했고, 사악한 자들이 행복을 누리게 되었으며, 네 운명의 결과가 불의하게도 제멋대로 바뀌었다는 생각으로 비탄에 빠져 있다. 그런데 그런 생각은 잘못된 전제에서 비롯된 것이다. 네가 눈물을 흘리며 너 자신이 추방당하고 너의 모든 소유물을 박탈당했다고 생각하는 것은 행운이 네게서 떠났다고 슬퍼하는 것과 다름없는데, 그것은 네가 운명의 본모습을 모르기 때문이다. 그리고 사악한 자들이 행복을 가졌다고 생각하는 것이나 사악한 자가 선한 자보다 더 행복을 누린다고 한탄하는 것은 네가 실로 만물의 목적이 무엇인지 모르고 있기 때문이다. 다시 말해 만물의 궁극적인 목적이 선을 지향하는 데 있다는 것을 모르고 있기 때문이다. 또한, 너는 세상이 어떤 통치 원리에 의해 다스려지는지 잊어버렸기 때문에 제멋대로 흘러가는 것이라고 믿고 있다. 그러나 만물의 목적에 따르면 악은 결코 선을 이길 수 없으며, 사악한 자들이 행복할 수는 없다. 따라서 세상은 결국에는 불의가 아닌 정의에 의해 다스려지게 된다. 그럼에도 불구하고 너는 세상의 통치 원리가 정의와는 거리가 멀다고 믿고 있다. 이는 그저 병의 원인일 뿐 아니라 죽음에 이르는 원인이 되기도 한다. 그러나 다행스럽게도 자연은 너를 완전히 버리지는 않았다. 이제 너의 건강을 회복할 작은 불씨가 생명의 불길로 타올랐으니 너는 조금도 두려워할 필요가 없다."

보기

ㄱ. 만물의 궁극적인 목적이 선을 지향하는 데 있다는 것을 아는 것
ㄴ. 세상이 제멋대로 흘러가는 것이 아니라 정의에 의해 다스려진다는 것을 깨닫는 것
ㄷ. 자신이 박탈당했다고 여기는 모든 것, 즉 재산, 품위, 권좌, 명성 등을 되찾을 방도를 아는 것

---

① ㄱ
② ㄴ
③ ㄱ, ㄴ
④ ㄴ, ㄷ
⑤ ㄱ, ㄴ, ㄷ

03 다음 글을 읽고 추론한 내용으로 적절하지 않은 것은?

> 20세기 후반 학계에서 자유에 대한 논의를 본격화한 장본인은 바로 벌린이었다. 벌린의 주장은 지금까지 서양 사상사에서 자유는 간섭과 방해의 부재라는 의미의 '소극적 자유'와 공동체에의 참여를 통한 자아 실현이라는 의미의 '적극적 자유', 이 두 가지 개념으로 정의되어 왔는데, 그중 전자만이 진정한 자유라고 할 수 있다는 것이다. 진정한 자유는 사적인 욕망을 억제하고 이성적 삶을 통해 공동체에 적극적으로 참여함으로써 공동체의 공동 자아와 일치되는 자아를 형성할 때 비로소 가능하다는 주장은 결국 개인의 사적 자유를 침해하는 전제로 이어질 수밖에 없다는 것이다. 소극적 자유가 침해받을 수 없는 배타적 사적 영역을 확보해야 하는 개인으로서의 인간을 강조하는 근대적 인간관과 관련된 것이라면, 적극적 자유는 공동체의 구성원으로서의 공적 행위와 윤리를 실천해야 하는 공민으로서의 인간을 강조하는 고대적 인간관과 관련이 있다.
>
> 스키너는 간섭의 부재가 곧 자유를 의미하지는 않는다고 주장했다. 예를 들어, 인자한 주인 밑에서 일하는 노예는 간섭 없이 살아갈 수 있지만 자유롭다고는 할 수 없다. 왜냐하면 노예는 주인의 재량에 종속되어 언제라도 그의 자의적 지배를 받을 수 있기 때문이다. 즉, 자유는 간섭의 부재로만 규정되어서는 안 되고, 더 본질적으로는 종속 혹은 지배의 부재로 규정되어야 한다는 것이다. 왕의 대권이 존재하면 그가 국민을 예종(隸從)의 상태로 몰아넣을 수 있기 때문에 왕정 아래에 있는 국민은 자유롭지 못하다.
>
> 자유를 지속적으로 누릴 수 있는지 없는지가 어떤 타인의 자의적 의지에 달려 있다면 현재 사실상 자유를 마음껏 누리고 있다고 해도, 그 사람은 자유인이 아니다. 또한 권리와 자유를 행사할 수 있는 역량이 타인의 의지에 종속되지 않아야 한다. 인간 개개인의 육체가 자신의 의지대로 무엇을 할 수 있거나 혹은 하지 않을 수 있을 때 비로소 자유로운 것처럼, 국민과 국가의 조직체도 그것이 원하는 목표를 실현하기 위해 그 의지에 따라 권력을 행사하는 데 제약받지 않을 때 비로소 자유롭다고 할 수 있다.

① 스키너의 주장에 따르면 개인의 자유와 공동선은 양립 불가능하다.

② 벌린의 주장에 따르면 전제군주의 통치 아래에서도 그가 신민을 자유롭게 내버려 두면 자유가 확보된다고 말할 수 있다.

③ 벌린의 주장에 따르면 적극적 자유론은 공동체 안에서의 자아 실현이라는 미명하에 개인에 대한 통제와 억압을 정당화한다.

④ 스키너의 주장에 따르면 자유는 시민이 국가의 입법과 정책결정 과정에 평등하게 참여할 수 있을 때 확보될 수 있다.

⑤ 스키너의 주장에 따르면 개인의 자유를 최대화하기 위해 공동체가 요구하는 사회적 의무를 간섭으로 생각해서는 안 된다.

CHAPTER 02

자원관리능력

합격 Cheat Key

자원관리능력은 현재 NCS 기반 채용을 진행하는 많은 공사·공단에서 핵심영역으로 자리 잡아, 일부를 제외한 대부분의 시험에서 출제되고 있다.

세부 유형은 비용 계산, 해외파견 지원금 계산, 주문 제작 단가 계산, 일정 조율, 일정 선정, 행사 대여 장소 선정, 최단거리 구하기, 시차 계산, 소요시간 구하기, 해외파견 근무 기준에 부합하는 또는 부합하지 않는 직원 고르기 등으로 나눌 수 있다.

1 시차를 먼저 계산하라!

시간 자원 관리의 대표유형 중 시차를 계산하여 일정에 맞는 항공권을 구입하거나 회의시간을 구하는 문제에서는 각각의 나라 시간을 한국 시간으로 전부 바꾸어 계산하는 것이 편리하다. 조건에 맞는 나라들의 시간을 전부 한국 시간으로 바꾸고 한국 시간과의 시차만 더하거나 빼면 시간을 단축하여 풀 수 있다.

2 선택지를 잘 활용하라!

계산을 해서 값을 요구하는 문제 유형에서는 선택지를 먼저 본 후 자리 수가 몇 단위로 끝나는지 확인해야 한다. 예를 들어 412,300원, 426,700원, 434,100원인 선택지가 있다고 할 때, 제시된 조건에서 100원 단위로 나올 수 있는 항목을 찾아 그 항목만 계산하는 방법이 있다. 또한, 일일이 계산하는 문제가 많다. 예를 들어 640,000원, 720,000원, 810,000원 등의 수를 이용해 푸는 문제가 있다고 할 때, 만 원 단위를 절사하고 계산하여 64, 72, 81처럼 요약하는 방법이 있다.

3 최적의 값을 구하는 문제인지 파악하라!

물적 자원 관리의 대표유형에서는 제한된 자원 내에서 최대의 만족 또는 이익을 얻을 수 있는 방법을 강구하는 문제가 출제된다. 이때, 구하고자 하는 값을 x, y로 정하고 연립방정식을 이용해 x, y 값을 구한다. 최소 비용으로 목표생산량을 달성하기 위한 업무 및 인력 할당, 정해진 시간 내에 최대 이윤을 낼 수 있는 업체 선정, 정해진 인력으로 효율적 업무 배치 등을 구하는 문제에서 사용되는 방법이다.

4 각 평가항목을 비교하라!

인적 자원 관리의 대표유형에서는 각 평가항목을 비교하여 기준에 적합한 인물을 고르거나, 저렴한 업체를 선정하거나, 총점이 높은 업체를 선정하는 문제가 출제된다. 이런 유형은 평가항목에서 가격이나 점수 차이에 영향을 많이 미치는 항목을 찾아 1~2개의 선택지를 삭제하고, 남은 3~4개의 선택지만 계산하여 시간을 단축할 수 있다.

01 시간 계획

| 유형분석 |

- 시간 자원과 관련된 다양한 정보를 활용하여 풀어가는 문제이다.
- 대체로 교통편 정보나 국가별 시차 정보가 제공되며, 이를 근거로 '현지 도착시간 또는 약속된 시간 내에 도착하기 위한 방안'을 고르는 문제가 출제된다.

한국은 뉴욕보다 16시간 빠르고, 런던은 한국보다 8시간 느리다. 다음 비행기가 현지에 도착할 때의 시각 (㉠, ㉡)으로 옳은 것은?

구분	출발 일자	출발 시각	비행 시간	도착 시각
뉴욕행 비행기	6월 6일	22:20	13시간 40분	㉠
런던행 비행기	6월 13일	18:15	12시간 15분	㉡

	㉠	㉡
①	6월 6일 09시	6월 13일 09시 30분
②	6월 6일 20시	6월 13일 22시 30분
③	6월 7일 09시	6월 14일 09시 30분
④	6월 7일 13시	6월 14일 15시 30분
⑤	6월 7일 20시	6월 14일 20시 30분

정답 ②

㉠ 뉴욕행 비행기는 한국에서 6월 6일 22시 20분에 출발하고, 13시간 40분 동안 비행하기 때문에 6월 7일 12시에 도착한다. 하지만 한국 시각은 뉴욕보다 16시간 빠르므로 현지에 도착하는 시각은 6월 6일 20시가 된다.

㉡ 런던행 비행기는 한국에서 6월 13일 18시 15분에 출발하고, 12시간 15분 동안 비행하기 때문에 현지에 6월 14일 6시 30분에 도착한다. 하지만 한국 시각은 런던보다 8시간이 빠르므로 현지에 도착하는 시각은 6월 13일 22시 30분이 된다.

풀이 전략!

문제에서 묻는 것을 정확히 파악한다. 특히 제한사항에 대해서는 빠짐없이 확인해 두어야 한다. 이후 제시된 정보(시차 등)에서 필요한 것을 선별하여 문제를 풀어간다.

01 H은행에서는 매월 초 인트라넷을 통해 윤리경영 자기진단을 실시한다. 아침 회의 시 은행장은 오늘 내에 부서 구성원이 모두 참여할 수 있는 별도의 시간을 정하여 가능한 빨리 완료할 것을 지시하였다. 이에 부서장은 귀하에게 다음의 업무 스케줄을 고려하여 가장 적당한 시간을 확인해 보고할 것을 당부하였다. 자기진단 시간으로 1시간이 소요될 때, 이를 실시하기에 가장 적절한 시간은?

〈업무 스케줄〉

시간	직급별 스케줄				
	부장	차장	과장	대리	사원
09:00 ~ 10:00	부서장 회의				
10:00 ~ 11:00					
11:00 ~ 12:00			타부서 협조 회의		
12:00 ~ 13:00	점심식사				
13:00 ~ 14:00	부서 업무 회의				비품 신청
14:00 ~ 15:00					
15:00 ~ 16:00				일일 업무 결산	
16:00 ~ 17:00		업무보고			
17:00 ~ 18:00	업무보고				

① 15:00 ~ 16:00
② 14:00 ~ 15:00
③ 12:00 ~ 13:00
④ 10:00 ~ 11:00
⑤ 9:00 ~ 10:00

02 직원들의 사기 증진과 친화력 도모를 위해 전 직원이 참여하는 사내 가족 체육대회를 열기로 하였다. 다음 7월 달력과 〈조건〉에 따라 체육대회를 열기에 가장 적절한 날은?

〈7월 달력〉						
월	화	수	목	금	토	일
	1	2	3	4	5	6
7	8	9	10	11	12	13
14	15	16	17	18	19	20
21	22	23	24	25	26	27
28	29	30	31			

조건
- 7월 3일부터 7일까지는 장마 기간으로 비가 온다.
- 가족 모두가 참여해야 하므로 주말(토, 일요일) 중 하루로 정한다.
- 마케팅팀은 토요일에 격주로 출근을 한다.
- 서비스팀은 토요일에 격주로 출근을 한다.
- 사장님은 7월 11일부터 15일까지 중국으로 출장을 간다.
- 마케팅팀 M사원은 12일에 출근을 했다.
- 서비스팀 L과장은 5일에 출근을 했다.
- H운동장은 둘째, 넷째 주말에는 개방하지 않는다.

① 7월 6일
② 7월 12일
③ 7월 13일
④ 7월 20일
⑤ 7월 27일

※ H공사 신성장기술본부에서 근무하는 K부장은 적도기니로 출장을 가려고 한다. 이어지는 질문에 답하시오. [3~4]

〈경유지, 도착지 현지 시각〉

구분	현지 시각
한국(인천)	2025. 04. 05 AM 08:40
중국(광저우)	2025. 04. 05 AM 07:40
에티오피아(아디스아바바)	2025. 04. 05 AM 02:40
적도기니(말라보)	2025. 04. 05 AM 00:40

〈경로별 비행 시간〉

구분	비행 시간
인천 → 광저우	3시간 50분
광저우 → 아디스아바바	11시간 10분
아디스아바바 → 말라보	5시간 55분

〈경유지별 경유 시간〉

구분	경유 시간
광저우	4시간 55분
아디스아바바	6시간 10분

03 K부장은 2025년 4월 5일 오전 8시 40분 인천에서 비행기를 타고 적도기니로 출장을 가려고 한다. K부장이 두 번째 경유지인 아디스아바바에 도착하는 현지 날짜 및 시각으로 옳은 것은?

① 2025. 04. 05 PM 10:35
② 2025. 04. 05 PM 11:35
③ 2025. 04. 06 AM 00:35
④ 2025. 04. 06 AM 01:35
⑤ 2025. 04. 06 AM 02:40

04 기상악화로 인하여 광저우에서 출발하는 아디스아바바행 비행기가 2시간 지연출발하였다고 한다. 이때, 총 소요 시간과 적도기니에 도착하는 현지 날짜 및 시각으로 옳은 것은?

	총 소요 시간	현지 날짜 및 시각
①	31시간	2025. 04. 06 AM 07:40
②	32시간	2025. 04. 06 AM 08:40
③	33시간	2025. 04. 06 AM 09:40
④	34시간	2025. 04. 06 AM 10:40
⑤	36시간	2025. 04. 06 AM 10:50

02 비용 계산

| 유형분석 |

- 예산 자원과 관련된 다양한 정보를 활용하여 풀어가는 문제이다.
- 대체로 한정된 예산 내에서 수행할 수 있는 업무 및 예산 가격을 묻는 문제가 출제된다.

A사원은 이번 출장을 위해 KTX표를 미리 40% 할인된 가격에 구매하였으나, 출장 일정이 바뀌는 바람에 하루 전날 표를 취소하였다. 다음 환불 규정에 따라 16,800원을 돌려받았을 때, 할인되지 않은 KTX표의 가격은 얼마인가?

<표 설명>

〈KTX 환불 규정〉		
출발 2일 전	출발 1일 전 ~ 열차 출발 전	열차 출발 후
100%	70%	50%

① 40,000원
② 48,000원
③ 56,000원
④ 67,200원
⑤ 70,000원

정답 ①

할인되지 않은 KTX표의 가격을 x원이라 하면, 표를 40% 할인된 가격으로 구매하였으므로 구매 가격은 $(1-0.4)x = 0.6x$원이다. 환불 규정에 따르면 하루 전에 표를 취소하는 경우 70%의 금액을 돌려받을 수 있으며, 식으로 정리하면 다음과 같다.

$0.6x \times 0.7 = 16,800$

$\rightarrow 0.42x = 16,800$

$\therefore x = 40,000$

따라서 할인되지 않은 KTX표의 가격은 40,000원이다.

풀이 전략!

제한사항인 예산을 고려하여 문제에서 묻는 것을 정확히 파악한 후, 제시된 정보에서 필요한 것을 선별하여 문제를 풀어간다.

01 H회사에 근무하는 A씨는 사정이 생겨 다니던 회사를 그만두게 되었다. A씨의 근무기간 및 기본급 등 기본정보가 다음과 같다면, A씨가 퇴직 시 받게 되는 퇴직금의 세전금액은 얼마인가?(단, A씨의 퇴직일 이전 3개월간 기타수당은 720,000원이며, 퇴직일 이전 3개월간 총 일수는 80일이다)

- 입사일자 : 2023년 2월 1일
- 퇴사일자 : 2025년 2월 4일
- 재직일수 : 730일
- 월기본급 : 2,000,000원
- 월기타수당 : 월별 상이
- 퇴직 전 3개월 임금 총액 계산(세전금액)

퇴직 이전 3개월간 총 일수	기본급(3개월분)	기타수당(3개월분)
80일	6,000,000원	720,000원

- (1일 평균임금)=[퇴직일 이전 3개월간에 지급 받은 임금총액{(기본급)+(기타수당)}]÷(퇴직일 이전 3개월간 총일수)
- (퇴직금)=(1일 평균임금)×(30일)×[(재직일수)÷365]

① 5,020,000원   ② 5,030,000원
③ 5,040,000원   ④ 5,050,000원
⑤ 5,060,000원

02 다음 자료를 보고 H사원이 1월 출장여비로 받을 수 있는 총액을 바르게 구하면?

<출장여비 계산기준>

• 출장여비는 출장수당과 교통비의 합으로 계산한다.
• 출장수당의 경우 업무추진비 사용 시 1만 원을 차감하며, 교통비의 경우 관용차량 사용 시 1만 원을 차감한다.

<출장지별 출장여비>

구분	출장수당	교통비
K시	10,000원	20,000원
K시 이외	20,000원	30,000원

※ K시 이외 지역으로 출장을 갈 경우 13시 이후 출장 시작 또는 15시 이전 출장 종료 시 출장수당에서 1만 원 차감됨

<H사원의 1월 출장내역>

구분	출장지	출장 시작 및 종료 시각	비고
1월 8일	K시	14 ~ 16시	관용차량 사용
1월 16일	S시	14 ~ 18시	-
1월 19일	B시	09 ~ 16시	업무추진비 사용

① 6만 원
② 7만 원
③ 8만 원
④ 9만 원
⑤ 10만 원

03 H컨벤션에서 회의실 예약업무를 담당하고 있는 K씨는 2주 전 B기업으로부터 오전 10시부터 낮 12시에 35명, 오후 1시부터 오후 4시에 10명이 이용할 수 있는 회의실 예약문의를 받았다. K씨는 회의실 예약 설명서를 B기업으로 보냈고 B기업은 자료를 바탕으로 회의실을 선택하여 결제했다. 하지만 이용일 4일 전 B기업이 오후 회의실 사용을 취소했을 때, 〈조건〉을 참고하여 B기업이 환불받게 될 금액은 얼마인가?(단, 회의에서는 노트북과 빔프로젝터를 이용하며, 부대장비 대여료도 환불규칙에 포함된다)

〈회의실 사용료(VAT 포함)〉

구분	수용 인원(명)	면적(m²)	기본임대료(원)		추가임대료(원)	
			기본시간	임대료	추가시간	임대료
대회의실	90	184	2시간	240,000	시간당	120,000
별실	36	149		400,000		200,000
세미나 1	21	43		136,000		68,000
세미나 2						
세미나 3	10	19		74,000		37,000
세미나 4	16	36		110,000		55,000
세미나 5	8	15		62,000		31,000

〈부대장비 대여료(VAT 포함)〉

구분	사용료(원)				
	1시간	2시간	3시간	4시간	5시간
노트북	10,000	10,000	20,000	20,000	30,000
빔프로젝터	30,000	30,000	50,000	50,000	70,000

조건

• 기본임대 시간은 2시간이며, 1시간 단위로 연장할 수 있습니다.

• 예약 시 최소 인원은 수용 인원의 $\frac{1}{2}$ 이상이어야 합니다.

• 예약 가능한 회의실 중 비용이 저렴한 쪽을 선택해야 합니다.

〈환불규칙〉

• 결제완료 후 계약을 취소하시는 경우 다음과 같이 취소수수료가 발생합니다.
 – 이용일 기준 7일 이전 : 취소수수료 없음
 – 이용일 기준 6 ~ 3일 이전 : 취소수수료 10%
 – 이용일 기준 2 ~ 1일 이전 : 취소수수료 50%
 – 이용일 당일 : 환불 불가

• 회의실에는 음식물을 반입하실 수 없습니다.

• 이용일 7일 전까지(7일 이내 예약 시에는 금일 중) 결제해야 합니다.

• 결제변경은 해당 회의실 이용시간 전까지 가능합니다.

① 162,900원
② 183,600원
③ 211,500원
④ 246,600원
⑤ 387,000원

03 품목 확정

| 유형분석 |

- 물적 자원과 관련된 다양한 정보를 활용하여 풀어가는 문제이다.
- 주로 공정도·제품·시설 등에 대한 가격·특징·시간 정보가 제시되며, 이를 종합적으로 고려하는 문제가 출제된다.

H공사는 신축 본사에 비치할 사무실 명패를 제작하기 위해 다음과 같은 팸플릿을 참고하고 있다. 신축 본사에 비치할 사무실 명패는 사무실마다 국문과 영문을 함께 주문했고, 총 주문 비용이 80만 원이라면 사무실에 최대 몇 개의 국문과 영문 명패를 함께 비치할 수 있는가?(단, 추가 구입 가격은 1SET를 구입할 때 한 번씩만 적용된다)

〈명패 제작 가격〉

- 국문 명패 : 1SET(10개)에 10,000원, 5개 추가 시 2,000원
- 영문 명패 : 1SET(5개)에 8,000원, 3개 추가 시 3,000원

① 345개　　　　　　　　　　　　　　② 350개

③ 355개　　　　　　　　　　　　　　④ 360개

⑤ 365개

정답　④

국문 명패 최저가는 15개에 12,000원이고, 영문 명패 최저가는 8개에 11,000원이다. 각 명패를 최저가에 구입하는 개수의 최소공배수를 구하면 120개이다. 이때의 비용은 $(12,000 \times 8) + (11,000 \times 15) = 96,000 + 165,000 = 261,000$원이다. 따라서 한 사무실에 국문과 영문 명패를 함께 비치한다면 120개의 사무실에 명패를 비치하는 비용은 261,000원이다. 360개의 사무실에 명패를 비치한다면 783,000원이 필요하고, 남은 17,000원으로 국문 명패와 영문 명패를 동시에 구입할 수는 없다. 따라서 80만 원으로 최대 360개의 국문 명패와 영문 명패를 동시에 비치할 수 있다.

풀이 전략!

문제에서 묻고자 하는 바를 정확히 파악하는 것이 중요하다. 문제에서 제시한 물적 자원의 정보를 문제의 의도에 맞게 선별하면서 풀어간다.

01 H공사에 근무하는 L주임은 신입사원에게 지급할 볼펜과 스케줄러를 구매하기 위해 A ~ C 세 도매업체의 판매정보를 다음과 같이 정리하였다. 입사예정인 신입사원은 총 600명이고, 신입사원 1명당 볼펜과 스케줄러를 각각 1개씩 증정한다고 할 때, 가장 저렴하게 구매할 수 있는 업체와 구매가격을 바르게 나열한 것은?

〈세 업체의 상품가격표〉

구분	품목	수량(1SET당)	가격(1SET당)
A도매업체	볼펜	150개	13만 원
	스케줄러	100권	25만 원
B도매업체	볼펜	200개	17만 원
	스케줄러	600권	135만 원
C도매업체	볼펜	100개	8만 원
	스케줄러	300권	65만 원

〈세 업체의 특가상품 정보〉

구분	볼펜의 특가상품 구성	특가상품 구매 조건
A도매업체	300개 25.5만 원 or 350개 29만 원	스케줄러 150만 원 이상 구입
B도매업체	600개 48만 원 or 650개 50만 원	스케줄러 100만 원 이상 구입
C도매업체	300개 23.5만 원 or 350개 27만 원	스케줄러 120만 원 이상 구입

※ 특가상품 구매조건을 만족했을 때 볼펜을 특가로 구매할 수 있음
※ 각 물품은 묶음 단위로 판매가 가능하며, 개당 판매는 불가함
※ 업체별 특가상품은 둘 중 한 가지만 선택해 1회 구입 가능함

	도매업체	구매가격
①	A업체	183만 원
②	B업체	177.5만 원
③	B업체	183만 원
④	C업체	177.5만 원
⑤	C업체	183만 원

02 H공사는 구내식당 기자재의 납품업체를 선정하고자 한다. 다음 선정 조건과 입찰업체 정보를 참고하여 업체를 선정할 때, 가장 적절한 업체는?

〈선정 조건〉

• 선정 방식

  선정점수가 가장 높은 업체를 선정한다. 선정점수는 납품품질 점수, 가격 경쟁력 점수, 직원규모 점수에 가중치를 반영해 합산한 값을 의미한다. 선정점수가 가장 높은 업체가 2개 이상일 경우, 가격 경쟁력 점수가 더 높은 업체를 선정한다.

• 납품품질 점수

  업체별 납품품질 등급에 따라 다음 표와 같이 점수를 부여한다.

구분	최상	상	중	하	최하
점수	100점	90점	80점	70점	60점

• 가격 경쟁력 점수

  업체별 납품가격 총액 수준에 따라 다음 표와 같이 점수를 부여한다.

구분	2억 원 미만	2억 원 이상 2억 5천만 원 미만	2억 5천만 원 이상 3억 원 미만	3억 원 이상
점수	100점	90점	80점	70점

• 직원규모 점수

  업체별 직원규모에 따라 다음 표와 같이 점수를 부여한다.

구분	50명 미만	50명 이상 100명 미만	100명 이상 200명 미만	200명 이상
점수	70점	80점	90점	100점

• 가중치

  납품품질 점수, 가격 경쟁력 점수, 직원규모 점수는 다음 표에 따라 각각 가중치를 부여한다.

구분	납품품질 점수	가격 경쟁력 점수	직원규모 점수	합계
가중치	40	30	30	100

〈입찰업체 정보〉

구분	납품품질	납품가격 총액(원)	직원규모(명)
A업체	상	2억	125
B업체	중	1억 7,000만	141
C업체	하	1억 9,500만	91
D업체	최상	3억 2,000만	98
E업체	상	2억 6,000만	210

① A업체　　　　　　　　　② B업체
③ C업체　　　　　　　　　④ D업체
⑤ E업체

03 다음은 여권 발급 등에 대한 수수료를 안내하는 자료이다. 이를 참고하여 담당자가 H씨에게 안내할 여권과 발급수수료의 총액으로 옳은 것은?

〈여권 발급 등에 대한 수수료〉

(단위 : 원)

종류	구분			여권 발급 수수료		국제교류기여금	합계
전자여권, 사진전사식 여권	복수여권 (거주여권 포함)	10년 이내 (18세 이상)		48면	38,000	15,000	53,000
				24면	35,000		50,000
		5년 (18세 미만)	8세 이상	48면	33,000	12,000	45,000
				24면	30,000		42,000
			8세 미만	48면	33,000	–	33,000
				24면	30,000		30,000
	단수여권	1년 이내		15,000		5,000	20,000
사진부착식 여권	단수여권	1년 이내		10,000		5,000	15,000
기타	여행 증명서	사진부착식		5,000		2,000	7,000
	기재사항 변경			5,000		–	5,000
	여권 사실 증명			1,000		–	1,000

※ 단수여권 : 1회에 한해 해외로 출국할 수 있는 여권으로, 단수여권을 사용할 수 없는 국가로는 모리셔스, 바하마, 아랍에미리트, 아이슬란드, 아이티, 아프가니스탄, 카타르, 케냐 등이 있음
※ 복수여권 : 유효기간(최대 10년) 내에 자유롭게 입국, 출국이 가능한 여권임
※ 사진부착식 여권은 긴급한 사유 등 예외적인 경우만 발급이 가능함

H씨 : 안녕하세요. 여권 발급수수료 문의로 연락드렸습니다. 제가 이번에 처음 여권을 발급받으려고 하는데, 최대한 발급수수료가 적은 여권으로 발급받고 싶습니다.
담당자 : 성인이신가요? 어떤 국가로 언제 여행을 가실 예정이신지요?
H씨 : 성인이며 터키로 여행을 갈 예정입니다. 1년 2개월쯤 뒤에 여행을 갈 예정인데 미리 준비하려고요.
담당자 : 고객님의 정보상 가장 적절한 것은 ____A____이며, 총금액은 ____B____입니다.

	A	B
①	단수여권	20,000원
②	복수여권 10년 이내(48면)	53,000원
③	복수여권 10년 이내(24면)	50,000원
④	복수여권 5년(8세 이상, 48면)	45,000원
⑤	복수여권 5년(8세 이상, 24면)	42,000원

04 인원 선발

| 유형분석 |

- 인적 자원과 관련된 다양한 정보를 활용하여 풀어가는 문제이다.
- 주로 근무명단, 휴무일, 업무할당 등의 주제로 다양한 정보를 활용하여 종합적으로 풀어가는 문제가 출제된다.

다음 글의 내용이 참일 때, H공사의 신입사원으로 채용될 수 있는 지원자들의 최대 인원은 몇 명인가?

금년도 신입사원 채용에서 H공사가 요구하는 자질은 이해능력, 의사소통능력, 대인관계능력, 실행능력이다. H공사는 이 4가지 자질 중 적어도 3가지 자질을 지닌 사람을 채용하고자 한다. 지원자는 갑, 을, 병, 정 4명이며, 이들이 지닌 자질을 평가한 결과 다음과 같은 정보가 주어졌다.

㉠ 갑이 지닌 자질과 정이 지닌 자질 중 적어도 두 개는 일치한다.
㉡ 대인관계능력은 병만 가진 자질이다.
㉢ 만약 지원자가 의사소통능력을 지녔다면 그는 대인관계능력의 자질도 지닌다.
㉣ 의사소통능력의 자질을 지닌 지원자는 한 명뿐이다.
㉤ 갑, 병, 정은 이해능력이라는 자질을 지니고 있다.

① 1명
② 2명
③ 3명
④ 4명
⑤ 없음

정답 ①

㉡, ㉢, ㉣에 의해 의사소통능력과 대인관계능력을 지닌 사람은 오직 병뿐이라는 사실을 알 수 있다. 또한 ㉤에 의해 병이 이해능력도 가지고 있음을 알 수 있다. 이처럼 병은 4가지 자질 중에 3가지를 갖추고 있으므로 H공사의 신입사원으로 채용될 수 있다. 신입사원으로 채용되기 위해서는 적어도 3가지 자질이 필요한데, 4가지 자질 중 의사소통능력과 대인관계능력은 병만 지닌 자질임이 확인되었으므로 나머지 갑, 을, 정은 채용될 수 없다. 따라서 신입사원으로 채용될 수 있는 최대 인원은 병 1명이다.

풀이 전략!

문제에서 신입사원 채용이나 인력배치 등의 주제가 출제될 경우에는 주어진 규정 혹은 규칙을 꼼꼼히 확인하여야 한다. 이를 근거로 각 선택지가 어긋나지 않는지 검토하여 문제를 풀어간다.

01 H공사에서는 A ~ N직원 중 면접위원을 선발하고자 한다. 면접위원의 구성 조건이 다음과 같을 때, 옳지 않은 것은?

〈면접위원 구성 조건〉

- 면접관은 총 6명으로 구성한다.
- 이사 이상의 직급으로 50% 이상 구성해야 한다.
- 인사팀을 제외한 모든 부서는 2명 이상 선출할 수 없고, 인사팀은 반드시 2명을 포함한다.
- 모든 면접위원의 입사 후 경력은 3년 이상으로 한다.

구분	직급	부서	입사 후 경력
A	대리	인사팀	2년
B	과장	경영지원팀	5년
C	이사	인사팀	8년
D	과장	인사팀	3년
E	사원	홍보팀	6개월
F	과장	홍보팀	2년
G	이사	고객지원팀	13년
H	사원	경영지원	5개월
I	이사	고객지원팀	2년
J	과장	영업팀	4년
K	대리	홍보팀	4년
L	사원	홍보팀	2년
M	과장	개발팀	3년
N	이사	개발팀	8년

① L사원은 면접위원으로 선출될 수 없다.

② N이사는 반드시 면접위원으로 선출된다.

③ B과장이 면접위원으로 선출됐다면 K대리도 선출된다.

④ 과장은 2명 이상 선출되었다.

⑤ 모든 부서에서 면접위원이 선출될 수는 없다.

02 H구청은 주민들의 정보화 교육을 위해 정보화 교실을 동별로 시행하고 있고, 주민들은 각자 일정에 맞춰 정보화 교육을 수강하려고 한다. 다음 중 개인 일정상 신청과목을 수강할 수 없는 사람은?(단, 하루라도 수강을 빠진다면 수강이 불가능하다)

〈정보화 교육 일정표〉

교육 날짜	교육 시간	장소	과정명	장소	과정명
화, 목	09:30 ~ 12:00	A동	인터넷 활용하기	C동	스마트한 클라우드 활용
	13:00 ~ 15:30		그래픽 초급 픽슬러 에디터		스마트폰 SNS 활용
	15:40 ~ 18:10		ITQ한글2010(실전반)		–
수, 금	09:30 ~ 12:00		한글 문서 활용하기		Windows10 활용하기
	13:00 ~ 15:30		스마트폰 / 탭 / 패드(기본앱)		스마트한 클라우드 활용
	15:40 ~ 18:10		컴퓨터 기초(윈도우 및 인터넷)		–
월	09:30 ~ 15:30		포토샵 기초		사진 편집하기
화 ~ 금	09:30 ~ 12:00	B동	그래픽 편집 달인되기	D동	한글 시작하기
	13:00 ~ 15:30		한글 활용 작품 만들기		사진 편집하기
	15:40 ~ 18:10		–		엑셀 시작하기
월	09:30 ~ 15:30		Windows10 활용하기		스마트폰 사진 편집 & 앱 배우기

〈개인 일정 및 신청과목〉

구분	개인 일정	신청과목
D동의 홍길동 씨	• 매주 월~금 08:00 ~ 15:00 편의점 아르바이트 • 매주 월요일 16:00 ~ 18:00 음악학원 수강	엑셀 시작하기
A동의 이몽룡 씨	• 매주 화, 수, 목 09:00 ~ 18:00 학원 강의 • 매주 월 16:00 ~ 20:00 배드민턴 동호회 활동	포토샵 기초
C동의 성춘향 씨	• 매주 수, 금 17:00 ~ 22:00 호프집 아르바이트 • 매주 월 10:00 ~ 12:00 과외	스마트한 클라우드 활용
B동의 변학도 씨	• 매주 월, 화 08:00 ~ 15:00 카페 아르바이트 • 매주 수, 목 18:00 ~ 20:00 요리학원 수강	그래픽 편집 달인되기
A동의 김월매 씨	• 매주 월, 수, 금 10:00 ~ 13:00 필라테스 수강 • 매주 화 14:00 ~ 17:00 제빵학원 수강	인터넷 활용하기

① 홍길동 씨 ② 이몽룡 씨
③ 성춘향 씨 ④ 변학도 씨
⑤ 김월매 씨

03 H공사는 현재 신입사원을 채용하고 있다. 서류전형과 면접전형을 마치고 다음의 평가지표 결과를 얻었다. H공사 내 평가지표별 가중치를 이용하여 각 지원자의 최종 점수를 계산하고, 점수가 가장 높은 두 지원자를 채용하려고 한다. 이때, 심사평가원이 채용할 두 지원자는?

〈지원자별 평가지표 결과〉

(단위 : 점)

구분	면접 점수	영어 실력	팀내 친화력	직무 적합도	발전 가능성	비고
A지원자	3	3	5	4	4	군필자
B지원자	5	5	2	3	4	군필자
C지원자	5	3	3	3	5	–
D지원자	4	3	3	5	4	군필자
E지원자	4	4	2	5	5	군 면제자

※ 군필자(만기제대)에게는 5점의 가산점을 부여함

〈평가지표별 가중치〉

구분	면접 점수	영어 실력	팀내 친화력	직무 적합도	발전 가능성
가중치	3	3	5	4	5

※ 가중치는 해당 평가지표 결과 점수에 곱함

① A, D지원자   ② B, C지원자
③ B, E지원자   ④ C, D지원자
⑤ D, E지원자

CHAPTER 03

수리능력

합격 Cheat Key

수리능력은 사칙 연산·통계·확률의 의미를 정확하게 이해하고 이를 업무에 적용하는 능력으로, 기초 연산과 기초 통계, 도표 분석 및 작성의 문제 유형으로 출제된다. 수리능력 역시 채택하지 않는 공사·공단이 거의 없을 만큼 필기시험에서 중요도가 높은 영역이다.

특히, 난이도가 높은 공사·공단의 시험에서는 도표 분석, 즉 자료 해석 유형의 문제가 많이 출제되고 있고, 응용 수리 역시 꾸준히 출제하는 공사·공단이 많기 때문에 기초 연산과 기초 통계에 대한 공식의 암기와 자료 해석 능력을 기를 수 있는 꾸준한 연습이 필요하다.

1 ### 응용 수리의 공식은 반드시 암기하라!

응용 수리는 공사·공단마다 출제되는 문제는 다르지만, 사용되는 공식은 비슷한 경우가 많으므로 자주 출제되는 공식을 반드시 암기하여야 한다. 문제에서 묻는 것을 정확하게 파악하여 그에 맞는 공식을 적절하게 적용하는 꾸준한 노력과 공식을 암기하는 연습이 필요하다.

2 자료의 해석은 자료에서 즉시 확인할 수 있는 지문부터 확인하라!

수리능력 중 도표 분석, 즉 자료 해석 능력은 많은 시간을 필요로 하는 문제가 출제되므로, 증가·감소 추이와 같이 눈으로 확인이 가능한 지문을 먼저 확인한 후 복잡한 계산이 필요한 지문을 확인하는 방법으로 문제를 풀이한다면 시간을 조금이라도 아낄 수 있다. 또한, 여러 가지 보기가 주어진 문제 역시 지문을 잘 확인하고 문제를 풀이한다면 불필요한 계산을 생략할 수 있으므로 항상 지문부터 확인하는 습관을 들여야 한다.

3 도표 작성에서 지문에 작성된 도표의 제목을 반드시 확인하라!

도표 작성은 하나의 자료 혹은 보고서와 같은 수치가 표현된 자료를 도표로 작성하는 형식으로 출제되는데, 대체로 표보다는 그래프를 작성하는 형태로 많이 출제된다. 지문을 살펴보면 각 지문에서 주어진 도표에도 소제목이 있는 경우가 대부분이다. 이때, 자료의 수치와 도표의 제목이 일치하지 않는 경우 함정이 존재하는 문제일 가능성이 높으므로 도표의 제목을 반드시 확인하는 것이 중요하다.

01 응용 수리

| 유형분석 |

- 문제에서 제공하는 정보를 파악한 뒤, 사칙연산을 활용하여 계산하는 전형적인 수리문제이다.
- 문제를 풀기 위한 정보가 산재되어 있는 경우가 많으므로 주어진 조건 등을 꼼꼼히 확인해야 한다.

대학 서적을 도서관에서 빌리면 10일간 무료이고, 그 이상은 하루에 100원의 연체료가 부과되며 한 달 단위로 연체료는 두 배로 늘어난다. 1학기 동안 대학 서적을 도서관에서 빌려 사용하는 데 얼마의 비용이 드는가?(단, 1학기의 기간은 15주이고, 한 달은 30일로 정한다)

① 18,000원 ② 20,000원
③ 23,000원 ④ 25,000원
⑤ 28,000원

정답 ④

- 1학기의 기간 : $15 \times 7 = 105$일
- 연체료가 부과되는 기간 : $105 - 10 = 95$일
- 연체료가 부과되는 시점에서부터 한 달 동안의 연체료 : $30 \times 100 = 3,000$원
- 첫 번째 달부터 두 번째 달까지의 연체료 : $30 \times 100 \times 2 = 6,000$원
- 두 번째 달부터 세 번째 달까지의 연체료 : $30 \times 100 \times 2 \times 2 = 12,000$원
- 95일(3개월 5일) 연체료 : $3,000 + 6,000 + 12,000 + 5 \times (100 \times 2 \times 2 \times 2) = 25,000$원

따라서 1학기 동안 대학 서적을 도서관에서 빌려 사용한다면 25,000원의 비용이 든다.

풀이 전략!

문제에서 묻는 바를 정확하게 확인한 후, 필요한 조건 또는 정보를 구분하여 신속하게 풀어 나간다. 단, 계산에 착오가 생기지 않도록 유의한다.

01 둘레가 6km인 공원을 나래는 자전거를 타고, 진혁이는 걷기로 했다. 같은 방향으로 돌면 1시간 30분 후에 다시 만나고, 서로 반대 방향으로 돌면 1시간 후에 만난다고 할 때, 나래의 속력은?(단, 나래의 속력이 더 빠르다)

① 4.5km/h   ② 5km/h

③ 5.5km/h   ④ 6km/h

⑤ 6.5km/h

02 H공사의 마케팅부, 영업부, 영업지원부에서 2명씩 대표로 회의에 참석하기로 하였다. 원탁에 같은 부서 사람이 옆자리에 앉는 방식으로 자리배치를 한다고 할 때, 6명이 앉을 수 있는 경우의 수는?

① 15가지   ② 16가지

③ 17가지   ④ 18가지

⑤ 19가지

03 수영장에 물을 가득 채울 때 수도관 A로는 6시간, B로는 4시간이 걸린다. A, B 두 수도관을 모두 사용하여 수영장에 물을 가득 채우는 데 걸리는 시간은?

① 2시간   ② 2시간 12분

③ 2시간 24분   ④ 2시간 36분

⑤ 2시간 48분

04 농도가 14%인 A설탕물이 300g, 18%인 B설탕물이 200g, 12%인 C설탕물이 150g 있다. A와 B설탕물을 합친 후 100g의 물을 더 넣고, 여기에 C설탕물을 합친 후 200g만 남기고 버렸다. 이때, 마지막 200g 설탕물에 녹아 있는 설탕의 질량은?

① 25.6g   ② 28.7g

③ 30.8g   ④ 32.6g

⑤ 34.8g

| 유형분석 |

- 문제에 주어진 도표를 분석하여 계산하는 문제이다.
- 주로 그래프와 표로 제시되며, 경영·경제·산업 등과 관련된 최신 이슈를 많이 다룬다.
- 자료 간의 증감률·합계·차이 등을 자주 묻는다.

다음 자료를 근거로 할 때, 하루 동안 고용할 수 있는 최대 인원은?

총예산	본예산	500,000원
	예비비	100,000원
인건비	1인당 수당	50,000원
	산재보험료	(수당)×0.504%
	고용보험료	(수당)×1.3%

① 10명 ② 11명
③ 12명 ④ 13명
⑤ 14명

정답 ②

- (1인당 하루 인건비)=(1인당 수당)+(산재보험료)+(고용보험료)
  =50,000+50,000×0.504%+50,000×1.3%
  =50,000+252+650=50,902원
- (하루에 고용할 수 있는 인원수)=[(본예산)+(예비비)]÷(1인당 하루 인건비)
  =600,000÷50,902≒11.8

따라서 하루 동안 고용할 수 있는 최대 인원은 11명이다.

풀이 전략!

계산을 위해 필요한 정보를 도표에서 확인하도록 하며, 복잡한 계산을 하기 전에 조건을 꼼꼼하게 확인하여 실수를 줄일 수 있도록 한다.

01 다음은 연도별 투약일당 약품비에 대한 자료이다. 2023년의 총투약일수가 120일, 2024년의 총투약일수가 150일인 경우, 2024년의 상급종합병원의 총약품비와 2023년의 종합병원의 총약품비의 합은?

〈투약일당 약품비〉

(단위 : 원)

구분	전체	상급종합병원	종합병원	병원	의원
2020년	1,753	2,704	2,211	1,828	1,405
2021년	1,667	2,551	2,084	1,704	1,336
2022년	1,664	2,482	2,048	1,720	1,352
2023년	1,662	2,547	2,025	1,693	1,345
2024년	1,709	2,686	2,074	1,704	1,362

※ 투약 1일당 평균적으로 소요되는 약품비를 나타내는 지표
※ (투약일당 약품비)＝(총약품비)÷(총투약일수)

① 630,900원　　　　② 635,900원
③ 640,900원　　　　④ 645,900원
⑤ 658,000원

02 다음은 매년 해외·국내여행 평균횟수에 대해 연령대별 50명씩 설문조사한 결과이다. 빈칸에 들어갈 수치로 옳은 것은?(단, 각 수치는 매년 일정한 규칙으로 변화한다)

〈연령대별 해외·국내여행 평균횟수〉

(단위 : 회)

구분	2019년	2020년	2021년	2022년	2023년	2024년
20대	35.9	35.2	40.7	42.2	38.4	37.0
30대	22.3	21.6	24.8	22.6	20.9	24.1
40대	19.2	24.0	23.7	20.4	24.8	22.9
50대	27.6	28.8	30.0	31.2		33.6
60대 이상	30.4	30.8	28.2	27.3	24.3	29.4

① 32.4　　　　② 33.1
③ 34.2　　　　④ 34.5
⑤ 35.1

03 서울에서 사는 H씨는 휴일에 가족들과 경기도 맛집에 가기 위해 오후 3시에 집 앞으로 중형 콜택시를 불렀다. 집에서 맛집까지의 거리는 12.56km이며, 집에서 맛집으로 출발하여 4.64km를 이동하면 경기도에 진입한다. 맛집에 도착할 때까지 신호로 인해 택시가 멈췄던 시간은 8분이며, 택시의 속력은 이동 시 항상 60km/h 이상이었다. 다음 자료를 참고할 때, H씨가 지불하게 될 택시요금은 얼마인가?(단, 콜택시의 예약 비용은 없으며, 신호로 인한 멈춘 시간은 모두 경기도 진입 후이다)

〈서울시 택시요금 계산표〉

구분			신고요금
중형택시	주간	기본요금	2km까지 3,800원
		거리요금	100원당 132m
		시간요금	100원당 30초
	심야	기본요금	2km까지 4,600원
		거리요금	120원당 132m
		시간요금	120원당 30초
	공통사항		– 시간·거리 부분 동시 병산(15.33km/h 미만 시) – 시계외 할증 20% – 심야(00:00 ~ 04:00) 할증 20% – 심야·시계외 중복할증 40%

※ '시간요금'이란 속력이 15.33km/h 미만이거나 멈춰있을 때 적용됨
※ 서울시에서 다른 지역으로 진입 후 시계외 할증(심야 거리 및 시간요금)이 적용됨

① 13,800원　　　　　　　② 14,000원
③ 14,220원　　　　　　　④ 14,500원
⑤ 14,920원

04 H초등학교 1, 2학년 학생들에게 다섯 가지 색깔 중 선호하는 색깔을 선택하게 하였다. 1학년 전체 학생 중 빨강을 좋아하는 학생 수의 비율과 2학년 전체 학생 중 노랑을 좋아하는 학생 수의 비율을 바르게 나열한 것은?(단, 각 학년의 인원수는 250명이다)

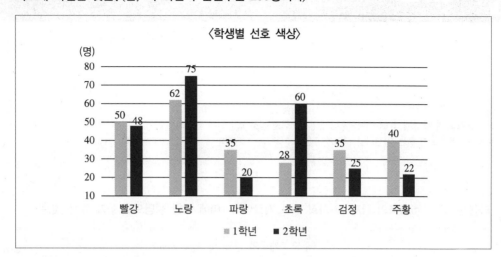

① 20%, 30%   ② 25%, 25%

③ 30%, 30%   ④ 20%, 25%

⑤ 30%, 50%

03 자료 이해

| 유형분석 |

- 제시된 자료를 분석하여 선택지의 정답 유무를 판단하는 문제이다.
- 표의 수치 등을 통해 변화량이나 증감률, 비중 등을 비교하여 판단하는 문제가 자주 출제된다.
- 지원하고자 하는 기업이나 산업과 관련된 자료 등이 문제의 자료로 많이 다뤄진다.

다음은 A ~ E 5개국의 경제 및 사회 지표 자료이다. 이에 대한 설명으로 옳지 않은 것은?

〈주요 5개국의 경제 및 사회 지표〉

구분	1인당 GDP(달러)	경제성장률(%)	수출(백만 달러)	수입(백만 달러)	총인구(백만 명)
A국	27,214	2.6	526,757	436,499	50.6
B국	32,477	0.5	624,787	648,315	126.6
C국	55,837	2.4	1,504,580	2,315,300	321.8
D국	25,832	3.2	277,423	304,315	46.1
E국	56,328	2.3	188,445	208,414	24.0

※ (총 GDP)=(1인당 GDP)×(총인구)

① 경제성장률이 가장 큰 나라가 총 GDP는 가장 작다.
② 총 GDP가 가장 큰 나라의 GDP는 가장 작은 나라의 GDP보다 10배 이상 더 크다.
③ 5개국 중 수출과 수입에 있어서 규모에 따라 나열한 순위는 서로 일치한다.
④ A국이 E국보다 총 GDP가 더 크다.
⑤ 1인당 GDP에 따른 순위와 총 GDP에 따른 순위는 서로 일치한다.

정답 ⑤

1인당 GDP 순위는 E>C>B>A>D이다. 그런데 1인당 GDP가 가장 큰 E국은 1인당 GDP가 2위인 C국보다 1% 정도밖에 높지 않은 반면, 인구는 C국의 $\frac{1}{10}$ 이하이므로 총 GDP 역시 C국보다 작다. 따라서 1인당 GDP 순위와 총 GDP 순위는 일치하지 않는다.

풀이 전략!

평소 변화량이나 증감률, 비중 등을 구하는 공식을 알아두고 있어야 하며, 지원하는 기업이나 산업에 대한 자료 등을 확인하여 비교하는 연습 등을 한다.

01 다음은 어느 도서관에서 일정 기간 도서 대여 횟수를 작성한 자료이다. 이에 대한 설명으로 옳지 않은 것은?

〈도서 대여 횟수〉

(단위 : 회)

구분	비소설		소설	
	남자	여자	남자	여자
40세 미만	20	10	40	50
40세 이상	30	20	20	30

① 40세 미만보다 40세 이상의 전체 대여 횟수가 더 적다.
② 소설을 대여한 전체 횟수가 비소설을 대여한 전체 횟수보다 많다.
③ 남자가 소설을 대여한 횟수는 여자가 소설을 대여한 횟수의 70% 이하이다.
④ 40세 미만의 전체 대여 횟수에서 비소설 대여 횟수가 차지하는 비율은 20%를 넘는다.
⑤ 40세 이상의 전체 대여 횟수에서 소설 대여 횟수가 차지하는 비율은 40% 이상이다.

02 다음은 어느 해 개최된 올림픽에 참가한 6개국의 성적이다. 이에 대한 설명으로 옳지 않은 것은?

(단위 : 개)

구분	참가선수(명)	금메달	은메달	동메달	메달 합계
A국가	240	4	28	57	89
B국가	261	2	35	68	105
C국가	323	0	41	108	149
D국가	274	1	37	74	112
E국가	248	3	32	64	99
F국가	229	5	19	60	84

① 획득한 금메달 수가 많은 국가일수록 은메달 수는 적었다.
② 금메달을 획득하지 못한 국가가 가장 많은 메달을 획득했다.
③ 참가선수의 수가 많은 국가일수록 획득한 동메달 수도 많았다.
④ 획득한 메달의 합계가 큰 국가일수록 참가선수의 수도 많았다.
⑤ 참가선수가 가장 적은 국가의 메달 합계는 전체 6위이다.

03 다음은 H학원의 강사별 시급과 수강생 만족도에 대한 자료이다. 이에 대한 설명으로 옳은 것은?

〈강사별 시급 및 수강생 만족도〉

(단위 : 원, 점)

구분	2023년		2024년	
	시급	수강생 만족도	시급	수강생 만족도
A강사	50,000	4.6	55,000	4.1
B강사	45,000	3.5	45,000	4.2
C강사	52,000	( )	54,600	4.8
D강사	54,000	4.9	59,400	4.4
E강사	48,000	3.2	( )	3.5

〈수강생 만족도 점수별 시급 인상률〉

구분	인상률
4.5점 이상	10% 인상
4.0점 이상 4.5점 미만	5% 인상
3.0점 이상 4.0점 미만	동결
3.0점 미만	5% 인하

※ 다음 연도 시급의 인상률은 당해 연도 시급 대비 당해 연도 수강생 만족도에 따라 결정됨
※ 강사가 받을 수 있는 시급은 최대 60,000원임

① E강사의 2024년 시급은 45,600원이다.
② 2025년 시급은 D강사가 C강사보다 높다.
③ 2024년과 2025년의 시급 차이가 가장 큰 강사는 C이다.
④ C강사의 2023년 수강생 만족도 점수는 4.5점 이상이다.
⑤ 2025년 A강사와 B강사의 시급 차이는 10,000원이다.

04 다음은 2024년 지하수 관측현황과 연도별 지하수 주요 관측지표에 대한 자료이다. 이에 대한 〈보기〉의 설명 중 옳은 것을 모두 고르면?

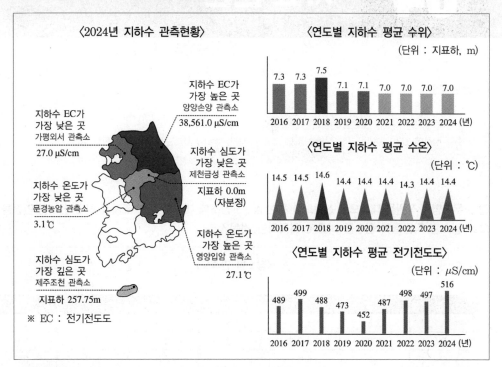

〈2024년 지하수 관측현황〉

지하수 EC가 가장 낮은 곳
가평외서 관측소
27.0 μS/cm

지하수 EC가 가장 높은 곳
양양손양 관측소
38,561.0 μS/cm

지하수 심도가 가장 낮은 곳
제천금성 관측소
지표하 0.0m
(자분정)

지하수 온도가 가장 낮은 곳
문경농암 관측소
3.1℃

지하수 온도가 가장 높은 곳
영양입암 관측소
27.1℃

지하수 심도가 가장 깊은 곳
제주조천 관측소
지표하 257.75m

※ EC : 전기전도도

〈연도별 지하수 평균 수위〉
(단위 : 지표하, m)

2016	2017	2018	2019	2020	2021	2022	2023	2024 (년)
7.3	7.3	7.5	7.1	7.1	7.0	7.0	7.0	7.0

〈연도별 지하수 평균 수온〉
(단위 : ℃)

2016	2017	2018	2019	2020	2021	2022	2023	2024 (년)
14.5	14.5	14.6	14.4	14.4	14.4	14.3	14.4	14.4

〈연도별 지하수 평균 전기전도도〉
(단위 : μS/cm)

2016	2017	2018	2019	2020	2021	2022	2023	2024 (년)
489	499	488	473	452	487	498	497	516

보기

ㄱ. 지하수 평균 수위는 2021년부터 2024년까지 변동이 없었다.
ㄴ. 2024년 지하수 온도가 가장 높은 곳의 지하수 온도와 평균 수온의 차이는 12.7℃이다.
ㄷ. 2024년 지하수 전기전도도가 가장 높은 곳의 지하수 전기전도도는 평균 전기전도도의 76배 이상이다.

① ㄱ
② ㄱ, ㄴ
③ ㄱ, ㄷ
④ ㄴ, ㄷ
⑤ ㄱ, ㄴ, ㄷ

| 유형분석 |

- 문제에 주어진 자료를 도표로 변환하는 문제이다.
- 주로 자료에 있는 수치와 그래프 또는 표에 있는 수치가 서로 일치하는지의 여부를 판단한다.

갑 ~ 무 5명의 직원을 대상으로 신년회를 위한 A ~ E장소에 대한 만족도 조사를 하였다. 5점 만점을 기준으로 장소별 직원들의 점수를 바르게 시각화한 것은?

〈장소별 만족도〉

(단위 : 점)

구분	갑	을	병	정	무	평균
A	2.5	5.0	4.5	2.5	3.5	3.6
B	3.0	4.0	5.0	3.5	4.0	3.9
C	4.0	4.0	3.5	3.0	5.0	3.9
D	3.5	3.5	3.5	4.0	3.0	3.5
E	5.0	3.0	1.0	1.5	4.5	3.0

①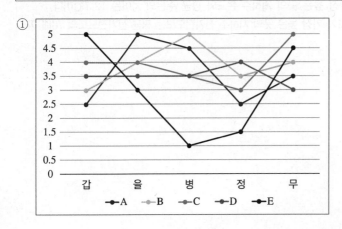

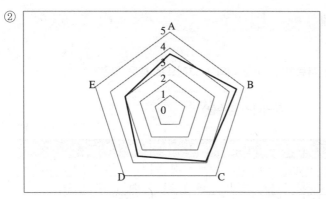

②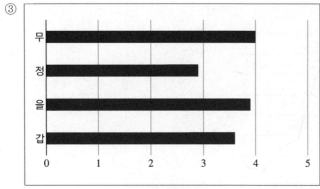

③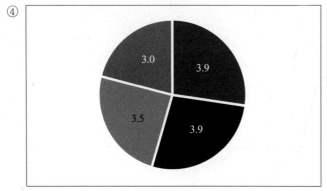

④

정답 ①

갑 ~ 무 5명의 직원들의 A ~ E장소에 대한 만족도 점수가 그래프에 바르게 나타나 있다.

오답분석

② B장소의 평균 만족도가 3.9점이지만 4.0점 이상으로 나타나 있다.

③ 병의 A ~ E장소에 대한 평균 만족도가 없고, 직원별 A ~ E장소 평균 만족도는 자료의 목적과는 거리가 멀다.

④ A ~ E장소에 대한 평균 만족도에서 표와의 수치를 비교해 보면 3.6점인 A장소가 없고, 수치가 각각 어느 장소의 평균 만족도를 나타내는지 알 수 없다.

01 다음은 우리나라 강수량에 대한 자료이다. 이를 나타낸 그래프로 옳은 것은?

〈우리나라 강수량〉

(단위 : mm, 위)

구분	1월	2월	3월	4월	5월	6월	7월	8월	9월	10월	11월	12월
강수량	15.3	29.8	24.1	65.0	29.5	60.7	308.0	241.0	92.1	67.6	12.7	21.9
역대순위	32	23	39	30	44	43	14	24	26	13	44	27

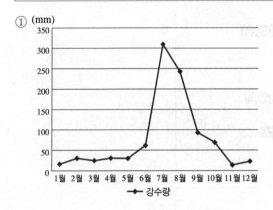

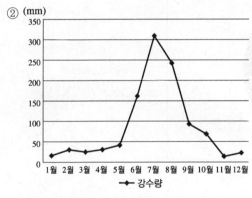

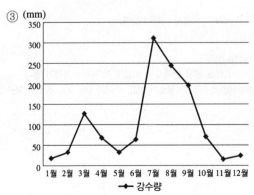

④ (mm)

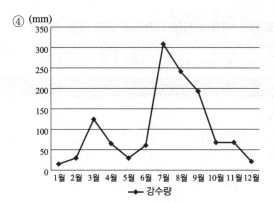

⑤ (mm)

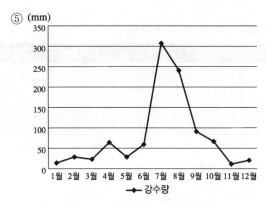

02 다음은 가계 금융자산을 나타낸 자료이다. 이를 나타낸 그래프로 옳지 않은 것은?

〈각국의 연도별 가계 금융자산 비율〉

구분	2019년	2020년	2021년	2022년	2023년	2024년
A국가	0.24	0.22	0.21	0.19	0.17	0.16
B국가	0.44	0.45	0.48	0.41	0.40	0.45
C국가	0.39	0.36	0.34	0.29	0.28	0.25
D국가	0.25	0.28	0.26	0.25	0.22	0.21

※ 가계 총자산은 가계 금융자산과 가계 비금융자산으로 이루어지며, 가계 금융자산 비율은 가계 총자산 대비 가계 금융자산이 차지하는 비율임

〈2024년 각국의 가계 금융자산 구성비〉

구분	예금	보험	채권	주식	투자 신탁	기타
A국가	0.62	0.18	0.10	0.07	0.02	0.01
B국가	0.15	0.30	0.10	0.31	0.12	0.02
C국가	0.35	0.27	0.11	0.09	0.14	0.04
D국가	0.56	0.29	0.03	0.06	0.02	0.04

① 연도별 B국가와 C국가의 가계 비금융자산 비율

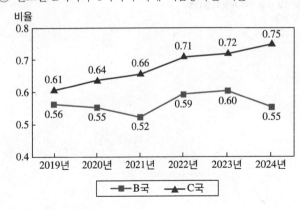

② 2021년 각국의 가계 총자산 구성비

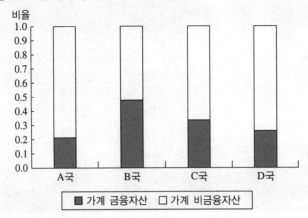

■ 가계 금융자산 □ 가계 비금융자산

③ 2024년 C국가의 가계 금융자산 구성비

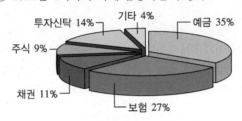

투자신탁 14% 기타 4% 예금 35%
주식 9%
채권 11%
보험 27%

④ 2024년 A국가와 D국가의 가계 금융자산 대비 보험, 채권, 주식 구성비

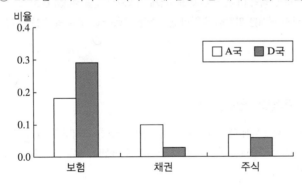

□ A국 ■ D국

보험   채권   주식

⑤ 2024년 각국의 가계 총자산 대비 예금 구성비

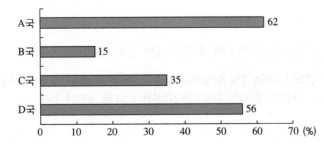

A국 62
B국 15
C국 35
D국 56

CHAPTER 04

조직이해능력

합격 Cheat Key

조직이해능력은 업무를 원활하게 수행하기 위해 조직의 체제와 경영을 이해하고 국제적인 추세를 이해하는 능력이다. 현재 많은 공사·공단에서 출제 비중을 높이고 있는 영역이기 때문에 미리 대비하는 것이 중요하다. 실제 업무 능력에서 조직이해능력을 요구하기 때문에 중요도는 점점 높아질 것이다.

세부 유형은 조직 체제 이해, 경영 이해, 업무 이해, 국제 감각으로 나눌 수 있다. 조직도를 제시하는 문제가 출제되거나 조직의 체계를 파악해 경영의 방향성을 예측하고, 업무의 우선순위를 파악하는 문제가 출제된다.

1 문제 속에 정답이 있다!

경력이 없는 경우 조직에 대한 이해가 낮을 수밖에 없다. 그러나 문제 자체가 실무적인 내용을 담고 있어도 문제 안에는 해결의 단서가 주어진다. 부담을 갖지 않고 접근하는 것이 중요하다.

2 경영·경제학원론 정도의 수준은 갖추도록 하라!

지원한 직군마다 차이는 있을 수 있으나, 경영·경제이론을 접목시킨 문제가 꾸준히 출제되고 있다. 따라서 기본적인 경영·경제이론은 익혀 둘 필요가 있다.

3 **지원하는 공사·공단의 조직도를 파악하라!**

출제되는 문제는 각 공사·공단의 세부내용일 경우가 많기 때문에 지원하는 공사·공단의 조직도를 파악해 두어야 한다. 조직이 운영되는 방법과 전략을 이해하고, 조직을 구성하는 체제를 파악하고 간다면 조직이해능력에서 조직도가 나올 때 단기간에 문제를 풀 수 있을 것이다.

4 **실제 업무에서도 요구되므로 이론을 익혀라!**

각 공사·공단의 직무 특성상 일부 영역에 중요도가 가중되는 경우가 있어서 많은 취업준비생들이 일부 영역에만 집중하지만, 실제 업무 능력에서 직업기초능력 10개 영역이 골고루 요구되는 경우가 많고, 현재는 필기시험에서도 조직이해능력을 출제하는 기관의 비중이 늘어나고 있기 때문에 미리 이론을 익혀 둔다면 모듈형 문제에서 고득점을 노릴 수 있다.

| 유형분석 |

- 경영 전략에서 대표적으로 출제되는 문제는 마이클 포터(Michael Porter)의 본원적 경쟁 전략이다.
- 본원적 경쟁 전략의 기본적인 이해와 구조를 물어보는 문제가 자주 출제되므로 전략별 특징 및 개념에 대한 이론 학습이 요구된다.

다음 사례에서 나타난 마이클 포터의 본원적 경쟁 전략으로 가장 적절한 것은?

전자제품 시장에서 경쟁회사가 가격을 낮추는 저가 전략을 사용하여 점유율을 높이려고 하자, 이에 맞서 오히려 고급 기술을 적용한 고품질 프리미엄 제품을 선보이고 서비스를 강화해 시장의 점유율을 높였다.

① 차별화 전략   ② 마케팅 전략

③ 집중화 전략   ④ 원가우위 전략

⑤ 비교우위 전략

`정답` ①

마이클 포터의 본원적 경쟁 전략
- 차별화 전략 : 조직이 생산품이나 서비스를 차별화하여 고객에게 가치가 있고 독특하게 인식되도록 하는 전략으로, 이를 활용하기 위해서는 연구개발이나 광고를 통하여 술, 품질, 서비스, 브랜드 이미지를 개선할 필요가 있다.
- 원가우위 전략 : 원가절감을 통해 해당 산업에서 우위를 점하는 전략으로, 이를 위해서는 대량생산을 통해 단위 원가를 낮추거나 새로운 생산기술을 개발할 필요가 있다.
- 집중화 전략 : 특정 시장이나 고객에게 한정된 전략으로, 특정 산업을 대상으로 한다. 즉, 경쟁 조직들이 소홀히 하고 있는 한정된 시장을 원가우위나 차별화 전략을 써서 집중 공략하는 방법이다.

`풀이 전략!`

대부분의 기업들은 마이클 포터의 본원적 경쟁 전략을 사용하고 있다. 각 전략에 해당하는 대표적인 기업을 연결하고, 그들의 경영 전략을 상기하며 문제를 풀어보도록 한다.

01 다음 중 경영의 대표적인 구성요소인 4요소로 옳은 것은?

① 경영목적, 인적자원, 자금, 마케팅 ② 자금, 전략, 마케팅, 회계

③ 인적자원, 마케팅, 회계, 자금 ④ 경영목적, 인적자원, 자금, 전략

⑤ 마케팅, 인적자원, 자금, 전략

02 다음은 마이클 포터(Michael E. Porter)의 본원적 경쟁전략에 대한 설명이다. 빈칸 ㉠ ~ ㉢에 들어갈 용어가 바르게 연결된 것은?

> 본원적 경쟁전략은 해당 사업에서 경쟁우위를 확보하기 위한 전략으로, ㉠ 전략, ㉡ 전략, ㉢ 전략으로 구분된다.
> ㉠ 전략은 원가절감을 통해 해당 산업에서 우위를 점하는 전략으로, 이를 위해서는 대량생산을 통해 단위 원가를 낮추거나 새로운 생산기술을 개발할 필요가 있다. 여기에는 1970년대 우리나라의 섬유업체나 신발업체, 가발업체 등이 미국시장에 진출할 때 취한 전략이 해당한다.
> ㉡ 전략은 조직이 생산품이나 서비스를 ㉡ 하여 고객에게 가치가 있고 독특하게 인식되도록 하는 전략이다. ㉡ 전략을 활용하기 위해서는 연구개발이나 광고를 통하여 기술, 품질, 서비스, 브랜드이미지를 개선할 필요가 있다.
> ㉢ 전략은 특정 시장이나 고객에게 한정된 전략으로, ㉠ 나 ㉡ 전략이 산업전체를 대상으로 하는데 비해 ㉢ 전략은 특정 산업을 대상으로 한다. 즉, ㉢ 전략은 경쟁조직들이 소홀히 하고 있는 한정된 시장을 ㉠ 나 ㉡ 전략을 써서 집중적으로 공략하는 방법이다.

	㉠	㉡	㉢
①	원가우위	차별화	집중화
②	원가우위	집중화	차별화
③	차별화	집중화	원가우위
④	집중화	원가우위	차별화
⑤	집중화	차별화	원가우위

| 유형분석 |

- 조직 구조 유형에 대한 특징을 물어보는 문제가 자주 출제된다.
- 기계적 조직과 유기적 조직의 차이점과 사례 등을 숙지하고 있어야 한다.
- 조직 구조 형태에 따라 기능적 조직, 사업별 조직으로 구분하여 출제되기도 한다.

다음 〈보기〉 중 조직 구조에 대한 설명으로 옳지 않은 것을 모두 고르면?

보기

ㄱ. 기계적 조직은 구성원들의 업무분장이 명확하게 이루어져 있는 편이다.
ㄴ. 기계적 조직은 조직 내 의사소통이 비공식적 경로를 통해 활발히 이루어진다.
ㄷ. 유기적 조직은 의사결정 권한이 조직 하부 구성원들에게 많이 위임되어 있으며, 업무내용이 명확히 규정되어 있는 것이 특징이다.
ㄹ. 유기적 조직은 기계적 조직에 비해 조직의 형태가 가변적이다.

① ㄱ, ㄴ   ② ㄱ, ㄷ
③ ㄴ, ㄷ   ④ ㄴ, ㄹ
⑤ ㄷ, ㄹ

정답 ③

ㄴ. 기계적 조직 내 의사소통은 비공식적 경로가 아닌 공식적 경로를 통해 주로 이루어진다.
ㄷ. 유기적 조직은 의사결정 권한이 조직 하부 구성원들에게 많이 위임되어 있으나, 업무내용은 기계적 조직에 비해 가변적이다.

오답분석

ㄱ. 기계적 조직은 위계질서 및 규정, 업무분장이 모두 명확하게 확립되어 있는 조직이다.
ㄹ. 유기적 조직에서는 비공식적인 상호 의사소통이 원활히 이루어지며, 규제나 통제의 정도가 낮아 변화에 따라 쉽게 변할 수 있는 특징을 가진다.

풀이 전략!

조직 구조는 유형에 따라 기계적 조직과 유기적 조직으로 나눌 수 있다. 기계적 조직과 유기적 조직은 서로 상반된 특징을 가지고 있으며, 기계적 조직이 관료제의 특징과 비슷함을 파악하고 있다면, 이와 상반된 유기적 조직의 특징도 수월하게 파악할 수 있다.

01　다음 중 대학생인 지수의 일과를 통해 알 수 있는 사실로 가장 적절한 것은?

> 지수는 화요일에 학교 수업, 아르바이트, 스터디, 봉사활동 등을 한다.
> 다음은 지수의 화요일 일과이다.
> • 지수는 오전 11시부터 오후 4시까지 수업이 있다.
> • 수업이 끝나고 학교 앞 프랜차이즈 카페에서 아르바이트를 3시간 동안 한다.
> • 아르바이트를 마친 후 NCS 공부를 하기 위해 스터디를 2시간 동안 한다.

① 비공식적이면서 소규모조직에서 3시간 있었다.
② 공식조직에서 9시간 있었다.
③ 비영리조직이면서 대규모조직에서 5시간 있었다.
④ 영리조직에서 2시간 있었다.
⑤ 비공식적이면서 비영리조직에서 3시간 있었다.

02　다음 상황에서 H사가 해외 시장 개척을 앞두고 기존의 조직 구조를 개편할 경우, H사가 추가해야 할 조직으로 옳지 않은 것은?

> H사는 몇 년 전부터 자체 기술로 개발한 제품의 판매 호조로 인해 기대 이상의 수익을 창출하게 되었다. 경쟁 업체들이 모방할 수 없는 독보적인 기술력을 앞세워 국내 시장을 공략한 결과, 이미 더 이상의 국내 시장 경쟁자들은 없다고 할 만큼 탄탄한 시장 점유율을 확보하였다. 이러한 H사의 사장은 올 초부터 해외 시장 진출의 꿈을 갖고 필요한 자료를 수집하기 시작하였다. 충분한 자금력을 확보한 H사는 우선 해외 부품 공장을 인수한 후 현지에 생산 기지를 건설하여 국내에서 생산되는 물량의 절반 정도를 현지로 이전하여 생산하고, 이를 통한 물류비 절감으로 주변국들부터 시장을 넓혀가겠다는 야심찬 계획을 가지고 있다. 한국 본사에서는 내년까지 4~5곳의 해외 거래처를 더 확보하여 지속적인 해외 시장 개척에 매진한다는 중장기 목표를 대내외에 천명해 둔 상태이다.

① 해외관리팀　　② 기업회계팀
③ 외환업무팀　　④ 국제법무팀
⑤ 통관물류팀

03 다음 〈보기〉 중 조직도에 대해 바르게 설명한 사람을 모두 고르면?

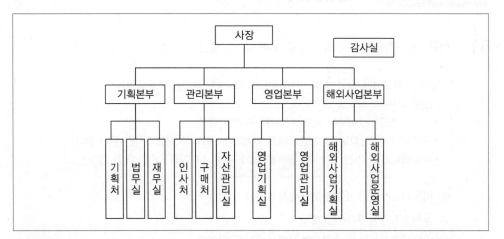

보기

A : 조직도를 보면 4개 본부, 3개의 처, 8개의 실로 구성되어 있어.

B : 사장 직속으로 4개의 본부가 있고, 그중 한 본부에서는 인사업무만을 전담하고 있네.

C : 감사실은 사장 직속이지만 별도로 분리되어 있구나.

D : 해외사업기획실과 해외사업운영실은 둘 다 해외사업과 관련이 있으니까 해외사업본부에 소속되어 있는 것이 맞아.

① A, B   ② A, C

③ A, D   ④ B, C

⑤ B, D

04 새로운 조직 개편 기준에 따라 제시된 조직도 (가)를 조직도 (나)로 변경하려 한다. 다음 중 조직도 (나)의 빈칸에 들어갈 팀으로 적절하지 않은 것은?

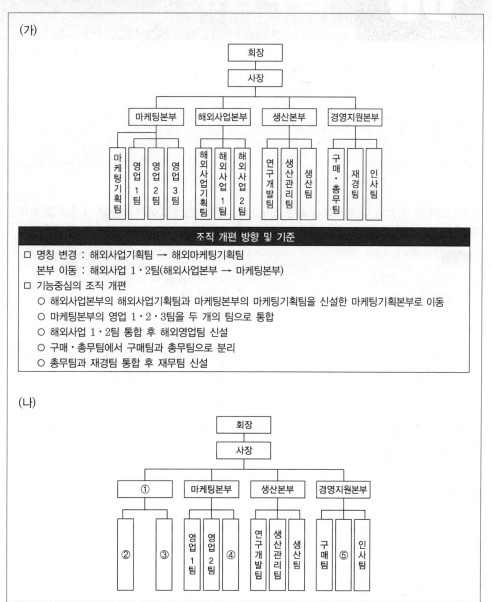

① 마케팅기획본부
② 해외마케팅기획팀
③ 영업 3팀
④ 해외영업팀
⑤ 재무팀

03 업무 종류

| 유형분석 |

- 부서별 주요 업무에 대해 묻는 문제이다.
- 부서별 특징과 담당 업무에 대한 이해가 필요하다.

다음 〈보기〉는 기업의 각 부서에서 하는 업무이다. 일반적인 상황에서 부서와 그 업무를 바르게 연결한 것은?

보기

ㄱ. 의전 및 비서업무
ㄴ. 업무분장 및 조정
ㄷ. 결산 관련 업무
ㄹ. 임금제도
ㅁ. 소모품의 구입 및 관리
ㅂ. 법인세, 부가가치세
ㅅ. 판매 예산 편성
ㅇ. 보험가입 및 보상 업무
ㅈ. 견적 및 계약
ㅊ. 국내외 출장 업무 협조
ㅋ. 외상매출금 청구
ㅌ. 직원수급 계획 및 관리

① 총무부 : ㄱ, ㅁ, ㅅ
② 영업부 : ㅅ, ㅈ, ㅋ
③ 회계부 : ㄷ, ㅇ, ㅋ
④ 인사부 : ㄱ, ㄴ, ㄹ
⑤ 기획부 : ㅂ, ㅊ, ㅌ

정답 ②

영업부의 업무로는 판매 계획, 판매 예산의 편성(ㅅ), 견적 및 계약(ㅈ), 외상매출금의 청구 및 회수(ㅋ), 시장조사, 판매원가 및 판매가격의 조사 검토 등이 있다.

오답분석

① 총무부 : ㄱ, ㅁ, ㅊ
③ 회계부 : ㄷ, ㅂ, ㅇ
④ 인사부 : ㄴ, ㄹ, ㅌ
⑤ 기획부 : 경영 또는 전략 기획, 신규 투자 및 중장기 계획 수립 등

풀이 전략!

조직은 목적의 달성을 위해 업무를 효과적으로 분배하고 처리할 수 있는 구조를 확립해야 한다. 조직의 목적이나 규모에 따라 업무의 종류는 다양하지만, 대부분의 조직에서는 총무, 인사, 기획, 회계, 영업으로 부서를 나누어 업무를 담당하고 있다. 따라서 5가지 업무 종류에 대해서는 미리 숙지해야 한다.

01 다음은 H사에서 근무하는 L사원의 업무일지이다. L사원이 출근 후 2번째로 해야 할 일로 가장 적절한 것은?

날짜	2025년 3월 7일 금요일
내용	[오늘 할 일] • 팀 회의 준비 – 회의실 예약 후 마이크 및 프로젝터 체크 • 외주업체로부터 판촉 행사 브로슈어 샘플 디자인 받기 • 지난 주 외근 지출결의서 총무부 제출(늦어도 퇴근 전까지) • 회사 홈페이지, 관리자 페이지 및 업무용 메일 확인(출근하자마자 확인) • 14시 브로슈어 샘플 디자인 피드백 팀 회의 [주요 행사 확인] • 3월 15일 토요일 – 데이행사(와인데이) • 3월 18일 화요일 – 또 하나의 마을(충북 제천 흑선동 본동마을)

① 외근 지출결의서 총무부 제출
② 회의실 예약 후 마이크 및 프로젝터 체크
③ 브로슈어 샘플 디자인 피드백 팀 회의 참석
④ 외주업체로부터 브로슈어 샘플 디자인 받기
⑤ 회사 홈페이지, 관리자 페이지 및 업무용 메일 확인

02 다음 〈보기〉 중 업무 배정에 대한 설명으로 옳지 않은 것을 모두 고르면?

> **보기**
> ㄱ. 조직의 업무는 반드시 사전에 직책에 따라 업무분장이 이루어진 대로 수행되어야 한다.
> ㄴ. 근속연수는 구성원 개인이 조직 내에서 책임을 수행하고 권한을 행사하는 기반이 된다.
> ㄷ. 동시간대에 수행하여야 하는 업무들은 하나의 업무로 통합하여 수행하는 것이 효율적이다.
> ㄹ. 직위에 따라 수행해야 할 일정 업무가 할당되고, 그 업무를 수행하는 데 필요한 권한과 책임이 부여된다.

① ㄱ, ㄴ
② ㄱ, ㄷ
③ ㄴ, ㄷ
④ ㄱ, ㄴ, ㄹ
⑤ ㄴ, ㄷ, ㄹ

03 직무 전결 규정상 전무이사가 전결인 '과장의 국내출장 건'의 결재를 시행하고자 한다. 박기수 전무이사가 해외출장으로 인해 부재중이어서 직무대행자인 최수영 상무이사가 결재하였다. 〈보기〉 중 옳지 않은 것을 모두 고르면?

> **보기**
> ㄱ. 최수영 상무이사가 결재한 것은 전결이다.
> ㄴ. 공문의 결재표 상에는 '과장 최경옥, 부장 김석호, 상무이사 전결, 전무이사 최수영'이라고 표시되어 있다.
> ㄷ. 박기수 전무이사가 출장에서 돌아와서 해당 공문을 검토하는 것은 후결이다.
> ㄹ. 전결 사항은 부재중이더라도 돌아와서 후결을 하는 것이 원칙이다.

① ㄱ, ㄴ
② ㄱ, ㄹ
③ ㄱ, ㄴ, ㄹ
④ ㄴ, ㄷ, ㄹ
⑤ ㄱ, ㄴ, ㄷ, ㄹ

04 다음 중 이사원이 처리해야 할 업무를 순서대로 바르게 나열한 것은?

> 현재 시각은 오전 10시 30분. 이사원은 30분 후 거래처 직원과의 미팅이 예정되어 있다. 거래처 직원에게는 회사의 제1회의실에서 미팅을 진행하기로 미리 안내하였으나, 오늘 오전 제1회의실 예약이 모두 완료되어 금일 사용이 불가능하다는 연락을 받았다. 또한 이사원은 오후 2시에 김팀장과 면담 예정이었으나, 오늘까지 문서 작업을 완료해달라는 부서장의 요청을 받았다. 이사원은 면담 시간을 미뤄보려 했지만 김팀장은 이사원과의 면담 이후 부서 회의에 참여해야 하므로 면담 시간을 미룰 수 없다고 답변했다.

> ㄱ. 거래처 직원과의 미팅
> ㄴ. 오전 11시에 사용 가능한 회의실 사용 예약
> ㄷ. 거래처 직원에게 미팅 장소 변경 안내
> ㄹ. 김팀장과의 면담
> ㅁ. 부서장이 요청한 문서 작업 완료

① ㄱ - ㄷ - ㄴ - ㄹ - ㅁ
② ㄴ - ㄷ - ㄱ - ㄹ - ㅁ
③ ㄴ - ㄷ - ㄱ - ㅁ - ㄹ
④ ㄷ - ㄴ - ㄱ - ㄹ - ㅁ
⑤ ㄷ - ㄴ - ㄱ - ㅁ - ㄹ

05 다음은 H회사 직무전결표의 일부분이다. 이에 따라 문서를 처리한 내용 중 바르게 처리되지 못한 것을 〈보기〉에서 모두 고르면?

구분	대표이사	위임전결권자		
		전무	이사	부서장
직원 채용 승인	O			
직원 채용 결과 통보				O
교육훈련 대상자 선정			O	
교육훈련 프로그램 승인		O		
직원 국내 출장 승인			O	
직원 해외 출장 승인		O		
임원 국내 출장 승인		O		
임원 해외 출장 승인	O			

보기

ㄱ. 전무가 출장 중이어서 교육훈련 프로그램 승인을 위해서 일단 이사 전결로 처리하였다.
ㄴ. 인사부장 명의로 영업부 직원 채용 결과서를 통보하였다.
ㄷ. 영업부 대리의 국내 출장을 승인받기 위해서 이사의 결재를 받았다.
ㄹ. 기획부의 교육 대상자를 선정하기 위해서 기획부장의 결재를 받아 처리하였다.

① ㄱ, ㄴ
② ㄷ, ㄹ
③ ㄱ, ㄴ, ㄹ
④ ㄴ, ㄷ, ㄹ
⑤ ㄱ, ㄴ, ㄷ, ㄹ

05

문제해결능력

합격 Cheat Key

문제해결능력은 업무를 수행하면서 여러 가지 문제 상황이 발생하였을 때, 창의적이고 논리적인 사고를 통하여 이를 올바르게 인식하고 적절히 해결하는 능력으로, 하위 능력에는 사고력과 문제처리능력이 있다.

문제해결능력은 NCS 기반 채용을 진행하는 대다수의 공사·공단에서 채택하고 있으며, 다양한 자료와 함께 출제되는 경우가 많아 어렵게 느껴질 수 있다. 특히, 난이도가 높은 문제로 자주 출제되기 때문에 다른 영역보다 더 많은 노력이 필요할 수는 있지만 그렇기에 차별화를 할 수 있는 득점 영역이므로 포기하지 말고 꾸준하게 노력해야 한다.

1 질문의 의도를 정확하게 파악하라!

문제해결능력은 문제에서 무엇을 묻고 있는지 정확하게 파악하여 먼저 풀이 방향을 설정하는 것이 가장 효율적인 방법이다. 특히, 조건이 주어지고 답을 찾는 창의적·분석적인 문제가 주로 출제되고 있기 때문에 처음에 정확한 풀이 방향이 설정되지 않는다면 문제를 제대로 풀지 못하게 되므로 첫 번째로 출제 의도 파악에 집중해야 한다.

2 중요한 정보는 반드시 표시하라!

출제 의도를 정확히 파악하기 위해서는 문제의 중요한 정보를 반드시 표시하거나 메모하여 하나의 조건, 단서도 잊고 넘어가는 일이 없도록 해야 한다. 실제 시험에서는 시간의 압박과 긴장감으로 정보를 잘못 적용하거나 잊어버리는 실수가 많이 발생하므로 사전에 충분한 연습이 필요하다.

3 반복 풀이를 통해 취약 유형을 파악하라!

문제해결능력은 특히 시간관리가 중요한 영역이다. 따라서 정해진 시간 안에 고득점을 할 수 있는 효율적인 문제 풀이 방법을 찾아야 한다. 이때, 반복적인 문제 풀이를 통해 자신이 취약한 유형을 파악하는 것이 중요하다. 정확하게 풀 수 있는 문제부터 빠르게 풀고 취약한 유형은 나중에 푸는 효율적인 문제 풀이를 통해 최대한 고득점을 맞는 것이 중요하다.

01 명제 추론

| 유형분석 |

- 주어진 문장을 토대로 논리적으로 추론하여 참 또는 거짓을 구분하는 문제이다.
- 대체로 연역추론을 활용한 명제 문제가 출제된다.
- 자료를 제시하고 새로운 결과나 자료에 주어지지 않은 내용을 추론해 가는 형식의 문제가 출제된다.

어느 도시에 있는 병원의 공휴일 진료 현황은 다음과 같다. 공휴일에 진료하는 병원의 수는?

- B병원이 진료를 하지 않으면, A병원은 진료를 한다.
- B병원이 진료를 하면, D병원은 진료를 하지 않는다.
- A병원이 진료를 하면, C병원은 진료를 하지 않는다.
- C병원이 진료를 하지 않으면, E병원이 진료를 한다.
- E병원은 공휴일에 진료를 하지 않는다.

① 1곳   ② 2곳
③ 3곳   ④ 4곳
⑤ 5곳

정답 ②

제시된 진료 현황을 각각의 명제로 보고 이들을 수식으로 설명하면 다음과 같다(단, 명제가 참일 경우 그 대우도 참이다).
- B병원이 진료를 하지 않으면 A병원이 진료한다(~B → A / ~A → B).
- B병원이 진료를 하면 D병원은 진료를 하지 않는다(B → ~D / D → ~B).
- A병원이 진료를 하면 C병원은 진료를 하지 않는다(A → ~C / C → ~A).
- C병원이 진료를 하지 않으면 E병원이 진료한다(~C → E / ~E → C).
이를 하나로 연결하면, D병원이 진료를 하면 B병원이 진료를 하지 않고, B병원이 진료를 하지 않으면 A병원은 진료를 한다. 또한 A병원이 진료를 하면 C병원은 진료를 하지 않고, C병원이 진료를 하지 않으면 E병원은 진료를 한다(D → ~B → A → ~C → E). 명제가 참일 경우 그 대우도 참이므로 ~E → C → ~A → B → ~D가 된다. E병원은 공휴일에 진료를 하지 않으므로 위의 명제를 참고하면 C와 B병원만이 진료를 하는 경우가 된다. 따라서 공휴일에 진료를 하는 병원은 2곳이다.

풀이 전략!

명제와 관련한 기본적인 논법에 대해서는 미리 학습해 두며, 이를 바탕으로 각 문장에 있는 핵심단어 또는 문구를 기호화하여 정리한 후, 선택지와 비교하여 참 또는 거짓을 판단한다.

01 다음 〈조건〉을 통해 추론할 수 있는 것은?

> **조건**
> • 진달래를 좋아하는 사람은 감성적이다.
> • 백합을 좋아하는 사람은 보라색을 좋아하지 않는다.
> • 감성적인 사람은 보라색을 좋아한다.

① 감성적인 사람은 백합을 좋아한다.
② 백합을 좋아하는 사람은 감성적이다.
③ 보라색을 좋아하는 사람은 감성적이다.
④ 백합을 좋아하는 사람은 진달래를 좋아한다.
⑤ 진달래를 좋아하는 사람은 보라색을 좋아한다.

02 H공사의 기숙사에서는 기숙사에 거주하는 4명(가 ~ 라)을 1층부터 4층에 매년 새롭게 배정하고 있으며, 올해도 배정하려고 한다. 다음 〈조건〉을 참고할 때, 반드시 참인 것은?

> **조건**
> • 한 번 거주한 층에는 다시 거주하지 않는다.
> • 가와 라는 2층에 거주한 적이 있다.
> • 나와 다는 3층에 거주한 적이 있다.
> • 가와 나는 1층에 거주한 적이 있다.
> • 가, 나, 라는 4층에 거주한 적이 있다.

① 다는 4층에 배정될 것이다.
② 라는 3층에 거주한 적이 있을 것이다.
③ 라는 1층에 거주한 적이 있을 것이다.
④ 다는 2층에 거주한 적이 있을 것이다.
⑤ 기숙사에 3년 이상 산 사람은 가밖에 없다.

03 취업준비생 A ~ E가 지원한 회사는 서로 다른 가 ~ 마 회사 중 한 곳이며, 다섯 회사는 서로 다른 곳에 위치하고 있다. 다섯 사람이 모두 서류에 합격하였고 〈조건〉에 따라 지하철, 버스, 택시 중 하나를 이용하여 회사에 간다고 할 때, 다음 중 옳지 않은 것은?(단, 한 가지 교통수단은 최대 두 명까지 이용할 수 있으며, 한 사람도 이용하지 않는 교통수단은 없다)

> **조건**
> • 택시를 타면 가, 나, 마 회사에 갈 수 있다.
> • A는 다 회사에 지원했다.
> • E는 어떤 교통수단을 선택해도 지원한 회사에 갈 수 있다.
> • 지하철에는 D를 포함한 두 사람이 타며, 둘 중 한 사람은 라 회사에 지원했다.
> • B가 탈 수 있는 교통수단은 지하철뿐이다.
> • 버스와 택시로 갈 수 있는 회사는 가 회사를 제외하면 서로 겹치지 않는다.

① B와 D는 함께 지하철을 이용한다.
② C는 택시를 이용한다.
③ A는 버스를 이용한다.
④ E는 라 회사에 지원했다.
⑤ C는 나 또는 마 회사에 지원했다.

04 다음 〈조건〉을 토대로 〈보기〉에 대한 판단으로 옳은 것은?

> **조건**
> • 영업을 잘하면 기획을 못한다.
> • 편집을 잘하면 영업을 잘한다.
> • 디자인을 잘하면 편집을 잘한다.

> **보기**
> A : 디자인을 잘하면 기획을 못한다.
> B : 편집을 잘하면 기획을 잘한다.

① A만 옳다.
② B만 옳다.
③ A, B 모두 옳다.
④ A, B 모두 틀리다.
⑤ A, B 모두 옳은지 틀린지 판단할 수 없다.

05 다음 〈조건〉에 근거하여 바르게 추론한 것은?

> **조건**
> • 수진이는 어제 밤 10시에 자서 오늘 아침 7시에 일어났다.
> • 지은이는 어제 수진이보다 30분 늦게 자서 오늘 아침 7시가 되기 10분 전에 일어났다.
> • 혜진이는 항상 9시에 자고, 8시간의 수면 시간을 지킨다.
> • 정은이는 어제 수진이보다 10분 늦게 잤고, 혜진이보다 30분 늦게 일어났다.

① 지은이는 가장 먼저 일어났다.
② 정은이는 가장 늦게 일어났다.
③ 혜진이의 수면 시간이 가장 짧다.
④ 수진이의 수면 시간이 가장 길다.
⑤ 수진, 지은, 혜진, 정은 모두 수면 시간이 8시간 이상이다.

06 A ~ D는 한 판의 가위바위보를 한 후 그 결과에 대해 각각 두 가지의 진술을 하였다. 두 가지의 진술 중 하나는 반드시 참이고, 하나는 반드시 거짓이라고 할 때, 다음 중 항상 참인 것은?

> A : C는 B를 이길 수 있는 것을 냈고, B는 가위를 냈다.
> B : A는 C와 같은 것을 냈지만, A가 편 손가락의 수는 나보다 적었다.
> C : B는 바위를 냈고, 그 누구도 같은 것을 내지 않았다.
> D : A, B, C 모두 참 또는 거짓을 말한 순서가 동일하다. 이 판은 승자가 나온 판이었다.

① B와 같은 것을 낸 사람이 있다.
② 보를 낸 사람은 1명이다.
③ D는 혼자 가위를 냈다.
④ B가 기권했다면 가위를 낸 사람이 지는 판이다.
⑤ 바위를 낸 사람은 2명이다.

02 SWOT 분석

| 유형분석 |

- 상황에 대한 환경 분석 결과를 통해 주요 과제를 도출하는 문제이다.
- 주로 3C 분석 또는 SWOT 분석을 활용한 문제들이 출제되고 있으므로 해당 분석도구에 대한 사전 학습이 요구된다.

다음 글을 참고하여 B자동차가 취할 수 있는 전략으로 옳은 것은?

'SWOT'는 Strength(강점), Weakness(약점), Opportunity(기회), Threat(위협)의 머리글자를 따서 만든 단어로, 경영 전략을 세우는 방법론이다. SWOT로 도출된 조직의 내·외부 환경을 분석하고, 이 결과를 통해 대응전략을 구상할 수 있다. 'SO전략'은 기회를 활용하기 위해 강점을 사용하는 전략이고, 'WO전략'은 약점을 보완 또는 극복하여 시장의 기회를 활용하는 전략이다. 'ST전략'은 위협을 피하기 위해 강점을 활용하는 방법이며, 'WT전략'은 위협요인을 피하기 위해 약점을 보완하는 전략이다.

- 새로운 정권의 탄생으로 자동차 업계 내 새로운 바람이 불 것으로 예상된다. A당선인이 이번 선거에서 친환경차 보급 확대를 주요 공약으로 내세웠고, 공약에 따라 공공기관용 친환경차 비율을 70%로 상향시키기로 하고, 친환경차 보조금 확대 등을 통해 친환경차 보급률을 높이겠다는 계획을 세웠다. 또한 최근 환경을 생각하는 국민 의식의 향상과 친환경차의 연비 절감 부분이 친환경차 구매 욕구 상승에 기여하고 있다.
- B자동차는 기존에 전기자동차 모델들을 꾸준히 출시하여 성장세가 두드러지고 있는데다 고객들의 다양한 구매 욕구를 충족시킬 만한 전기자동차 상품의 다양성을 확보하였다. 또한, B자동차의 전기자동차 미국 수출이 증가하고 있는 만큼 앞으로의 전망도 밝을 것으로 예상된다.

① SO전략
② WO전략
③ ST전략
④ WT전략

정답 ①

- Strength(강점) : B자동차는 전기자동차 모델들을 꾸준히 출시하여 성장세가 두드러지고 있는데다 고객들의 다양한 구매 욕구를 충족시킬 만한 전기자동차 상품의 다양성을 확보하였다.
- Opportunity(기회) : 새로운 정권에서 친환경차 보급 확대에 적극 나설 것으로 보인다는 점과 환경을 생각하는 국민 의식의 향상과 친환경차의 연비 절감 부분이 친환경차 구매 욕구 상승에 기여하고 있으며 B자동차의 미국 수출이 증가하고 있다.
따라서 해당 기사를 분석하면 SO전략이 적절하다.

풀이 전략!

문제에 제시된 분석도구를 확인한 후, 분석 결과를 종합적으로 판단하여 각 선택지의 전략 과제와 일치 여부를 판단한다.

01 H은행에 근무 중인 A사원은 국내 금융 시장에 대한 보고서를 작성하면서 H은행에 대한 SWOT 분석을 진행하였다. 다음 중 위협 요인에 들어갈 내용으로 옳지 않은 것은?

PART 1

강점(Strength)	약점(Weakness)
• 지속적 혁신에 대한 경영자의 긍정적 마인드 • 고객만족도 1위의 높은 고객 충성도 • 다양한 투자 상품 개발	• 해외 투자 경험 부족으로 취약한 글로벌 경쟁력 • 소매 금융에 비해 부족한 기업 금융
기회(Opportunity)	위협(Threat)
• 국내 유동자금의 증가 • 해외 금융시장 진출 확대 • 정부의 규제 완화 정책	

① 경기 침체 장기화
② 부족한 리스크 관리 능력
③ 글로벌 금융사의 국내 시장 진출
④ 금융업의 경계 파괴에 따른 경쟁 심화
⑤ 정부의 정책 노선 혼란 등으로 인한 시장의 불확실성 증가

02 다음 SWOT 분석 결과를 바탕으로 섬유 산업이 발전할 수 있는 방안으로 적절한 것을 〈보기〉에서 모두 고르면?

강점(Strength)	약점(Weakness)
• 빠른 제품 개발 시스템	• 기능 인력 부족 심화 • 인건비 상승
기회(Opportunity)	위협(Threat)
• 한류의 영향으로 한국 제품 선호 • 국내 기업의 첨단 소재 개발 성공	• 외국산 저가 제품 공세 강화 • 선진국의 기술 보호주의

> **보기**
>
> ㄱ. 한류 배우를 모델로 브랜드 홍보 전략을 추진한다.
> ㄴ. 단순 노동 집약적인 소품종 대량 생산 체제를 갖춘다.
> ㄷ. 소비자 기호를 빠르게 분석하여 제품 생산에 반영한다.
> ㄹ. 선진국의 원천 기술을 이용한 기능성 섬유를 생산한다.

① ㄱ, ㄴ   ② ㄱ, ㄷ
③ ㄴ, ㄷ   ④ ㄴ, ㄹ
⑤ ㄷ, ㄹ

03 자료 해석

| 유형분석 |

- 주어진 자료를 해석하고 활용하여 풀어가는 문제이다.
- 꼼꼼하고 분석적인 접근이 필요한 다양한 자료들이 출제된다.

H사 인사팀 직원인 A씨는 사내 설문조사를 통해 요즘 사람들이 연봉보다는 일과 삶의 균형을 더 중요시하고 직무의 전문성을 높이고 싶어 한다는 결과를 도출했다. 다음 중 설문조사 결과와 H사 임직원의 근무여건에 대한 자료를 참고하여 인사제도를 합리적으로 변경한 것은?

〈임직원 근무여건〉

구분	주당 근무 일수(평균)	주당 근무시간(평균)	직무교육 여부	퇴사율
정규직	6일	52시간 이상	○	17%
비정규직 1	5일	40시간 이상	○	12%
비정규직 2	5일	20시간 이상	×	25%

① 정규직의 연봉을 7% 인상한다.
② 정규직을 비정규직으로 전환한다.
③ 비정규직 1의 직무교육을 비정규직 2와 같이 조정한다.
④ 정규직의 주당 근무시간을 비정규직 1과 같이 조정하고 비정규직 2의 직무교육을 시행한다.
⑤ 비정규직 2의 근무 일수를 정규직과 같이 조정한다.

정답 ④

정규직의 주당 근무시간을 비정규직 1과 같이 줄여 근무여건을 개선하고, 퇴사율이 가장 높은 비정규직 2의 직무교육을 시행하여 퇴사율을 줄이는 것이 가장 적절하다.

오답분석

① 설문조사 결과에서 연봉보다는 일과 삶의 균형을 더 중요시한다고 하였으므로 연봉이 상승하는 것은 퇴사율에 영향을 미치지 않음을 알 수 있다.
② 정규직을 비정규직으로 전환하는 것은 고용의 안정성을 낮추어 퇴사율을 더욱 높일 수 있다.
③ 직무교육을 하지 않는 비정규직 2보다 직무교육을 하는 정규직과 비정규직 1의 퇴사율이 더 낮기 때문에 이는 적절하지 않다.
⑤ 비정규직 2의 주당 근무 일수를 정규직과 같이 조정하면, 주 6일 20시간을 근무하게 되어 비효율적인 업무를 수행한다.

풀이 전략!

문제 해결을 위해 필요한 정보가 무엇인지 먼저 파악한 후, 제시된 자료를 분석적으로 읽고 해석한다.

PART 1

01 다음 글과 상황을 근거로 판단할 때, 출장을 함께 갈 수 있는 직원들의 조합으로 가능한 것은?

> H공사 B지사에서는 3월 11일 회계감사 관련 서류 제출을 위해 본사로 출장을 가야 한다. 오전 8시 정각 출발이 확정되어 있으며, 출발 후 B지사에 복귀하기까지 총 8시간이 소요된다. 단, 비가 오는 경우 1시간이 추가로 소요된다.
> • 출장인원 중 한 명이 직접 운전하여야 하며, '운전면허 1종 보통' 소지자만 운전할 수 있다.
> • 출장시간에 사내 업무가 겹치는 경우에는 출장을 갈 수 없다.
> • 출장인원 중 부상자가 포함되어 있는 경우, 서류 박스 운반 지연으로 인해 30분이 추가로 소요된다.
> • 차장은 책임자로서 출장인원에 적어도 한 명은 포함되어야 한다.
> • 주어진 조건 외에는 고려하지 않는다.

〈상황〉

• 3월 11일은 하루 종일 비가 온다.
• 3월 11일 당직 근무는 17시 10분에 시작한다.

구분	직급	운전면허	건강상태	출장 당일 사내 업무
갑	차장	1종 보통	부상	없음
을	차장	2종 보통	건강	17시 15분 계약업체 면담
병	과장	없음	건강	17시 35분 관리팀과 회의
정	과장	1종 보통	건강	당직 근무
무	대리	2종 보통	건강	없음

① 갑, 을, 병　　　　　　② 갑, 병, 정
③ 을, 병, 무　　　　　　④ 을, 정, 무
⑤ 병, 정, 무

02 H공사에서 새로운 기계를 구매하기 위해 검토 중이라는 소문을 B회사 영업사원인 귀하가 입수했다. H공사 구매 담당자는 공사 방침에 따라 실속(가격)이 최우선이며 그다음이 품격(디자인)이고 구매하려는 기계의 제작사들이 비슷한 기술력을 가지고 있기 때문에 성능은 다 같다고 생각하고 있다. 따라서 사후관리(A/S)를 성능보다 우선시하고 있다고 한다. 귀하는 오늘 경쟁사와 자사 기계에 대한 종합 평가서를 참고하여 H공사의 구매 담당자를 설득시킬 계획이다. 다음 중 귀하가 할 수 있는 설명으로 옳지 않은 것은?

〈종합 평가서〉

구분	A사	B사	C사	D사	E사	F사
성능(높은 순)	1	4	2	3	6	5
디자인(평가가 좋은 순)	3	1	2	4	5	6
가격(낮은 순)	1	3	5	6	4	2
A/S 특징(신속하고 철저한 순)	6	2	5	3	1	4

※ 숫자는 순위를 나타냄

① A사 제품은 가격은 가장 저렴하나 A/S가 늦고 철저하지 않습니다. 우리 제품을 사면 제품 구매 비용은 A사보다 많이 들어가나, 몇 년 운용을 해보면 실제 A/S 지체 비용으로 인한 손실액이 A사보다 적기 때문에 실제로 이익입니다.

② C사 제품보다는 우리 회사 제품이 가격이나 디자인 면에서 우수하고 A/S 또한 빠르고 정확하기 때문에 비교할 바가 안 됩니다. 성능이 우리 것보다 조금 낮다고는 하나, 사실 이 기계의 성능은 서로 비슷하기 때문에 우리 회사 제품이 월등하다고 볼 수 있습니다.

③ D사 제품은 먼저 가격에서나 디자인 그리고 A/S에서 우리 제품을 따라올 수 없습니다. 성능도 엇비슷하기 때문에 결코 우리 회사 제품과 견줄 것이 못 됩니다.

④ E사 제품은 A/S 면에서 가장 좋은 평가를 받고 있으나, 성능 면에서 가장 뒤처지기 때문에 고려할 가치가 없습니다. 특히 A/S가 잘되어 있다면 오히려 성능이 뒤떨어져서 일어나는 사인이기 때문에 재고할 가치가 없습니다.

⑤ F사 제품은 우리 회사 제품보다 가격은 저렴하지만, A/S나 디자인 면에서 우리 제품이 더 좋은 평가를 받고 있으므로 우리 회사 제품이 더 뛰어납니다.

03 다음은 미성년자(만 19세 미만)의 전자금융서비스 신규 · 변경 · 해지 신청에 필요한 서류와 관련된 자료이다. 이를 이해한 내용으로 옳은 것은?

구분	미성년자 본인 신청 (만 14세 이상)	법정대리인 신청 (만 14세 미만은 필수)
신청서류	• 미성년자 실명확인증표 • 법정대리인(부모) 각각의 동의서 • 법정대리인 각각의 인감증명서 • 미성년자의 가족관계증명서 • 출금계좌통장, 통장인감(서명)	• 미성년자의 기본증명서 • 법정대리인(부모) 각각의 동의서 • 내방 법정대리인 실명확인증표 • 미내방 법정대리인 인감증명서 • 미성년자의 가족관계증명서 • 출금계좌통장, 통장인감
	※ 유의사항 ① 미성년자 실명확인증표 : 학생증(성명 · 주민등록번호 · 사진 포함), 청소년증, 주민등록증, 여권 등(단, 학생증에 주민등록번호가 포함되지 않은 경우 미성년자의 기본증명서 추가 필요) ② 전자금융서비스 이용신청을 위한 법정대리인 동의서 법정대리인 미방문 시 인감 날인(단, 한부모가정인 경우 친권자 동의서 필요 – 친권자 확인 서류 : 미성년자의 기본증명서) ③ 법정대리인이 자녀와 함께 방문한 경우 법정대리인의 실명확인증표로 인감증명서 대체 가능 ※ 법정대리인 동의서 양식은 '홈페이지 → 고객센터 → 약관 · 설명서 · 서식 → 서식자료' 중 '전자금융게시' 내용 참고		

① 법정대리인 신청 시 동의서는 부모 중 1명만 있으면 된다.

② 법정대리인 동의서 양식은 지점 방문 시 각 창구에 갖춰져 있다.

③ 법정대리인이 자녀와 함께 방문하여 신청할 경우, 반드시 인감증명서가 필요하다.

④ 만 13세인 희수가 전자금융서비스를 해지하려면 반드시 법정대리인이 신청해야 한다.

⑤ 올해로 만 18세인 지성이가 전자금융서비스를 변경하려면 신청서류로 이름과 사진이 포함된 학생증과 법정대리인 동의서가 필요하다.

| 유형분석 |

- 주어진 상황과 규칙을 종합적으로 활용하여 풀어 가는 문제이다.
- 일정, 비용, 순서 등 다양한 내용을 다루고 있어 유형을 1가지로 단일화하기 어렵다.

H씨는 다음 규칙을 참고하여 알파벳 단어를 숫자로 변환하고자 한다. 규칙을 적용한 〈보기〉의 단어에서 알파벳 Z에 해당하는 자연수들을 모두 더한 값은?

〈규칙〉

① 알파벳 'A'부터 'Z'까지 순서대로 자연수를 부여한다.

　예 A=2라고 하면 B=3, C=4, D=5이다.

② 단어의 음절에 같은 알파벳이 연속되는 경우 ①에서 부여한 숫자를 알파벳이 연속되는 횟수만큼 거듭제곱한다.

　예 A=2이고 단어가 'AABB'이면 AA는 '2^2'이고, BB는 '3^2'이므로 '49'로 적는다.

보기

㉠ AAABBCC는 10000001020110404로 변환된다.

㉡ CDFE는 3465로 변환된다.

㉢ PJJYZZ는 1712126729로 변환된다.

㉣ QQTSR은 625282726으로 변환된다.

---

① 154　　　　　　　　　　　　② 176

③ 199　　　　　　　　　　　　④ 212

⑤ 234

정답　④

㉠ A=100, B=101, C=102이다. 따라서 Z=125이다.

㉡ C=3, D=4, E=5, F=6이다. 따라서 Z=26이다.

㉢ P가 17임을 볼 때, J=11, Y=26, Z=27이다.

㉣ Q=25, R=26, S=27, T=28이므로 Z=34이다.

따라서 해당하는 Z값을 모두 더하면 125+26+27+34=212이다.

풀이 전략!

문제에 제시된 조건이나 규칙을 정확히 파악한 후, 선택지나 상황에 적용하여 문제를 풀어 나간다.

---

01 H공장에서 제조하는 볼트의 일련번호는 다음과 같이 구성된다. 일련번호는 형태 – 허용압력 – 직경 – 재질 – 용도 순으로 표시할 때, 다음 중 직경이 14mm이고, 자동차에 쓰이는 스테인리스 볼트의 일련번호로 옳은 것은?

형태	나사형	육각	팔각	별
	SC	HX	OT	ST
허용압력(kg/cm^2)	10 ~ 20	21 ~ 40	41~60	61 이상
	L	M	H	P
직경(mm)	8	10	12	14
	008	010	012	014
재질	플라스틱	크롬 도금	스테인리스	티타늄
	P	CP	SS	Ti
용도	항공기	선박	자동차	일반
	A001	S010	M110	E100

① SCP014TiE100
② OTH014SSS010
③ STM012CPM110
④ HXL014SSM110
⑤ SCM012TiM110

〈블랙박스 시리얼 번호 체계〉

제조사		제품		메모리 용량		제조연월				일련번호	PCB버전
값	의미	값	의미	값	의미	값	의미	값	의미	값	값
A	아리스	BD	블랙박스	1	4GB	A	2020년	1~9	1~9월	00001	1
S	성진	BL	LCD 블랙박스	2	8GB	B	2021년	O	10월	00002	2
B	백경	BP	IPS 블랙박스	3	16GB	C	2022년	N	11월	…	…
C	천호	BE	LED 블랙박스	4	32GB	D	2023년	D	12월	09999	9999
M	미강테크	–	–	–	–	E	2024년	–	–	–	–

※ 예시 : ABD2E6000101 → 아리스 블랙박스, 8GB, 2024년 6월 생산, 10번째 모델, PCB 1번째 버전

〈A/S 접수 현황〉

분류 1	분류 2	분류 3	분류 4
ABD1A2001092	MBE2E3001243	SBP3CD012083	ABD4B3007042
BBD1DD000132	MBP2CO120202	CBE3C4000643	SBE4D5101483
SBD1D9000082	ABE2D0001063	BBD3B6000761	MBP4C6000263
ABE1C6100121	CBL2C3010213	ABP3D8010063	BBE4DN020473
CBP1C6001202	SBD2B9001501	CBL3S8005402	BBL4C5020163
CBL1BN000192	SBP2C5000843	SBD3B1004803	CBP4D6100023
MBD1A2012081	BBL2BO010012	MBE3E4010803	SBE4E4001613
MBE1DB001403	CBD2B3000183	MBL3C1010203	ABE4DO010843

02 A/S가 접수되면 수리를 위해 각 제품을 해당 제조사로 전달한다. 그런데 제품 시리얼 번호를 확인하는 과정에서 조회되지 않는 번호가 있다는 것을 발견하였다. 다음 중 총 몇 개의 시리얼 번호가 잘못 기록되었는가?

① 6개
③ 8개
⑤ 10개
② 7개
④ 9개

03 A/S가 접수된 제품 중 2020 ~ 2021년도에 생산된 제품에 대해 무상으로 블루투스 기능을 추가해주는 이벤트를 진행하고 있다. A/S 접수가 된 블랙박스 중에서 이벤트에 해당하는 제품은 모두 몇 개인가?

① 6개
③ 8개
⑤ 10개
② 7개
④ 9개

PART 2

직무수행능력평가

CHAPTER 01 경영학원론

CHAPTER 02 경제학원론

01 다음 중 경영 전략과 경영조직에 대한 설명으로 옳은 것은?

① 포터의 가치사슬 모형에 의하면 마케팅, 재무관리, 생산관리, 인적자원관리는 본원적 활동이다.

② BCG 매트릭스에서는 시장의 성장률과 절대적 시장 점유율을 기준으로 사업을 평가한다.

③ 제조업체에서 부품의 안정적 확보를 위해 부품회사를 인수하는 것은 전방통합에 해당하며, 제품 판매를 위해 유통회사를 인수하는 것은 후방통합에 해당한다.

④ 기계적 조직은 유기적 조직에 비해 집권화 정도와 공식화 정도가 모두 강하다.

⑤ 대량생산기술을 적용할 때에는 유기적 조직이 적합하며, 소량주문생산기술을 적용할 때에는 기계적 조직이 적합하다.

02 다음에서 설명하는 마케팅 기법은?

교묘히 규제를 피해가는 마케팅 기법이다. 보통 행사중계방송의 텔레비전 광고를 구입하거나 공식 스폰서인 것처럼 속이기 위해 개별 선수나 팀의 스폰서가 되는 방법을 사용한다. 규정상 올림픽 마크나 올림픽 단어, 국가대표선수단 등과 같은 용어는 IOC(International Olympic Committee : 국제올림픽위원회)나 KOC(Korea Olympic Committee : 대한올림픽위원회) 등과 공식 후원계약을 맺은 업체들만 사용할 수 있다.

① 니치 마케팅   ② 앰부시 마케팅

③ 버즈 마케팅   ④ 플래그십 마케팅

⑤ 바이럴 마케팅

03 다음 〈보기〉 중 이자율 결정이론에 대한 설명으로 옳은 것을 모두 고르면?

> **보기**
> ㄱ. 고전학파는 실질이자율이 저축과 투자를 일치시키는 가격으로서의 역할을 수행한다고 주장하였다.
> ㄴ. 케인스는 통화량의 변동이 장기적으로 물가수준의 변동만을 가져온다고 주장하였다.
> ㄷ. 케인스는 화폐적 요인이 이자율 결정에 중요한 영향을 미친다고 주장하였다.
> ㄹ. 오린과 로버트슨은 대부자금설을 통해 대부자금의 공급을 결정하는 요인으로 실물부문 수요와 화폐공급의 증감분을 주장하였다.

① ㄱ, ㄴ   ② ㄱ, ㄷ
③ ㄴ, ㄷ   ④ ㄴ, ㄹ
⑤ ㄷ, ㄹ

04 다음 중 원가우위전략에 대한 설명으로 옳지 않은 것은?

① 원가우위에 영향을 미치는 여러 가지 요소를 활용하여 경쟁우위를 획득한다.
② 경쟁사보다 더 낮은 가격으로 제품이나 서비스를 생산하는 전략이다.
③ 가격, 디자인, 브랜드 충성도, 성능 등으로 우위를 점하는 전략이다.
④ 시장에 더 저렴한 제품이 출시되면 기존 고객의 충성도를 기대할 수 없다.
⑤ 시장점유율 확보에 유리하다.

05 다음 중 조직설계 요소에서 통제범위에 대한 설명으로 옳지 않은 것은?

① 과업이 복잡할수록 통제범위는 좁아진다.
② 관리자가 스텝으로부터 업무상 조언과 지원을 많이 받을수록 통제의 범위가 좁아진다.
③ 관리자가 작업자에게 권한과 책임을 위임할수록 통제범위는 넓어진다.
④ 작업자와 관리자의 상호작용 및 피드백이 많이 필요할수록 통제범위는 좁아진다.
⑤ 작업자가 잘 훈련되고 작업동기가 높을수록 통제범위는 넓어진다.

06 다음 사례에서 리더가 보인 권력의 종류는?

> 평소 자신의 팀원들과 돈독한 친분을 유지하며 팀원들로부터 충성심과 존경을 한몸에 받는 H팀장이 얼마 전 진행하던 프로젝트의 최종 마무리 작업을 앞두고 뜻밖의 사고를 당해 병원에 입원하게 되었다. 해당 프로젝트의 마무리가 시급한 시점에 다급히 자신의 팀원들에게 업무를 인계하게 되었고, 팀원들은 모두가 한마음 한뜻이 되어 늦은 시간까지 자발적으로 근무하여 무사히 프로젝트를 마무리할 수 있었다.

① 합법적 권력   ② 보상적 권력
③ 강압적 권력   ④ 전문적 권력
⑤ 준거적 권력

07 다음 중 STP 전략의 목표시장선정(Targeting) 단계에서 집중화 전략에 대한 설명으로 옳지 않은 것은?

① 세분시장 내 소비자욕구의 변화에 민감하게 반응하여야 위험부담을 줄일 수 있다.
② 자원이 한정되어 있을 때 자원을 집중화하고 시장 안에서의 강력한 위치를 점유할 수 있다.
③ 대량생산 및 대량유통, 대량광고 등을 통해 규모의 경제로 비용을 최소화할 수 있다.
④ 단일제품으로 단일화된 세부시장을 공략하여 니치마켓에서 경쟁력을 가질 수 있는 창업 기업에 적합한 전략이다.
⑤ 대기업 경쟁사의 진입이 쉬우며 위험이 분산되지 않을 경우 시장의 불확실성으로 높은 위험을 감수해야 한다.

08 다음 〈보기〉 중 기업의 이윤 극대화에 대한 설명으로 옳은 것을 모두 고르면?

> **보기**
> ㄱ. 한계수입(MR)과 한계비용(MC)이 같을 때 이윤 극대화의 1차 조건이 달성된다.
> ㄴ. 한계비용(MC)곡선이 한계수입(MR)곡선을 아래에서 위로 교차하는 영역에서 이윤 극대화의 2차 조건이 달성된다.
> ㄷ. 평균비용(AC)곡선과 평균수입(AR)곡선이 교차할 때 생산수준에서 이윤 극대화가 달성된다.

① ㄱ   ② ㄷ
③ ㄱ, ㄴ   ④ ㄴ, ㄷ
⑤ ㄱ, ㄴ, ㄷ

09 다음 중 페스팅거(Festinger)의 인지 부조화 이론에 대한 설명으로 옳지 않은 것은?

① 구매 후 부조화를 줄이기 위해 긍정적인 정보는 더욱 검색하고 부정적인 정보는 차단한다.

② 제품을 반품할 수 없을 경우 구매 후 부조화는 더욱 커지게 된다.

③ 가격이 높은 제품일수록 구매 후 부조화는 더욱 작아지게 된다.

④ 구매 후 부조화란 제품을 구매, 소비, 처분한 후에 그러한 의사결정이 올바른 것이었는가에 대하여 확신하지 못하는 경험을 의미한다.

⑤ 안내 책자를 제공하거나 피드백을 통한 구매자의 선택이 훌륭하였음을 확인시키는 활동의 경우 등은 구매 후 부조화를 감소시키기 위한 것이다.

10 다음 글에서 설명하는 마케팅 분석방법은?

> 소비자가 제품을 구매할 때 중요시하는 제품 속성과 속성 수준에 부여하는 가치를 산출해냄으로써 최적 신제품의 개발을 지원해주는 분석방법이다.

① SWOT 분석

② 시계열 분석(Time Series Analysis)

③ 컨조인트 분석(Conjoint Analysis)

④ 상관관계 분석(Correlation Analysis)

⑤ 다차원척도 분석(Multidimensional Analysis)

11 다음 중 페이욜(Fayol)이 주장한 경영활동을 바르게 연결한 것은?

① 기술적 활동 : 생산, 제조, 가공

② 상업적 활동 : 계획, 조직, 명령, 조정, 통제

③ 재무적 활동 : 원가관리, 예산통계

④ 회계적 활동 : 구매, 판매, 교환

⑤ 관리적 활동 : 재화 및 종업원 보호

12 다음 중 빈칸 ㉠∼㉤에 들어갈 단어로 옳지 않은 것은?

> • 기준금리를 인하하면 가계소비와 기업 투자를 촉진하고 자산가격의 ___㉠___ 을 유도하여 경제를 활성화시키는 효과가 있다.
> • 천연가스 가격이 오르면 대체재인 원유의 공급곡선은 ___㉡___ 으로 이동한다.
> • ___㉢___ 이란 시장가격이 균형가격보다 높아 공급이 수요를 초과하는 상태를 말한다.
> • 대출금리는 ___㉣___ 등 시장금리에 연동시켜 결정한다.
> • 한국은행 금융통화위원회는 물가동향, 국내외 경제상황 등을 종합적으로 고려하여 연 8회 ___㉤___ 를 결정한다.

① ㉠ : 하락 　　　　　　　　② ㉡ : 오른쪽
③ ㉢ : 초과공급 　　　　　　④ ㉣ : CD금리
⑤ ㉤ : 기준금리

---

13 제시된 그림은 해크먼과 올드햄(Hackman & Oldham)의 직무특성모형이다. 다음 중 핵심직무차원에 해당하지 않는 것은?

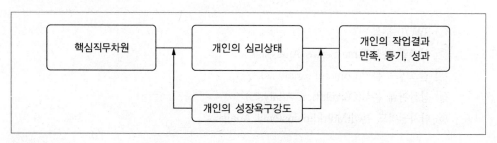

① 자율성 　　　　　　　　　② 효율성
③ 피드백 　　　　　　　　　④ 과업의 중요성
⑤ 과업의 정체성

---

14 다음 중 포터(M. Porter)의 가치사슬모델에서 본원적 활동에 해당하지 않는 것은?

① 운영 · 생산 　　　　　　　② 입고 · 출고
③ 고객서비스 　　　　　　　④ 영업 · 마케팅
⑤ 인적자원관리

15 다음 중 BCG 매트릭스에서 시장성장률은 낮고 상대적 시장점유율이 높은 영역은?

① Dog   ② Star

③ Cash Cow   ④ Problem Child

⑤ Question Mark

16 다음 중 수단성(Instrumentality) 및 유의성(Valence)을 포함한 동기부여이론은?

① 기대이론(Expectancy Theory)

② 2요인이론(Two Factor Theory)

③ 강화이론(Reinforcement Theory)

④ 목표설정이론(Goal Setting Theory)

⑤ 인지평가이론(Cognitive Evaluation Theory)

17 다음 중 동종 또는 유사업종의 기업들이 법적, 경제적 독립성을 유지하면서 협정을 통해 수평적으로 결합하는 형태는?

① 지주회사(Holding Company)

② 카르텔(Cartel)

③ 컨글로머리트(Conglomerate)

④ 트러스트(Trust)

⑤ 콘체른(Concern)

18 다음 중 M&A에 쓰이는 전략으로 아무도 눈치 채지 못하도록 대상 기업의 주식 상당량을 미리 매입해놓았다가 어느 날 기습적으로 기업인수 의사를 대상기업 경영자에게 전달하는 방법은?

① 곰의 포옹 ② 새벽의 기습
③ 포이즌 필 ④ 황금낙하산
⑤ 백기사

19 다음 중 주식회사의 특징으로 옳지 않은 것은?

① 강제법규성
② 지분의 자유양도성
③ 주주의 무한책임제도
④ 소유와 경영의 분리제도
⑤ 공시주의 국가적 감독성

20 다음 테일러(F. Taylor)의 과학적 관리법에 대한 글의 빈칸에 들어갈 용어로 옳은 것은?

> 테일러(F. Taylor)의 _____의 목표는 '높은 임금, 낮은 노무비의 원리'로 집약된다. 테일러는 작업에 관련된 시간과 동작을 과학적으로 분석해 가장 생산성을 높일 수 있는 방법을 찾고자 하였다.

① 조직관리 ② 시간관리
③ 과업관리 ④ 동작관리
⑤ 비용관리

01 다음 중 정부가 재정적자를 국채의 발행으로 조달할 경우 국채의 발행이 채권가격의 하락으로 이어져 시장이자율이 상승하여 투자에 부정적인 영향을 주는 것을 가리키는 경제 용어는?

① 피셔방정식   ② 구축효과

③ 유동성함정   ④ 오쿤의 법칙

⑤ 화폐수량설

02 다음 중 A사가 1/4분기에 B사와 협업하는 단기프로젝트에서 1,000만 원을 투자하고, 2, 3분기에 각각 600만 원씩 현금수입이 들어오는 경우에 순현재가치(NPV)는 얼마인가?(단, 시중이자율은 10%이다)

① 30만 원   ② 35만 원

③ 39만 원   ④ 40만 원

⑤ 41만 원

03 다음 중 케인스가 주장한 절약의 역설에 대한 설명으로 옳은 것은?

① 케인스의 거시모형에서 소비는 미덕이므로 저축할 필요가 없고, 결국은 예금은행의 설립을 불허해야 하는 상황이다.

② 모든 개인이 저축을 줄이는 경우 늘어난 소비로 국민소득이 감소하고, 결국은 개인의 저축을 더 늘릴 수 없는 상황이다.

③ 모든 개인이 저축을 늘리는 경우 총수요의 감소로 국민소득이 줄어들고, 결국은 개인의 저축을 더 늘릴 수 없는 상황이다.

④ 모든 개인이 저축을 늘리는 경우 늘어난 저축이 투자로 이어져 국민소득이 증가하고, 결국은 개인의 저축을 더 늘릴 수 있는 상황이다.

⑤ 모든 개인이 저축을 늘리는 경우 총수요의 증가로 소비와 국민소득이 증가하고, 결국은 개인의 저축을 더 늘릴 수 있는 상황이다.

04 주어진 예산으로 효용극대화를 추구하는 어떤 사람이 일정 기간에 두 재화 X와 Y만 소비한다고 하자. X의 가격은 200원이고, 그가 얻는 한계효용이 600이 되는 수량까지 X를 소비한다. 다음은 Y의 가격이 300일 때, 그가 소비하는 Y의 수량과 한계효용 사이의 관계를 보여주는 자료이다. 효용이 극대화되는 Y의 소비량은?

Y의 수량	1개	2개	3개	4개	5개
한계효용	2,600	1,900	1,300	900	800

① 1개   ② 2개

③ 3개   ④ 4개

⑤ 5개

05 다음은 후생경제학에 대한 내용이다. 빈칸 ㉠ ~ ㉣에 들어갈 용어를 바르게 나열한 것은?

- ____㉠____ 이론에 따르면 일부의 파레토효율성 조건이 추가로 충족된다고 해서 사회후생이 증가한다는 보장은 없다.
- 파레토효율성을 통해 ____㉡____ 을 평가하고, 사회후생함수(사회무차별곡선)를 통해 ____㉢____ 을 평가한다.
- 후생경제학 제1정리에 따르면 모든 경제주체가 합리적이고 시장실패 요인이 없으면 ____㉣____ 에서 자원배분은 파레토효율적이다.

	㉠	㉡	㉢	㉣
①	차선	효율성	공평성	완전경쟁시장
②	코즈	효율성	공평성	완전경쟁시장
③	차선	효율성	공평성	독점적경쟁시장
④	코즈	공평성	효율성	독점적경쟁시장
⑤	차선	공평성	효율성	완전경쟁시장

06 다음 중 국민경제 전체의 물가압력을 측정하는 지수로 사용되며, 통화량 목표설정에 있어서도 기준 물가상승률로 사용되는 것은?

① 소비자물가지수(CPI)

② 생산자물가지수(PPI)

③ 기업경기실사지수(BSI)

④ GDP 디플레이터(GDP Deflator)

⑤ 구매력평가지수(Purchasing Power Parity)

07 다음 〈보기〉 중 정부실패(Government Failure)의 원인이 되는 것을 모두 고르면?

> **보기**
>
> ㄱ. 이익집단의 개입   ㄴ. 정책당국의 제한된 정보
> ㄷ. 정책당국의 인지시차 존재   ㄹ. 민간부문의 통제 불가능성
> ㅁ. 정책 실행시차의 부재

① ㄱ, ㄴ, ㄹ   ② ㄴ, ㄷ, ㅁ
③ ㄱ, ㄴ, ㄷ, ㄹ   ④ ㄴ, ㄷ, ㄹ, ㅁ
⑤ ㄱ, ㄴ, ㄷ, ㄹ, ㅁ

08 다음과 같이 소득이 감소하여 H제품의 수요곡선이 왼쪽으로 이동할 경우, 균형가격과 균형거래량은 각각 얼마인가?

> • H제품의 수요함수 : $Q=600-P$
> • H제품의 공급함수 : $Q=4P$
> • 소득 감소에 따라 변동된 H제품의 수요함수 : $Q=400-P$

	균형가격	균형거래량
①	40	240
②	60	240
③	80	320
④	100	320
⑤	120	480

09 다음 중 여러 형태의 시장 또는 기업에 대한 설명으로 옳지 않은 것은?

① 독점기업이 직면한 수요곡선은 시장수요곡선 그 자체이다.
② 독점시장의 균형에서 가격과 한계수입의 차이가 클수록 독점도는 커진다.
③ 독점적 경쟁시장에서 제품의 차별화가 클수록 수요의 가격탄력성이 커진다.
④ 모든 기업의 이윤 극대화 필요조건은 한계수입과 한계비용이 같아지는 것이다.
⑤ 독점기업은 수요의 가격탄력성이 서로 다른 두 소비자 집단이 있을 때 가격차별로 이윤 극대화를 꾀할 수 있다.

10 다음 〈보기〉 중 실업률을 하락시키는 변화로 옳은 것을 모두 고르면?(단, 취업자 수와 실업자 수는 0보다 크다)

> **보기**
>
> ㄱ. 취업자가 비경제활동인구로 전환
> ㄴ. 실업자가 비경제활동인구로 전환
> ㄷ. 비경제활동인구가 취업자로 전환
> ㄹ. 비경제활동인구가 실업자로 전환

① ㄱ, ㄴ   ② ㄱ, ㄷ

③ ㄴ, ㄷ   ④ ㄴ, ㄹ

⑤ ㄷ, ㄹ

11 다음 중 불완전경쟁 시장구조에 대한 설명으로 옳지 않은 것은?

① 독점적 경쟁시장은 장기적으로 기업의 진입과 퇴출이 자유롭다.

② 시장수요곡선이 우하향하는 독점시장에서 독점가격은 한계수입보다 크다.

③ 쿠르노(Cournot) 모형에서 각 기업은 경쟁기업이 현 산출량을 그대로 유지할 것이라는 전제하에 행동한다.

④ 베르뜨랑(Bertrand) 모형에서 각 기업은 경쟁기업이 현 가격을 그대로 유지할 것이라는 전제하에 행동한다.

⑤ 슈타켈버그(Stackelberg) 모형에서 두 기업 중 하나 또는 둘 모두가 가격에 대해 추종자가 아닌 선도자의 역할을 한다.

12 완전경쟁시장에 100개의 개별기업이 존재하며, 모든 기업은 동일한 비용함수 $C = 5q^2 + 10$을 가진다. 시장의 수요함수가 $Q = 350 - 60P$일 경우 완전경쟁시장의 단기균형가격은?(단, C는 생산비용, q는 산출량이며, P는 시장가격, Q는 시장산출량이다)

① 5   ② 10

③ 15   ④ 20

⑤ 25

13 호준이는 현재 회사가 부도나면서 직장을 그만 둔 상태이며 가족은 총 5명이다. 아버지는 회사에 다니고 어머니는 퇴직한 뒤 새로운 직장을 알아보는 중이다. 여동생은 가정주부이며 남동생은 대학생이다. 이때 호준이 가족의 실업률은 얼마인가?(단, 실업률은 소수점 첫째 자리에서 반올림한다)

① 40%   ② 50%

③ 60%   ④ 67%

⑤ 87%

14 다음 그림이 X재에 대한 수요곡선일 때, 이에 대한 설명으로 옳은 것은?(단, X재는 정상재이다)

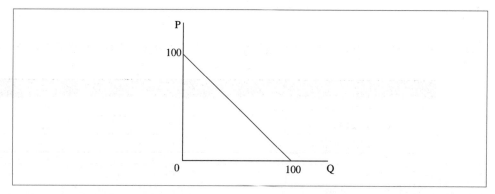

① 가격이 100원이면 X재의 수요량은 100이다.

② 가격에 상관없이 가격탄력성의 크기는 일정하다.

③ 소득이 증가하는 경우 수요곡선은 왼쪽으로 이동한다.

④ X재와 대체관계에 있는 Y재의 가격이 오르면 X재의 수요곡선은 왼쪽으로 이동한다.

⑤ X재 시장이 독점시장이라면 독점기업이 이윤 극대화를 할 때 설정하는 가격은 50원 이상이다.

15 다음 〈보기〉 중 현금영수증 발급의무에 대한 설명으로 옳지 않은 것을 모두 고르면?

> **보기**
> ㉠ 최종 소비자에게는 현금(소득공제), 사업자에게는 현금(지출증빙)을 표기하여 발급한다.
> ㉡ 의무발행업종이 현금영수증을 발급하지 않은 경우 미발급금액의 5%의 가산세를 부과한다.
> ㉢ 의무발행업종 사업자는 현금영수증가맹점에 가입하지 않아도 거래 액수에 상관없이 현금영수증을 미발급할 경우 과태료 또는 가산세를 부과한다.
> ㉣ 현금영수증 자진발급 기한은 현금을 받은 날부터 7일 이내이다.

① ㉠, ㉡   ② ㉠, ㉢
③ ㉡, ㉢   ④ ㉡, ㉣
⑤ ㉢, ㉣

16 다음은 A국과 B국의 경제에 대한 자료이다. A국의 실질환율과 수출량의 변화로 옳은 것은?

구분	2023년	2024년
A국 통화로 표시한 B국 통화 1단위의 가치	1,000	1,150
A국의 물가지수	100	107
B국의 물가지수	100	103

	실질환율	수출량
①	불변	감소
②	11% 상승	증가
③	11% 하락	감소
④	19% 상승	증가
⑤	19% 하락	증가

17 정부는 부동산 정책 3가지(A ~ C안) 중 하나를 선택해야 한다. 각 구성원의 만족도(효용)가 소득에 비례한다고 할 때, 사회후생차원에서 공리주의와 롤스의 견해를 바르게 설명한 것은?

구분	A안	B안	C안
구성원 1	10억 원	2억 원	3억 원
구성원 2	0원	5억 원	4억 원
구성원 3	3억 원	1억 원	5억 원

① 공리주의를 따르면 B안이 가장 바람직하다.

② 공리주의를 따르면 C안이 가장 바람직하다.

③ 롤스에 따르면 A안이 가장 바람직하다.

④ 롤스에 따르면 C안이 가장 바람직하다.

⑤ 롤스에 따르면 가장 바람직한 방안을 알 수 없다.

18 다음은 생산자 보조금 지급과 사회후생의 변화에 대한 그래프이다. 이에 대한 설명으로 옳지 않은 것은?(단, S_1 : 원래의 공급곡선, S_2 : 보조금 지급 이후의 공급곡선, D : 수요곡선, E_1 : 원래의 균형점, E_2 : 보조금 지급 이후의 균형점, P : 가격, Q : 수량을 나타낸다)

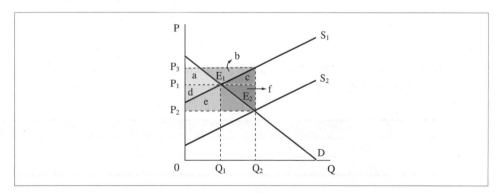

① 낭비된 보조금의 크기는 c+f이다.

② 보조금의 크기는 a+b+d+e이다.

③ 보조금 지급으로 인한 생산자잉여의 증가분은 a+b이다.

④ 보조금 지급으로 인한 소비자잉여의 증가분은 d+e이다.

⑤ 보조금 지급 후 생산자가 최종적으로 수취하는 가격은 P_3이다.

19 다음 〈보기〉 중 시장실패에 대한 설명으로 옳은 것을 모두 고르면?

보기
ㄱ. 사회적 편익이 사적 편익을 초과하는 외부성이 발생하면 시장의 균형생산량은 사회적으로 바람직한 수준보다 작다.
ㄴ. 코즈의 정리에 따르면 시장실패는 시장에서 해결될 수 없다.
ㄷ. 공공재의 공급을 사기업이 수행하게 되면 과잉공급이 이루어진다.
ㄹ. 공공재는 비배제성과 비경합성으로 인하여 시장실패의 원인이 될 수 있다.
ㅁ. 시장실패는 외부효과가 존재하는 경우나 소유권이 명확하게 규정되지 않은 경우에 발생할 수 있다.

① ㄱ, ㄷ, ㄹ
② ㄱ, ㄹ, ㅁ
③ ㄴ, ㄷ, ㅁ
④ ㄱ, ㄴ, ㄹ, ㅁ
⑤ ㄴ, ㄷ, ㄹ, ㅁ

20 다음은 A, B 두 국가의 생산 1단위당 노동투입량을 나타낸 것이다. 비교우위론에 입각한다면 무역의 흐름은 어떻게 진행되는가?

구분	C상품	D상품
A국가	6	10
B국가	6	2

① 무역이 발생하지 않는다.
② A국가는 B국가로 C, D상품을 모두 수출한다.
③ B국가는 A국가로 C, D상품을 모두 수출한다.
④ A국가는 B국가로 D상품을, B국가는 A국가로 C상품을 수출한다.
⑤ A국가는 B국가로 C상품을, B국가는 A국가로 D상품을 수출한다.

PART 3

최종점검 모의고사

제1회 최종점검 모의고사

제2회 최종점검 모의고사

제1회
최종점검 모의고사

※ 항만공사 통합 최종점검 모의고사는 채용공고와 시험 후기를 기준으로 구성한 것으로, 실제 시험과 다를 수 있습니다.

※ 경기평택항만공사의 경우 4지선다 및 50분에 맞추어 해당 문항을 학습하기 바랍니다.

■ 취약영역 분석

번호	O/×	영역	번호	O/×	영역	번호	O/×	영역
1			18			35		
2			19		자원관리능력	36		
3			20			37		
4			21			38		조직이해능력
5			22			39		
6		의사소통능력	23			40		
7			24			41		
8			25			42		
9			26		수리능력	43		
10			27			44		
11			28			45		문제해결능력
12			29			46		
13			30			47		
14		자원관리능력	31			48		
15			32			49		
16			33		조직이해능력	50		
17			34					

평가 문항	50문항	평가 시간	60분
시작시간	:	종료시간	:
취약 영역			

🕐 응시시간 : 60분　　📋 문항 수 : 50문항　　　　　　　　　　정답 및 해설 p.054

01 다음은 신규서비스 이벤트 기획안이다. 이를 이해한 반응으로 적절하지 않은 것은?

〈개인정보 강화를 위한 신규서비스 이벤트 기획안〉

최근 증가 중인 고객의 요구에 대응하고 신규서비스를 알리기 위해 다음과 같은 기획서를 제출합니다.

부서	고객서비스처	날짜	2025년 4월 11일
참여자	A대리, B주임, C사원, D사원, E사원		
기획목적	• 개인정보 도용 최소화를 통해 외부적 위협요소를 제거		
환경분석	• 공공기관에서 개인정보 강화 및 보안 시스템 도입이 증가 • 개인정보 보호에 대한 사회적 니즈가 증가하는 추세		
현황 인식	• 신규서비스에 대한 인지도가 23% 이하로 조사 • 공사 내 정보 보안 인식이 계속적으로 증가(전년 대비 3.2% 증가)		
문제점 도출	• 개인정보의 범위가 모호 • 서비스가 도입되었으나 이용방법을 모르는 고객 및 직원이 다수		
목표설정	• 개인정보의 범위 구체화 • 신규서비스에 대한 사용자 인지도를 50% 이상으로 증가 • 이벤트를 통한 홍보로 공사 내 정보 보안 인식 재고		
해결방안	• 개인정보 노출도가 높은 직원들에게 어필할 수 있는 이벤트 경품 제공 • 개인정보 강화 사용방법을 숙지할 수 있는 Q&A식 퀴즈 이벤트 기획		
일정	5월 13 ~ 16일	이벤트 페이지 제작 요청	
	5월 20 ~ 21일	이벤트 스토리보드 공유	
	5월 22 ~ 23일	이벤트 세팅 및 웹페이지 완료	
	5월 24일 ~ 6월 7일	이벤트 진행	
인원	• 총 6명(고객서비스처 3명, 기획혁신처 2명, 홍보실 1명)		
비용	• 이벤트 경품 100만 원		
첨부파일	• 작년 이벤트 진행성과 자료 및 기획서 첨부		

① G대리 : 기획목적에서 개인정보 도용 최소화를 통해 외부적 위협요소를 제거한다고 하셨는데 이를 구체적으로 제시하면 좋을 것 같습니다.

② H대리 : 기획안은 기획 단계에 작성하는 것이므로 관련 내용을 깊이 있게 다루지 않는 것이 필요할 것 같습니다.

③ I주임 : 효과적인 내용 전달을 위해 개인정보 보호에 대한 사회적 니즈나 신규서비스에 대한 인식에 대한 표 또는 그래프를 활용하는 것은 어떨까요?

④ J주임 : 기획에 따른 기대효과가 빠져있네요. 이 부분을 추가하면 좋겠습니다.

⑤ K사원 : 이벤트는 약 15일간 진행되네요. 구체적인 홍보 전략이 들어간다면 더 좋은 것 같습니다.

02 중학교 선생님인 E씨는 자신이 가르치는 학생들과 H공사에서 운영하는 해상견학을 신청하기 위해 안내문을 찾아보았다. E씨가 이해한 내용으로 가장 적절한 것은?

▶ **해상견학 신청**

H공사는 H항 항만 안내선 에코누리호를 운영 중입니다. 에코누리호 승선을 통해 내항 주요 부두를 둘러보실 수 있습니다.

에코누리호는 아시아 최초의 LNG 연료 추진 선박으로서, 선박 배기가스와 분진 배출을 대대적으로 감소시키는 친환경 선박입니다. H공사는 에코누리호를 시작으로 녹색항만시대를 앞당기고 있습니다.

1. 대상 : 중학생 이상의 15인 이상 40인 이하의 단체
2. 운항일시
   - 매월 첫째 주, 셋째 주 금요일 : 학생, 교육·연구기관 등
   - 매월 둘째 주, 넷째 주 금요일 : 지역단체, 주민, 일반인 등
   ※ 중·고생의 경우 15인 이상 단체로 신청 시 반드시 인솔교사 동행이 필요함
   ※ 운항 비용 절감을 위해 전체 신청 인원이 15인 이상인 경우에만 운항이 확정되오니 양해 바람
   ※ 공사 업무목적 운항으로 인해 상기 명시된 일시 외에는 견학이 절대 불가하오니 일정에 참고하기 바람
3. 탑승장소 : H항 내항 6부두
4. 운항코스

코스	소요 시간
6부두 → 5부두 → 4부두 → 1·8부두	40분

   ※ 코스는 내부 사정에 의해 변경될 수 있음
5. 차량 및 비용 : 승선장소까지의 이동 차량은 준비해 주시기 바라며, 선박 운항과 관련한 비용은 발생하지 않습니다.
6. 기타사항 : 탑승일정 확정 후 승선자 인적사항(이름, 생년월일, 연락번호 및 이동차량 번호) 회신 필요
7. 주의사항
   - 선내 음식물 반입 불가
   - 흡연 및 음주 절대 금지
   - 견학 신청은 견학일로부터 15일 전까지만 가능하며 이후에는 신청이 불가합니다.
   ※ 풍랑주의보 발효 등 기상악화 시 당일 운항이 취소될 수 있음

---

① 승선하기 전, 아이들에게 음식물 반입이 불가하다는 사실을 알려줘야겠어.
② 에코누리호는 세계 최초의 LNG 연료 추진 선박이야.
③ 오늘이 벌써 첫째 주 금요일이니, 다음 주 금요일로 예약해야겠어.
④ 운항코스는 H항 내의 6개의 부두를 돌아보는 것이군.
⑤ 어떤 경우라도 선박 운항과 관련한 비용은 발생하는군.

03 다음 글의 주제로 가장 적절한 것은?

정부는 탈원전·탈석탄 공약에 발맞춰 2030년까지 전체 국가 발전량의 20%를 신재생에너지로 채운다는 정책 목표를 수립하였다. 목표를 달성하기 위해 신재생에너지에 대한 송·변전 계획을 제8차 전력수급기본계획에 처음으로 수립하겠다는 게 정부의 방침이다.

정부는 기존의 수급계획이 수급안정과 경제성을 중점적으로 수립된 것에 반해, 8차 계획은 환경성과 안전성을 중점으로 하였다고 밝히고 있으며, 신규 발전설비는 원전, 석탄화력발전에서 친환경, 분산형 재생에너지와 LNG 발전을 우선시하는 방향으로 수요관리를 통합하여 합리적 목표수용 결정에 주안점을 두었다고 밝혔다.

그동안 많은 NGO 단체에서 에너지 분산에 대한 다양한 제안을 해왔지만 정부 차원에서 고려하거나 논의가 활발히 진행된 적은 거의 없었으며 명목상으로 포함하는 수준이었다. 그러나 이번 정부에서는 탈원전·탈석탄 공약을 제시하는 등 중앙집중형 에너지 생산시스템에서 분산형 에너지 생산시스템으로 정책의 방향을 전환하고자 한다. 이 기조에 발맞춰 분산형 에너지 생산시스템은 2018년도 지방선거에서도 해당 지역에 대한 다양한 선거공약으로 제시될 가능성이 높다.

중앙집중형 에너지 생산시스템은 환경오염, 송전선 문제, 지역 에너지 불균형 문제 등 다양한 사회적인 문제를 야기하였다. 하지만 그동안은 값싼 전기인 기저전력을 편리하게 사용할 수 있는 환경을 조성하고자 하는 기존 에너지계획과 전력수급계획에 밀려 중앙집중형 발전원 확대가 꾸준히 진행되었다. 그러나 현재 대통령은 중앙집중형 에너지 정책에서 분산형 에너지정책으로 전환되어야 한다는 것을 대선 공약사항으로 밝혀 왔으며, 현재 분산형 에너지정책으로 전환을 모색하기 위한 다각도의 노력을 하고 있다. 이러한 정부의 정책변화와 아울러 석탄화력발전소가 국내 미세먼지에 주는 영향과 일본 후쿠시마 원자력 발전소 문제, 국내 경주 대지진 및 최근 포항 지진 문제 등으로 인한 원자력에 대한 의구심 또한 커지고 있다.

제8차 전력수급계획(안)에 의하면, 우리나라의 에너지 정책은 격변기를 맞고 있다. 우리나라는 현재 중앙집중형 에너지 생산시스템이 대부분이며, 분산형 전원 시스템은 그 설비용량이 극히 적은 상태이다. 또한 우리나라의 발전설비는 2016년 말 105GW이며, 2014년도 최대 전력치를 보면 80GW 수준이므로 25GW 정도의 여유가 있는 상태이다. 25GW라는 여유는 원자력발전소 약 25기 정도의 전력생산 설비가 여유가 있는 상황이라고 볼 수 있다. 또한 제7차 전력수급기본계획의 2015 ~ 2016년 전기수요 증가율을 4.3 ~ 4.7%라고 예상하였으나 실제 증가율은 1.3 ~ 2.8% 수준에 그쳤다는 점은 우리나라의 전력 소비량 증가량이 둔화하고 있는 상태라는 것을 나타내고 있다.

① 에너지 분권의 필요성과 방향
② 중앙집중형 에너지 정책의 한계점
③ 전력 소비량과 에너지 공급량의 문제점
④ 전력수급기본계획의 내용과 수정 방안 모색
⑤ 중앙집중형 에너지 생산시스템의 발전 과정

04 다음 글의 서술상 특징으로 가장 적절한 것은?

법조문도 언어로 이루어진 것이기에, 원칙적으로 문구가 지닌 보편적인 의미에 맞춰 해석된다. 일상의 사례로 생각해 보자. "실내에 구두를 신고 들어가지 마시오."라는 팻말이 있는 집에서는 손님들이 당연히 글자 그대로 구두를 신고 실내에 들어가지 않는다. 그런데 팻말에 명시되지 않은 '실외'에서 구두를 신고 돌아다니는 것은 어떨까? 이에 대해서는 금지의 문구로 제한하지 않았기 때문에 금지의 효력을 부여하지 않겠다는 의미로 당연하게 받아들인다. 이처럼 문구에서 명시하지 않은 상황에 대해서는 그 효력을 부여하지 않는다고 해석하는 방식을 '반대 해석'이라 한다.
그런데 팻말에는 운동화나 슬리퍼에 대해서는 쓰여 있지 않다. 하지만 누군가 운동화를 신고 마루로 올라가려 하면 집주인은 팻말을 가리키며 말릴 것이다. 이 경우에 '구두'라는 낱말은 본래 가진 뜻을 넘어 일반적인 신발이라는 의미로 확대된다. 이런 식으로 어떤 표현을 본래의 의미보다 넓혀 이해하는 것을 '확장 해석'이라 한다.

① 기존 견해를 비판하고 새로운 견해를 제시한다.
② 일상의 사례를 통해 독자들의 이해를 돕고 있다.
③ 현실의 문제점을 분석하고 그 해결책을 제시한다.
④ 비유의 방식을 통해 상대방의 논리를 반박하고 있다.
⑤ 하나의 현상을 여러 가지 관점에서 대조하고 비판한다.

05 다음 글의 빈칸에 들어갈 내용으로 가장 적절한 것은?

_____ 사람과 사람이 직접 얼굴을 맞대고 하는 접촉이 라디오나 텔레비전 등의 매체를 통한 접촉보다 결정적인 영향력을 미친다는 것이 일반적인 견해로 알려져 있다. 매체는 어떤 마음의 자세를 준비하게 하는 구실을 한다. 예를 들어 어떤 사람에게서 새 어형을 접했을 때 그것이 텔레비전에서 자주 듣던 것이면 더 쉽게 그쪽으로 마음의 문을 열게 된다. 하지만 새 어형이 전파되는 것은 매체를 통해서보다 상면(相面)하는 사람과의 직접적인 접촉에 의해서라는 것이 더 일반적인 견해이다. 사람들은 한두 사람의 말만 듣고 언어 변화에 가담하지 않고 주위의 여러 사람이 다 같은 새 어형을 쓸 때 비로소 그것을 받아들이게 된다고 한다. 매체를 통해서보다 자주 접촉하는 사람들을 통해 언어 변화가 진전된다는 사실은 언어 변화의 여러 면을 바로 이해하는 핵심적인 내용이라 해도 좋을 것이다.

① 언어 변화는 결국 접촉에 의해 진행되는 현상이다.
② 연령층으로 보면 대개 젊은 층이 언어 변화를 주도한다.
③ 접촉의 형식도 언어 변화에 영향을 미치는 요소로 지적되고 있다.
④ 매체의 발달이 언어 변화에 중요한 영향을 미치는 것으로 알려져 있다.
⑤ 언어 변화는 외부와의 접촉이 극히 제한되어 있는 곳일수록 그 속도가 느리다.

(가) 인류가 바람을 에너지원으로 사용한 지 1만 년이 넘었고, 풍차는 수천 년 전부터 사용되었다. 풍력발전이 시작된 지도 100년이 넘었지만, 그동안 전력 생산비용이 저렴하고 사용하기 편리한 화력발전에 밀려 빛을 보지 못하다가 최근 온실가스 배출 등의 환경오염 문제를 해결하는 대안인 신재생에너지로 주목받고 있다.

(나) 풍력발전은 바람의 운동에너지를 회전에너지로 변환하고, 발전기를 통해 전기에너지를 얻는 기술로, 공학자들은 계속적으로 높은 효율의 전기를 생산하기 위해 풍력발전시스템을 발전시켜 나가고 있다. 풍력발전시스템의 하나인 요우 시스템(Yaw System)은 바람에 따라 풍력발전기의 방향을 바꿔 회전날개가 항상 바람의 정면으로 향하게 하는 것이다. 또 다른 피치 시스템(Pitch System)은 비행기의 날개와 같이 바람에 따라 회전날개의 각도를 변화시킨다. 이 외에도 회전력을 잃지 않기 위해 직접 발전기에 연결하는 방식 등 다양한 방법을 활용한다. 또한 무게를 줄이면 높은 곳에 풍력발전기를 매달 수 있어 더욱 효율적인 발전이 가능해진다.

(다) 풍력발전기를 설치하는 위치도 중요하다. 풍력발전기의 출력은 풍속의 세제곱과 프로펠러 회전면적의 제곱에 비례한다. 풍속이 빠를수록, 프로펠러의 면적이 클수록 출력이 높아지는 것이다. 지상에서는 바람이 빠르지 않고, 바람도 일정하게 불지 않아 풍력발전의 출력을 높이는 데 한계가 있다. 따라서 풍력발전기는 최대 풍속이 아닌 최빈 풍속에 맞춰 설계된다. 이러한 한계를 극복하기 위해 고고도(High Altitude)의 하늘에 풍력발전기를 설치하려는 노력이 계속되고 있다.

(라) 그렇다면 어떻게 고고도풍(High Altitude Wind)을 이용할까? 방법은 비행선, 연 등에 발전기를 달아 하늘에 띄우는 것이다. 캐나다의 한 회사는 헬륨 가스 비행선에 발전기를 달아 공중에 떠 있는 발전기를 판매하고 있다. 이 발전기는 비행선에 있는 발전기가 바람에 의해 풍선이 회전하도록 만들어져 있으며, 회전하는 풍선이 발전기와 연결되어 있어 전기를 생산할 수 있다. 또 다른 회사는 이보다 작은 비행선 수십 대를 연결하여 바다 위에 띄우는 방식을 고안하고 있다. 서로 연결된 수십 대의 작은 비행선 앞에 풍차가 붙어 있어 발전할 수 있도록 되어 있다.

(마) 고고도풍을 이용한 풍력발전은 결국 대류권 상층부에 부는 초속 30m의 편서풍인 제트기류를 이용하게 될 것이다. 연구에 따르면 최대 초속 100m를 넘는 제트기류를 단 1%만 이용해도 미국에서 사용하는 전기에너지를 모두 충당할 수 있다고 한다. 우리나라 상공도 이 제트기류가 지나가기 때문에 이를 활용할 수 있다면 막대한 전기를 얻을 수 있을 것으로 전망된다.

06 다음 중 (가) 문단을 통해 추론할 수 있는 내용으로 적절하지 않은 것은?

① 풍력에너지는 인류에서 가장 오래된 에너지원이다.
② 화력발전은 풍력발전보다 전력 생산비용이 저렴하다.
③ 신재생에너지가 대두되면서 풍력발전이 새롭게 주목받고 있다.
④ 화력발전은 온실가스 배출 등 환경오염 문제를 일으킨다.
⑤ 신재생에너지는 환경오염 등의 문제를 줄일 수 있다.

07 다음 중 (가) ~ (마) 문단에 대한 주제로 적절하지 않은 것은?

① (가) : 환경오염 문제의 새로운 대안인 풍력발전
② (나) : 바람 에너지를 이용한 다양한 풍력발전시스템
③ (다) : 풍력발전기 설치 위치의 중요성
④ (라) : 고고도풍을 이용하는 기술의 한계
⑤ (마) : 제트기류를 활용한 풍력발전의 가능성

08 다음 문단을 논리적 순서대로 바르게 나열한 것은?

> (가) 공공재원 효율적 활용을 지향하기 위해 사회 생산성 기여를 위한 공간정책이 마련되어야 함과 동시에 주민복지의 거점으로서 기능을 해야 한다. 또한 도시체계에서 다양한 목적의 흐름을 발생, 집중시키는 노드로서 다기능 · 복합화를 실현하여 범위의 경제를 창출하여 이용자 편의성을 증대시키고, 공공재원의 효율적 활용에도 기여해야 한다.
>
> (나) 우리나라도 인구감소 시대에 본격적으로 진입할 가능성이 높아지고 있다. 이미 비수도권의 대다수 시 · 군에서는 인구가 급속하게 줄어왔으며, 수도권 내 상당수의 시 · 군에서도 인구정체가 나타나고 있다. 인구감소 시대에 접어들게 되면, 줄어드는 인구로 인해 고령화 및 과소화가 급속하게 진전된 상태가 될 것이고, 그 결과 취약계층, 교통약자 등 주민의 복지수요가 늘어날 것이다.
>
> (다) 앞으로 공공재원의 효율적 활용, 주민복지의 최소 보장, 자원배분의 정의, 공유재의 사회적 가치 및 생산에 대해 관심을 기울여야 할 것이다. 또한 인구감소시대에 대비하여 창조적 축소, 거점 간 또는 거점과 주변 간 네트워크화 등에 관한 논의, 그와 관련되는 국가와 지자체의 역할 분담, 그리고 이해관계 주체의 연대, 참여, 결속에 관한 논의가 계속적으로 다루어져야 할 것이다.
>
> (라) 이러한 상황에서는 공공재원을 확보, 확충하기가 어렵게 되므로 재원의 효율적 활용 요구가 높아질 것이다. 실제로 현재 인구 감소에 따른 과소화, 고령화가 빠르게 전개되어온 지역에서 공공서비스 공급에 제약을 받고 있으며, 비용 효율성을 높여야 한다는 과제에 직면해 있다.

① (가) – (다) – (나) – (라)
② (가) – (라) – (나) – (다)
③ (나) – (가) – (라) – (다)
④ (나) – (라) – (가) – (다)
⑤ (나) – (라) – (다) – (가)

09 다음 글의 내용으로 적절하지 않은 것은?

모든 동물들은 생리적 장치들이 제대로 작동하게 하기 위해서 체액의 농도를 어느 정도 일정하게 유지해야 한다. 이를 위해 수분의 획득과 손실의 균형을 조절하는 작용을 삼투 조절이라 한다. 동물은 서식지와 체액의 농도, 특히 염도 차이가 있을 경우, 삼투 현상에 따라 체내 수분의 획득과 손실이 발생하기 때문에, 이러한 상황에서 체액의 농도를 일정하게 유지하는 것은 중요한 생존 과제이다. 삼투 현상이란 반(半)투과성 막을 사이에 두고 농도가 다른 양쪽의 용액 중 농도가 낮은 쪽의 용매가 농도가 높은 쪽으로 옮겨 가는 현상을 말한다. 소금물에서는 물에 녹아 있는 소금을 용질, 그 물을 용매라고 할 수 있는데, 반투과성 막의 양쪽에 농도가 다른 소금물이 있다면, 농도가 낮은 쪽의 물이 높은 쪽으로 이동하게 된다. 이때 양쪽의 농도가 같다면, 용매의 순이동은 없다.

동물들은 이러한 삼투 현상에 대응하여 수분 균형을 어떻게 유지하느냐에 따라 삼투 순응형과 삼투 조절형으로 분류된다. 먼저 삼투 순응형 동물은 모두 해수(海水) 동물로, 체액과 해수의 염분 농도, 즉 염도가 같기 때문에 수분의 순이동은 없다. 게나 홍합, 갯지네 등이 여기에 해당한다. 이와 달리 삼투 조절형 동물은 체액의 염도와 서식지의 염도가 달라 체액의 염도가 변하지 않도록 삼투 조절을 하며 살아간다.

삼투 조절형 동물 중 해수에 사는 대다수 어류의 체액은 해수에 비해 염도가 낮기 때문에 체액의 수분이 빠져나갈 수 있다. 이러한 동물들의 표피는 비투과성이지만, 아가미의 상피세포를 통해 물을 쉽게 빼앗길 수 있다. 따라서 이렇게 삼투 현상에 의해 빼앗긴 수분을 보충하기 위하여 이들은 계속 바닷물을 마신다. 이로 인해 이들의 창자에서는 바닷물의 70 ~ 80%가 혈관 속으로 흡수되는데, 이때 염분도 혈관 속으로 들어간다. 그러면 아가미의 상피 세포에 있는 염분 분비 세포를 작동시켜 과도해진 염분을 밖으로 내보낸다.

담수에 사는 동물들이 직면한 삼투 조절의 문제는 해수 동물과 정반대이다. 담수 동물의 체액은 담수에 비해 염도가 높기 때문에 아가미를 통해 수분이 계속 유입될 수 있다. 그래서 담수 동물들은 물을 거의 마시지 않고 많은 양의 오줌을 배출하여 문제를 해결하고 있다. 이들의 비투과성 표피는 수분의 유입을 막기 위한 것이다.

한편 육상에 사는 동물들 또한 다양한 경로를 통해 체내 수분이 밖으로 빠져나간다. 오줌, 대변, 피부, 가스교환 기관의 습한 표면 등을 통해 수분을 잃기 때문이다. 그래서 육상 동물들은 물을 마시거나 음식을 통해, 그리고 세포호흡으로 물을 생성하여 부족한 수분을 보충한다.

① 동물들은 체액의 농도가 크게 달라지면 생존하기 어렵다.
② 동물들이 삼투 현상에 대응하는 방법은 서로 다를 수 있다.
③ 동물의 체액과 서식지 물의 농도가 같으면 삼투 현상에 의한 수분의 순이동은 없다.
④ 담수 동물은 육상 동물과 마찬가지로 많은 양의 오줌을 배출하여 체내 수분을 일정하게 유지한다.
⑤ 육상 동물들은 세포호흡을 통해서도 수분을 보충할 수 있다.

10 다음 글의 빈칸 (가) ~ (다)에 들어갈 내용을 〈보기〉에서 골라 순서대로 바르게 나열한 것은?

『정의론』을 통해 현대 영미 윤리학계에 정의에 대한 화두를 던진 사회철학자 '롤즈'는 전형적인 절차주의적 정의론자이다. 그는 정의로운 사회 체제에 대한 논의를 주도해 온 공리주의가 소수자 및 개인의 권리를 고려하지 못한다는 점에 주목하여 사회계약론적 토대하에 대안적 정의론을 정립하고자 하였다.

롤즈는 개인이 정의로운 제도하에서 자유롭게 자신들의 욕구를 추구하기 위해서는 ___(가)___ 등이 필요하며 이는 사회의 기본 구조를 통해서 최대한 공정하게 분배되어야 한다고 생각했다. 그리고 이를 실현할 수 있는 사회 체제에 대한 논의가 자유롭고 평등하며 합리적인 개인들이 모두 동의할 수 있는 원리들을 탐구하는 데서 출발해야 한다고 보고 '원초적 상황'의 개념을 제시하였다.

'원초적 상황'은 정의로운 사회 체제의 기본 원칙들을 선택하는 합의 당사자들로 구성된 가설적 상황으로, 이들은 향후 헌법과 하위 규범들이 따라야 하는 가장 근본적인 원리들을 합의한다. '원초적 상황'에서 합의 당사자들은 ___(나)___ 등에 대한 정보를 모르는 상태에 놓이게 되는데 이를 '무지의 베일'이라고 한다. 단, 합의 당사자들은 ___(다)___ 와/과 같은 사회에 대한 일반적 지식을 알고 있으며, 공적으로 합의된 규칙을 준수하고, 합리적인 욕구를 추구할 수 있는 존재로 간주된다. 롤즈는 이러한 '무지의 베일' 상태에서 사회 체제의 기본 원칙들에 만장일치로 합의하는 것이 보장된다고 생각하였다. 또한 무지의 베일을 벗은 후에 겪을지도 모를 피해를 우려하여 합의 당사자들이 자신의 피해를 최소화할 수 있는 내용을 계약에 포함시킬 것으로 보았다.

위와 같은 원초적 상황을 전제로 합의 당사자들은 정의의 원칙들을 선택하게 된다. 제1원칙은 모든 사람이 다른 개인들의 자유와 양립 가능한 한도 내에서 '기본적 자유'에 대한 평등한 권리를 갖는다는 것인데, 이를 '자유의 원칙'이라고 한다. 여기서 롤즈가 말하는 '기본적 자유'는 양심과 사고 표현의 자유, 정치적 자유 등을 포함한다.

보기

㉠ 자신들의 사회적 계층, 성, 인종, 타고난 재능, 취향
㉡ 자유와 권리, 임금과 재산, 권한과 기회
㉢ 인간의 본성, 제도의 영향력

	(가)	(나)	(다)
①	㉠	㉡	㉢
②	㉠	㉢	㉡
③	㉡	㉠	㉢
④	㉡	㉢	㉠
⑤	㉢	㉠	㉡

11 H공사는 신축 체육관 건설을 위해 입찰 공고를 하였다. 다음은 입찰에 참여한 업체들의 항목별 점수를 나타낸 자료이다. 이를 바탕으로 〈조건〉에 따라 업체를 선정할 때, 선정될 업체는?

〈업체별 점수 현황〉

(단위 : 점)

구분	점수(만점) 기준	A업체	B업체	C업체	D업체	E업체
디자인	15	6	8	7	7	9
건축안정성	30	23	25	21	16	24
경영건전성	20	16	17	17	19	16
시공실적	20	11	16	15	17	14
입찰가격	15	11	9	12	12	10

〈업체별 내진설계 포함 여부〉

구분	A업체	B업체	C업체	D업체	E업체
내진설계	○	○	×	○	○

조건

- 선정점수가 가장 높은 업체를 선정한다.
- 선정점수는 항목별 점수를 동일한 가중치로 합산하여 산출한다.
- 건축안정성 점수가 17점 미만인 업체는 입찰에서 제외한다.
- 반드시 입찰가격 점수가 10점 이상인 업체 중에서 선정한다.
- 내진설계를 포함하는 업체를 선정한다.

① A업체   ② B업체
③ C업체   ④ D업체
⑤ E업체

12 A와 B는 각각 해외에서 직구로 물품을 구매하였다. 해외 관세율이 다음과 같을 때, A와 B 중 관세를 더 많이 낸 사람과 그 금액을 바르게 짝지은 것은?

〈해외 관세율〉

(단위 : %)

구분	관세	부가세
책	5	5
유모차, 보행기	5	10
노트북	8	10
스킨, 로션 등 화장품	6.5	10
골프용품, 스포츠용 헬멧	8	10
향수	7	10
커튼	13	10
카메라	8	10
신발	13	10
TV	8	10
휴대폰	8	10

※ 향수·화장품의 경우 개별소비세 7%, 농어촌특별세 10%, 교육세 30%가 추가됨
※ 100만 원 이상 전자제품(TV, 노트북, 카메라, 휴대폰 등)은 개별소비세 20%, 교육세 30%가 추가됨

〈구매 품목〉

A : TV(110만 원), 화장품(5만 원), 휴대폰(60만 원), 스포츠용 헬멧(10만 원)
B : 책(10만 원), 카메라(80만 원), 노트북(110만 원), 신발(10만 원)

① A, 90.5만 원 ② B, 91.5만 원
③ A, 92.5만 원 ④ B, 92.5만 원
⑤ B, 93.5만 원

13 H공사의 총무팀 4명은 해외출장을 계획 중이다. 총무팀은 출장지에서의 이동수단 1가지를 결정하려고 한다. 〈조건〉을 통해 이동수단을 선택할 때, 총무팀이 최종적으로 선택하게 될 이동수단의 종류와 그 비용을 바르게 짝지은 것은?

조건

- 이동수단은 경제성, 용이성, 안전성의 총 3가지 요소를 고려하여 최종점수가 가장 높은 이동수단을 선택한다.
- 각 고려요소의 평가결과 '상' 등급을 받으면 3점을, '중' 등급을 받으면 2점을, '하' 등급을 받으면 1점을 부여한다. 단, 안전성을 중시하여 안전성 점수는 2배로 계산한다.
- 경제성은 이동수단별 최소 비용이 적은 것부터 '상 – 중 – 하'로 평가한다.
- 각 고려요소의 평가점수를 합하여 최종점수를 구한다.

〈이동수단별 평가표〉

구분	경제성	용이성	안전성
렌터카	( )	상	하
택시	( )	중	중
대중교통	( )	하	중

〈이동수단별 비용계산식〉

구분	비용계산식
렌터카	[(렌트비)+(유류비)]×(이용 일수) • 1일 렌트비 : $50(4인승 차량) • 1일 유류비 : $10(4인승 차량)
택시	[거리당 가격($1/마일)]×[이동거리(마일)] ※ 최대 4명까지 탑승 가능
대중교통	[대중교통패스 3일권($40/인)]×(인원수)

〈해외출장 일정〉

(단위 : 마일)

구분	이동거리
4월 1일	100
4월 2일	50
4월 3일	50

	이동수단	비용		이동수단	비용
①	렌터카	$180	②	택시	$200
③	택시	$400	④	대중교통	$140
⑤	대중교통	$160			

※ 다음은 재료비 상승에 따른 분기별 국내 철강사 수익 변동을 조사하기 위해 수집한 자료이다. 이어지는 질문에 답하시오. [14~15]

〈제품가격과 재료비에 따른 분기별 수익〉

(단위 : 천 원/톤)

구분	2023년 4분기	2024년 1분기	2024년 2분기	2024년 3분기	2024년 4분기
제품가격	627	597	687	578	559
재료비	178	177	191	190	268
수익	449	420	496	388	291

※ (제품가격)=(재료비)+(수익)

〈제품 1톤당 소요되는 재료〉

(단위 : 톤)

철광석	원료탄	철 스크랩
1.6	0.5	0.15

14 다음 중 자료에 대한 설명으로 옳은 것은?

① 수익은 지속해서 증가하고 있다.
② 모든 금액에서 2024년 4분기가 2023년 4분기보다 높다.
③ 재료비의 변화량과 수익의 변화량은 밀접한 관계가 있다.
④ 조사 기간에 수익이 가장 높을 때는 재료비가 가장 낮을 때이다.
⑤ 2024년 3분기에 이전 분기 대비 수익 변화량이 가장 큰 것으로 나타난다.

15 2025년 1분기에 재료당 단위가격이 철광석은 70,000원, 원료탄은 250,000원, 철 스크랩은 200,000원으로 예상된다는 보고를 받았다. 2025년 1분기의 수익을 2024년 4분기와 같게 유지한다면 제품가격은 얼마인가?

① 558,000원
② 559,000원
③ 560,000원
④ 578,000원
⑤ 597,000원

16 H사 홍보팀 팀원들은 함께 출장근무를 마치고 서울로 복귀하고자 한다. 다음 자료에 따를 때, 서울에 가장 일찍 도착할 수 있는 예정시각은?

〈상황〉

• 홍보팀 팀원은 총 4명이다.
• 대전에서 출장을 마치고 서울로 돌아가려고 한다.
• 고속버스터미널에는 은행, 편의점, 화장실, 패스트푸드점 등이 있다.
  ※ 시설별 소요시간 : 은행 30분, 편의점 10분, 화장실 20분, 패스트푸드점 25분

〈대화 내용〉

A과장 : 긴장이 풀려서 그런가? 배가 출출하네. 햄버거라도 사 먹어야겠어.
B대리 : 저도 출출하긴 한데 그것보다 화장실이 더 급하네요. 금방 다녀오겠습니다.
C주임 : 그럼 그사이에 버스표를 사야 하니 은행에 들러 현금을 찾아오겠습니다.
D사원 : 저는 그동안 버스 안에서 먹을 과자를 편의점에서 사 오겠습니다.
A과장 : 지금이 16시 50분이니까 다들 각자 볼일 보고 빨리 돌아와. 다 같이 타고 가야 하니까.

〈시외버스 배차정보〉

대전 출발	서울 도착	잔여좌석 수(석)
17:00	19:00	6
17:15	19:15	8
17:30	19:30	3
17:45	19:45	4
18:00	20:00	8
18:15	20:15	5
18:30	20:30	6
18:45	20:45	10
19:00	21:00	16

① 19:00
② 19:15
③ 19:45
④ 20:15
⑤ 20:45

17 인사팀은 4월 월간 일정표와 〈조건〉을 고려하여 인사팀의 1박 2일 워크숍 날짜를 결정하려고 한다. 다음 중 인사팀의 워크숍 날짜로 가장 적절한 것은?

〈4월 월간 일정표〉

월	화	수	목	금	토	일
	1	2 오전 10시 연간 채용계획 발표(A팀장)	3	4 오전 10시 주간업무보고 오후 7시 B대리 송별회	5	6
7	8 오후 5시 총무팀과 팀 연합회의	9	10	11 오전 10시 주간업무보고	12	13
14 오전 11시 승진대상자 목록 취합 및 보고(C차장)	15	16	17 A팀장 출장	18 오전 10시 주간업무보고	19	20
21 오후 1시 팀미팅(30분 소요 예정)	22	23 D사원 출장	24 외부인사 방문 일정	25 오전 10시 주간업무보고	26	27
28 E대리 휴가	29	30				

조건

- 워크숍은 평일로 한다.
- 워크숍에는 모든 팀원들이 빠짐없이 참석해야 한다.
- 워크숍 일정은 첫날 오후 3시 출발부터 다음날 오후 2시까지이다.
- 다른 팀과 함께하는 업무가 있는 주에는 워크숍 일정을 잡지 않는다.
- 매월 말일에는 월간 업무 마무리를 위해 워크숍 일정을 잡지 않는다.

① 4월 9~10일
② 4월 18~19일
③ 4월 21~22일
④ 4월 28~29일
⑤ 4월 29~30일

※ 다음 자료를 보고 이어지는 질문에 답하시오. [18~20]

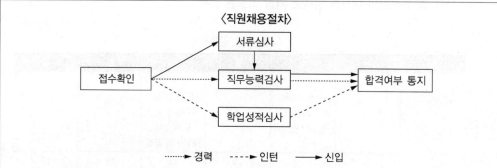

〈직원채용절차〉

서류심사

접수확인 → 직무능력검사 → 합격여부 통지

학업성적심사

┈┈▶ 경력   ┈┈▶ 인턴   ──▶ 신입

※ 직원채용절차에서 중도탈락자는 없음

〈지원유형별 접수 건수〉

(단위 : 건)

구분	신입	경력	인턴
접수	20	18	16

※ 지원유형은 신입, 경력, 인턴의 3가지 유형이 전부임

〈업무단계별 1건당 처리비용〉

(단위 : 원)

구분	처리비용
접수확인	500
서류심사	2,000
직무능력검사	1,000
학업성적심사	1,500
합격여부 통지	400

※ 업무단계별 1건당 처리비용은 지원유형과 관계없이 같음

18 다음 중 직원채용에 대한 설명으로 옳지 않은 것은?

① 경력직의 직원채용절차에는 직무능력검사가 포함되어 있다.

② 직원채용절차에서 신입유형만이 유일하게 서류심사가 있다.

③ 접수 건수가 제일 많은 지원유형의 직원채용절차에는 학업성적심사가 포함되어 있다.

④ 1건당 가장 많은 처리비용이 드는 업무단계는 서류심사이다.

⑤ 접수 건수가 제일 적은 지원유형의 직원채용절차에는 서류심사가 포함되어 있지 않다.

19 A는 신입직원채용에, B는 경력직원채용에 접수하였다. 다음 중 옳지 않은 것은?

① A가 접수한 유형의 직원채용절차를 처리하기 위해서는 3,900원의 비용이 필요하다.

② B가 접수한 유형의 직원채용절차를 처리하기 위해서는 2,900원의 비용이 필요하다.

③ A가 접수한 유형의 직원채용절차에는 B가 접수한 유형의 직원채용절차에 없는 절차가 있다.

④ 만약 유형별 모집인원이 같다면 A가 접수한 유형의 경쟁률이 더 높다.

⑤ A와 B가 접수한 직원채용절차에는 학업성적심사가 포함되어 있지 않다.

20 접수자 중에 지원유형별로 신입직원 5명, 경력직원 3명, 인턴직원 2명을 선발한다고 할 때, 옳지 않은 것은?

① 신입유형 지원자의 합격률은 25%이다.

② 인턴유형 지원자의 합격률은 신입유형 지원자 합격률의 절반이다.

③ 경력유형 지원자 중 불합격하는 사람의 비율은 6명 중 5명꼴이다.

④ 지원유형 중 가장 합격률이 낮은 유형은 경력유형이다.

⑤ 지원유형 중 가장 경쟁률이 높은 유형은 인턴유형이다.

21 다음은 제54회 전국기능경기대회 지역별 결과에 대한 자료이다. 이에 대한 설명으로 옳은 것은?

〈제54회 전국기능경기대회 지역별 결과표〉

(단위 : 개)

지역＼상	금메달	은메달	동메달	최우수상	우수상	장려상
합계(점)	3,200	2,170	900	1,640	780	1,120
서울	2	5		10		
부산	9		11	3	4	
대구	2					16
인천			1	2	15	
울산	3				7	18
대전	7		3	8		
제주		10				
경기도	13	1				22
경상도	4	8		12		
충청도		7		6		

※ 합계는 전체 참가지역의 각 메달 및 상의 점수 합계임

① 메달 한 개당 점수는 금메달은 80점, 은메달은 70점, 동메달은 60점이다.

② 메달 및 상을 가장 많이 획득한 지역은 경상도이다.

③ 전국기능경기대회 결과표에서 메달 및 상 중 동메달의 개수가 가장 많다.

④ 울산 지역에서 획득한 메달 및 상의 총점은 800점이다.

⑤ 장려상을 획득한 지역 중 금·은·동메달 총개수가 가장 적은 지역은 대전이다.

22 H통신회사는 이동전화의 통화시간에 따라 월 2시간 이하는 기본요금, 2시간 초과 3시간 이하는 분당 a원, 3시간 초과는 $2a$원을 부과한다. 다음과 같이 요금이 청구되었을 때, a의 값은?

〈휴대전화 이용요금〉

구분	통화시간	요금
8월	3시간 30분	21,600원
9월	2시간 20분	13,600원

① 50

② 80

③ 100

④ 120

⑤ 150

23 다음은 카페 판매음료 상위 5개에 대한 연령별 선호도를 조사한 자료이다. 이에 대한 〈보기〉의 설명 중 옳은 것을 모두 고르면?

〈연령별 카페 판매음료 선호도〉

(단위 : %)

구분	20대	30대	40대	50대
아메리카노	42	47	35	31
카페라테	8	18	28	42
카페모카	13	16	2	1
바닐라라테	9	8	11	3
핫초코	6	2	3	1
에이드	3	1	1	1
아이스티	2	3	4	7
허브티	17	5	16	14

보기

ㄱ. 연령대가 높아질수록 아메리카노에 대한 선호율은 낮아진다.
ㄴ. 아메리카노와 카페라테의 선호율 차이가 가장 적은 연령대는 40대이다.
ㄷ. 20대와 30대의 선호율 하위 3개 메뉴는 동일하다.
ㄹ. 40대와 50대의 선호율 상위 2개 메뉴가 전체 선호율의 70% 이상이다.

① ㄱ, ㄴ ② ㄱ, ㄹ
③ ㄴ, ㄷ ④ ㄴ, ㄹ
⑤ ㄷ, ㄹ

24 A ~ G의 7명의 사람이 일렬로 설 때, A와 G는 서로 맨 끝에 서고, C, D, E는 서로 이웃하여 서는 경우의 수는?

① 24가지 ② 36가지
③ 48가지 ④ 60가지
⑤ 72가지

※ 다음은 우리나라 업종별 근로자 수 및 고령근로자 비율과 국가별 65세 이상 경제활동 참가율 현황에 대한 자료이다. 이어지는 질문에 답하시오. [25~26]

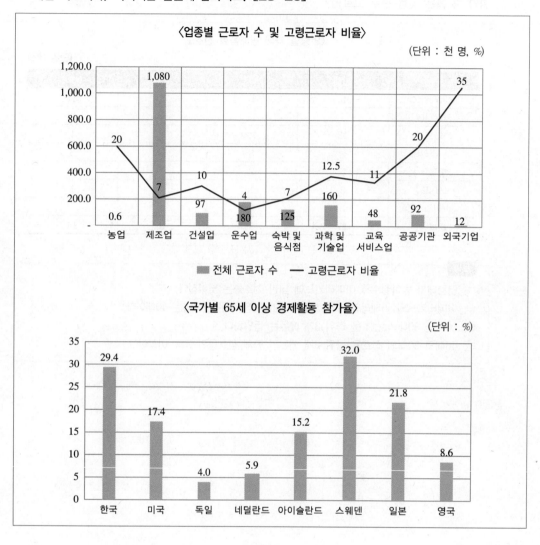

〈업종별 근로자 수 및 고령근로자 비율〉

(단위 : 천 명, %)

■ 전체 근로자 수   — 고령근로자 비율

〈국가별 65세 이상 경제활동 참가율〉

(단위 : %)

25 다음 중 우리나라 고령근로자 현황과 국가별 경제활동 참가율에 대한 설명으로 옳은 것은?

① 건설업에 종사하는 고령근로자 수는 외국기업에 종사하는 고령근로자 수의 3배 이상이다.

② 모든 업종의 전체 근로자 수에서 제조업에 종사하는 전체 근로자 비율은 80% 이상이다.

③ 국가별 65세 이상 경제활동 조사 인구가 같을 경우 미국의 고령근로자 수는 영국 고령근로자 수의 2배 미만이다.

④ 농업과 교육 서비스업, 공공기관에 종사하는 총 고령근로자 수는 과학 및 기술업에 종사하는 고령근로자 수보다 많다.

⑤ 독일, 네덜란드와 아이슬란드의 65세 이상 경제활동 참가율의 합은 한국의 65세 이상 경제활동 참가율의 90% 이상을 차지한다.

26 국가별 65세 이상 경제활동 참가조사 인구가 다음과 같을 때, 빈칸 (A), (B)에 들어갈 수가 바르게 짝지어진 것은?

〈국가별 65세 이상 경제활동 참가조사 인구〉

(단위 : 만 명)

구분	한국	미국	독일	네덜란드	아이슬란드	스웨덴	일본	영국
조사 인구	750	14,200	2,800	3,510	3,560	5,600	15,200	13,800
고령근로자	(A)	2,470.8	112	207.09	541.12	(B)	3,313.6	1,186.8

	(A)	(B)
①	220.5	1,682
②	220.5	1,792
③	230.5	1,792
④	230.5	1,682
⑤	300.5	1,984

27 다음은 KTX 부정승차 적발 건수를 조사한 자료이다. 2018 ~ 2023년의 KTX 부정승차 적발 건수 평균은 70,000건이고, 2019 ~ 2024년의 평균은 65,000건이라고 할 때, 2018년 부정승차 적발 건수와 2024년 부정승차 적발 건수의 차이는 얼마인가?

〈KTX 부정승차 적발 건수〉

(단위 : 천 건)

구분	2018년	2019년	2020년	2021년	2022년	2023년	2024년
부정승차 건수	( )	65	70	82	62	67	( )

① 28,000건   ② 29,000건

③ 30,000건   ④ 31,000건

⑤ 32,000건

28 H사원은 본사 이전으로 인해 집과 회사가 멀어져 회사 근처로 집을 구하려고 한다. L시에 있는 아파트와 빌라 총 세 곳의 월세를 알아본 H사원이 월세와 교통비를 생각해 집을 결정한다고 할 때, 옳은 것은?

〈주거정보〉

구분	월세	거리(편도)
A빌라	280,000원	2.8km
B빌라	250,000원	2.1km
C아파트	300,000원	1.82km

※ 월 출근일 : 20일
※ 교통비 : 1km당 1,000원

① 월 예산 40만 원으로는 세 집 모두 불가능하다.

② B빌라에 살 경우 회사와 집만 왕복하면 한 달에 334,000원으로 살 수 있다.

③ C아파트의 교통비가 가장 많이 든다.

④ C아파트는 A빌라보다 한 달 금액이 20,000원 덜 든다.

⑤ B빌라에 두 달 살 경우, A빌라와 C아파트의 한 달 금액을 합친 것보다 비싸다.

29 다음은 우리나라 1차 에너지 소비량 자료이다. 이에 대한 설명으로 옳은 것은?

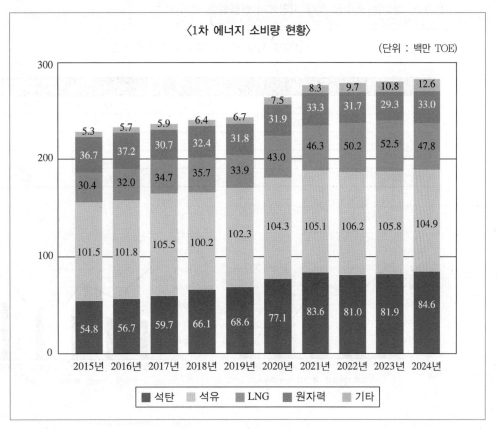

〈1차 에너지 소비량 현황〉

(단위 : 백만 TOE)

① 석탄 소비량은 완만한 하락세를 보이고 있다.
② 기타 에너지 소비량이 시속적으로 감소하는 추세이다.
③ 2016 ~ 2020년 원자력 소비량은 증감을 반복하고 있다.
④ 매년 석유 소비량이 나머지 에너지 소비량의 합보다 많다.
⑤ 2016 ~ 2020년 LNG 소비량의 증가 추세는 그 정도가 심화되었다.

30 다음은 연도별 외상 후 스트레스 장애 진료인원에 대한 자료이다. 이를 나타낸 그래프로 옳은 것은?(단, 성비는 소수점 첫째 자리에서 반올림한 값이다)

〈연도별 외상 후 스트레스 장애 진료인원〉

(단위 : 명)

구분	전체	남성	여성	성비
2020년	7,268	2,966	4,302	69
2021년	7,901	3,169	4,732	67
2022년	8,282	3,341	4,941	68
2023년	9,648	3,791	5,857	65
2024년	10,570	4,170	6,400	65

※ (성비)＝$\dfrac{(남성 수)}{(여성 수)} \times 100$

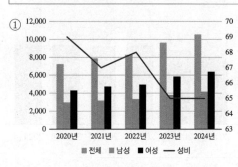

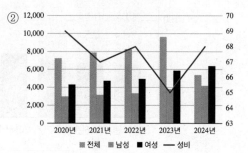

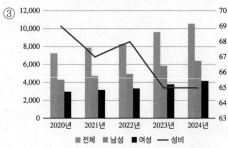

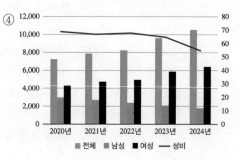

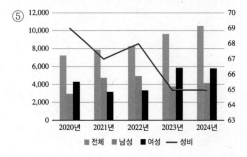

31 업무시행 시트 중 간트 차트는 업무 단계별로 시작과 끝에 걸리는 시간을 바(Bar) 형식으로 표시·관리한 것이다. 다음 중 9월 간트 차트에 대한 설명으로 옳은 것은?(단, 주말에는 업무를 하지 않는다)

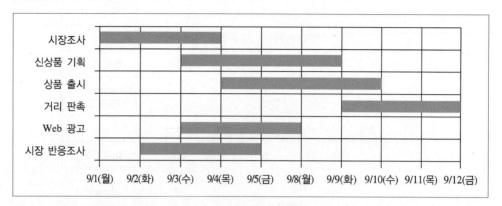

① Web 광고는 5일간 업무가 진행될 예정이다.
② 상품 출시와 거리 판촉은 3일간 업무가 함께 진행될 예정이다.
③ 9월 4일이 진행될 업무가 가장 많다.
④ 시장 반응조사가 신상품 기획보다 업무 기간이 더 길다.
⑤ 9월에 가장 빠르게 시작하는 업무는 거리 판촉이다.

※ 다음은 조직의 유형을 나타낸 것이다. 이어지는 질문에 답하시오. [32~33]

32 다음 조직의 유형에 대한 설명으로 옳지 않은 것은?

① 비영리조직은 공익을 목적으로 하는 단체이다.

② 기업과 같이 이윤을 목적으로 하는 조직은 영리조직이다.

③ 비공식조직은 조직의 구조, 기능, 규정 등이 조직화되어 있다.

④ 공식조직 내에서 인간관계를 지향하면서 비공식조직이 새롭게 생성되기도 한다.

⑤ 조직규모를 기준으로 보면, 가족 소유의 상점은 소규모조직, 대기업은 대규모조직의 사례로 볼 수 있다.

33 다음 중 밑줄 친 비영리조직의 사례로 보기 어려운 것은?

① 정부조직   ② 병원

③ 대학   ④ 시민단체

⑤ 대기업

34 다음은 H사 직무전결표의 일부분이다. 이에 의거하여 결재한 기안문으로 옳은 것은?

〈직무전결표〉

구분	위임 시 전결권자			대표이사
	부서장	상무이사	부사장	
주식관리 – 명의개서 및 제신고		○		
기업공시에 대한 사항				○
주식관리에 대한 위탁계약 체결				○
문서이관 접수	○			
인장의 보관 및 관리	○			
4대 보험 관리		○		
직원 국내출장			○	
임원 국내출장				○

① 주식의 명의개서를 위한 결재처리 – 주임 신은현 / 부장 전결 최병수 / 상무이사 후결 임철진

② 최병수 부장의 국내출장을 위한 결재처리 – 대리 서민우 / 부장 박경석 / 상무이사 대결 최석우 / 부사장 전결

③ 임원변경에 따른 기업공시를 위한 결재처리 – 부장 최병수 / 상무이사 임철진 / 부사장 대결 신은진 / 대표이사 전결 김진수

④ 신입직원의 고용보험 가입신청을 위한 결재처리 – 대리 김철민 / 부장 전결 박경석 / 상무이사 후결 최석우

⑤ 박경석 상무의 국내출장을 위한 결재처리 – 대리 서민우 / 부장 박경석 / 상무이사 대결 최석우 / 부사장 전결

35 다음은 경영 전략 추진과정을 나타낸 내용이다. (가)에 대한 사례 중 그 성격이 다른 것은?

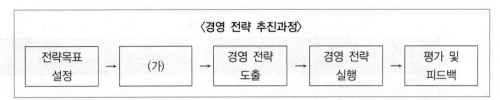

<경영 전략 추진과정>

전략목표 설정 → (가) → 경영 전략 도출 → 경영 전략 실행 → 평가 및 피드백

① 우리가 공급받고 있는 원재료들의 원가를 확인해 보자.
② 신제품 출시를 위해 경쟁사들의 동향을 파악해 봐야겠어.
③ 제품 개발을 위해 우리가 가진 예산의 현황을 파악해야 해.
④ 우리 제품의 시장 개척을 위해 법적으로 문제가 없는지 확인해 봐야겠군.
⑤ 이번에 발표된 정부의 정책으로 우리 제품이 어떠한 영향을 받을 수 있는지 확인해 볼 필요가 있어.

36 다음 사례를 읽고 H전자가 TV 시장에서 경쟁력을 잃게 된 주요 원인으로 가장 적절한 것은?

평판 TV 시장에서 PDP TV가 주력이 되리라 판단한 H전자는 2007년에 세계 최대 규모의 PDP 생산설비를 건설하기 위해 3조 원 수준의 막대한 투자를 결정하였다. 당시 L전자와 S전자는 LCD와 PDP 사업을 동시에 수행하면서도 성장성이 높은 LCD TV로 전략을 수정하는 상황이었지만 H전자는 익숙한 PDP 사업에 더욱 몰입한 것이다. 하지만 주요 기업들의 투자가 LCD에 집중되면서, 새로운 PDP 공장이 본격 가동될 시점에 PDP의 경쟁력은 이미 LCD에 뒤처지게 됐다.
결국, 활용가치가 현저하게 떨어진 PDP 생산설비는 조기에 상각함을 고민할 정도의 골칫거리로 전락했다. H전자는 2011년에만 11조 원의 적자를 기록했으며, 2012년에도 10조 원 수준의 적자가 발생되었다. 연이은 적자는 H전자의 신용등급을 투기 등급으로 급락시켰고, H전자의 CEO는 '디지털 가전에서 패배자가 되었음'을 인정하며 고개를 숙였다. TV를 포함한 가전제품 사업에서 H전자가 경쟁력을 회복하기 어려워졌음은 말할 것도 없다.

① 사업 환경의 변화 속도가 너무나 빨라졌고, 변화의 속성도 예측이 어려워져 따라가지 못하였다.
② 차별성을 지닌 새로운 제품을 기획하고 개발하는 것에 대한 성공 가능성이 낮아져 주저했다.
③ 기존 사업영역에 대한 강한 애착으로 신사업이나 신제품에 대해 낮은 몰입도를 보였다.
④ 실패가 두려워 새로운 도전보다 안정적이며 실패 확률이 낮은 제품을 위주로 미래를 준비하였다.
⑤ 외부 환경이 어려워짐에 따라 잠재적 실패를 감내할 수 있는 자금을 확보하지 못하였다.

37 다음 회의록을 참고할 때, 고객지원팀의 강대리가 해야 할 일로 적절하지 않은 것은?

<회의록>

회의일시	2025년 ○○월 ○○일	부서	기획팀, 시스템개발팀, 고객지원팀
참석자	기획팀 김팀장, 박대리 / 시스템개발팀 이팀장, 김대리 / 고객지원팀 유팀장, 강대리		
회의안건	홈페이지 내 이벤트 신청 시 발생하는 오류로 인한 고객 불만에 따른 대처방안		
회의내용	• 홈페이지 고객센터 게시판 내 이벤트 신청 오류 관련 불만 글 확인 • 이벤트 페이지 내 오류 발생 원인에 대한 확인 필요 • 상담원의 미숙한 대응으로 고객들의 불만 증가(대응 매뉴얼 부재) • 홈페이지 고객센터 게시판에 사과문 게시 • 고객 불만 대응 매뉴얼 작성 및 이벤트 신청 시스템 개선 • 추후 유사한 이벤트 기획 시 기획안 공유 필요		

① 민원 처리 및 대응 매뉴얼 작성
② 상담원 대상으로 CS 교육 실시
③ 홈페이지 내 사과문 게시
④ 오류 발생 원인 확인 및 신청 시스템 개선
⑤ 고객센터 게시판 모니터링

38 다음 상황에서 근로자가 해야 하는 행동으로 적절한 것을 <보기>에서 모두 고르면?

담합은 경제에 미치는 악영향도 크고 워낙 은밀하게 이뤄지는 탓에 경쟁 당국 입장에서는 적발하기 어렵다는 현실적인 문제가 있다. 독과점 사업자는 시장에서 어느 정도 드러나기 때문에 부당행위에 대한 감시·감독을 할 수 있지만, 담합은 그 속성상 증거가 없으면 존재 여부를 가늠하기 힘들기 때문이다.

보기

ㄱ. 신고를 통해 개인의 이익을 얻고 사회적으로 문제를 해결한다.
ㄴ. 내부에서 먼저 합리적인 절차에 따라 문제를 해결하고자 노력한다.
ㄷ. 근로자 개인이 피해를 받을지라도 기업 활동의 해악이 심각하면 이를 신고한다.

① ㄱ   ② ㄴ
③ ㄱ, ㄷ   ④ ㄴ, ㄷ
⑤ ㄱ, ㄴ, ㄷ

39 H회사 직원들은 이번 달 신상품 홍보 방안을 모색하기 위해 회의를 하고 있다. 다음 중 회의에 임하는 태도가 적절하지 않은 직원은?

O부장 : 이번 달 실적을 향상시키기 위한 홍보 방안으로는 뭐가 있을까요? 의견이 있으면 주저하지 말고 뭐든지 말씀해 주세요.

J사원 : 저는 조금은 파격적인 이벤트 같은 게 있었으면 좋겠어요. 예를 들면, 곧 추석이니까 지점 내부를 명절 분위기로 꾸민 다음에 제사상이나 한복 같은 걸 비치해 두고, 고객들이 인증 샷을 찍으면 추가혜택을 주는 건 어떨까 싶어요.

D주임 : 그건 좀 실현 가능성이 없지 싶은데요. 그보다는 SNS로 이벤트 응모를 받아서 기프티콘 사은품을 쏘는 이벤트가 현실적이겠어요.

C과장 : 가능성 여부를 떠나서 아이디어는 많을수록 좋으니 반박하지 말고 이야기하세요.

H사원 : 의견 주시면 제가 전부 받아 적었다가 한꺼번에 정리하도록 할게요.

---

① O부장
② J사원
③ D주임
④ C과장
⑤ H사원

40 직장생활을 하면 해외 바이어를 만날 일이 생기기도 한다. 다음 중 이를 대비해 알아 두어야 할 국제매너로 옳지 않은 것은?

① 악수를 한 후 명함을 건네는 것이 순서이다.
② 미국인들과 악수를 할 때에는 손끝만 살짝 잡아서 해야 한다.
③ 국가에 따라 필요한 예절이 다르기 때문에 사전에 확인해야 한다.
④ 러시아, 라틴아메리카 사람들은 포옹으로 인사를 하는 경우도 많다.
⑤ 이라크 사람들은 상대방이 약속시간이 지나도 기다려 줄 것으로 생각한다.

41 같은 해에 입사한 동기 A~E는 모두 H회사 소속으로 서로 다른 부서에서 일하고 있다. 이들이 근무하는 부서에 대한 자료가 다음과 같을 때, 항상 옳은 것은?

〈부서별 성과급〉

비서실	영업부	인사부	총무부	홍보부
60만 원	20만 원	40만 원	60만 원	60만 원

※ 각 사원은 모두 각 부서의 성과급을 동일하게 받음

〈부서배치 조건〉

• A는 성과급이 평균보다 적은 부서에서 일한다.
• B와 D의 성과급을 더하면 나머지 세 명의 성과급 합과 같다.
• C의 성과급은 총무부보다는 적지만 A보다는 많다.
• C와 D 중 한 사람은 비서실에서 일한다.
• E는 홍보부에서 일한다.

〈휴가 조건〉

• 영업부 직원은 비서실 직원보다 늦게 휴가를 가야 한다.
• 인사부 직원은 첫 번째 또는 제일 마지막으로 휴가를 가야 한다.
• B의 휴가 순서는 이들 중 세 번째이다.
• E는 휴가를 반납하고 성과급을 두 배로 받는다.

① A의 3개월 치 성과급은 C의 2개월 치 성과급보다 많다.
② C가 맨 먼저 휴가를 갈 경우, B가 맨 마지막으로 휴가를 가게 된다.
③ D가 C보다 성과급이 많다.
④ 휴가철이 끝난 직후, 급여명세서에 D와 E의 성과급 차이는 세 배이다.
⑤ B는 A보다 휴가를 먼저 출발한다.

42 A ~ E 5명이 다음 〈조건〉과 같이 일렬로 나란히 자리에 앉는다고 할 때, 바르게 추론한 것은?(단, 자리의 순서는 왼쪽을 기준으로 첫 번째 자리로 한다)

> **조건**
> • D는 A의 바로 왼쪽에 앉는다.
> • B와 D 사이에 C가 있다.
> • A는 마지막 자리가 아니다.
> • A와 B 사이에 C가 있다.
> • B는 E의 바로 오른쪽에 앉는다.

① D는 두 번째 자리에 앉을 수 있다.
② E는 네 번째 자리에 앉을 수 있다.
③ C는 두 번째 자리에 앉을 수 있다.
④ C는 A의 바로 왼쪽에 앉을 수 있다.
⑤ C는 E의 바로 오른쪽에 앉을 수 있다.

43 다음은 국내 H항공사에 대한 SWOT 분석 자료이다. 〈보기〉 중 빈칸 ㉠, ㉡에 들어갈 내용을 바르게 짝지은 것은?

강점(Strength)	• 국내 1위 LCC(저비용항공사) • 차별화된 기내 특화 서비스
약점(Weakness)	• 기반 지역과의 갈등 • ㉠
기회(Opportunity)	• 항공사의 호텔 사업 진출 허가 • ㉡
위협(Threat)	• LCC 시장의 경쟁 심화 • 대형 항공사의 가격 인하 전략

> **보기**
> ㄱ. 소비자의 낮은 신뢰도
> ㄴ. IOSA(안전 품질 기준) 인증 획득
> ㄷ. 해외 여행객의 증가
> ㄹ. 항공사에 대한 소비자의 기대치 상승

	㉠	㉡		㉠	㉡
①	ㄱ	ㄴ	②	ㄱ	ㄷ
③	ㄴ	ㄷ	④	ㄴ	ㄹ
⑤	ㄷ	ㄹ			

※ 다음은 본부장 승진 대상자의 평가항목별 점수에 대한 자료이다. 이어지는 질문에 답하시오. **[44~45]**

<본부장 승진 대상자 평가결과>

(단위 : 점)

구분	외국어능력	필기	면접	해외 및 격오지 근무경력
A	8	9	10	2년
B	9	8	8	1년
C	9	9	7	4년
D	10	8.5	8.5	5년
E	7	9	8.5	5년
F	8	7	10	4년
G	9	7	9	7년
H	9	10	8	3년
I	10	7.5	10	6년

44 다음 〈조건〉에 따라 승진 대상자 2명을 선발한다고 할 때, 선발되는 직원을 바르게 짝지은 것은?

> **조건**
> • 외국어능력, 필기, 면접 점수를 합산해 총점이 가장 높은 대상자 2명을 선발한다.
> • 총점이 동일한 경우 해외 및 격오지 근무경력이 많은 자를 우선 선발한다.
> • 해외 및 격오지 근무경력 또한 동일할 경우 면접 점수가 높은 자를 우선 선발한다.

① A, H
② B, I
③ D, I
④ G, H
⑤ H, I

45 해외 및 격오지 근무자들을 우대하기 위해 〈조건〉을 다음과 같이 변경하였을 때, 선발되는 직원을 바르게 짝지은 것은?

> **조건**
> • 해외 및 격오지 근무경력이 4년 이상인 대상자만 선발한다.
> • 해외 및 격오지 근무경력 1년당 1점으로 환산한다.
> • 4개 항목의 총점이 높은 순서대로 선발하되, 총점이 동일한 경우 해외 및 격오지 근무경력이 많은 자를 우선 선발한다.
> • 해외 및 격오지 근무경력 또한 같은 경우 면접 점수가 높은 자를 우선 선발한다.

① C, F
② D, G
③ D, I
④ E, I
⑤ G, I

46 A씨는 영업비밀 보호를 위해 자신의 컴퓨터 속 각 문서의 암호를 다음 규칙에 따라 만들었다. 파일 이름이 〈보기〉와 같을 때, 이 파일의 암호는 무엇인가?

〈규칙〉

1. 비밀번호 중 첫 번째 자리에는 파일 이름의 첫 문자가 한글일 경우 @, 영어일 경우 #, 숫자일 경우 *로 특수문자를 입력한다.
   → 고슴Dochi=@, haRAMY801=#, 1app루=*
2. 두 번째 자리에는 파일 이름의 총 자리 개수를 입력한다.
   → 고슴Dochi=@7, haRAMY801=#9, 1app루=*5
3. 세 번째 자리부터는 파일 이름 내에 숫자를 순서대로 입력한다. 숫자가 없을 경우 0을 두 번 입력한다.
   → 고슴Dochi=@700, haRAMY801=#9801, 1app루=*51
4. 그 다음 자리에는 파일 이름 중 한글이 있을 경우 초성만 순서대로 입력한다. 없다면 입력하지 않는다.
   → 고슴Dochi=@700ㄱㅅ, haRAMY801=#9801, 1app루=*51ㄹ
5. 그 다음 자리에는 파일 이름 중 영어가 있다면 뒤에 덧붙여 순서대로 입력하되, 'a, e, I, o, u'만 'a=1, e=2, I=3, o=4, u=5'로 변형하여 입력한다. 단, 대문자·소문자 구분 없이 모두 소문자로 입력한다.
   → 고슴Dochi=@700ㄱㅅd4ch3, haRAMY801=#9801h1r1my, 1app루=*51ㄹ1pp

---

보기

2022매운전골Cset3인기준recipe8

① @23202238ㅁㅇㅈㄱㅇㄱㅈcs2trecipe

② @23202238ㅁㅇㅈㄱㅇㄱㅈcs2tr2c3p2

③ *23202238ㅁㅇㅈㄱㅇㄱㅈcs2trecipe

④ *23202238ㅁㅇㅈㄱㅇㄱㅈcs2tr2c3p2

⑤ *23202238ㅁㅇㅈㄱㅇㄱㅈcsetrecipe

47 H공사에서 다음과 같은 방식으로 면접을 진행할 때, 심층면접을 할 수 있는 최대 인원수와 마지막 심층면접자의 기본면접 종료 시각을 바르게 짝지은 것은?

〈면접 방식〉

• 면접은 기본면접과 심층면접으로 구분된다. 기본면접실과 심층면접실은 각 1개이고, 면접대상자는 1명씩 입실한다.
• 기본면접과 심층면접은 모두 개별면접의 방식을 취한다. 기본면접은 심층면접의 진행 상황에 관계없이 10분 단위로 계속되고, 심층면접은 기본면접의 진행 상황에 관계없이 15분 단위로 계속된다.
• 기본면접을 마친 면접대상자는 순서대로 심층면접에 들어간다.
• 첫 번째 기본면접은 오전 9시 정각에 실시되고, 첫 번째 심층면접은 첫 번째 기본면접이 종료된 시각에 시작된다.
• 기본면접과 심층면접 모두 낮 12시부터 오후 1시까지 점심 및 휴식 시간을 가진다.
• 각각의 면접 도중에 점심 및 휴식 시간을 가질 수 없고, 1인을 위한 기본면접 시간이나 심층면접 시간이 확보되지 않으면 새로운 면접을 시작하지 않는다.
• 기본면접과 심층면접 모두 오후 1시에 오후 면접 일정을 시작하고, 기본면접의 일정과 관련 없이 심층면접은 오후 5시 정각에는 종료되어야 한다.

※ 면접대상자의 이동 및 교체 시간 등 다른 조건은 고려하지 않음

	최대 인원수	종료 시각
①	27명	오후 2시 30분
②	27명	오후 2시 40분
③	28명	오후 2시 30분
④	28명	오후 2시 40분
⑤	28명	오후 2시 50분

PART 3

※ 다음 상황을 보고 이어지는 질문에 답하시오. [48~49]

<상황>

• H건설회사가 신축하고 있는 건물의 예상되는 친환경 건축물 평가점수는 63점이고, 에너지효율 등급은 3등급이다.
• 친환경 건축물 평가점수를 1점 높이기 위해서는 1,000만 원, 에너지효율 등급을 한 등급 높이기 위해서는 2,000만 원의 추가 투자비용이 든다.
• 신축 건물의 감면 전 취·등록세 예상액은 총 20억 원이다.
• H건설회사는 경제적 이익을 극대화하고자 한다.
※ 경제적 이익 또는 손실 : (취·등록세 감면액)-(추가 투자액)
※ 기타 비용과 이익은 고려하지 않음

48 다음 중 상황에 근거할 때, 〈보기〉에서 옳은 것을 모두 고르면?

보기

ㄱ. 추가 투자함으로써 경제적 이익을 얻을 수 있는 최소 투자금액은 1억 1천만 원이다.
ㄴ. 친환경 건축물 우수 등급, 에너지효율 1등급을 받기 위해 추가 투자할 경우 경제적 이익이 가장 크다.
ㄷ. 에너지효율 2등급을 받기 위해 추가 투자하는 것이 3등급을 받는 것보다 H건설회사에 경제적으로 더 이익이다.

① ㄱ   ② ㄷ
③ ㄱ, ㄴ   ④ ㄴ, ㄷ
⑤ ㄱ, ㄴ, ㄷ

49 H건설회사의 직원들이 48번에 제시된 신축 건물에 대해 이야기를 나누고 있다. 다음 중 옳지 않은 말을 하는 사람은?

① 갑 : 현재 우리회사 신축 건물의 등급은 우량 등급이야.
② 을 : 신축 건물 예상평가결과 취·등록세액 감면 혜택을 받을 수 있어.
③ 병 : 추가 투자를 해서 에너지효율을 높일 필요가 있어.
④ 정 : 얼마만큼의 투자가 필요한지 계획하는 것은 예산 관리의 일환이야.
⑤ 무 : 추가 투자에 예산을 배정하기에 앞서 우선순위를 결정해야 해.

50 H공사에 근무하는 B사원은 국내 원자력 산업에 대한 SWOT 분석 결과 자료를 바탕으로 SWOT 분석에 의한 경영 전략에 맞춰서 〈보기〉와 같이 분석하였다. 다음 〈보기〉 중 SWOT 분석에 의한 경영 전략으로 적절하지 않은 것을 모두 고르면?

〈국내 원자력 산업에 대한 SWOT 분석 결과〉

구분	분석 결과
강점(Strength)	• 우수한 원전 운영 기술력 • 축적된 풍부한 수주 실적
약점(Weakness)	• 낮은 원전해체 기술 수준 • 안전에 대한 우려
기회(Opportunity)	• 해외 원전수출 시장의 지속적 확대 • 폭염으로 인한 원전 효율성 및 필요성 부각
위협(Threat)	• 현 정부의 강한 탈원전 정책 기조

〈SWOT 분석에 의한 경영 전략〉

• SO전략 : 강점을 살려 기회를 포착하는 전략
• ST전략 : 강점을 살려 위협을 회피하는 전략
• WO전략 : 약점을 보완하여 기회를 포착하는 전략
• WT전략 : 약점을 보완하여 위협을 회피하는 전략

보기

ㄱ. 뛰어난 원전 기술력을 바탕으로 동유럽 원전수출 시장에서 우위를 점하는 것은 SO전략으로 적절하다.
ㄴ. 안전성을 제고하여 원전 운영 기술력을 향상시키는 것은 WO전략으로 적절하다.
ㄷ. 우수한 기술력과 수주 실적을 바탕으로 국내 원전 사업을 확장하는 것은 ST전략으로 적절하다.
ㄹ. 안전에 대한 우려가 있는 만큼, 안전점검을 강화하고 당분간 정부의 탈원전 정책 기조에 협조하는 것은 WT전략으로 적절하다.

① ㄱ, ㄴ
② ㄱ, ㄷ
③ ㄴ, ㄷ
④ ㄴ, ㄹ
⑤ ㄷ, ㄹ

제2회
최종점검 모의고사

※ 항만공사 통합 최종점검 모의고사는 채용공고와 시험 후기를 기준으로 구성한 것으로, 실제 시험과 다를 수 있습니다.
※ 부산항만공사, 여수광양항만공사의 경우 120분에 맞추어 해당 문항을 학습하기 바랍니다.
※ 인천항만공사, 울산항만공사의 경우 130분에 맞추어 해당 문항을 학습하기 바랍니다.
※ 경기평택항만공사의 경우 4지선다 및 90문항 90분에 맞추어 해당 문항을 학습하기 바랍니다.

■ 취약영역 분석

번호	O/×	영역	번호	O/×	영역	번호	O/×	영역	번호	O/×	영역
1			26			51			76		
2			27		수리 능력	52			77		
3			28			53			78		
4			29			54			79		
5		의사소통 능력	30			55			80		
6			31			56			81		
7			32			57			82		
8			33			58			83		
9			34			59			84		
10			35		조직이해 능력	60			85		
11			36			61			86		
12			37			62		경영학 원론	87		경제학 원론
13			38			63			88		
14			39			64			89		
15		자원관리 능력	40			65			90		
16			41			66			91		
17			42			67			92		
18			43			68			93		
19			44			69			94		
20			45		문제해결 능력	70			95		
21			46			71			96		
22		수리 능력	47			72			97		
23			48			73			98		
24			49			74			99		
25			50			75			100		

평가문항	100문항	평가시간	120분
시작시간	:	종료시간	:
취약영역			

01 직업기초능력평가

01 다음 글의 주제로 가장 적절한 것은?

> 최근에 사이버공동체를 중심으로 한 시민의 자발적 정치 참여 현상이 많은 관심을 끌고 있다. 이러한 현상과 관련하여 A의 연구가 새삼 주목 받고 있다. A의 연구에 따르면 공동체의 구성원이 됨으로써 얻게 되는 '사회적 자본'이 시민사회의 성숙과 민주주의 발전을 가져오는 원동력이다. A의 이론에서는 공동체에 대한 자발적 참여를 통해 사회 구성원 간의 상호 의무감과 신뢰, 구성원들이 공유하는 규칙과 관행, 사회적 유대 관계와 같은 사회적 자본이 늘어나면, 사회 구성원 간의 협조적인 행위가 가능하게 된다고 보았다. 더 나아가 A는 자원봉사자와 같이 공동체 참여도가 높은 사람이 투표할 가능성이 높고 정부 정책에 대한 의견 개진도 활발해지는 등 정치 참여도가 높아진다고 주장하였다.
>
> 몇몇 학자들은 A의 이론을 적용하여 면대면 접촉에 따른 인간관계의 산물인 사회적 자본이 사이버공동체에서도 충분히 형성될 수 있다고 보았다. 그리고 사이버공동체에서 사회적 자본의 증가는 곧 정치 참여도 활성화시킬 것으로 기대했다. 하지만 이러한 기대와는 달리 정치 참여가 활성화되지 않았다. 요즘 젊은이들을 보면 각종 사이버공동체에 자발적으로 참여하는 수준은 높지만 투표나 다른 정치 활동에는 무관심하거나 심지어 정치를 혐오하기도 한다. 이런 측면에서 A의 주장은 사이버공동체가 활성화된 오늘날에는 잘 맞지 않는다.
>
> 이러한 이유 때문에 오늘날 사이버공동체를 중심으로 한 정치 참여를 더 잘 이해하기 위해서 '정치적 자본' 개념의 도입이 필요하다. 정치적 자본은 사회적 자본의 구성 요소와는 달리 정치 정보의 습득과 이용, 정치적 토론과 대화, 정치적 효능감 등으로 구성된다. 정치적 자본은 사회적 자본과 마찬가지로 공동체 참여를 통해서 획득되지만, 정치 과정에의 관여를 촉진한다는 점에서 사회적 자본과는 구분될 필요가 있다. 사회적 자본만으로 정치 참여를 기대하기 어렵고, 사회적 자본과 정치 참여 사이를 정치적 자본이 매개할 때 비로소 정치 참여가 활성화된다.

① 사이버공동체를 통해 축적된 사회적 자본에 정치적 자본이 더해질 때 정치 참여가 활성화된다.
② 사회적 자본은 정치적 자본을 포함하기 때문에 그 자체로 정치 참여의 활성화를 가져온다.
③ 사회적 자본이 많은 사회는 정치 참여가 활발하기 때문에 민주주의가 실현된다.
④ 사이버공동체의 특수성으로 인해 시민들의 정치 참여가 어렵게 되었다.
⑤ 사이버공동체에의 자발적 참여 증가는 정치 참여를 활성화시킨다.

02 다음 문단을 논리적 순서대로 바르게 나열한 것은?

(가) 매년 수백만 톤의 황산이 애팔래치아 산맥에서 오하이오 강으로 흘러들어 간다. 이 황산은 강을 붉게 물들이고 산성으로 변화시킨다. 이렇듯 강이 붉게 물드는 것은 티오바실러스라는 세균으로 인해 생성된 침전물 때문이다. 철2가 이온(Fe^{2+})과 철3가 이온(Fe^{3+})의 용해도가 이러한 침전물의 생성에 중요한 역할을 한다.

(나) 애팔래치아 산맥의 석탄 광산에 있는 황철광에는 이황화철(FeS_2)이 함유되어 있다. 티오바실러스는 이 황철광에 포함된 이황화철(FeS_2)을 산화시켜 철2가 이온(Fe^{2+})과 강한 산인 황산을 만든다. 이 과정에서 티오바실러스는 일차적으로 에너지를 얻는다. 일단 만들어진 철2가 이온(Fe^{2+})은 티오바실러스에 의해 다시 철3가 이온(Fe^{3+})으로 산화되는데, 이 과정에서 또 다시 티오바실러스는 에너지를 이차적으로 얻는다.

(다) 이황화철(FeS_2)의 산화는 다음과 같이 가속된다. 티오바실러스에 의해 생성된 황산은 황철광을 녹이게 된다. 황철광이 녹으면 황철광 안에 들어 있던 이황화철(FeS_2)은 티오바실러스와 공기 중의 산소에 더 노출되어 화학반응이 폭발적으로 증가하게 된다. 티오바실러스의 생장과 번식에는 이와 같이 에너지의 원료가 되는 이황화철(FeS_2)과 산소 그리고 세포 구성에 필요한 무기질이 꼭 필요하다. 이러한 환경조건이 자연적으로 완비된 광산 지역에서는 일반적인 방법으로 티오바실러스의 생장을 억제하기가 힘들다. 이황화철(FeS_2)과 무기질이 다량으로 광산에 있으므로 이 경우 오하이오 강의 오염을 막기 위한 방법은 광산을 밀폐시켜 산소의 공급을 차단하는 것뿐이다.

(라) 철2가 이온(Fe^{2+})은 강한 산(pH 3.0 이하)에서 물에 녹은 상태를 유지한다. 그러한 철2가 이온(Fe^{2+})은 자연 상태에서 pH 4.0 ~ 5.0 사이가 되어야 철3가 이온(Fe^{3+})으로 산화된다. 놀랍게도 티오바실러스는 강한 산에서 잘 자라고 강한 산에 있는 철2가 이온(Fe^{2+})을 적극적으로 산화시켜 철3가 이온(Fe^{3+})을 만든다. 그리고 물에 녹지 않는 철3가 이온(Fe^{3+})은 다른 무기 이온과 결합하여 붉은 침전물을 만든다. 환경에 영향을 미칠 정도로 다량의 붉은 침전물을 만들기 위해서는 엄청난 양의 철2가 이온(Fe^{2+})과 강한 산이 있어야 한다. 이것들은 어떻게 만들어지는 것일까?

---

① (가) – (나) – (라) – (다)
② (가) – (라) – (나) – (다)
③ (라) – (가) – (다) – (나)
④ (라) – (나) – (가) – (다)
⑤ (라) – (나) – (다) – (가)

03 다음 글의 내용으로 가장 적절한 것은?

상업 광고는 기업은 물론이고 소비자에게도 요긴하다. 기업은 마케팅 활동의 주요한 수단으로 광고를 적극적으로 이용하여 기업과 상품의 인지도를 높이려 한다. 소비자는 소비 생활에 필요한 상품의 성능, 가격, 판매 조건 등의 정보를 광고에서 얻으려 한다. 광고를 통해 기업과 소비자가 모두 이익을 얻는다면 이를 규제할 필요는 없을 것이다. 그러나 광고에서 기업과 소비자의 이익이 상충하는 경우도 있고 광고가 사회 전체에 폐해를 낳는 경우도 있어, 다양한 규제 방식이 모색되었다.

이때 문제가 된 것은 과연 광고로 인한 피해를 책임질 당사자로서 누구를 상정할 것인가였다. 초기에는 '소비자 책임 부담 원칙'에 따라 광고 정보를 활용한 소비자의 구매 행위에 대해 소비자가 책임을 져야 한다고 보았다. 여기에는 광고 정보가 정직한 것인지와는 상관없이 소비자는 이성적으로 이를 판단하여 구매할 수 있어야 한다는 전제가 있었다. 그래서 기업은 광고에 의존하여 물건을 구매한 소비자가 입은 피해에 대하여 책임을 지지 않았고, 광고의 기만성에 대한 입증 책임도 소비자에게 있었다.

책임 주체로 기업을 상정하여 '기업 책임 부담 원칙'이 부상하게 된 배경은 복합적이다. 시장의 독과점 상황이 광범위해지면서 소비자의 자유로운 선택이 어려워졌고, 상품에 응용된 과학 기술이 복잡해지고 첨단화되면서 상품 정보에 대한 소비자의 정확한 이해도 기대하기 어려워졌다. 또한 다른 상품 광고와의 차별화를 위해 통념에 어긋나는 표현이나 장면도 자주 활용되었다. 그리하여 경제적, 사회·문화적 측면에서 광고로부터 소비자를 보호해야 한다는 당위를 바탕으로 기업이 광고에 대해 책임을 져야 한다는 공감대가 확산되었다.

오늘날 행해지고 있는 여러 광고 규제는 이런 공감대에서 나온 것인데, 이는 크게 보아 법적 규제와 자율 규제로 나눌 수 있다. 구체적인 법 조항을 통해 광고를 규제하는 법적 규제는 광고 또한 사회적 활동의 일환이라는 점에 근거한다. 특히 자본주의 사회에서는 기업이 시장 점유율을 높여 다른 기업과의 경쟁에서 승리하기 위하여 사실에 반하는 광고나 소비자를 현혹하는 광고를 할 가능성이 높다. 법적 규제는 허위 광고나 기만 광고 등을 불공정 경쟁의 수단으로 간주하여 정부 기관이 규제를 가하는 것이다.

자율 규제는 법적 규제에 대한 기업의 대응책으로 등장했다. 법적 규제가 광고의 역기능에 따른 피해를 막기 위한 강제적 조치라면, 자율 규제는 광고의 순기능을 극대화하기 위한 자율적 조치이다. 광고에 대한 기업의 책임감에서 비롯된 자율 규제는 법적 규제를 보완하는 효과가 있다.

① 광고 주체의 자율 규제가 잘 작동될수록 광고에 대한 법적 규제의 역할도 커진다.

② 기업의 이익과 소비자의 이익이 상충하는 정도가 클수록 법적 규제와 자율 규제의 필요성이 약화된다.

③ 시장 독과점 상황이 심각해지면서 기업 책임 부담 원칙이 약화되고 소비자 책임 부담 원칙이 부각되었다.

④ 첨단 기술을 강조한 상품의 광고일수록 소비자가 광고 내용을 정확히 이해하지 못한 채 상품을 구매할 가능성이 커진다.

⑤ 광고의 기만성을 입증할 책임을 소비자에게 돌리는 경우, 그 이유는 소비자에게 이성적 판단 능력이 있다는 전제를 받아들이지 않기 때문이다.

04 다음 글을 읽고 추론한 내용으로 적절하지 않은 것은?

> 다의어란 두 가지 이상의 의미를 가진 단어로, 기본이 되는 핵심 의미를 중심 의미라고 하고 중심 의미에서 확장된 의미를 주변 의미라고 한다. 일반적으로 중심 의미는 주변 의미보다 언어 습득의 시기가 빠르며 사용 빈도가 높다.
>
> 다의어가 주변 의미로 사용되었을 때는 문법적 제약이 나타나기도 한다. 예를 들어 '한 살을 먹다.'는 가능하지만, '한 살이 먹히다.'나 '한 살을 먹이다.'는 어법에 맞지 않는다. 또한 '손'이 '노동력'의 의미로 쓰일 때는 '부족하다, 남다' 등 몇 개의 용언과만 함께 쓰여 중심 의미로 쓰일 때보다 결합하는 용언의 수가 적다.
>
> 다의어의 주변 의미는 기존의 의미가 확장되어 생긴 것으로, 새로 생긴 의미는 기존의 의미보다 추상성이 강화되는 경향이 있다. '손'의 중심 의미가 확장되어 '손이 부족하다.', '손에 넣다.'처럼 각각 '노동력', '권한이나 범위'로 쓰이는 것이 그 예이다.
>
> 다의어의 의미들은 서로 관련성을 갖는다. 예를 들어 '줄'의 중심 의미는 '새끼 따위와 같이 무엇을 묶거나 동이는 데 쓸 수 있는 가늘고 긴 물건'인데, 길게 연결되어 있는 모양이 유사하여 '길이로 죽 벌이거나 늘여 있는 것'의 의미를 갖게 되었다. 또한 연결이라는 속성이나 기능이 유사하여 '사회생활에서의 관계나 인연'의 뜻도 지니게 되었다.
>
> 그런데 다의어의 의미들이 서로 대립적 관계를 맺는 경우가 있다. 예를 들어 '앞'은 '향하고 있는 쪽이나 곳'이 중심 의미인데 '앞 세대의 입장', '앞으로 다가올 일'에서는 각각 '이미 지나간 시간'과 '장차 올 시간'을 가리킨다. 이것은 시간의 축에서 과거나 미래 중 어느 방향을 바라보는지에 따른 차이로서 이들 사이의 의미적 관련성은 유지된다.

① 아이들은 '앞'의 '향하고 있는 쪽이나 곳'의 의미를 '장차 올 시간'의 의미보다 먼저 배울 것이다.

② '손에 넣다.'에서 '손'은 '권한이나 범위'의 의미로 사용될 수 있지만, '노동력'의 의미로는 사용될 수 없을 것이다.

③ '먹다'가 중심 의미인 '음식 따위를 입을 통하여 배 속에 들여보내다.'로 사용된다면 '먹히다', '먹이다'로 제약 없이 사용될 것이다.

④ 동음이의어와 다의어는 단어의 문법적 제약이나 의미의 추상성 및 관련성 등으로 구분할 수 있을 것이다.

⑤ '줄'의 '사회생활에서의 관계나 인연'의 의미는 '길이로 죽 벌이거나 늘여 있는 것'의 의미보다 사용 빈도가 높을 것이다.

인지부조화는 한 개인이 가지는 둘 이상의 사고, 태도, 신념, 의견 등이 서로 일치하지 않거나 상반될 때 생겨나는 심리적인 긴장상태를 의미한다. 인지부조화는 불편함을 유발하기 때문에 사람들은 이것을 감소시키려고 한다. 인지부조화를 감소시키는 방법은 서로 모순관계에 있어서 양립할 수 없는 인지들 가운데 하나 이상의 인지가 갖는 내용을 바꾸어 양립할 수 있게 만들거나, 서로 모순되는 인지들 간의 차이를 좁힐 수 있는 새로운 인지를 추가하여 부조화된 인지상태를 조화된 상태로 전환하는 것이다.

그런데 실제로 부조화를 감소시키는 행동은 비합리적인 면이 있다. 그 이유는 그러한 행동들이 사람들로 하여금 중요한 사실을 배우지 못하게 하고 자신들의 문제에 대해서 실제적인 해결책을 찾지 못하도록 할 수 있기 때문이다. 부조화를 감소시키려는 행동은 자기방어적인 행동이고, 부조화를 감소시킴으로써 우리는 자신의 긍정적인 이미지, 즉 자신이 선하고 현명하며 상당히 가치 있는 인물이라는 긍정적인 측면의 이미지를 유지하게 된다. 비록 자기방어적인 행동이 유용한 것으로 생각될 수 있지만, 이러한 행동은 부정적인 결과를 초래할 수 있다.

한 실험에서 연구자는 인종차별 문제에 대해서 확고한 입장을 보이는 사람들을 선정하였다. 일부는 차별에 찬성하였고, 다른 일부는 차별에 반대하였다. 선정된 사람들에게 인종차별에 대한 찬성과 반대 의견이 실린 글을 모두 읽게 하였는데, 어떤 글은 지극히 논리적이고 그럴듯하였고, 또 다른 글은 터무니없고 억지스러운 것이었다. 실험에서는 참여자들이 과연 어느 글을 기억할 것인지에 관심이 있었다. 인지부조화 이론에 따르면, 사람들은 현명한 사람을 자기 편, 우매한 사람을 다른 편이라 생각할 때 마음이 편안해질 것이다. 그렇다면 이 실험에서 인지부조화 이론은 다음과 같은 ⊙ 결과를 예측할 것이다.

05 다음 중 윗글의 내용으로 가장 적절한 것은?

① 사람들은 인지부조화가 일어날 경우 이것을 무시하고 방치하려는 경향이 있다.
② 부조화를 감소시키는 행동은 합리적인 면과 비합리적인 면이 함께 나타난다.
③ 부조화를 감소시키는 자기방어적인 행동은 사람들에게 긍정적인 결과를 가져온다.
④ 부조화의 감소는 사람들로 하여금 자신의 긍정적인 이미지를 유지할 수 있게 하고, 부정적인 이미지를 감소시킨다.
⑤ 부조화를 감소시키는 행동의 비합리적인 면 때문에 문제에 대한 본질적인 해결책을 찾지 못할 수 있다.

06 다음 중 밑줄 친 ⊙에 해당하는 내용으로 가장 적절한 것은?

① 참여자들은 자신의 의견과 동일한 주장을 하는 모든 글과 자신의 의견과 반대되는 주장을 하는 모든 글을 기억한다.

② 참여자들은 자신의 의견과 동일한 주장을 하는 모든 글과 자신의 의견과 반대되는 주장을 하는 모든 글을 기억하지 못한다.

③ 참여자들은 자신의 의견과 동일한 주장을 하는 터무니없는 글과 자신의 의견과 반대되는 주장을 하는 터무니없는 글을 기억한다.

④ 참여자들은 자신의 의견과 동일한 주장을 하는 논리적인 글과 자신의 의견과 반대되는 주장을 하는 터무니없는 글을 기억한다.

⑤ 참여자들은 자신의 의견과 동일한 주장을 하는 터무니없는 글과 자신의 의견과 반대되는 주장을 하는 논리적인 글을 기억한다.

07 다음 중 〈보기〉의 문장이 들어갈 위치로 가장 적절한 곳은?

우리나라의 4대강에서 녹조 현상이 두드러지게 나타나고 있다. 지난여름 낙동강에서 심한 녹조 현상이 나타남에 따라 '녹조라테'라는 말이 등장했다. 녹조라테란 녹조 현상을 녹차라테에 빗대어, 녹색으로 변한 강을 비꼬아 이르는 말이다.

(가) 녹조는 부영양화된 호수나 유속이 느린 하천이나 정체된 바다에서 부유성의 조류가 대량 증식하여 물색을 녹색으로 변화시키는 현상을 말한다. (나) 부영양화는 물에 탄소, 질소 및 인과 같은 플랑크톤의 번식에 양분이 되는 물질들이 쌓여 일어난다. 이런 물질들은 주로 공장폐수나 가정하수 등에 많이 들어 있고, 연못처럼 고여 있는 물에서 빠른 속도로 부영양화가 진행된다. (다) 대량으로 증식된 조류는 물속의 산소량을 줄여 수중생물들의 생명을 위협하고, 독성물질을 생성하면서 악취를 풍긴다.

(라) 사실 조류는 물속에 있어서 꼭 필요한 존재이다. 조류는 먹이사슬의 1차 생산자로 수생태계 유지에 중요한 역할을 담당하기 때문이다. 단지 인간에 의해 과도한 조류로 발생한 녹조가 문제일 뿐, 적당한 녹조는 생태계에 꼭 필요한 존재이다. (마)

보기

물론 녹조라고 해서 무조건 나쁜 것은 아니다.

① (가) 　　　　　　　　② (나)

③ (다) 　　　　　　　　④ (라)

⑤ (마)

가격의 변화가 인간의 주관성에 좌우되지 않고 객관적인 근거를 갖는다는 가설이 정통 경제 이론의 핵심이다. 이러한 정통 경제 이론의 입장에서 증권시장을 설명하는 기본 모델은 주가가 기업의 내재적 가치를 반영한다는 가설로부터 출발한다. 기본 모델에서는 기업이 존재하는 동안 이익을 창출할 수 있는 역량, 즉 기업의 내재적 가치를 자본의 가격으로 본다. 기업가는 이 내재적 가치를 보고 투자를 결정한다. 그런데 투자를 통해 거두어들일 수 있는 총 이익, 즉 기본 가치를 측정하는 일은 매우 어렵다. 따라서 이익의 크기를 예측할 때 신뢰할 만한 계산과 정확한 판단이 중요하다.

증권시장은 바로 이 기본 가치에 대해 믿을 만한 예측을 제시할 수 있기 때문에 사회적 유용성을 갖는다. 증권시장은 주가를 통해 경제계에 필요한 정보를 제공하며 자본의 효율적인 배분을 가능하게 한다. 즉, 투자를 유익한 방향으로 유도해 자본이라는 소중한 자원을 낭비하지 않도록 만들어 경제 전체의 효율성까지 높여 준다. 이런 측면에서 볼 때 증권시장은 실물경제의 충실한 반영일 뿐 어떤 자율성도 갖지 않는다.

이러한 기본 모델의 관점은 대단히 논리적이지만 증권시장을 효율적으로 운영하는 방법에 대한 적절한 분석까지 제공하지는 못한다. 증권시장에서 주식의 가격과 그 기업의 기본 가치가 현격하게 차이가 나는 '투기적 거품 현상'이 발생하는 것을 볼 수 있는데, 이러한 현상은 기본 모델로는 설명할 수 없다. 실제로 증권시장에 종사하는 관계자들은 기본 모델이 이러한 가격 변화를 설명해 주지 못하기 때문에 무엇보다 증권시장 자체에 관심을 기울이고 증권시장을 절대적인 기준으로 삼는다.

여기에서 우리는 자기참조 모델을 생각해 볼 수 있다. 자기참조 모델의 중심 내용은 '사람들은 기업의 미래 가치를 읽을 목적으로 실물경제보다 증권시장에 주목하며 증권시장의 여론 변화를 예측하는 데 초점을 맞춘다.'는 것이다. 기본 모델에서 가격은 증권시장 밖의 객관적인 기준인 기본 가치를 근거로 하여 결정되지만, 자기참조 모델에서 가격은 증권시장에 참여한 사람들의 여론에 의해 결정된다. 따라서 투자자들은 증권시장 밖의 객관적인 기준을 분석하기보다는 다른 사람들의 생각을 꿰뚫어 보려고 안간힘을 다할 뿐이다. 기본 가치를 분석했을 때는 주가가 상승할 객관적인 근거가 없어도 투자자들은 증권시장의 여론에 따라 주식을 사는 것이 합리적이라고 생각한다. 이러한 이상한 합리성을 '모방'이라고 한다. 이런 모방 때문에 주가가 변덕스러운 등락을 보이기 쉽다.

그런데 하나의 의견이 투자자 전체의 관심을 꾸준히 끌 수 있는 기준적 해석으로 부각되면 이 '모방'도 안정을 유지할 수 있다. 모방을 통해서 합리적이라 인정되는 다수의 비전인 '묵계'가 제시되어 객관적 기준의 결여라는 단점을 극복한다.

따라서 사람들은 묵계를 통해 미래를 예측하고, 증권시장은 이러한 묵계를 조성하고 유지해 가면서 단순한 실물경제의 반영이 아닌 경제를 자율적으로 평가할 힘을 가질 수 있다.

08 다음 중 윗글의 논지 전개상 특징으로 가장 적절한 것은?

① 기업과 증권시장의 관계를 분석하고 있다.

② 증권시장의 개념을 단계적으로 규명하고 있다.

③ 주가 변화의 원리를 중심으로 다른 관점을 대비하고 있다.

④ 사례 분석을 통해 정통 경제 이론의 한계를 지적하고 있다.

⑤ 증권시장의 기능을 설명한 후 구체적 사례에 적용하고 있다.

PART 3

09 다음 중 윗글의 내용으로 적절하지 않은 것은?

① 증권시장은 객관적인 기준이 인간의 주관성보다 합리적임을 입증한다.

② 정통 경제 이론에서는 가격의 변화가 객관적인 근거를 갖는다고 본다.

③ 기본 모델의 관점은 주가가 자본의 효율적인 배분을 가능하게 한다고 본다.

④ 증권시장의 여론을 모방하려는 경향으로 인해 주가가 변덕스러운 등락을 보이기도 한다.

⑤ 기본 모델은 주가를 예측하기 위해 기업의 내재적 가치에 주목하지만, 자기참조 모델은 증권시장의 여론에 주목한다.

10 다음 글의 제목으로 가장 적절한 것은?

요즘은 대체의학의 홍수시대라고 하여도 지나친 표현이 아니다. 우리가 먹거나 마시는 대부분의 비타민제나 건강음료 및 건강보조식품이 대체의학에서 나오지 않은 것이 없을 정도이니 말이다. 이러한 대체요법의 만연으로 한의학계를 비롯한 제도권 의료계는 많은 경제적 위협을 받고 있다.

대체의학에 대한 정의는 일반적으로 현대의학의 표준화된 치료 이외에 환자들이 이용하는 치료법으로서 아직 증명되지는 않았으나 혹은 일반 의료의 보조요법으로 과학자나 임상의사의 평가에 의해 증명되지는 않았으나, 현재 예방, 진단, 치료에 사용되는 어떤 검사나 치료법 등을 통틀어 지칭하는 용어로 알려져 있다.

그러나 요즈음 우리나라에서는 한마디로 정의하여 전통적인 한의학과 서양의학이 아닌 그 외의 의학을 통틀어 대체의학이라 부르고 있다. 원래는 1970년대 초반 동양의학의 침술이 미국의학계와 일반인들에게 유입되고 특별한 관심을 불러일으키면서 서양의학자들이 이들의 혼잡을 정리하기 위해 서양의학 이외의 다양한 전통의학과 민간요법을 통틀어 '대체의학'이라 부르기 시작했다. 그런 이유로 구미 각국에서는 한의학도 대체의학에 포함시키고 있으나, 의료 이원화된 우리나라에서만은 한의학도 제도권 내의 공식 의학에 속하기 때문에 대체의학에서는 제외되고 있다.

서양에서 시작된 대체의학은 서양의 정통의학에서 부족한 부분을 보완하거나 대체할 새로운 치료의학에 대한 관심으로 시작하였으나, 지금의 대체의학은 질병을 관찰함에 있어 부분적이기보다는 전일(全一)적이며, 질병 중심적이기보다는 환자 중심적이고 인위적이기보다는 자연적인 치료를 주장하는 인간 중심의 한의학에 관심을 갖게 되면서 전반적인 상태나 영양 등은 물론 환자의 정신적, 사회적, 환경적인 부분까지 관찰하여 조화와 균형을 이루게 하는 치료법으로 거듭 진화하고 있다. 현재는 보완대체의학에서 보완통합의학으로, 다시 통합의학이라는 용어로 변모되어 가고 있다.

대체의학을 분류하는 방법은 다양하지만 서양에서 분류한 세 가지 유형이 가장 대표적이다. 첫째, 동양의학적 보완대체요법으로 침술, 기공치료, 명상요법, 요가, 아유르베다 의학, 자연요법, 생약요법, 아로마요법, 반사요법, 봉침요법, 접촉요법, 심령치료법, 기도요법 등이 있다. 둘째, 서양의학적 보완대체요법으로는 최면요법, 신경 – 언어 프로그램 요법, 심상유도 요법, 바이오피드백 요법(생체되먹이 요법), 분자정형치료, 응용운동학, 중금속제거 요법, 해독요법, 영양보충 요법, 효소요법, 산소요법, 생물학적 치과치료법, 정골의학, 족부의학, 근자극요법, 두개천골자극 요법, 에너지의학, 롤핑요법, 세포치료법, 테이핑요법, 홍채진단학 등이 있다. 마지막으로 셋째, 동서의학 접목형 보완대체요법으로는 동종요법, 양자의학, 식이요법, 절식요법, 주스요법, 장요법, 수치료, 광선요법, 뇨요법 등의 치료법이 있다. 그리고 요즘은 여기에다 미술치료, 음악치료 등의 새로운 치료법이 대두되고 있으며, 이미 일부의 양·한방 의료계에서는 이들 중의 일부를 임상에 접목시키고 있다.

그러나 한의학으로 모든 질병을 정복하려는 우를 범해서는 아니 된다. 한의학으로 모든 질병이 정복된다면 서양의학이 존재할 수 없으며 대체의학이 새롭게 21세기를 지배할 이유가 없다. 한의학은 대체의학이 아니다. 마찬가지로 대체의학 역시 한의학이 아니며 서양의학도 아니다. 대체의학은 새로운 의학이다. 우리가 개척하고 정복해야 할 미지의 의학인 것이다.

① 대체의학의 의미와 종류
② 대체의학이 지니는 문제점
③ 대체의학에 따른 부작용 사례
④ 대체의학의 한계와 개선 방향
⑤ 대체의학의 연구 현황과 미래

11 H회사 사장은 직원 50명에게 선물을 하기 위해 물품을 구매하려고 한다. 다음은 업체별 품목 가격과 직원들의 품목 선호도를 나타낸 자료이다. 〈조건〉에 따라 사장이 구매하는 물품과 업체를 순서대로 바르게 나열한 것은?

〈업체별 품목 가격〉

구분		한 벌당 가격(원)
A업체	티셔츠	6,000
	카라 티셔츠	8,000
B업체	티셔츠	7,000
	후드 집업	10,000
	맨투맨	9,000

〈직원들 품목 선호도〉

순위	품목
1	카라 티셔츠
2	티셔츠
3	후드 집업
4	맨투맨

조건

• 직원들의 선호도를 우선으로 품목을 선택한다.
• 총 구매금액이 30만 원 이상이면 총금액에서 5%를 할인해 준다.
• 차순위 품목이 1순위 품목보다 총금액이 20% 이상 저렴하면 차순위를 선택한다.

① 티셔츠 – A업체
② 카라 티셔츠 – A업체
③ 티셔츠 – B업체
④ 후드 집업 – B업체
⑤ 맨투맨 – B업체

PART 3

12 다음은 총무업무를 담당하는 H대리의 통화 내역이다. 국내통화가 1분당 15원, 국제통화가 1분당 40원이라면 H대리가 사용한 통화요금은 총 얼마인가?

일시	통화 내용	시간
3/5(화) 10:00	신규직원 명함 제작 관련 인쇄소 통화	10분
3/6(수) 14:00	임직원 진급 선물 선정 관련 거래업체 통화	30분
3/7(목) 09:00	예산 편성 관련 해외 출장소 현지 담당자 통화	60분
3/8(금) 15:00	본사 청소 용역 관리 관련 제휴업체 통화	30분

① 1,550원　　　　　　　　　② 1,800원
③ 2,650원　　　　　　　　　④ 3,450원
⑤ 3,800원

13 다음은 H공사 인사팀의 하계휴가 스케줄이다. A사원은 휴가를 신청하기 위해 하계휴가 스케줄을 확인하였다. 〈조건〉을 참고할 때, A사원이 휴가를 쓸 수 있는 기간으로 가장 적절한 것은?

〈8월 휴가〉

구분	3 월	4 화	5 수	6 목	7 금	10 월	11 화	12 수	13 목	14 금	17 월	18 화	19 수	20 목	21 금	24 월	25 화	26 수	27 목	28 금
P부장		■	■																	
K차장								■												
J과장	■	■	■																	
H대리										■	■	■								
A주임														■	■	■				
B주임									■	■										
A사원																				
B사원					■	■	■													

조건
• A사원은 4일 이상 휴가를 사용해야 한다(단, 토요일과 일요일은 제외한다).
• 25 ~ 28일은 하계워크숍 기간이므로 휴가 신청이 불가능하다.
• 하루에 6명 이상은 반드시 사무실에 있어야 한다.

① 6 ~ 11일　　　　　　　　② 7 ~ 11일
③ 11 ~ 16일　　　　　　　④ 13 ~ 18일
⑤ 19 ~ 24일

※ H회사 직원인 정민, 혜정, 진선, 기영, 보람, 민영, 선호 7명은 오후 2시에 시작할 회의에 참석하기 위해 대중교통을 이용하여 거래처 내 회의장에 가고자 한다. 다음 〈조건〉을 참고하여 이어지는 질문에 답하시오. [14~15]

> **조건**
> • 이용가능한 대중교통은 버스, 지하철, 택시만 있다.
> • 이용가능한 모든 대중교통의 H회사에서부터 거래처까지의 노선은 A, B, C, D지점을 거치는 직선 노선이다.
> • H회사에서 대중교통을 기다리는 시간은 고려하지 않는다.
> • 택시의 기본요금은 2,000원이다.
> • 택시 기본요금의 기본거리는 2km이고, 이후에는 2km마다 100원씩 추가요금이 발생하며, 2km를 1분에 간다.
> • 버스는 2km를 3분에 가고, 지하철은 2km를 2분에 간다.
> • 버스와 지하철은 H회사, A, B, C, D 각 지점, 그리고 거래처에 있는 버스정류장 및 지하철역을 경유한다.
> • 버스 요금은 500원, 지하철 요금은 700원이며 추가요금은 없다.
> • 버스와 지하철 간에는 무료 환승이 가능하다.
> • 환승할 경우 소요 시간은 2분이다.
> • 환승할 때 느끼는 번거로움 등을 비용으로 환산하면 1분당 400원이다.
> • 거래처에 도착하여 회의장까지 가는 데는 2분이 소요된다.
> • 회의가 시작되기 전에 먼저 회의장에 도착하여 대기하는 동안의 긴장감 등을 비용으로 환산하면 1분당 200원이다.
> • 회의에 지각할 경우 회사로부터 당하는 불이익 등을 비용으로 환산하면 1분당 10,000원이다.
>
>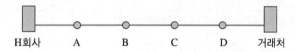
> H회사   A   B   C   D   거래처
>
> ※ 각 구간의 거리는 모두 2km임

14 거래처에 도착한 이후의 비용을 고려하지 않을 때, H회사에서부터 거래처까지 최단 시간으로 가는 방법과 최소 비용으로 가는 방법 간의 비용 차는 얼마인가?

① 1,900원   ② 2,000원

③ 2,100원   ④ 2,200원

⑤ 2,300원

15 정민이는 H회사에서부터 B지점까지 버스를 탄 후, 택시로 환승하여 거래처의 회의장에 도착하고자 한다. 어느 시각에 출발하는 것이 비용을 최소화할 수 있는가?

① 오후 1시 42분   ② 오후 1시 45분

③ 오후 1시 47분   ④ 오후 1시 50분

⑤ 오후 1시 52분

16 다음은 직장문화에서 갑질 발생 가능성 정도를 점검하는 설문지이다. H부서의 직원 10명이 다음과 같이 체크를 했다면, 가중치를 적용한 점수의 평균은 몇 점인가?

〈H부서 설문지 결과표〉

(단위 : 명)

점검 내용	전혀 아니다 (1점)	아니다 (2점)	보통이다 (3점)	그렇다 (4점)	매우 그렇다 (5점)
1. 상명하복의 서열적인 구조로 권위주의 문화가 강하다.		3	7		
2. 관리자(상급기관)가 직원(하급기관)들의 말을 경청하지 않고 자신의 의견만 주장하는 경우가 많다.		2	5	2	1
3. 관리자(상급기관)가 직원(하급기관)들에게 지휘감독이라는 명목하에 부당한 업무지시를 하는 사례가 자주 있다.	7	3			
4. 업무처리 과정이나 결과가 투명하게 공개되지 않는다.		1	1	6	2
5. 기관의 부당한 행위에 대해 직원들이 눈치 보지 않고 이의 제기를 할 수 없다.	6	3	1		
6. 사회적으로 문제가 될 수 있는 부당한 행위가 기관의 이익 차원에서 합리화 및 정당화되는 경향이 있다. (예 협력업체에 비용전가 등)	8	2			
7. 갑질 관련 내부신고 제도 등이 존재하더라도 신고하면 불이익을 당할 수 있다는 의식이 강하다.				8	2
8. 우리 기관은 민간업체에 대한 관리·감독, 인허가·규제 업무를 주로 수행한다.			5	2	3
9. 우리기관이 수행하는 업무는 타 기관에 비해 업무적 독점성이 강한 편이다.		2	6	1	1
10. 우리 기관에 소속된 공직유관단체(투자·출연기관 등)의 수는 타 기관에 비해 많다.		2	7		1

※ 갑질 가능성 정도는 점수와 비례함

〈질문 선택지별 가중치〉

전혀 아니다	아니다	보통이다	그렇다	매우 그렇다
0.2	0.4	0.6	0.8	1.0

① 25.7점 ② 23.9점
③ 21.6점 ④ 18.7점
⑤ 16.5점

※ H베이커리 사장은 새로운 직원을 채용하기 위해 아르바이트 공고문을 게재하였다. 지원한 사람이 다음과 같을 때, 이어지는 질문에 답하시오. **[17~18]**

■ 아르바이트 공고문
- 업체명 : H베이커리
- 업무내용 : 고객응대 및 매장관리
- 지원자격 : 경력, 성별, 학력 무관 / 나이 : 20 ~ 40세
- 근무조건 : 6개월 / 월 ~ 금요일 / 08:00 ~ 20:00(협의 가능)
- 급여 : 희망 임금
- 연락처 : 010-1234-1234

■ 아르바이트 지원자 명단

구분	성별	나이	근무가능시간	희망 임금	기타
김갑주	여자	28	08:00 ~ 16:00	시간당 8,000원	
강을미	여자	29	15:00 ~ 20:00	시간당 7,000원	
조병수	남자	25	12:00 ~ 20:00	시간당 7,500원	
박정현	여자	36	08:00 ~ 14:00	시간당 8,500원	• 1일 1회 출근만 가능함
최강현	남자	28	14:00 ~ 20:00	시간당 8,500원	• 최소 2시간 이상 연속 근무하여야 함
채미나	여자	24	16:00 ~ 20:00	시간당 7,500원	
한수미	여자	25	10:00 ~ 16:00	시간당 8,000원	

※ 근무시간은 지원자가 희망하는 근무시간대 내에서 조절 가능함

17 H베이커리 사장은 최소 비용으로 가능한 최대 인원을 채용하고자 한다. 매장에는 항상 2명의 직원이 상주하고 있어야 하며, 기존 직원 1명은 오전 8시부터 오후 3시까지 근무를 하고 있다. 다음의 지원자 명단을 참고하였을 때, 누구를 채용하겠는가?

① 김갑주, 강을미, 조병수
② 김갑주, 강을미, 박정현, 채미나
③ 김갑주, 강을미, 조병수, 채미나, 한수미
④ 강을미, 조병수, 박정현, 최강현, 채미나
⑤ 강을미, 조병수, 박정현, 최강현, 채미나, 한수미

18 17번에서 결정한 인원을 채용했을 때, 급여를 한 주 단위로 지급한다면 사장이 지급해야 하는 임금은 얼마인가?(단, 기존 직원의 시급은 8,000원으로 계산한다)

① 805,000원
② 855,000원
③ 890,000원
④ 915,000원
⑤ 1,000,000원

19 H공사는 도로관리장비 정비 업체를 새로 선정하려고 한다. 입찰 업체 5곳에 대한 정보는 다음과 같다. 업체별 계약금 및 품질개선효과와 품질개선점수 산출방식에 따라 품질개선점수가 가장 높은 업체 1곳을 선정한다고 할 때, 선정될 업체는?

〈업체별 계약금 및 품질개선효과〉

구분	1년 계약금(만 원)	정비 1회당 품질개선효과(점)	
		에너지효율 개선	수리 및 하자보수
A업체	1,680	22	29
B업체	1,920	26	25
C업체	1,780	21	24
D업체	1,825	28	28
E업체	2,005	31	22

〈품질개선점수 산출방식〉
- (품질개선점수)=(정비 1회당 품질개선효과)×(1년 정비횟수)
- (1회당 품질개선효과)=(에너지효율 개선)+(수리 및 하자보수)
- (1년 정비비)=3,800만 원−(1년 계약금)
- $(1년 정비횟수)=\dfrac{(1년\ 정비비)}{5}$

① A업체 ② B업체
③ C업체 ④ D업체
⑤ E업체

20 H은행 A지점은 M구의 신규 입주아파트 분양업자와 협약체결을 통하여 분양 중도금 관련 집단대출을 전담하게 되었다. A지점에 근무하는 귀하는 한 입주예정자로부터 평일에는 개인사정으로 인해 영업시간 내에 방문하지 못한다는 문의에 근처 다른 지점에 방문하여 대출신청을 진행할 수 있도록 안내하였다. 〈조건〉을 토대로 입주예정자의 대출신청을 완료하는 데까지 걸리는 최소 시간은 얼마인가?[단, 각 지점 간 숫자는 두 영업점 간의 거리(km)를 의미한다]

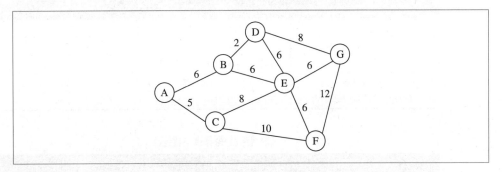

- 입주예정자는 G지점 근처에서 거주하고 있어 영업시간 내에 언제든지 방문 가능하다.
- 대출과 관련한 서류는 A지점에서 G지점까지 행낭을 통해 전달한다.
- 은행 영업점 간 행낭 배송은 시속 60km로 운행하며 요청에 따라 배송지 순서는 변경(생략)할 수 있다(단, 연결된 구간으로만 운행 가능하다).
- 대출신청서 등 대출 관련 서류는 입주예정자 본인 또는 대리인(대리인증명서 필요)이 작성하여야 한다(단, 작성하는 시간은 총 30분이 소요된다).
- 대출신청 완료는 A지점에 입주예정자가 작성한 신청서류가 도착했을 때를 기준으로 한다.

① 46분
② 49분
③ 57분
④ 1시간 2분
⑤ 1시간 5분

21 H공사에서는 사업주의 직업능력개발훈련 시행을 촉진하기 위해 훈련방법과 기업규모에 따라 지원금을 차등 지급하고 있다. 다음 자료를 토대로 원격훈련으로 직업능력개발훈련을 시행하는 X ~ Z 세 기업과 각 기업의 원격훈련 지원금을 바르게 짝지은 것은?

〈기업규모별 지원 비율〉

구분	훈련	지원 비율
우선지원대상 기업	향상·양성훈련 등	100%
대규모 기업	향상·양성훈련	60%
	비정규직대상훈련 / 전직훈련	70%
상시근로자 1,000인 이상 대규모 기업	향상·양성훈련	50%
	비정규직대상훈련 / 전직훈련	70%

〈원격훈련 종류별 지원금〉

훈련종류 심사등급	인터넷	스마트	우편
A등급	5,600원	11,000원	3,600원
B등급	3,800원	7,400원	2,800원
C등급	2,700원	5,400원	1,980원

※ 인터넷·스마트 원격훈련 : 정보통신매체를 활용하여 훈련이 시행되고 훈련생 관리 등이 웹상으로 이루어지는 훈련
※ 우편 원격훈련 : 인쇄매체로 된 훈련교재를 이용하여 훈련이 시행되고 훈련생 관리 등이 웹상으로 이루어지는 훈련
※ (원격훈련 지원금)=(원격훈련 종류별 지원금)×(훈련시간)×(훈련수료인원)×(기업규모별 지원 비율)

〈세 기업의 원격훈련 시행 내역〉

구분	기업규모	종류	내용	시간	등급	수료인원
X기업	우선지원대상 기업	스마트	향상·양성훈련	6시간	C등급	7명
Y기업	대규모 기업	인터넷	비정규직대상훈련 / 전직훈련	3시간	B등급	4명
Z기업	상시근로자 1,000인 이상 대규모 기업	스마트	향상·양성훈련	4시간	A등급	6명

① X기업 : 201,220원
② X기업 : 226,800원
③ Y기업 : 34,780원
④ Y기업 : 35,120원
⑤ Z기업 : 98,000원

22 다음은 H기업의 콘텐츠 유형별 매출액에 대한 자료이다. 이에 대한 설명으로 옳지 않은 것은?

〈2017 ~ 2024년 콘텐츠 유형별 매출액〉

(단위 : 백만 원)

구분	게임	음원	영화	SNS	합계
2017년	235	108	371	30	744
2018년	144	175	355	45	719
2019년	178	186	391	42	797
2020년	269	184	508	59	1,020
2021년	485	199	758	58	1,500
2022년	470	302	1,031	308	2,111
2023년	603	411	1,148	104	2,266
2024년	689	419	1,510	341	2,959

① 2019년 이후 매출액이 매년 증가한 콘텐츠 유형은 영화뿐이다.

② 2024년에 전년 대비 매출액 증가율이 가장 큰 콘텐츠 유형은 SNS이다.

③ 영화 매출액은 매년 전체 매출액의 40% 이상이다.

④ 2018 ~ 2024년 동안 콘텐츠 유형별 매출액이 각각 전년보다 모두 증가한 해는 2024년뿐이다.

⑤ 2021 ~ 2024년 동안 매년 게임 매출액은 음원 매출액의 2배 이상이다.

23 다음 요금표를 기준으로 한 달에 400kWh를 사용했을 때의 전기요금은?

〈주택용 전력(저압) 전기요금표〉

기본요금(원/호)		전력량요금(원/kWh)	
200kWh 이하 사용	910	처음 200kWh까지	93.3
201 ~ 400kWh 사용	1,600	다음 200kWh까지	187.9

※ 부가가치세는 총요금의 10%임
※ 국고금단수법에 의해 총합에서 10원 미만은 절사함

① 39,830원   ② 56,970원
③ 57,660원   ④ 63,620원
⑤ 77,310원

24 H공사의 운영본부에서 근무 중인 귀하는 국토교통부에서 제공한 국제 여객·화물 수송량 및 분담률 통계를 확인하였으며, 여객서비스 및 화물운영에 필요한 자료를 추려 각 부서에 전달하고자 한다. 다음 자료를 이해한 내용으로 옳지 않은 것은?

〈국제 여객·화물 수송량 및 분담률〉

[단위 : 여객(천 명), 화물(천 톤), 분담률(%)]

구분			2020년	2021년	2022년	2023년	2024년
여객	해운	수송량	2,534	2,089	2,761	2,660	2,881
		분담률	6.7	5.9	6.4	5.9	5.7
	항공	수송량	35,341	33,514	40,061	42,649	47,703
		분담률	93.3	94.1	93.6	94.1	94.3
화물	해운	수송량	894,693	848,299	966,193	1,069,556	1,108,538
		분담률	99.7	99.7	99.7	99.7	99.7
	항공	수송량	2,997	2,872	3,327	3,238	3,209
		분담률	0.3	0.3	0.3	0.3	0.3

※ 수송분담률 : 여객 및 화물의 총수송량에서 분야별 수송량이 차지하는 비율

① 2020년부터 2024년까지 항공 여객 수송량의 평균은 약 39,853천 명이다.
② 여객 수송은 해운보다 항공이 차지하는 비중이 절대적인 반면, 화물 수송은 그 반대이다.
③ 여객 총수송량과 화물 총수송량은 2021년부터 꾸준히 증가하고 있다.
④ 2024년 해운 여객 수송량은 2021년 대비 37% 이상 증가하였다.
⑤ 2024년 항공 화물 수송량은 2022년 대비 4% 이상 감소하였다.

25 다음은 노인 취업률 추이에 대한 그래프이다. 조사한 직전 연도 대비 노인 취업률의 변화율이 가장 큰 연도는?

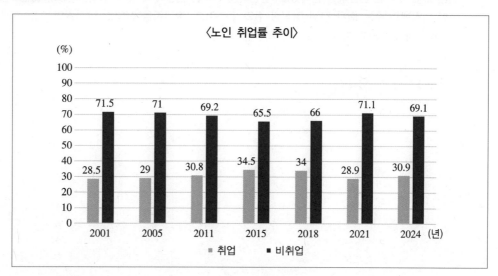

① 2005년   ② 2015년

③ 2018년   ④ 2021년

⑤ 2024년

26 회사 직원 중 1,000명에게 사내 복지제도에 대한 설문조사를 하였다. 조사 결과 30%는 만족, 30%는 보통, 40%는 불만족을 선택했고, 불만족을 선택한 인원의 70%가 여직원이었다. 불만족을 선택한 여직원의 수는 회사 전체 여직원 수의 20%이고, 불만족을 선택한 남직원의 수는 회사 전체 남직원의 10%라고 할 때, 회사 전체 직원 수는?

① 2,440명 ② 2,480명
③ 2,530명 ④ 2,570명
⑤ 2,600명

27 다음은 2024년 1 ~ 7월 서울 지하철의 승차인원에 대한 자료이다. 이에 대한 설명으로 옳지 않은 것은?

〈2024년 1 ~ 7월 서울 지하철 승차인원〉

(단위 : 만 명)

구분	1월	2월	3월	4월	5월	6월	7월
1호선	818	731	873	831	858	801	819
2호선	4,611	4,043	4,926	4,748	4,847	4,569	4,758
3호선	1,664	1,475	1,807	1,752	1,802	1,686	1,725
4호선	1,692	1,497	1,899	1,828	1,886	1,751	1,725
5호선	1,796	1,562	1,937	1,910	1,939	1,814	1,841
6호선	1,020	906	1,157	1,118	1,164	1,067	1,071
7호선	2,094	1,843	2,288	2,238	2,298	2,137	2,160
8호선	548	480	593	582	595	554	566
합계	14,243	12,537	15,480	15,007	15,389	14,379	14,665

① 3월의 전체 승차인원이 가장 많았다.
② 4호선을 제외한 7월의 호선별 승차인원은 전월보다 모두 증가했다.
③ 8호선의 7월 승차인원은 1월 대비 3% 이상 증가했다.
④ 2호선과 8호선의 전월 대비 2 ~ 7월의 증감 추이는 같다.
⑤ 3호선과 4호선의 승차인원 차이는 5월에 가장 컸다.

28 다음은 유아교육 규모에 대한 자료이다. 이에 대한 〈보기〉의 설명 중 옳지 않은 것을 모두 고르면?

〈유아교육 규모〉

구분	2018년	2019년	2020년	2021년	2022년	2023년	2024년
유치원 수(원)	8,494	8,275	8,290	8,294	8,344	8,373	8,388
학급 수(학급)	20,723	22,409	23,010	23,860	24,567	24,908	25,670
원아 수(명)	545,263	541,603	545,812	541,550	537,822	537,361	538,587
교원 수(명)	28,012	31,033	32,095	33,504	34,601	35,415	36,461
취원율(%)	26.2	31.4	35.3	36.0	38.4	39.7	39.9
교원 1인당 원아 수(명)	19.5	17.5	17.0	16.2	15.5	15.2	14.8

보기

ㄱ. 유치원 원아 수의 변동은 매년 일정한 흐름을 보이지는 않는다.
ㄴ. 교원 1인당 원아 수가 적어지는 것은 원아 수 대비 학급 수가 늘어나기 때문이다.
ㄷ. 취원율은 매년 증가하고 있는 추세이다.
ㄹ. 교원 수가 매년 증가하는 이유는 청년 취업과 관계가 있다.

① ㄱ, ㄴ   ② ㄱ, ㄷ
③ ㄴ, ㄹ   ④ ㄷ, ㄹ
⑤ ㄱ, ㄷ, ㄹ

29 다음은 H국의 2024년 월별 영화 개봉편수 및 관객 수에 대한 자료이다. 이를 나타낸 그래프로 옳은 것은?

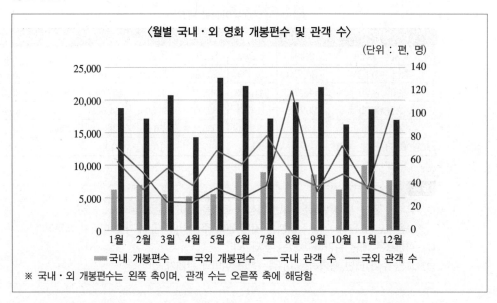

〈월별 국내·외 영화 개봉편수 및 관객 수〉

(단위 : 편, 명)

국내 개봉편수   국외 개봉편수   국내 관객 수   국외 관객 수

※ 국내·외 개봉편수는 왼쪽 축이며, 관객 수는 오른쪽 축에 해당함

①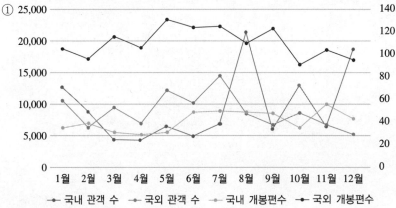

국내 관객 수   국외 관객 수   국내 개봉편수   국외 개봉편수

②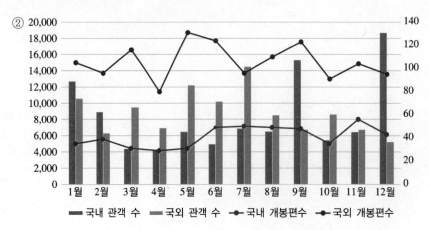

국내 관객 수   국외 관객 수   국내 개봉편수   국외 개봉편수

③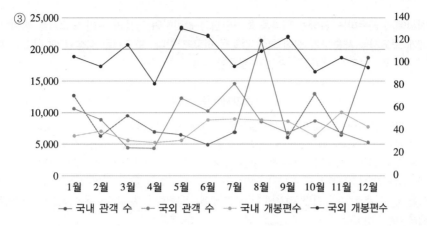

④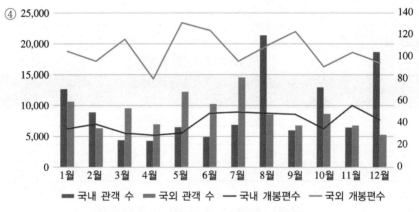

⑤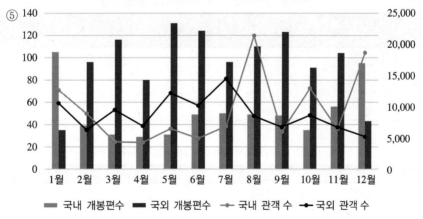

30 제약회사에서 근무하는 귀하는 의약품 특허출원과 관련하여 다음과 같이 보고서를 작성하였고, 상사에게 보고서를 제출하기 전에 최종 검토를 하고자 한다. 보고서를 작성할 때 참고한 자료가 다음과 같다면, 보고서 내용 중 수정이 필요한 부분은 무엇인가?

〈보고서 내용 일부〉

2022년부터 2024년까지 의약품의 특허출원은 (A) 매년 감소하였다. 그러나 기타 의약품이 전체 의약품 특허출원에서 차지하는 비중은 매년 증가하여 2024년에는 전체 의약품 특허출원의 (B) 25% 이상을 차지하였다. 다국적기업의 의약품별 특허출원 현황을 살펴보면, 원료 의약품에서 다국적기업 특허출원이 차지하는 비중은 다른 의약품에 비해 매년 그 비중이 높아져 2024년에는 (C) 20% 이상을 차지하게 되었다. 한편 2024년 다국적기업에서 출원한 완제 의약품 특허출원 중 다이어트제 출원은 (D) 11%였다.

[참고자료]

〈의약품별 특허출원 현황〉

구분 \ 연도	2022년	2023년	2024년
완제 의약품	7,137건	4,394건	2,999건
원료 의약품	1,757건	797건	500건
기타 의약품	2,236건	1,517건	1,220건
합계	11,130건	6,708건	4,719건

〈의약품별 특허출원 중 다국적기업 출원 현황〉

구분 \ 연도	2022년	2023년	2024년
완제 의약품	404건	284건	200건
원료 의약품	274건	149건	103건
기타 의약품	215건	170건	141건
합계	893건	603건	444건

〈완제 의약품 특허출원 중 다이어트제 출원 현황〉

구분	2022년	2023년	2024년
출원 건수	53건	32건	22건

① (A)
② (B)
③ (C)
④ (D)
⑤ 없음

31 마이클 포터는 경쟁우위 전략으로 차별화 전략, 집중화 전략, 원가우위 전략을 제시하였다. 다음 사례에 나타난 전략의 특징으로 옳은 것은?

> H사는 일반적으로 경쟁사에 비해 제품의 가격이 비싸다. 하지만 소비자들은 H사 제품의 품질, 디자인, 브랜드 이미지에 대해 비싼 가격을 지불하고 제품을 구매하기 때문에 경쟁사들보다 영업이익률이 높다.

① 제품을 더 저렴하게 제공하는 경쟁사가 등장하면 고객을 잃게 된다.
② 급격한 기술 변화가 이전의 시설이나 노하우를 필요 없게 만들 수 있다.
③ 한정된 영역에 경영자원을 집중한다.
④ 브랜드 이미지를 위해 광고가 경쟁의 수단으로 작용한다.
⑤ 비용우위를 통한 가격 정책으로 매출을 올린다.

PART 3

32 다음 (가)와 (나)의 조직 구조의 형태를 이해한 내용으로 적절하지 않은 것은?

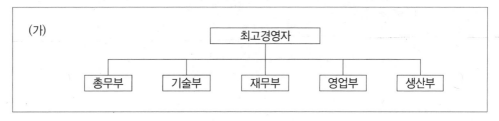

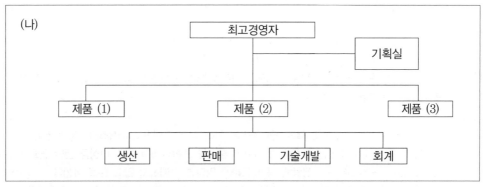

① (가)의 경우는 업무의 내용이 유사하고 관련성이 있는 것들이 결합되어 형태를 이루고 있다.
② (가)는 (나)보다 분권화된 의사결정이 가능한 사업별 조직 구조이다.
③ (나)는 (가)보다 제품별 차이에 신속하게 적응하기 위한 조직 구조이다.
④ (나)는 (가)보다 급변하는 환경변화에 효과적으로 대응할 수 있는 조직 구조이다.
⑤ (가)와 (나) 모두 조직의 CEO가 최상층에 있음을 확인할 수 있다.

33 다음은 H회사 직무전결표의 일부분이다. 이에 따라 문서를 처리하였을 경우 옳지 않은 것은?

구분	대표이사	위임 전결권자		
		전무	이사	부서장
정기 월례 보고				○
각 부서장급 인수인계		○		
3천만 원 초과 예산 집행	○			
3천만 원 이하 예산 집행		○		
각종 위원회 위원 위촉	○			
해외 출장			○	

① 인사부장의 인수인계에 대하여 전무에게 결재받은 후 시행하였다.
② 인사징계위원회 위원을 위촉하기 위하여 대표이사 부재중에 전무가 전결하였다.
③ 영업팀장의 해외 출장을 위하여 이사에게 사인을 받았다.
④ 3천만 원에 해당하는 물품 구매를 위하여 전무 전결로 처리하였다.
⑤ 정기 월례 보고서를 작성한 후 부서장의 결재를 받았다.

34 결혼을 준비 중인 A씨가 SMART 법칙에 따라 계획한 내용이 다음과 같을 때, SMART 법칙에 맞지 않는 계획은?

- S(Specific) : 내년 5월, 결혼식을 올리기 위해 집을 구매하고, 비상금을 저금한다.
- M(Measurable) : 집을 구매하기 위해 대출금을 포함한 5억 원과 비상금 천만 원을 마련한다.
- A(Action-oriented) : 생활에 꼭 필요하지 않다면 구매하지 않고 돈을 아낀다.
- R(Realistic) : 월급이나 이자 등의 수입이 발생하면 목표 달성까지 전부 저금한다.
- T(Time limited) : 비상금은 3월까지 저금하고, 4월에 집을 구매한다.

① S   ② M
③ A   ④ R
⑤ T

※ 다음은 H공사 조직도의 일부이다. 이어지는 질문에 답하시오. [35~36]

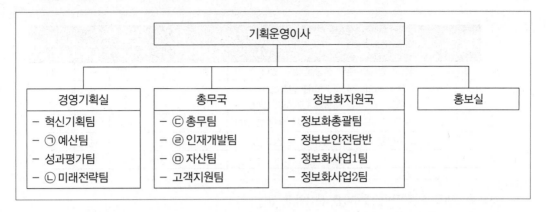

35 다음 중 H공사의 각 부서와 업무 간의 연결이 적절하지 않은 것은?

① ㉠ : 수입·지출 예산 편성 및 배정 관리
② ㉡ : 공단사업 관련 연구과제 개발 및 추진
③ ㉢ : 복무관리 및 보건·복리 후생
④ ㉣ : 임직원 인사, 상훈, 징계
⑤ ㉤ : 예산집행 조정, 통제 및 결산 총괄

36 다음 중 정보보안전담반의 업무로 적절하지 않은 것은?

① 정보보안기본지침 및 개인정보보호지침 제·개정 관리
② 직원 개인정보보호 의식 향상 교육
③ 개인정보종합관리시스템 구축·운영
④ 정보보안 및 개인정보보호 계획수립
⑤ 전문자격 시험 출제정보 관리시스템 구축·운영

37 다음 체크리스트의 성격을 볼 때, (A)에 추가적으로 들어갈 내용으로 가장 적절한 것은?

No.	항목	현재능력				
		매우 낮음	낮음	보통	높음	매우 높음
1	경쟁국 업체의 주요 현황을 알고 있다.	①	②	③	④	⑤
2	다른 나라의 문화적 차이를 인정하고 이에 대해 개방적인 태도를 견지하고 있다.	①	②	③	④	⑤
3	현재 세계의 정치적 이슈가 무엇인지 잘 알고 있다.	①	②	③	④	⑤
4	업무와 관련된 최근 국제 이슈를 잘 알고 있다.	①	②	③	④	⑤
5	(A)	①	②	③	④	⑤

① 분기별로 고객 구매 데이터를 분석하고 있다.
② 업무와 관련된 국제적인 법규를 이해하고 있다.
③ 인사 관련 경영 자료의 내용을 파악하고 있다.
④ 자신의 연봉과 연차수당을 계산할 수 있다.
⑤ 구성원들의 제증명서를 관리하고 발급할 수 있다.

38 다음은 H공사의 해외시장 진출 및 지원 확대를 위한 전략과제의 필요성을 제시한 자료이다. 이를 통해 도출된 과제의 추진방향으로 옳지 않은 것은?

〈전략과제 필요성〉

• 해외시장에서 기관이 수주할 수 있는 산업 발굴
• 국제사업 수행을 통한 경험축적 및 컨소시엄을 통한 기술 · 노하우 습득
• 해당 산업 관련 민간기업의 해외진출 활성화를 위한 실질적 지원

---

① 국제기관의 다양한 자금을 활용하여 사업을 발굴하고, 해당 사업의 해외진출을 위한 기술역량을 강화한다.
② 해외봉사활동 등과 연계하여 기관 이미지 제고 및 사업에 대한 사전조사, 시장조사를 통한 선제적 마케팅 활동을 추진한다.
③ 국제경쟁입찰의 과열 경쟁 심화와 컨소시엄 구성 시 민간기업과 업무배분, 이윤추구성향 조율에 어려움이 예상된다.
④ 해당 산업 민간(중소)기업을 대상으로 입찰 정보제공, 사업전략 상담, 동반 진출 등을 통한 실질적 지원을 확대한다.
⑤ 국제사업에 참여하여 경험을 축적시키고, 컨소시엄을 통해 습득한 기술 등을 재활용할 수 있는 사업을 구상하고 연구진을 지원한다.

39 다음 중 조직 문화의 기능에 대한 설명으로 옳지 않은 것은?

① 구성원에게 행동지침을 제공하여 조직체계의 안정성을 높인다.

② 다른 조직과 구별되는 정체성을 형성한다.

③ 조직 구성원을 사회화시키고 학습하는 도구가 된다.

④ 구성원의 창의적 사고를 저해한다.

⑤ 집단적 몰입을 통해 시너지를 형성한다.

40 다음 글의 밑줄 친 마케팅 기법에 대한 설명으로 옳은 것을 〈보기〉에서 모두 고르면?

기업들이 신제품을 출시하면서 한정된 수량만 제작 판매하는 한정판 제품을 잇따라 내놓고 있다. 이번 기회가 아니면 더 이상 구입할 수 없다는 메시지를 끊임없이 던지며 소비자의 호기심을 자극하는 <u>마케팅 기법</u>이다. ○○자동차 회사는 가죽 시트와 일부 외형을 기존 제품과 다르게 한 모델을 8,000대 한정 판매하였는데, 단기간에 매진을 기록하였다.

보기

ㄱ. 소비자의 충동 구매를 유발하기 쉽다.

ㄴ. 이윤 증대를 위한 경영 혁신의 한 사례이다.

ㄷ. 의도적으로 공급의 가격탄력성을 크게 하는 방법이다.

ㄹ. 소장 가치가 높은 상품을 대상으로 하면 더 효과적이다.

---

① ㄱ, ㄴ   ② ㄱ, ㄷ

③ ㄴ, ㄹ   ④ ㄱ, ㄴ, ㄹ

⑤ ㄴ, ㄷ, ㄹ

41 운송관리팀 H주임은 다음 자료에 따라 제품을 운송해야 할 때, 통행료가 가장 적게 소요되는 경로는?

- H주임은 새로 출시된 제품들을 A창고에서 S창고로 운송하는 경로를 계획 중이다.
- A창고에서 S창고로 이동가능한 경로는 다음과 같다.

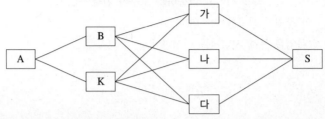

- 각 게이트에서 지불하는 통행료는 다음과 같다.

게이트	통행료	비고
B	46,100원	–
K	37,900원	–
가	38,400원	–
나	51,500원	B게이트를 거쳐 온 경우 10% 할인
다	40,500원	K게이트를 거쳐 온 경우 5% 할인

① A-B-가-S
② A-B-나-S
③ A-K-가-S
④ A-K-나-S
⑤ A-K-다-S

42 안전본부 사고분석 개선처에 근무하는 H대리는 혁신우수 연구대회에 출전하여 첨단장비를 활용한 차종별 보행자 사고 모형개발을 발표했다. SWOT 분석을 통해 추진방향을 도출하기 위해 다음 자료를 작성했을 때, 주어진 분석 결과에 대응하는 전략과 그 내용이 옳지 않은 것은?

강점(Strength)	약점(Weakness)
10년 이상 지속적인 교육과 연구로 신기술 개발을 위한 인프라 구축	보행자 사고 모형개발을 위한 예산 및 실차 실험을 위한 연구소 부재
기회(Opportunity)	위협(Threat)
첨단 과학장비(3D스캐너, MADYMO) 도입으로 정밀 시뮬레이션 분석 가능	교통사고에 대한 국민의 관심과 분석수준 향상으로 공단의 사고분석 질적 제고 필요

① SO전략 : 과학장비를 통한 정밀 시뮬레이션 분석을 토대로 국내 차량의 전면부 형상을 취득하고 보행자 사고를 분석해 신기술 개발에 도움
② WO전략 : 실차 실험 대신 과학장비를 통한 시뮬레이션 연구로 모형개발
③ ST전략 : 지속적 교육과 연구로 쌓아온 데이터를 바탕으로 사고분석 프로그램 신기술 개발을 통해 사고분석 질적 향상에 기여
④ WT전략 : 신기술 개발을 위한 연구대회를 개최해 인프라를 더욱 탄탄히 구축
⑤ WT전략 : 보행자 사고 실험을 위한 연구소를 만들어 사고 분석 데이터를 축적

43 다음은 H회사의 연구원 성과급 지급 기준이다. 이에 따라 포장재연구팀 연구원들에게 성과급을 지급할 때, 가장 많은 성과급을 지급받을 연구원은?

〈연구원 성과급 지급 기준〉

• 성과급은 전년도 연구 종합기여도에 따른 지급률에 기본급을 곱한 금액을 지급한다.

종합기여도	A등급	B등급	C등급	D등급
지급률	40%	35%	25%	20%

• 연구원 학위별 기본급은 다음과 같다.

학위	학사	석사	박사
성과급	200만 원	240만 원	300만 원

• 전년도 종합기여도는 성과점수 구간에 따라 다음과 같이 산정된다.

성과점수	90점 이상 100점 이하	80점 이상 90점 미만	72점 이상 80점 미만	72점 미만
종합기여도	A등급	B등급	C등급	D등급

• 성과점수는 개인연구점수, 팀연구점수, 전략기여점수 가점 및 벌점을 합산하여 산정한다.
  - 개인연구점수, 팀연구점수는 각각 100점 만점으로 산정된다.
• 전략기여점수는 참여한 중점전략프로젝트의 개수에 3을 곱하여 산정한다.
  - 성과점수는 '[(개인연구점수)×60%]+[(팀연구점수)×40%]+(전략기여점수)+(가점)-(벌점)'이다.
• 가점 및 벌점 부여기준
  - 전년도 수상내역 1회, 신규획득 자격증 1개당 가점 2점 부여
  - 전년도 징계내역 1회당 다음에 따른 벌점 부여

징계	경고	감봉	정직
벌점	1점	2점	4점

〈포장재연구팀 성과평가〉

구분	학위	개인연구점수(점)	팀연구점수(점)	중점점략프로젝트 참여개수(개)	전년도 가점·벌점
A연구원	석사	75	85	2	경고 1회
B연구원	박사	80	80	1	−
C연구원	석사	65	85	−	자격증 1개
D연구원	학사	90	75	−	−
E연구원	학사	75	60	3	수상 1회

① A연구원
② B연구원
③ C연구원
④ D연구원
⑤ E연구원

44 다음은 우리나라 자동차 등록번호 부여방법과 H교육청 학교지원과 직원의 자동차 등록번호이다. 자동차 등록번호가 잘못 부여된 것은 모두 몇 개인가?(단, H교육청 학교지원과 직원의 자동차는 모두 비사업용 승용차이다)

〈자동차 등록번호 부여방법〉

- 차량종류 – 차량용도 – 일련번호 순으로 부여한다.
- 차량종류별 등록번호

승용차	승합차	화물차	특수차	긴급차
100~699	700~799	800~979	980~997	998~999

- 차량용도별 등록번호

구분	문자열
비사업용 (32개)	가, 나, 다, 라, 마 거, 너, 더, 러, 머, 버, 서, 어, 저 고, 노, 도, 로, 모, 보, 소, 오, 조 구, 누, 두, 루, 무, 부, 수, 우, 주
운수사업용	바, 사, 아, 자
택배사업용	배
렌터카	하, 허, 호

- 일련번호
  1000~9999 숫자 중 임의 발급

〈H교육청 학교지원과 직원의 자동차 등록번호〉

- 680 더 3412
- 521 버 2124
- 431 사 3019
- 531 서 9898
- 501 라 4395
- 421 저 2031
- 241 가 0291
- 670 로 3502
- 702 나 2838
- 431 구 3050
- 600 루 1920
- 912 라 2034
- 321 우 3841
- 214 하 1800
- 450 무 8402
- 531 고 7123

① 3개
② 4개
③ 5개
④ 6개
⑤ 7개

ㄱ. 신청대상 융자 신청일 현재 소속 사업장에 3개월 이상 근로 중(다만, 일용근로자는 신청일 이전 90일 이내에 고용보험법 시행규칙 별지 7호 서식의 고용보험 근로내용 확인신고서에 따른 근로일수가 45일 이상인 경우)인 월평균 소득 246만 원(세금 공제 전) 이하일 것. 다만, 비정규직 근로자는 소득요건을 적용하지 않음
ㄴ. 융자요건 : 근로자 본인 또는 자녀의 혼례에 소요되는 모든 비용
ㄷ. 융자한도 : 1,250만 원 범위 내
ㄹ. 융자조건 : 연리 2.5% / 1년 거치 3년 매월 원금균등분할상환
  ※ 거치기간 및 상환기간변경 불가, 조기상환 가능, 조기상환 수수료 없음
ㅁ. 보증방법 : H공단 신용보증지원제도 이용(보증료 연 0.9% 선공제) → 2023. 9. 1.부터 2024. 12. 31. 까지 근로자가 부담한 신용보증료 50% 지원
  ※ 단, 지원기간 내 예산 소진 시 지원 중단될 수 있음
ㅂ. 융자 신청기한 : 결혼일 전후 90일 이내 또는 혼인신고일로부터 90일 이내

45 다음 중 생활안정자금을 받을 수 없는 사람은?

① A건설회사에 3년째 근로 중이며, 월평균소득이 230만 원인 김씨
② 일용근로자로 6개월 이내 근로일수가 150일이며, 월평균소득이 250만 원인 박씨
③ B회사에서 1년째 근로 중이며, 월평균소득 150만 원, 혼인신고 후 4달 뒤에 신청한 정씨
④ D회사에서 5개월째 근로 중이며, 월평균소득 200만 원, 결혼 후 1달 뒤에 신청한 이씨
⑤ E회사에서 2년째 근로 중이며, 세전 월평균소득 246만 원, 결혼 2달 전에 신청한 황씨

46 강씨는 H공단의 생활안정자금 지원으로 결혼에 큰 도움을 받았다. 900만 원을 대출받았으며, 신용 보증료를 50% 감면받았다고 할 때, 강씨가 지불한 보증료는?

① 40,500원
② 41,000원
③ 41,500원
④ 42,000원
⑤ 42,500원

47 다음 〈조건〉에 따라 5명 중 2명만 합격한다고 했을 때, 합격한 사람을 모두 고르면?

> **조건**
> • 점수가 높은 사람이 합격한다.
> • A와 B는 같이 합격하거나 같이 불합격한다.
> • C는 D보다 점수가 높다.
> • C와 E의 점수가 같다.
> • B와 D의 점수가 같다.

① A, B
② A, C
③ C, D
④ C, E
⑤ D, E

48 발산적 사고를 개발하기 위한 방법으로는 자유연상법, 강제연상법, 비교발상법이 있다. 다음 보고회에서 사용된 사고 개발 방법으로 옳은 것은?

> 충남 보령시는 2022년에 열리는 보령해양머드박람회와 연계할 사업을 발굴하기 위한 보고회를 개최하였다. 경제적·사회적 파급 효과의 극대화를 통한 성공적인 박람회 개최를 도모하기 위해 마련된 보고회는 각 부서의 업무에 국한하지 않은 채 가능한 많은 양의 아이디어를 자유롭게 제출하는 방식으로 진행됐다.
> 홍보미디어실에서는 박람회 기간 가상현실(VR)·증강현실(AR) 체험을 통해 사계절 머드 체험을 할 수 있도록 사계절 머드체험센터 조성을, 자치행정과에서는 박람회 임시주차장 조성 및 박람회장 전선 지중화 사업을, 교육체육과에서는 세계 태권도 대회 유치를 제안했다. 또 문화새마을과에서는 KBS 열린음악회 및 전국노래자랑 유치를, 세무과에서는 e-스포츠 전용경기장 조성을, 회계과에서는 해상케이블카 조성 및 폐광지구 자립형 농어촌 숙박단지 조성 등을 제안했다. 사회복지과에서는 여성 친화 플리마켓을, 교통과에서는 장항선 복선전철 조기 준공 및 열차 증편을, 관광과는 체험·놀이·전시 등 보령머드 테마파크 조성 등의 다양한 아이디어를 내놓았다.
> 보령시는 이번에 제안된 아이디어를 토대로 실현 가능성 등을 검토하고, 박람회 추진에 참고자료로 적극 활용할 계획이다.

① 브레인스토밍
② SCAMPER 기법
③ NM법
④ Synectics법
⑤ 육색사고모자 기법

제2회 최종점검 모의고사 • 179

49 H씨는 녹색성장 추진의 일환으로 자전거 타기가 활성화되면서 자전거의 운동효과에 대해 조사하였다. 다음 〈조건〉을 참고할 때 〈보기〉의 운전자를 운동량이 많은 순서대로 바르게 나열한 것은?

조건

구분	바퀴 수	보조바퀴 여부
일반 자전거	2개	없음
연습용 자전거	2개	있음
외발 자전거	1개	없음

- 운동량은 자전거 주행 거리에 비례한다.
- 같은 거리를 주행하여도 자전거에 운전자 외에 한 명이 더 타면 운전자의 운동량은 두 배가 된다.
- 보조바퀴가 달린 자전거를 타면 같은 거리를 주행하여도 운동량이 일반 자전거의 80%밖에 되지 않는다.
- 바퀴가 1개인 자전거를 타면 같은 거리를 주행하여도 운동량이 일반 자전거보다 50% 더 많다.
- 이외의 다른 조건은 모두 같다.

보기

- 갑 : 1.4km의 거리를 뒷자리에 한 명을 태우고 일반 자전거로 주행하였다.
- 을 : 1.2km의 거리를 뒷자리에 한 명을 태우고 연습용 자전거로 주행하였다.
- 병 : 2km의 거리를 혼자 외발 자전거로 주행하였다.
- 정 : 2km의 거리를 혼자 연습용 자전거로 주행한 후에 이어서 1km의 거리를 혼자 외발 자전거로 주행하였다.
- 무 : 0.8km의 거리를 뒷자리에 한 명을 태우고 연습용 자전거로 주행한 후에 이어서 1.2km의 거리를 혼자 일반 자전거로 주행하였다.

① 병 > 정 > 갑 > 을 > 무
② 병 > 정 > 갑 > 무 > 을
③ 정 > 갑 > 병 > 을 > 무
④ 정 > 병 > 갑 > 을 > 무
⑤ 정 > 병 > 갑 > 무 > 을

50 H항공사는 현재 신입사원을 모집하고 있으며, 지원자격은 다음과 같다. 〈보기〉의 지원자 중 H항공사 지원자격에 부합하는 사람은 모두 몇 명인가?

〈H항공사 대졸공채 신입사원 지원자격〉

- 4년제 정규대학 모집대상 전공 중 학사학위 이상 소지한 자(졸업예정자 지원 불가)
- TOEIC 750점 이상인 자(국내 응시 시험에 한함)
- 병역필 또는 면제자로 학업 성적이 우수하고, 해외여행에 결격사유가 없는 자

※ 공인회계사, 외국어 능통자, 통계 전문가, 전공 관련 자격 보유자 및 장교 출신 지원자 우대

구분		대상 전공
일반직	일반관리	• 상경, 법정,계열 • 통계 / 수학, 산업공학, 신문방송, 식품공학(식품 관련 학과) • 중국어, 러시아어, 영어, 일어, 불어, 독어, 서반아어, 포르투갈어, 아랍어
	운항관리	• 항공교통, 천문기상 등 기상 관련 학과 　– 운항관리사, 항공교통관제사 등 관련 자격증 소지자 우대
전산직		• 컴퓨터공학, 전산학 등 IT 관련 학과
시설직		• 전기부문 : 전기공학 등 관련 전공 　– 전기기사, 전기공사기사, 소방설비기사(전기) 관련 자격증 소지자 우대 • 기계부문 : 기계학과, 건축설비학과 등 관련 전공 　– 소방설비기사(기계), 전산응용기계제도기사, 건축설비기사, 공조냉동기사, 건설기계 　기사, 일반기계기사 등 관련 자격증 소지자 우대 • 건축부문 : 건축공학 관련 전공(현장 경력자 우대)

보기

구분	지원분야	학력	전공	병역사항	TOEIC 점수	참고사항
A	전산직	대졸	컴퓨터공학	병역필	820점	• 중국어, 일본어 능통자이다. • 여권발급 제한 대상이다.
B	시설직 (건축부문)	대졸	식품공학	면제	930점	• 건축현장 경력이 있다. • 전기기사 자격증을 소지하고 있다.
C	일반직 (운항관리)	대재	항공교통학	병역필	810점	• 전기공사기사 자격증을 소지하고 있다. • 학업 성적이 우수하다.
D	시설직 (기계부문)	대졸	기계공학	병역필	745점	• 건축설비기사 자격증을 소지하고 있다. • 장교 출신 지원자이다.
E	일반직 (일반관리)	대졸	신문방송학	미필	830점	• 소방설비기사 자격증을 소지하고 있다. • 포르투갈어 능통자이다.

① 1명　　　　　　　　② 2명

③ 3명　　　　　　　　④ 4명

⑤ 없음

51   다음 중 경영관리에 대한 설명으로 옳지 않은 것은?

① 기업이 이윤극대화를 위해서만 활동하는 것이다.

② 경영관리란 기업의 목표를 달성하기 위하여 경영활동을 계획하는 것이다.

③ 계획된 경영활동을 달성하기 위하여 자원을 효과적으로 배분하는 것이다.

④ 기업조직의 구성원이 그들의 능력을 최대한으로 발휘하도록 환경을 조성하는 것이다.

⑤ 경영내용의 복잡화, 경영환경의 급격한 변화 등으로 경영관리의 과학화가 필요하게 되었다.

52   다음 중 재무상태표에서 비유동자산에 해당하는 계정과목은?

① 영업권   ② 매입채무

③ 매출채권   ④ 자기주식

⑤ 법정적립금

53   다음은 마이클 포터(Michael Porter)의 산업구조 분석모델(Five Forces Model)이다. 빈칸 (A)에 들어갈 용어는?

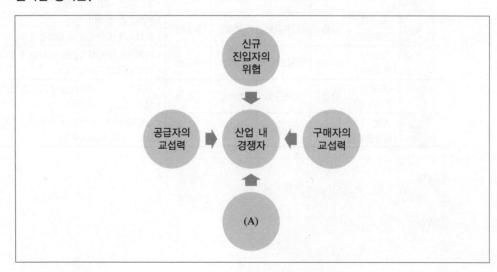

① 정부의 규제 완화   ② 고객의 충성도

③ 공급업체의 규모   ④ 가격의 탄력성

⑤ 대체재의 위협

54 A국가와 B국가의 재화 1단위 생산당 투하 노동량이 다음과 같다고 할 때, 컴퓨터 생산에 비교우위가 있는 나라와 컴퓨터 1대 생산에 따른 기회비용이 바르게 짝지어진 것은?

구분	컴퓨터 1대 생산에 소요되는 노동량	TV 1대 생산에 소요되는 노동량
A국가	20	8
B국가	10	2

① A국가, 2.5
② A국가, 0.6
③ A국가, 0.4
④ B국가, 5
⑤ B국가, 0.5

55 기업의 경영자는 출자뿐만 아니라 기업을 경영하는 기능까지 수행하는 소유경영자와 기업의 대규모화 및 복잡화에 따라 전문적인 경영지식을 갖춘 전문경영자로 구분할 수 있다. 다음 중 전문경영자에 대한 설명으로 옳지 않은 것은?

① 상대적으로 강력한 리더십을 발휘할 수 있다.
② 소유와 경영의 분리로 계속기업이 가능하다.
③ 자신의 이해관계를 주주의 이해관계보다 더 중시할 수 있다.
④ 재직기간 동안의 단기적 이익 창출만을 중시할 수 있다.
⑤ 통제의 규모와 범위에 대한 인식이 모호하다.

56 다음 중 M&A에 대한 설명으로 옳지 않은 것은?

① 실질적인 인수기업이 소멸하고 피인수기업이 존속하게 되는 것을 역합병이라고 한다.
② 숙련된 전문 인력 및 기업의 대외적 신용확보의 목적으로 M&A가 이루어지기도 한다.
③ 적대적 M&A는 주로 주식매수와 위임장대결을 통해 이루어진다.
④ 합병의 동기 중 재무시너지란 합병에 따른 현금흐름의 증가로 기업가치가 증대되는 효과를 얻는 것을 말한다.
⑤ 주식 매수만으로 기업 인수가 어려운 경우 불특정다수의 소액주주에게 의결권을 위임받아 M&A를 시도하는 방법을 위임장 대결이라고 한다.

57 다음 중 테일러시스템과 포드시스템을 비교한 내용으로 옳지 않은 것은?

① 테일러시스템은 일급제를, 포드시스템은 성과제로 임금을 지급한다.

② 테일러시스템은 과업 관리를, 포드시스템은 동시 관리를 한다.

③ 테일러시스템은 고임금 저노무비를, 포드시스템은 저가격 고임금을 추구한다.

④ 테일러시스템은 개별생산공장의 생산성을 향상시키고, 포드시스템은 생산의 표준화를 가져왔다.

⑤ 테일러시스템은 관리기술 향상에 초점을 맞추며, 포드시스템은 관리의 합리화에 초점을 맞춘다.

58 다음 중 경영이론에 대한 설명으로 옳지 않은 것은?

① 바너드(C. Barnard)는 조직 의사결정은 제약된 합리성에 기초하게 된다고 주장하였다.

② 페이욜(H. Fayol)은 경영의 본질적 기능으로 기술적 기능, 영업적 기능, 재무적 기능, 보전적 기능, 회계적 기능, 관리적 기능의 6가지를 제시하였다.

③ 상황이론은 여러 가지 환경변화에 효율적으로 대응하기 위하여 조직이 어떠한 특성을 갖추어야 하는지를 규명하고자 하는 이론이다.

④ 시스템이론 관점에서 경영의 투입 요소에는 노동, 자본, 전략, 정보 등이 있으며, 산출 요소에는 제품과 서비스 등이 있다.

⑤ 허즈버그(F. Herzberg)의 2요인이론은 동기요인과 위생요인을 가지고 있으며, 이들은 각각 인간 행동에 다른 영향을 미친다고 하는 이론이다.

59 5가지 성격 특성 요소(Big Five Personality Traits) 중 다음 글에 해당하는 것은?

> 과제 및 목적 지향성을 촉진하는 속성과 관련된 것으로 심사숙고, 규준이나 규칙의 준수, 계획 세우기, 조직화, 과제의 준비 등과 같은 특질을 포함한다.

① 개방성(Openness to Experience)

② 성실성(Conscientiousness)

③ 외향성(Extraversion)

④ 수용성(Agreeableness)

⑤ 안정성(Emotional Stability)

60 다음 중 과학적 경영 전략에 대한 설명으로 옳지 않은 것은?

① 호손실험은 생산성에 비공식적 조직이 영향을 미친다는 사실을 밝혀낸 연구이다.

② 포드 시스템은 노동자의 이동경로를 최소화하며 물품을 생산하거나, 고정된 생산라인에서 노동자가 계속해서 생산하는 방식을 통하여 불필요한 절차와 행동 요소들을 없애 생산성을 향상하였다.

③ 테일러의 과학적 관리법은 시간연구와 동작연구를 통해 노동자의 심리상태와 보상심리를 적용한 효과적인 과학적 경영 전략을 제시하였다.

④ 목표설정이론은 인간이 합리적으로 행동한다는 기본적인 가정에 기초하여, 개인이 의식적으로 얻으려고 설정한 목표가 동기와 행동에 영향을 미친다는 이론이다.

⑤ 직무특성이론은 기술된 핵심 직무 특성이 종업원의 주요 심리 상태에 영향을 미치며, 이것이 다시 종업원의 직무 성과에 영향을 미친다고 주장한다.

PART 3

61 다음 중 지식관리에 대한 설명으로 옳지 않은 것은?

① 형식적 지식은 쉽게 체계화할 수 있는 특성이 있다.

② 암묵적 지식은 조직에서 명시적 지식보다 강력한 힘을 발휘하기도 한다.

③ 형식적 지식은 경쟁기업이 쉽게 모방하기 어려운 지식으로, 경쟁우위 창출의 기반이 된다.

④ 암묵적 지식은 사람의 머릿속에 있는 지식으로, 지적자본(Intellectual Capital)이라고도 한다.

⑤ 기업에서는 구성원의 지식공유를 활성화하기 위하여 인센티브(Incentive)를 도입한다.

62 H기업은 완전경쟁시장에서 노동만을 이용하여 구두를 생산하여 판매한다. 이 시장에서 구두 한 켤레의 가격과 임금은 각각 1만 원과 65만 원으로 결정되었다. 노동자의 수와 생산량이 다음과 같을 때, 기업이 이윤을 극대화하기 위해서 고용하게 될 노동자 수는?

노동자 수(명)	구두 생산량(켤레)	노동자 수(명)	구두 생산량(켤레)
1	150	4	390
2	240	5	450
3	320	6	500

① 2명　　　　　　　　　　② 3명
③ 4명　　　　　　　　　　④ 5명
⑤ 6명

63 다음 〈보기〉 중 애덤스의 공정성이론(Equity Theory)의 불공정성으로 인한 긴장을 해소할 수 있는 방법을 모두 고르면?

> **보기**
> ㄱ. 투입의 변경
> ㄴ. 준거대상의 변경
> ㄷ. 산출의 변경
> ㄹ. 현장 또는 조직으로부터 이탈

① ㄱ, ㄴ   ② ㄷ, ㄹ
③ ㄱ, ㄴ, ㄷ   ④ ㄱ, ㄷ, ㄹ
⑤ ㄱ, ㄴ, ㄷ, ㄹ

64 경영혁신 방법론 중 하나인 비즈니스 프로세스 리엔지니어링(BPR)의 특징으로 옳지 않은 것은?

① 마이클 해머가 주창한 이론으로 작업공정을 검토 후 필요 없는 부분을 제거한다.
② 현재의 업무절차를 근본적으로 다시 생각하고 완전히 새롭게 설계한다.
③ 부서 내 업무보다는 부서 간 업무의 합리화에 초점을 맞춘다.
④ 품질, 비용, 속도, 서비스와 같은 업무성과의 점진적인 개선을 목표로 한다.
⑤ 반복적이고 불필요한 과정들을 제거하기 위해 업무상의 여러 단계들을 통합한다.

65 다음 중 시장지향적 마케팅에 대한 설명으로 옳지 않은 것은?

① 고객지향적 사고의 장점을 포함하면서 그 한계점을 극복하기 위한 포괄적 마케팅이다.
② 기업이 최종고객들과 원활한 교환을 통하여 최상의 가치를 제공하기 위함을 목표로 한다.
③ 기존 사업시장에 집중하여 경쟁우위를 점하기 위한 마케팅이다.
④ 다양한 시장 구성요소들이 원만하게 상호작용하며 마케팅 전략을 구축한다.
⑤ 외부사업 시장이나 이익 기회들을 확인하며, 때에 따라 기존사업 시장을 포기하기도 한다.

66 다음 중 복수 브랜드 전략(Multi Brand Strategy)에 대한 설명으로 옳지 않은 것은?

① 동일한 제품 범주 내에서 서로 경쟁하는 다수의 브랜드이다.
② 제품에 대한 충성도를 이끌 수 있다.
③ 동일한 제품 범주에서 시장을 세분화하여 운영한다.
④ 소비자들의 욕구와 동질성을 파악한 후 세분 시장마다 별도의 개별 브랜드를 도입한다.
⑤ 회사의 제품믹스를 공통점을 기준으로 제품집단을 나누어 집단마다 공통요소가 있는 개별 상표를 적용한다.

67 다음 글에 해당하는 브랜드 개발 전략은?

> 바나나맛 우유는 1974년 출시된 이후 꾸준히 인기를 끌고 있는 장수 제품이다. 빙그레는 최근 기존의 바나나맛 우유에서 벗어나 멜론의 달콤한 향을 더한 멜론맛 우유를 내놓았는데, 그로 인해 사람들은 기존 제품에서 벗어난 신선함에 관심을 가졌고, 바나나맛 우유라는 상표를 다시금 사람들의 머릿속에 기억시키는 전략적 성과를 거두었다.

① 카테고리 확장   ② 라인 확장
③ 시장침투 전략   ④ 생산라인 확대
⑤ 푸시(Push) 전략

68 다음 중 경제적 주문량(EOQ) 모형이 성립하기 위한 가정으로 옳지 않은 것은?

① 구입단가는 주문량과 관계없이 일정하다.
② 주문량은 한 번에 모두 도착한다.
③ 연간 재고 수요량을 정확히 파악하고 있다.
④ 단위당 재고유지비용과 1회당 재고주문비용은 주문량과 관계없이 일정하다.
⑤ 재고부족 현상이 발생할 수 있으며, 주문 시 정확한 리드타임이 적용된다.

69 다음에서 증권시장선(SML)을 이용하여 A주식의 균형기대수익률을 구하면?

> • 무위험이자율 : 5%
> • 시장포트폴리오 기대수익률 : 10%
> • A주식의 β : 1.2

① 5%   ② 7%
③ 9%   ④ 11%
⑤ 13%

70 다음 중 GE-맥킨지 매트릭스에서 시장 지위를 유지하며 집중 투자를 고려해야 하는 위치는?

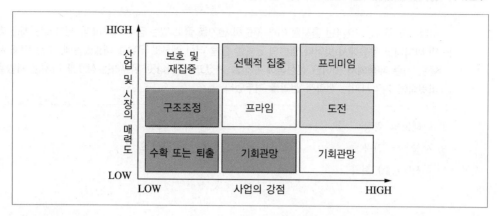

① 보호 및 재집중
② 구조조정
③ 선택적 집중
④ 수확 또는 퇴출
⑤ 프리미엄

71 다음 중 앤소프의 의사결정에 대한 내용으로 옳지 않은 것은?

① 전략적, 운영적, 관리적 의사결정으로 분류된다.
② 단계별 접근법을 따라 체계적인 분석이 가능하다.
③ 단계별로 피드백이 이루어진다.
④ 분석 결과에 따라 초기 기업 목적과 시작 단계에서의 평가수정이 불가능하다.
⑤ 단계별 의사결정과정은 기업의 위상과 목표 간의 차이를 줄이는 과정이다.

72 다음 중 동기부여 이론에 대한 설명으로 옳지 않은 것은?

① 로크(Locke)의 목표설정 이론은 추후 목표에 의한 관리(MBO)의 이론적 기반이 되었다.
② 허즈버그(Herzberg)의 2요인 이론에 따르면 임금수준이 높아지면 직무에 대한 만족도 또한 높아진다.
③ 애덤스(Adams)의 공정성 이론은 다른 사람과의 상대적인 관계에서 동기요인이 작용한다는 것을 강조한다.
④ 조직의 관점에서 동기부여는 목표달성을 위한 종업원의 지속적 노력을 효과적으로 발생시키는 것을 의미한다.
⑤ 브룸(Vroom)의 기대이론에 따르면 유의성은 결과에 대한 개인의 선호도를 나타내는 것으로, 동기를 유발시키는 힘 또는 가치를 뜻한다.

73 다음은 유통경로의 설계전략에 대한 내용이다. 빈칸 (ㄱ) ~ (ㄷ)에 들어갈 내용을 순서대로 바르게 나열한 것은?

> - _____(ㄱ)_____ 유통은 가능한 많은 중간상들에게 자사의 제품을 취급하도록 하는 것으로 과자, 저가 소비재 등과 같이 소비자들이 구매의 편의성을 중시하는 품목에서 채택하는 방식이다.
> - _____(ㄴ)_____ 유통은 제품의 이미지를 유지하고 중간상들의 협조를 얻기 위해 일정 지역 내에서의 독점 판매권을 중간상에게 부여하는 방식이다.
> - _____(ㄷ)_____ 유통은 앞의 두 유통 대안의 중간 형태로 지역별로 복수의 중간상에게 자사의 제품을 취급할 수 있도록 하는 방식이다.

	(ㄱ)	(ㄴ)	(ㄷ)
①	전속적	집약적	선택적
②	집약적	전속적	선택적
③	선택적	집약적	전속적
④	전속적	선택적	집약적
⑤	집약적	선택적	전속적

74 다음 중 현금흐름표의 작성목적으로 옳지 않은 것은?

① 영업성과에 대한 기업 간 비교를 용이하게 만든다.
② 기업의 현금유입과 현금유출에 대한 정보를 제공한다.
③ 기업의 지급능력과 재무적 융통성에 대한 정보를 제공한다.
④ 기업의 미래현금 흐름을 평가하는 데 유용한 정보를 제공한다.
⑤ 회계연도의 기초시점과 기말시점에서의 재무상태에 대한 정보를 제공한다.

75 다음 중 보너스 산정방식에서 스캔런 플랜(Scanlon Plan)에 대한 설명으로 옳은 것은?

① 보너스 산정 비율은 생산액에 있어서 재료 및 에너지 등을 포함하여 계산한다.
② 노동비용을 판매액에서 재료 및 에너지, 간접비용을 제외한 부가가치로 나누어 계산한다.
③ 종업원의 참여는 거의 고려되지 않고, 산업공학기법을 이용한 공식을 활용하여 계산한다.
④ 성과측정의 기준으로서 노동비용이나 생산비용, 생산 이외에도 품질향상, 소비자 만족 등 각 기업이 중요성을 부여하는 부분에 초점을 둔 새로운 지표를 사용하여 계산한다.
⑤ 생산단위당 표준노동시간을 기준으로 노동생산성 및 비용 등 산정 조직의 효율성을 보다 직접적으로 측정하여 계산한다.

제2회 최종점검 모의고사 • 189

76 다음 〈보기〉 중 최고가격제에 대한 설명으로 옳은 것을 모두 고르면?

> **보기**
> ㄱ. 암시장을 출현시킬 가능성이 있다.
> ㄴ. 초과수요를 야기한다.
> ㄷ. 사회적 후생을 증대시킨다.
> ㄹ. 최고가격은 시장의 균형가격보다 높은 수준에서 설정되어야 한다.

① ㄱ, ㄴ   ② ㄱ, ㄷ
③ ㄴ, ㄷ   ④ ㄴ, ㄹ
⑤ ㄷ, ㄹ

77 다음 〈보기〉 중 독점기업의 가격차별 전략 중 하나인 이부가격제(Two-Part Pricing)에 대한 설명으로 옳은 것을 모두 고르면?

> **보기**
> ㄱ. 서비스 요금 설정에서 기본요금(가입비)과 초과사용량 요금(사용료)을 분리하여 부과하는 경우가 해당된다.
> ㄴ. 적은 수량을 소비하는 소비자의 평균지불가격이 낮아진다.
> ㄷ. 소비자잉여는 독점기업이 부과할 수 있는 가입비의 한도액이다.
> ㄹ. 자연독점하의 기업이 평균비용 가격설정으로 인한 손실을 보전하기 위해 선택한다.

① ㄱ, ㄴ   ② ㄱ, ㄷ
③ ㄴ, ㄷ   ④ ㄱ, ㄴ, ㄷ
⑤ ㄴ, ㄷ, ㄹ

78 H국 경제의 총수요곡선과 총공급곡선은 각각 $P = -Y_d + 4$, $P = P_e + (Y_s - 2)$이다. P_e가 3에서 5로 증가할 때, 균형소득수준(ㄱ)과 균형물가수준(ㄴ)의 변화는?(단, P는 물가수준, Y_d는 총수요, Y_s는 총공급, P_e는 기대물가수준이다)

	ㄱ	ㄴ
①	상승	상승
②	하락	상승
③	상승	하락
④	하락	하락
⑤	불변	불변

79 다음 중 토빈(J. Tobin)의 Q에 대한 설명으로 옳은 것은?

① 장기적으로 임금변화율과 실업률의 관계를 설명하는 지표이다.

② Q값이 1보다 클 경우 투자규모는 증가한다고 설명한다.

③ Q값은 자본비용을 자본의 시장가치로 나눈 값으로 도출된다.

④ 토빈은 장기적으로 Q값이 0으로 근접하여 순투자가 일어나지 않는 경향이 있다고 주장하였다.

⑤ Q값은 자본의 상대적 효율성을 나타내는 지표이며, 신규투자의 변화와는 관련이 없어 거시경제 지표로 활용하기 어렵다.

80 다음 중 두 나라 사이에 교역이 이루어지는 기본원리에 대한 설명으로 옳은 것은?

① 비교우위는 더 적은 양의 생산요소를 투입해 생산할 수 있는 능력을 말한다.

② 한 나라가 모든 재화에 절대적 우위가 있는 경우 교역은 이루어지지 않는다.

③ 한 나라가 이득을 보면 반드시 다른 나라는 손해를 본다.

④ 각국은 기회비용이 상대적으로 적은 재화를 생산한다.

⑤ 한 국가에서 모든 산업이 비교열위에 있는 경우도 있다.

81 다음 중 금리의 주요 기능에 대한 설명으로 옳지 않은 것은?

① 현재 및 장래 소비의 배분 역할을 한다.

② 경기 동향에 따른 자금 수급을 조정한다.

③ 금리가 상승하면 자금배분이 비효율적으로 되는 부작용이 발생할 수 있다.

④ 실물경제에 대한 파급효과를 통해 경기를 부양거나 진정시킨다.

⑤ 금리 상승을 통해 저축 증가, 소비 감소, 투자 감소 효과를 이끌어 낼 수 있다.

82 다음 중 자연실업률에 대한 설명으로 옳지 않은 것은?

① 인터넷의 발달은 자연실업률을 낮추는 역할을 한다.

② 일자리를 찾는 데 걸리는 시간 때문에 발생하는 실업은 자연실업률의 일부이다.

③ 산업 간 또는 지역 간의 노동수요구성의 변화는 자연실업률에 영향을 미칠 수 있다.

④ 최저임금제나 효율성임금, 노조 등은 마찰적 실업을 증가시켜 자연실업률을 높이는 요인으로 작용한다.

⑤ 새케인스학파의 이력현상에 의하면 실제실업률이 높아진 상태가 지속되면 자연실업률 수준도 높아지게 된다.

83 종현이는 소득이나 통신요금에 관계없이 소득의 5분의 1을 통신비로 지출한다. 다음 〈보기〉 중 종현이의 통신 수요에 대한 설명으로 옳은 것을 모두 고르면?

> **보기**
> ㄱ. 종현이의 소득이 증가하더라도 통신비의 지출은 변하지 않는다.
> ㄴ. 종현이의 통신에 대한 수요곡선은 우하향하는 직선 형태를 가진다.
> ㄷ. 통신요금이 10% 상승하면 종현이의 통신 수요량은 10% 하락한다.
> ㄹ. 종현이의 통신은 가격변화에 따른 소득효과가 대체효과보다 큰 기펜재이다.

① ㄱ   ② ㄷ
③ ㄱ, ㄴ   ④ ㄴ, ㄹ
⑤ ㄷ, ㄹ

84 다음 중 인플레이션 효과에 대한 설명으로 옳은 것은?

① 인플레이션은 실질조세에 영향을 미치지 않는다.
② 인플레이션은 명목이자율을 낮춘다.
③ 인플레이션이 발생하면 명목소득이 불변일 때 실질소득은 증가한다.
④ 인플레이션이 발생하면 실질임금이 불변일 때 명목임금은 감소한다.
⑤ 인플레이션은 잦은 가격조정에 수반되는 비용을 초래한다.

85 다음 중 새고전학파와 새케인스학파의 경기변동이론에 대한 설명으로 옳은 것은?

① 새고전학파나 새케인스학파 모두 정부의 재량적인 개입은 불필요하다고 주장한다.
② 새고전학파는 경기변동을 완전고용의 국민소득수준에서 이탈하면서 발생하는 현상으로 보는 반면, 새케인스학파는 완전고용의 국민소득수준 자체가 변하면서 발생하는 현상으로 본다.
③ 새고전학파는 합리적 기대를 전제로 경기변동이론을 전개하는 반면, 새케인스학파는 적응적 기대를 전제로 경기변동이론을 전개한다.
④ 새고전학파는 항상 시장청산이 이루어진다고 보는 반면, 새케인스학파는 임금과 재화가격이 경직적이므로 시장청산이 이루어지지 않는다고 본다.
⑤ 새고전학파는 물가, 임금, 이자율 등 가격변수가 단기에는 경직적이라고 보는 반면, 새케인스학파는 가격변수가 신축적이라고 본다.

86 다음 중 공공재의 특성에 대한 설명으로 옳은 것은?

① 한 사람의 소비가 다른 사람의 소비를 감소시킨다.

② 소비에 있어서 경합성 및 배제성의 원리가 작용한다.

③ 무임승차 문제로 과소 생산의 가능성이 있다.

④ 공공재는 민간이 생산, 공급할 수 없다.

⑤ 시장에 맡기면 사회적으로 적절한 수준보다 과대공급될 우려가 있다.

87 폐쇄경제에서 국내총생산이 소비, 투자, 그리고 정부지출의 합으로 정의된 항등식이 성립할 때, 다음 중 국내총생산과 대부자금시장에 대한 설명으로 옳지 않은 것은?

① 총저축은 투자와 같다.

② 민간저축이 증가하면 투자가 증가한다.

③ 총저축은 민간저축과 정부저축의 합이다.

④ 민간저축이 증가하면 이자율이 하락하여 정부저축이 증가한다.

⑤ 정부저축이 감소하면 대부시장에서 이자율은 상승한다.

88 현재 H기업에서 자본의 한계생산은 노동의 한계생산보다 2배 크고, 노동가격이 8, 자본가격이 4이다. 이 기업이 동일한 양의 최종생산물을 산출하면서도 비용을 줄이는 방법은?(단, H기업은 노동과 자본만을 사용하고, 한계생산은 체감한다)

① 자본투입을 늘리고 노동투입을 줄인다.

② 노동투입을 늘리고 자본투입을 줄인다.

③ 비용을 더 이상 줄일 수 없다.

④ 자본투입과 노동투입을 모두 늘린다.

⑤ 자본투입과 노동투입을 모두 줄인다.

89 다음 중 경기변동에 대한 설명으로 옳지 않은 것은?

① 투자는 소비에 비해 GDP 대비 변동성이 크므로 경기변동의 주요 원인이 된다.

② 기간 간 고른 소비가 어려운 저소득계층이 늘어나면, 이전에 비해 경기변동이 심해진다.

③ 실물적 경기변동은 경기변동을 자연실업률 자체가 변화하여 일어난다고 생각한다.

④ 실질임금과 고용량은 단기적으로 양의 상관관계를 가지나, 장기적으로는 서로 관계가 없다.

⑤ 총공급 – 총수요 모형에서 총수요의 변동이 경기변동의 요인이라고 본다면 물가는 경기와 반대로 움직인다.

90 다음은 A사와 B사의 시간당 최대 생산량을 나타낸 자료이다. 이에 대한 설명으로 옳은 것은?

구분	A사	B사
모터(개)	4	2
펌프(개)	4	3

① A사는 펌프 생산에만 절대우위가 있다.

② B사는 펌프 생산에 비교우위가 있다.

③ B사는 모터 생산에 비교우위가 있다.

④ A사는 모터 생산에만 절대우위가 있다.

⑤ 펌프 생산은 A사가 담당하는 것이 합리적이다.

91 다음 그림은 가격상한제가 실행되고 있는 밀가루시장에 대한 그래프이다. 밀의 가격이 하락하기 전의 공급곡선(S_0), 밀의 가격이 하락한 후의 공급곡선(S_1), 밀가루 수요곡선(D)이 아래와 같이 주어졌을 경우, 이에 대한 분석으로 옳은 것은?

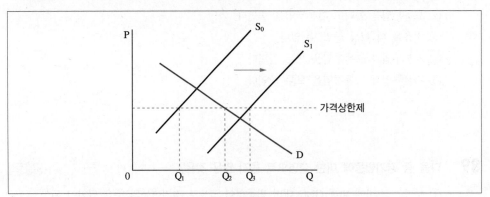

① 가격상한제의 예로 최저임금제가 있다.

② 밀 가격이 하락한 후에 밀가루의 암시장 거래량은 증가한다.

③ 밀 가격이 하락한 후에 밀가루 시장의 균형거래량은 Q_3이다.

④ 밀 가격의 변화와 상관없이 밀가루는 가격상한제 가격에서 거래된다.

⑤ 밀 가격이 하락하기 전에 밀가루의 초과수요가 ($Q_1 \sim Q_2$)만큼 존재한다.

92 어느 경제의 로렌츠곡선이 다음과 같이 주어져 있을 때, 이에 대한 설명으로 옳은 것은?

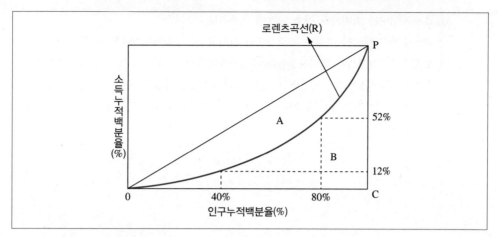

① 10분위분배율의 값은 4이다.
② 지니계수는 삼각형 OCP 면적을 면적 A로 나눈 값으로 산출한다.
③ 중산층 붕괴현상이 발생하면 A의 면적은 감소하고, B의 면적은 증가한다.
④ 불경기로 인해 저소득층의 소득이 상대적으로 크게 감소하면 A의 면적이 커진다.
⑤ 미국의 서브프라임모기지 사태는 로렌츠곡선을 대각선에 가깝도록 이동시킨다.

93 GDP는 특정 기간 동안 국가 내에서 생산된 최종재의 총합을 의미한다. 다음 〈보기〉 중 GDP 측정 시 포함되지 않는 것을 모두 고르면?

> **보기**
> ㄱ. 예금 지급에 따른 이자
> ㄴ. 법률자문 서비스를 받으면서 지불한 금액
> ㄷ. 요리를 위해 분식점에 판매된 고추장
> ㄹ. 콘서트 티켓을 구입하기 위해 지불한 금액
> ㅁ. 도로 신설에 따라 주변 토지의 가격이 상승하여 나타나는 자본이득

① ㄱ, ㄷ   ② ㄴ, ㄹ
③ ㄴ, ㅁ   ④ ㄷ, ㄹ
⑤ ㄷ, ㅁ

94 다음 중 소비자잉여와 생산자잉여에 대한 설명으로 옳지 않은 것은?

① 소비자잉여는 소비자의 선호 체계에 의존한다.

② 완전경쟁일 때보다 기업이 가격차별을 실시할 경우 소비자잉여가 줄어든다.

③ 완전경쟁시장에서는 소비자잉여와 생산자잉여의 합인 사회적 잉여가 극대화된다.

④ 독점시장의 시장가격은 완전경쟁시장의 가격보다 높게 형성되지만 소비자잉여는 줄어들지 않는다.

⑤ 소비자잉여는 어떤 상품에 소비자가 최대한으로 지급할 용의가 있는 가격에서 실제 지급한 가격을 차감한 차액이다.

95 다음과 같은 폐쇄경제의 IS-LM 모형을 전제할 경우, 빈칸 ㄱ, ㄴ에 들어갈 용어가 바르게 연결된 것은?

> • IS 곡선 : $r=5-0.1Y$(단, r은 이자율, Y는 국민소득이다)
> • LM 곡선 : $r=0.1Y$
> • 현재 경제상태가 국민소득은 30이고 이자율이 2.5라면, 상품시장은 ___ㄱ___이고 화폐시장은 ___ㄴ___이다.

	ㄱ	ㄴ
①	균형	균형
②	초과수요	초과수요
③	초과공급	초과공급
④	초과수요	초과공급
⑤	초과공급	초과수요

96 다음 중 파레토 최적에 대한 설명으로 옳지 않은 것은?

① 파레토효율성이란 일반적으로 한정된 자원의 효율적인 사용과 관련된 의미이다.

② 외부성이 존재해도 완전경쟁만 이루어진다면 파레토 최적의 자원배분은 가능하다.

③ 재화 간 소비자의 주관적 교환비율인 한계대체율이 생산자의 한계변환율과 서로 같아야 한다.

④ 후생경제학 제1정리에 의하여 시장실패요인이 없다면 일반경쟁균형에서의 자원배분은 파레토 최적이다.

⑤ 파레토효율성과 관련된 후생경제학의 제1정리와 제2정리에 있어서 소비자의 선호체계에 대한 기본 가정은 동일하지 않다.

97 다음 중 임금 결정이론에 대한 설명으로 옳지 않은 것은?

① 중첩임금계약(Staggered Wage Contracts) 모형은 실질임금이 경직적인 이유를 설명한다.

② 효율임금(Efficiency Wage) 이론에 따르면 실질임금이 근로자의 생산성 또는 근로의욕에 영향을 미친다.

③ 효율임금이론에 따르면 높은 임금이 근로자의 도덕적 해이(Moral Hazard)를 억제하는 데 기여한다.

④ 내부자 – 외부자 모형에 따르면 내부자의 실질임금이 시장균형보다 높아져서 비자발적 실업이 발생한다.

⑤ 내부자 – 외부자 모형에서 외부자는 실업상태에 있는 노동자로서 기업과 임금협상을 할 자격이 없는 사람을 말한다.

98 다음은 X재의 국내 수요곡선(D)과 공급곡선(S)을 나타낸 자료이다. 폐쇄경제에서의 국내균형은 E, 무관세 자유무역에서의 소비자가격은 P_1, X재 수입에 대하여 한 개당 t원의 관세가 부과되는 경우의 소비자가격은 P_2이다. 이에 대한 설명으로 옳지 않은 것은?

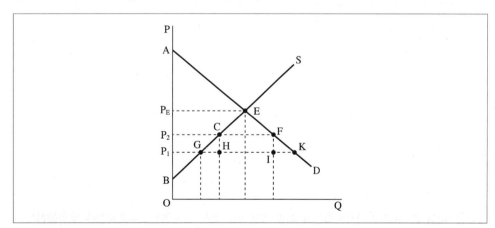

① 관세부과 후 X재의 수입량은 CF이다.

② 무관세 자유무역과 비교하면 관세부과로 인한 경제적 순손실은 CFKG이다.

③ 폐쇄경제와 비교하면 무관세 자유무역으로 인한 총잉여 증가분은 EGK이다.

④ 폐쇄경제와 비교하면 관세부과 무역으로 인한 소비자잉여증가분은 $P_E EEP_2$이다.

⑤ 무관세 자유무역과 비교하면 관세부과로 인한 생산자잉여증가분은 $P_2 CGP_1$이다.

99 다음 중 빈칸 ㉠~㉢에 들어갈 내용이 순서대로 바르게 짝지어진 것은?

> 농산물은 ____㉠____ 이므로 수요의 가격탄력성이 '비탄력적'이다. 이 경우 농산물의 공급이 증가하면 가격이 상대적으로 ____㉡____ 폭으로 하락할 뿐 아니라 가격 하락에도 불구하고 수요가 크게 증가하지 않기 때문에 전체적으로 ____㉢____ 한다.

	㉠	㉡	㉢
①	사치재	큰	수입이 감소
②	필수재	큰	비용이 증가
③	사치재	작은	수입이 감소
④	필수재	큰	수입이 감소
⑤	사치재	작은	비용이 증가

100 다음 중 수요의 가격탄력성에 대한 설명으로 옳은 것은?(단, 수요곡선은 우하향한다)

① 수요의 가격탄력성이 1보다 작은 경우, 가격이 하락하면 총수입은 증가한다.

② 수요의 가격탄력성이 작아질수록 물품세 부과로 인한 경제적 순손실(Deadweight Loss)은 커진다.

③ 소비자 전체 지출에서 차지하는 비중이 큰 상품일수록 수요의 가격탄력성은 작아진다.

④ 직선인 수요곡선 상에서 수요량이 많아질수록 수요의 가격탄력성은 작아진다.

⑤ 대체재가 많을수록 수요의 가격탄력성은 작아진다.

PART 4

채용 가이드

CHAPTER 01 블라인드 채용 소개

CHAPTER 02 서류전형 가이드

CHAPTER 03 인성검사 소개 및 모의테스트

CHAPTER 04 면접전형 가이드

CHAPTER 05 항만공사별 면접 기출질문

1. 블라인드 채용이란?

채용 과정에서 편견이 개입되어 불합리한 차별을 야기할 수 있는 출신지, 가족관계, 학력, 외모 등의 편견요인은 제외하고, 직무능력만을 평가하여 인재를 채용하는 방식입니다.

2. 블라인드 채용의 필요성

• 채용의 공정성에 대한 사회적 요구
  - 누구에게나 직무능력만으로 경쟁할 수 있는 균등한 고용기회를 제공해야 하나, 아직도 채용의 공정성에 대한 불신이 존재
  - 채용상 차별금지에 대한 법적 요건이 권고적 성격에서 처벌을 동반한 의무적 성격으로 강화되는 추세
  - 시민의식과 지원자의 권리의식 성숙으로 차별에 대한 법적 대응 가능성 증가
• 우수인재 채용을 통한 기업의 경쟁력 강화 필요
  - 직무능력과 무관한 학벌, 외모 위주의 선발로 우수인재 선발기회 상실 및 기업경쟁력 약화
  - 채용 과정에서 차별 없이 직무능력중심으로 선발한 우수인재 확보 필요
• 공정한 채용을 통한 사회적 비용 감소 필요
  - 편견에 의한 차별적 채용은 우수인재 선발을 저해하고 외모・학벌 지상주의 등의 심화로 불필요한 사회적 비용 증가
  - 채용에서의 공정성을 높여 사회의 신뢰수준 제고

3. 블라인드 채용의 특징

편견요인을 요구하지 않는 대신 직무능력을 평가합니다.

※ 직무능력중심 채용이란?
  기업의 역량기반 채용, NCS기반 능력중심 채용과 같이 직무수행에 필요한 능력과 역량을 평가하여 선발하는 채용방식을 통칭합니다.

4. 블라인드 채용의 평가요소

직무수행에 필요한 지식, 기술, 태도 등을 과학적인 선발기법을 통해 평가합니다.

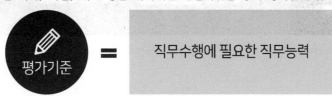

평가기준 = 직무수행에 필요한 직무능력

※ 과학적 선발기법이란?
  직무분석을 통해 도출된 평가요소를 서류, 필기, 면접 등을 통해 체계적으로 평가하는 방법으로 입사지원서, 자기소개서, 직무수행능력평가, 구조화 면접 등이 해당됩니다.

5. 블라인드 채용 주요 도입 내용

• 입사지원서에 인적사항 요구 금지
  - 인적사항에는 출신지역, 가족관계, 결혼여부, 재산, 취미 및 특기, 종교, 생년월일(연령), 성별, 신장 및 체중, 사진, 전공, 학교명, 학점, 외국어 점수, 추천인 등이 해당
  - 채용 직무를 수행하는 데 있어 반드시 필요하다고 인정될 경우는 제외
    예 특수경비직 채용 시 : 시력, 건강한 신체 요구
       연구직 채용 시 : 논문, 학위 요구 등
• 블라인드 면접 실시
  - 면접관에게 응시자의 출신지역, 가족관계, 학교명 등 인적사항 정보 제공 금지
  - 면접관은 응시자의 인적사항에 대한 질문 금지

6. 블라인드 채용 도입의 효과성

• 구성원의 다양성과 창의성이 높아져 기업 경쟁력 강화
  - 편견을 없애고 직무능력 중심으로 선발하므로 다양한 직원 구성 가능
  - 다양한 생각과 의견을 통하여 기업의 창의성이 높아져 기업경쟁력 강화
• 직무에 적합한 인재선발을 통한 이직률 감소 및 만족도 제고
  - 사전에 지원자들에게 구체적이고 상세한 직무요건을 제시함으로써 허수 지원이 낮아지고, 직무에 적합한 지원자 모집 가능
  - 직무에 적합한 인재가 선발되어 직무이해도가 높아져 업무효율 증대 및 만족도 제고
• 채용의 공정성과 기업이미지 제고
  - 블라인드 채용은 사회적 편견을 줄인 선발 방법으로 기업에 대한 사회적 인식 제고
  - 채용과정에서 불합리한 차별을 받지 않고 실력에 의해 공정하게 평가를 받을 것이라는 믿음을 제공하고, 지원자들은 평등한 기회와 공정한 선발과정 경험

01 채용공고문

1. 채용공고문의 변화

기존 채용공고문	변화된 채용공고문
• 취업준비생에게 불충분하고 불친절한 측면 존재 • 모집분야에 대한 명확한 직무관련 정보 및 평가기준 부재 • 해당분야에 지원하기 위한 취업준비생의 무분별한 스펙 쌓기 현상 발생	• NCS 직무분석에 기반한 채용공고를 토대로 채용전형 진행 • 지원자가 입사 후 수행하게 될 업무에 대한 자세한 정보 공지 • 직무수행내용, 직무수행 시 필요한 능력, 관련된 자격, 직업기초능력 제시 • 지원자가 해당 직무에 필요한 스펙만을 준비할 수 있도록 안내
• 모집부문 및 응시자격 • 지원서 접수 • 전형절차 • 채용조건 및 처우 • 기타사항	• 채용절차 • 채용유형별 선발분야 및 예정인원 • 전형방법 • 선발분야별 직무기술서 • 우대사항

2. 지원 유의사항 및 지원요건 확인

채용 직무에 따른 세부사항을 공고문에 명시하여 지원자에게 적격한 지원 기회를 부여함과 동시에 채용과정에서의 공정성과 신뢰성을 확보합니다.

구성	내용	확인사항
모집분야 및 규모	고용형태(인턴 계약직 등), 모집분야, 인원, 근무지역 등	채용직무가 여러 개일 경우 본인이 해당되는 직무의 채용규모 확인
응시자격	기본 자격사항, 지원조건	지원을 위한 최소자격요건을 확인하여 불필요한 지원을 예방
우대조건	법정·특별·자격증 가점	본인의 가점 여부를 검토하여 가점 획득을 위한 사항을 사실대로 기재
근무조건 및 보수	고용형태 및 고용기간, 보수, 근무지	본인이 생각하는 기대수준에 부합하는지 확인하여 불필요한 지원을 예방
시험방법	서류·필기·면접전형 등의 활용방안	전형방법 및 세부 평가기법 등을 확인하여 지원전략 준비
전형일정	접수기간, 각 전형 단계별 심사 및 합격자 발표일 등	본인의 지원 스케줄을 검토하여 차질이 없도록 준비
제출서류	입사지원서(경력·경험기술서 등), 각종 증명서 및 자격증 사본 등	지원요건 부합 여부 및 자격 증빙서류 사전에 준비
유의사항	임용취소 등의 규정	임용취소 관련 법적 또는 기관 내부 규정을 검토하여 해당여부 확인

직무기술서란 직무수행의 내용과 필요한 능력, 관련 자격, 직업기초능력 등을 상세히 기재한 것으로 입사 후 수행하게 될 업무에 대한 정보가 수록되어 있는 자료입니다.

1. 채용분야

설명

NCS 직무분류 체계에 따라 직무에 대한 「대분류 – 중분류 – 소분류 – 세분류」 체계를 확인할 수 있습니다. 채용 직무에 대한 모든 직무기술서를 첨부하게 되며 실제 수행 업무를 기준으로 세부적인 분류정보를 제공합니다.

채용분야	분류체계			
사무행정	대분류	중분류	소분류	세분류
분류코드	02. 경영·회계·사무	03. 재무·회계	01. 재무	01. 예산
				02. 자금
			02. 회계	01. 회계감사
				02. 세무

2. 능력단위

설명

직무분류 체계의 세분류 하위능력단위 중 실질적으로 수행할 업무의 능력만 구체적으로 파악할 수 있습니다.

능력단위	(예산)	03. 연간종합예산수립	04. 추정재무제표 작성
		05. 확정예산 운영	06. 예산실적 관리
	(자금)	04. 자금운용	
	(회계감사)	02. 자금관리	04. 결산관리
		05. 회계정보시스템 운용	06. 재무분석
		07. 회계감사	
	(세무)	02. 결산관리	05. 부가가치세 신고
		07. 법인세 신고	

3. 직무수행내용

설명

세분류 영역의 기본정의를 통해 직무수행내용을 확인할 수 있습니다. 입사 후 수행할 직무내용을 구체적으로 확인할 수 있으며, 이를 통해 입사서류 작성부터 면접까지 직무에 대한 명확한 이해를 바탕으로 자신의 희망직무인지 아닌지, 해당 직무가 자신이 알고 있던 직무가 맞는지 확인할 수 있습니다.

직무수행내용	(예산) 일정기간 예상되는 수익과 비용을 편성, 집행하며 통제하는 일
	(자금) 자금의 계획 수립, 조달, 운용을 하고 발생 가능한 위험 관리 및 성과평가
	(회계감사) 기업 및 조직 내·외부에 있는 의사결정자들이 효율적인 의사결정을 할 수 있도록 유용한 정보를 제공, 제공된 회계정보의 적정성을 파악하는 일
	(세무) 세무는 기업의 활동을 위하여 주어진 세법범위 내에서 조세부담을 최소화시키는 조세전략을 포함하고 정확한 과세소득과 과세표준 및 세액을 산출하여 과세당국에 신고·납부하는 일

4. 직무기술서 예시

태도	(예산) 정확성, 분석적 태도, 논리적 태도, 타 부서와의 협조적 태도, 설득력
	(자금) 분석적 사고력
	(회계 감사) 합리적 태도, 전략적 사고, 정확성, 적극적 협업 태도, 법률준수 태도, 분석적 태도, 신속성, 책임감, 정확한 판단력
	(세무) 규정 준수 의지, 수리적 정확성, 주의 깊은 태도
우대 자격증	공인회계사, 세무사, 컴퓨터활용능력, 변호사, 워드프로세서, 전산회계운용사, 사회조사분석사, 재경관리사, 회계관리 등
직업기초능력	의사소통능력, 문제해결능력, 자원관리능력, 대인관계능력, 정보능력, 조직이해능력

5. 직무기술서 내용별 확인사항

항목	확인사항
모집부문	해당 채용에서 선발하는 부문(분야)명 확인 예 사무행정, 전산, 전기
분류체계	지원하려는 분야의 세부직무군 확인
주요기능 및 역할	지원하려는 기업의 전사적인 기능과 역할, 산업군 확인
능력단위	지원분야의 직무수행에 관련되는 세부업무사항 확인
직무수행내용	지원분야의 직무군에 대한 상세사항 확인
전형방법	지원하려는 기업의 신입사원 선발전형 절차 확인
일반요건	교육사항을 제외한 지원 요건 확인(자격요건, 특수한 경우 연령)
교육요건	교육사항에 대한 지원요건 확인(대졸 / 초대졸 / 고졸 / 전공 요건)
필요지식	지원분야의 업무수행을 위해 요구되는 지식 관련 세부항목 확인
필요기술	지원분야의 업무수행을 위해 요구되는 기술 관련 세부항목 확인
직무수행태도	지원분야의 업무수행을 위해 요구되는 태도 관련 세부항목 확인
직업기초능력	지원분야 또는 지원기업의 조직원으로서 근무하기 위해 필요한 일반적인 능력사항 확인

1. 입사지원서의 변화

기존지원서
직무와 관련 없는 학점, 개인신상, 어학점수, 자격, 수상경력 등을 나열하도록 구성

VS

능력중심 채용 입사지원서
해당 직무수행에 꼭 필요한 정보들을 제시할 수 있도록 구성

직무기술서

직무수행내용

요구지식 / 기술

관련 자격증

사전직무경험

➡

인적사항	성명, 연락처, 지원분야 등 작성 (평가 미반영)
교육사항	직무지식과 관련된 학교교육 및 직업교육 작성
자격사항	직무관련 국가공인 또는 민간자격 작성
경력 및 경험사항	조직에 소속되어 일정한 임금을 받거나(경력) 임금 없이(경험) 직무와 관련된 활동 내용 작성

2. 교육사항

- 지원분야 직무와 관련된 학교 교육이나 직업교육 혹은 기타교육 등 직무에 대한 지원자의 학습 여부를 평가하기 위한 항목입니다.
- 지원하고자 하는 직무의 학교 전공교육 이외에 직업교육, 기타교육 등을 기입할 수 있기 때문에 전공 제한 없이 직업교육과 기타교육을 이수하여 지원이 가능하도록 기회를 제공합니다.
  (기타교육 : 학교 이외의 기관에서 개인이 이수한 교육과정 중 지원직무와 관련이 있다고 생각되는 교육내용)

구분	교육과정(과목)명	교육내용	과업(능력단위)

PART 4

3. 자격사항

- 채용공고 및 직무기술서에 제시되어 있는 자격 현황을 토대로 지원자가 해당 직무를 수행하는 데 필요한 능력을 가지고 있는지를 평가하기 위한 항목입니다.
- 채용공고 및 직무기술서에 기재된 직무관련 필수 또는 우대자격 항목을 확인하여 본인이 보유하고 있는 자격사항을 기재합니다.

자격유형	자격증명	발급기관	취득일자	자격증번호

4. 경력 및 경험사항

- 직무와 관련된 경력이나 경험 여부를 표현하도록 하여 직무와 관련한 능력을 갖추었는지를 평가하기 위한 항목입니다.
- 해당 기업에서 직무를 수행함에 있어 필요한 사항만을 기록하게 되어 있기 때문에 직무와 무관한 스펙을 갖추지 않아도 됩니다.
- 경력 : 금전적 보수를 받고 일정기간 동안 일했던 경우
- 경험 : 금전적 보수를 받지 않고 수행한 활동

※ 기업에 따라 경력 / 경험 관련 증빙자료 요구 가능

구분	조직명	직위 / 역할	활동기간(년 / 월)	주요과업 / 활동내용

Tip

입사지원서 작성 방법

○ 경력 및 경험사항 작성
- 직무기술서에 제시된 지식, 기술, 태도와 지원자의 교육사항, 경력(경험)사항, 자격사항과 연계하여 개인의 직무역량에 대해 스스로 판단 가능

○ 인적사항 최소화
- 개인의 인적사항, 학교명, 가족관계 등을 노출하지 않도록 유의

부적절한 입사지원서 작성 사례
- 학교 이메일을 기입하여 학교명 노출
- 거주지 주소에 학교 기숙사 주소를 기입하여 학교명 노출
- 자기소개서에 부모님이 재직 중인 기업명, 직위, 직업을 기입하여 가족관계 노출
- 자기소개서에 석·박사 과정에 대한 이야기를 언급하여 학력 노출
- 동아리 활동에 대한 내용을 학교명과 더불어 언급하여 학교명 노출

1. 자기소개서의 변화

- 기존의 자기소개서는 지원자의 일대기나 관심 분야, 성격의 장·단점 등 개괄적인 사항을 묻는 질문으로 구성되어 지원자가 자신의 직무능력을 제대로 표출하지 못합니다.
- 능력중심 채용의 자기소개서는 직무기술서에 제시된 직업기초능력(또는 직무수행능력)에 대한 지원자의 과거 경험을 기술하게 함으로써 평가 타당도의 확보가 가능합니다.

1. 우리 회사와 해당 지원 직무분야에 지원한 동기에 대해 기술해 주세요.

2. 자신이 경험한 다양한 사회활동에 대해 기술해 주세요.

3. 지원 직무에 대한 전문성을 키우기 위해 받은 교육과 경험 및 경력사항에 대해 기술해 주세요.

4. 인사업무 또는 팀 과제 수행 중 발생한 갈등을 원만하게 해결해 본 경험이 있습니까? 당시 상황에 대한 설명과 갈등의 대상이 되었던 상대방을 설득한 과정 및 방법을 기술해 주세요.

5. 과거에 있었던 일 중 가장 어려웠던(힘들었었던) 상황을 고르고, 어떤 방법으로 그 상황을 해결했는지를 기술해 주세요.

Tip

자기소개서 작성 방법

① 자기소개서 문항이 묻고 있는 평가 역량 추측하기

예시

• 팀 활동을 하면서 갈등 상황 시 상대방의 니즈나 의도를 명확히 파악하고 해결하여 목표 달성에 기여했던 경험에 대해서 작성해 주시기 바랍니다.
• 다른 사람이 생각해내지 못했던 문제점을 찾고 이를 해결한 경험에 대해 작성해 주시기 바랍니다.

② 해당 역량을 보여줄 수 있는 소재 찾기(시간×역량 매트릭스)

예시

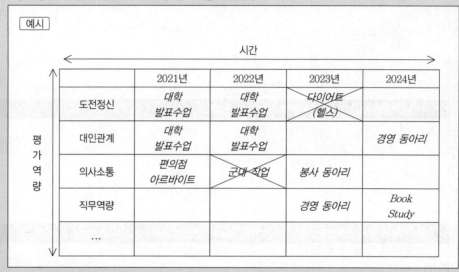

시간

평가역량	2021년	2022년	2023년	2024년
도전정신	대학 발표수업	대학 발표수업	~~다이어트 (헬스)~~	
대인관계	대학 발표수업	대학 발표수업		경영 동아리
의사소통	편의점 아르바이트	~~군대 작업~~	봉사 동아리	
직무역량			경영 동아리	Book Study
…				

③ 자기소개서 작성 Skill 익히기
• 두괄식으로 작성하기
• 구체적 사례를 사용하기
• '나'를 중심으로 작성하기
• 직무역량 강조하기
• 경험 사례의 차별성 강조하기

01   인성검사 유형

인성검사는 지원자의 성격특성을 객관적으로 파악하고 그것이 각 기업에서 필요로 하는 인재상과 가치에 부합하는가를 평가하기 위한 검사입니다. 인성검사는 KPDI(한국인재개발진흥원), K-SAD(한국사회적성개발원), KIRBS(한국행동과학연구소), SHR(에스에이치알) 등의 전문기관을 통해 각 기업의 특성에 맞는 검사를 선택하여 실시합니다. 대표적인 인성검사의 유형에는 크게 다음과 같은 세 가지가 있으며, 채용 대행업체에 따라 달라집니다.

1. KPDI 검사

조직적응성과 직무적합성을 알아보기 위한 검사로 인성검사, 인성역량검사, 인적성검사, 직종별 인적성 검사 등의 다양한 검사 도구를 구현합니다. KPDI는 성격을 파악하고 정신건강 상태 등을 측정하고, 직무 검사는 해당 직무를 수행하기 위해 기본적으로 갖추어야 할 인지적 능력을 측정합니다. 역량검사는 특정 직무 역할을 효과적으로 수행하는 데 직접적으로 관련 있는 개인의 행동, 지식, 스킬, 가치관 등을 측정합니다.

2. KAD(Korea Aptitude Development) 검사

K-SAD(한국사회적성개발원)에서 실시하는 적성검사 프로그램입니다. 개인의 성향, 지적 능력, 기호, 관심, 흥미도를 종합적으로 분석하여 적성에 맞는 업무가 무엇인가 파악하고, 직무수행에 있어서 요구되는 기초능력과 실무능력을 분석합니다.

3. SHR 직무적성검사

직무수행에 필요한 종합적인 사고 능력을 다양한 적성검사(Paper and Pencil Test)로 평가합니다. SHR의 모든 직무능력검사는 표준화 검사입니다. 표준화 검사는 표본집단의 점수를 기초로 규준이 만들어진 검사이므로 개인의 점수를 규준에 맞추어 해석·비교하는 것이 가능합니다. S(Standardized Tests), H(Hundreds of Version), R(Reliable Norm Data)을 특징으로 하며, 직군·직급별 특성과 선발 수준에 맞추어 검사를 적용할 수 있습니다.

인성검사는 특히 면접질문과 관련성이 높습니다. 면접관은 지원자의 인성검사 결과를 토대로 질문을 하기 때문입니다. 일관적이고 이상적인 답변을 하는 것이 가장 좋지만, 실제 시험은 매우 복잡하여 전문가라 해도 일정 성격을 유지하면서 답변을 하는 것이 힘듭니다. 또한, 인성검사에는 라이 스케일(Lie Scale) 설문이 전체 설문 속에 교묘하게 섞여 들어가 있으므로 겉치레적인 답을 하게 되면 회답태도의 허위성이 그대로 드러나게 됩니다. 예를 들어 '거짓말을 한 적이 한 번도 없다.'에 '예'로 답하고, '때로는 거짓말을 하기도 한다.'에 '예'라고 답하여 라이 스케일의 득점이 올라가게 되면 모든 회답의 신빙성이 사라지고 '자신을 돋보이게 하려는 사람'이라는 평가를 받을 수 있으므로 주의해야 합니다. 따라서 모의테스트를 통해 인성검사의 유형과 실제 시험 시 어떻게 문제를 풀어야 하는지 연습해 보고 체크한 부분 중 자신의 단점과 연결되는 부분은 면접에서 질문이 들어왔을 때 어떻게 대처해야 하는지 생각해 보는 것이 좋습니다.

1. 기업의 인재상을 파악하라!

인성검사를 통해 개인의 성격 특성을 파악하고 그것이 기업의 인재상과 가치에 부합하는지를 평가하는 시험이기 때문에 해당 기업의 인재상을 먼저 파악하고 시험에 임하는 것이 좋습니다. 모의테스트에서 인재상에 맞는 가상의 인물을 설정하고 문제에 답해 보는 것도 많은 도움이 됩니다.

2. 일관성 있는 대답을 하라!

짧은 시간 안에 다양한 질문에 답을 해야 하는데, 그 안에는 중복되는 질문이 여러 번 나옵니다. 이때 앞서 자신이 체크했던 대답을 잘 기억해뒀다가 일관성 있는 답을 하는 것이 중요합니다.

3. 모든 문항에 대답하라!

많은 문제를 짧은 시간 안에 풀려다 보니 다 못 푸는 경우도 종종 생깁니다. 하지만 대답을 누락하거나 끝까지 다 못했을 경우 좋지 않은 결과를 가져올 수도 있으니 최대한 주어진 시간 안에 모든 문항에 답할 수 있도록 해야 합니다.

※ 모의테스트는 질문 및 답변 유형 연습을 위한 것으로 실제 시험과 다를 수 있습니다.
※ 인성검사는 정답이 따로 없는 유형의 검사이므로 결과지를 제공하지 않습니다.

번호	내용	예	아니요
001	나는 솔직한 편이다.	☐	☐
002	나는 리드하는 것을 좋아한다.	☐	☐
003	법을 어겨서 말썽이 된 적이 한 번도 없다.	☐	☐
004	거짓말을 한 번도 한 적이 없다.	☐	☐
005	나는 눈치가 빠르다.	☐	☐
006	나는 일을 주도하기보다는 뒤에서 지원하는 것을 선호한다.	☐	☐
007	앞일은 알 수 없기 때문에 계획은 필요하지 않다.	☐	☐
008	거짓말도 때로는 방편이라고 생각한다.	☐	☐
009	사람이 많은 술자리를 좋아한다.	☐	☐
010	걱정이 지나치게 많다.	☐	☐
011	일을 시작하기 전 재고하는 경향이 있다.	☐	☐
012	불의를 참지 못한다.	☐	☐
013	처음 만나는 사람과도 이야기를 잘 한다.	☐	☐
014	때로는 변화가 두렵다.	☐	☐
015	나는 모든 사람에게 친절하다.	☐	☐
016	힘든 일이 있을 때 술은 위로가 되지 않는다.	☐	☐
017	결정을 빨리 내리지 못해 손해를 본 경험이 있다.	☐	☐
018	기회를 잡을 준비가 되어 있다.	☐	☐
019	때로는 내가 정말 쓸모없는 사람이라고 느낀다.	☐	☐
020	누군가 나를 챙겨주는 것이 좋다.	☐	☐
021	자주 가슴이 답답하다.	☐	☐
022	나는 내가 자랑스럽다.	☐	☐
023	경험이 중요하다고 생각한다.	☐	☐
024	전자기기를 분해하고 다시 조립하는 것을 좋아한다.	☐	☐

025	감시받고 있다는 느낌이 든다.	☐	☐
026	난처한 상황에 놓이면 그 순간을 피하고 싶다.	☐	☐
027	세상엔 믿을 사람이 없다.	☐	☐
028	잘못을 빨리 인정하는 편이다.	☐	☐
029	지도를 보고 길을 잘 찾아간다.	☐	☐
030	귓속말을 하는 사람을 보면 날 비난하고 있는 것 같다.	☐	☐
031	막무가내라는 말을 들을 때가 있다.	☐	☐
032	장래의 일을 생각하면 불안하다.	☐	☐
033	결과보다 과정이 중요하다고 생각한다.	☐	☐
034	운동은 그다지 할 필요가 없다고 생각한다.	☐	☐
035	새로운 일을 시작할 때 좀처럼 한 발을 떼지 못한다.	☐	☐
036	기분 상하는 일이 있더라도 참는 편이다.	☐	☐
037	업무능력은 성과로 평가받아야 한다고 생각한다.	☐	☐
038	머리가 맑지 못하고 무거운 느낌이 든다.	☐	☐
039	가끔 이상한 소리가 들린다.	☐	☐
040	타인이 내게 자주 고민상담을 하는 편이다.	☐	☐

※ 모의테스트는 질문 및 답변 유형 연습을 위한 것으로 실제 시험과 다를 수 있습니다.
※ 인성검사는 정답이 따로 없는 유형의 검사이므로 결과지를 제공하지 않습니다.

※ 이 성격검사의 각 문항에는 서로 다른 행동을 나타내는 네 개의 문장이 제시되어 있습니다. 이 문장들을 비교하여, 자신의 평소 행동과 가장 가까운 문장을 'ㄱ' 열에 표기하고, 가장 먼 문장을 'ㅁ' 열에 표기하십시오.

01 나는 _____

	ㄱ	ㅁ
A. 실용적인 해결책을 찾는다.	☐	☐
B. 다른 사람을 돕는 것을 좋아한다.	☐	☐
C. 세부 사항을 잘 챙긴다.	☐	☐
D. 상대의 주장에서 허점을 잘 찾는다.	☐	☐

02 나는 _____

	ㄱ	ㅁ
A. 매사에 적극적으로 임한다.	☐	☐
B. 즉흥적인 편이다.	☐	☐
C. 관찰력이 있다.	☐	☐
D. 임기응변에 강하다.	☐	☐

03 나는 _____

	ㄱ	ㅁ
A. 무서운 영화를 잘 본다.	☐	☐
B. 조용한 곳이 좋다.	☐	☐
C. 가끔 울고 싶다.	☐	☐
D. 집중력이 좋다.	☐	☐

04 나는 _____

	ㄱ	ㅁ
A. 기계를 조립하는 것을 좋아한다.	☐	☐
B. 집단에서 리드하는 역할을 맡는다.	☐	☐
C. 호기심이 많다.	☐	☐
D. 음악을 듣는 것을 좋아한다.	☐	☐

PART 4

05 나는 _____

	ㄱ	ㅁ
A. 타인을 늘 배려한다.	☐	☐
B. 감수성이 예민하다.	☐	☐
C. 즐겨하는 운동이 있다.	☐	☐
D. 일을 시작하기 전에 계획을 세운다.	☐	☐

06 나는 _____

	ㄱ	ㅁ
A. 타인에게 설명하는 것을 좋아한다.	☐	☐
B. 여행을 좋아한다.	☐	☐
C. 정적인 것이 좋다.	☐	☐
D. 남을 돕는 것에 보람을 느낀다.	☐	☐

07 나는 _____

	ㄱ	ㅁ
A. 기계를 능숙하게 다룬다.	☐	☐
B. 밤에 잠이 잘 오지 않는다.	☐	☐
C. 한 번 간 길을 잘 기억한다.	☐	☐
D. 불의를 보면 참을 수 없다.	☐	☐

08 나는 _____

	ㄱ	ㅁ
A. 종일 말을 하지 않을 때가 있다.	☐	☐
B. 사람이 많은 곳을 좋아한다.	☐	☐
C. 술을 좋아한다.	☐	☐
D. 휴양지에서 편하게 쉬고 싶다.	☐	☐

09 나는 _____

	ㄱ	ㅁ
A. 뉴스보다는 드라마를 좋아한다.	☐	☐
B. 길을 잘 찾는다.	☐	☐
C. 주말엔 집에서 쉬는 것이 좋다.	☐	☐
D. 아침에 일어나는 것이 힘들다.	☐	☐

10 나는 _____

	ㄱ	ㅁ
A. 이성적이다.	☐	☐
B. 할 일을 종종 미룬다.	☐	☐
C. 어른을 대하는 게 힘들다.	☐	☐
D. 불을 보면 매혹을 느낀다.	☐	☐

11 나는 _____

	ㄱ	ㅁ
A. 상상력이 풍부하다.	☐	☐
B. 예의 바르다는 소리를 자주 듣는다.	☐	☐
C. 사람들 앞에 서면 긴장한다.	☐	☐
D. 친구를 자주 만난다.	☐	☐

12 나는 _____

	ㄱ	ㅁ
A. 나만의 스트레스 해소 방법이 있다.	☐	☐
B. 친구가 많다.	☐	☐
C. 책을 자주 읽는다.	☐	☐
D. 활동적이다.	☐	☐

01 면접유형 파악

1. 면접전형의 변화

기존 면접전형에서는 일상적이고 단편적인 대화나 지원자의 첫인상 및 면접관의 주관적인 판단 등에 의해서 입사 결정 여부를 판단하는 경우가 많았습니다. 이러한 면접전형은 면접 내용의 일관성이 결여되거나 직무 관련 타당성이 부족하였고, 면접에 대한 신뢰도에 영향을 주었습니다.

기존 면접(전통적 면접)		능력중심 채용 면접(구조화 면접)

• 일상적이고 단편적인 대화
 • 인상, 외모 등 외부 요소의 영향
 • 주관적인 판단에 의존한 총점 부여
 	
 ⇩
 	
 • 면접 내용의 일관성 결여
 • 직무관련 타당성 부족
 • 주관적인 채점으로 신뢰도 저하
	VS	• 일관성
		    – 직무관련 역량에 초점을 둔 구체적 질문 목록
		    – 지원자별 동일 질문 적용
		 • 구조화
		    – 면접 진행 및 평가 절차를 일정한 체계에 의해 구성
		 • 표준화
		    – 평가 타당도 제고를 위한 평가 Matrix 구성
		    – 척도에 따라 항목별 채점, 개인 간 비교
		 • 신뢰성
		    – 면접진행 매뉴얼에 따라 면접위원 교육 및 실습

2. 능력중심 채용의 면접 유형

① 경험 면접
  • 목적 : 선발하고자 하는 직무 능력이 필요한 과거 경험을 질문합니다.
  • 평가요소 : 직업기초능력과 인성 및 태도적 요소를 평가합니다.
② 상황 면접
  • 목적 : 특정 상황을 제시하고 지원자의 행동을 관찰함으로써 실제 상황의 행동을 예상합니다.
  • 평가요소 : 직업기초능력과 인성 및 태도적 요소를 평가합니다.
③ 발표 면접
  • 목적 : 특정 주제와 관련된 지원자의 발표와 질의응답을 통해 지원자 역량을 평가합니다.
  • 평가요소 : 직무수행능력과 인지적 역량(문제해결능력)을 평가합니다.
④ 토론 면접
  • 목적 : 토의과제에 대한 의견수렴 과정에서 지원자의 역량과 상호작용능력을 평가합니다.
  • 평가요소 : 직무수행능력과 팀워크를 평가합니다.

1. 경험 면접

① 경험 면접의 특징
- 주로 직업기초능력에 관련된 지원자의 과거 경험을 심층 질문하여 검증하는 면접입니다.
- 직무능력과 관련된 과거 경험을 평가하기 위해 심층 질문을 하며, 이 질문은 지원자의 답변에 대하여 '꼬리에 꼬리를 무는 형식'으로 진행됩니다.

- 능력요소, 정의, 심사 기준
  - 평가하고자 하는 능력요소, 정의, 심사기준을 확인하여 면접위원이 해당 능력요소 관련 질문을 제시합니다.
- Opening Question
  - 능력요소에 관련된 과거 경험을 유도하기 위한 시작 질문을 합니다.
- Follow-up Question
  - 지원자의 경험 수준을 구체적으로 검증하기 위한 질문입니다.
  - 경험 수준 검증을 위한 상황(Situation), 임무(Task), 역할 및 노력(Action), 결과(Result) 등으로 질문을 구분합니다.

경험 면접의 형태

[면접관 1] [면접관 2] [면접관 3]   [면접관 1] [면접관 2] [면접관 3]

[지원자]   [지원자 1] [지원자 2] [지원자 3]

〈일대다 면접〉   〈다대다 면접〉

② 경험 면접의 구조

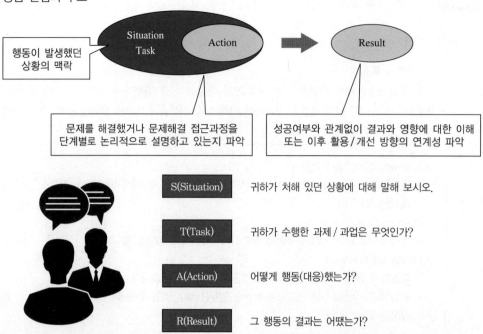

행동이 발생했던 상황의 맥락

문제를 해결했거나 문제해결 접근과정을 단계별로 논리적으로 설명하고 있는지 파악

성공여부와 관계없이 결과와 영향에 대한 이해 또는 이후 활용 / 개선 방향의 연계성 파악

S(Situation) 귀하가 처해 있던 상황에 대해 말해 보시오.

T(Task) 귀하가 수행한 과제 / 과업은 무엇인가?

A(Action) 어떻게 행동(대응)했는가?

R(Result) 그 행동의 결과는 어땠는가?

(   )에 관한 과거 경험에 대하여 말해 보시오.

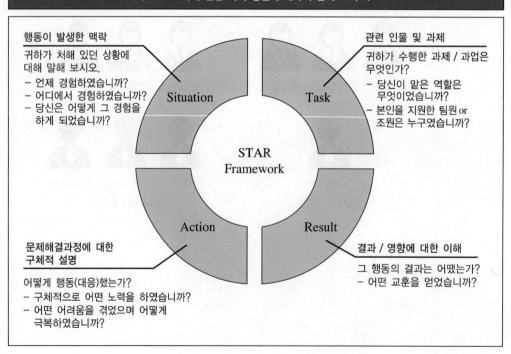

행동이 발생한 맥락

귀하가 처해 있던 상황에 대해 말해 보시오.
– 언제 경험하였습니까?
– 어디에서 경험하였습니까?
– 당신은 어떻게 그 경험을 하게 되었습니까?

관련 인물 및 과제

귀하가 수행한 과제 / 과업은 무엇인가?
– 당신이 맡은 역할은 무엇이었습니까?
– 본인을 지원한 팀원 or 조원은 누구였습니까?

문제해결과정에 대한 구체적 설명

어떻게 행동(대응)했는가?
– 구체적으로 어떤 노력을 하였습니까?
– 어떤 어려움을 겪었으며 어떻게 극복하였습니까?

결과 / 영향에 대한 이해

그 행동의 결과는 어땠는가?
– 어떤 교훈을 얻었습니까?

③ 경험 면접 질문 예시(직업윤리)

시작 질문	
1	남들이 신경 쓰지 않는 부분까지 고려하여 절차대로 업무(연구)를 수행하여 성과를 낸 경험을 구체적으로 말해 보시오.
2	조직의 원칙과 절차를 철저히 준수하며 업무(연구)를 수행한 것 중 성과를 향상시킨 경험에 대해 구체적으로 말해 보시오.
3	세부적인 절차와 규칙에 주의를 기울여 실수 없이 업무(연구)를 마무리한 경험을 구체적으로 말해 보시오.
4	조직의 규칙이나 원칙을 고려하여 성실하게 일했던 경험을 구체적으로 말해 보시오.
5	타인의 실수를 바로잡고 원칙과 절차대로 수행하여 성공적으로 업무를 마무리하였던 경험에 대해 말해 보시오.

후속 질문		
상황 (Situation)	상황	구체적으로 언제, 어디에서 경험한 일인가?
		어떤 상황이었는가?
	조직	어떤 조직에 속해 있었는가?
		그 조직의 특성은 무엇이었는가?
		몇 명으로 구성된 조직이었는가?
	기간	해당 조직에서 얼마나 일했는가?
		해당 업무는 몇 개월 동안 지속되었는가?
	조직규칙	조직의 원칙이나 규칙은 무엇이었는가?
임무 (Task)	과제	과제의 목표는 무엇이었는가?
		과제에 적용되는 조직의 원칙은 무엇이었는가?
		그 규칙을 지켜야 하는 이유는 무엇이었는가?
	역할	당신이 조직에서 맡은 역할은 무엇이었는가?
		과제에서 맡은 역할은 무엇이었는가?
	문제의식	규칙을 지키지 않을 경우 생기는 문제점 / 불편함은 무엇인가?
		해당 규칙이 왜 중요하다고 생각하였는가?
역할 및 노력 (Action)	행동	업무 과정의 어떤 장면에서 규칙을 철저히 준수하였는가?
		어떻게 규정을 적용시켜 업무를 수행하였는가?
		규정은 준수하는 데 어려움은 없었는가?
	노력	그 규칙을 지키기 위해 스스로 어떤 노력을 기울였는가?
		본인의 생각이나 태도에 어떤 변화가 있었는가?
		다른 사람들은 어떤 노력을 기울였는가?
	동료관계	동료들은 규칙을 철저히 준수하고 있었는가?
		팀원들은 해당 규칙에 대해 어떻게 반응하였는가?
		규칙에 대한 태도를 개선하기 위해 어떤 노력을 하였는가?
		팀원들의 태도는 당신에게 어떤 자극을 주었는가?
	업무추진	주어진 업무를 추진하는 데 규칙이 방해되진 않았는가?
		업무수행 과정에서 규정을 어떻게 적용하였는가?
		업무 시 규정을 준수해야 한다고 생각한 이유는 무엇인가?

결과 (Result)	평가	규칙을 어느 정도나 준수하였는가?
		그렇게 준수할 수 있었던 이유는 무엇이었는가?
		업무의 성과는 어느 정도였는가?
		성과에 만족하였는가?
		비슷한 상황이 온다면 어떻게 할 것인가?
	피드백	주변 사람들로부터 어떤 평가를 받았는가?
		그러한 평가에 만족하는가?
		다른 사람에게 본인의 행동이 영향을 주었다고 생각하는가?
	교훈	업무수행 과정에서 중요한 점은 무엇이라고 생각하는가?
		이 경험을 통해 느낀 바는 무엇인가?

2. 상황 면접

① 상황 면접의 특징

직무 관련 상황을 가정하여 제시하고 이에 대한 대응능력을 직무관련성 측면에서 평가하는 면접입니다.

- 상황 면접 과제의 구성은 크게 2가지로 구분
  - 상황 제시(Description) / 문제 제시(Question or Problem)
- 현장의 실제 업무 상황을 반영하여 과제를 제시하므로 직무분석이나 직무전문가 워크숍 등을 거쳐 현장성을 높임
- 문제는 상황에 대한 기본적인 이해능력(이론적 지식)과 함께 실질적 대응이나 변수 고려능력(실천적 능력) 등을 고르게 질문해야 함

상황 면접의 형태

[면접관 1] [면접관 2]

[연기자 1] [연기자 2]   [면접관 1] [면접관 2]

[지원자]   [지원자 1] [지원자 2] [지원자 3]

〈시뮬레이션〉   〈문답형〉

② 상황 면접 예시

상황 제시	인천공항 여객터미널 내에는 다양한 용도의 시설(사무실, 통신실, 식당, 전산실, 창고 면세점 등)이 설치되어 있습니다.	실제 업무 상황에 기반함
	금년에 소방배관의 누수가 잦아 메인 배관을 교체하는 공사를 추진하고 있으며, 당신은 이번 공사의 담당자입니다.	배경 정보
	주간에는 공항 운영이 이루어져 주로 야간에만 배관 교체 공사를 수행하던 중, 시공하는 기능공의 실수로 배관 연결 부위를 잘못 건드려 고압배관의 소화수가 누출되는 사고가 발생하였으며, 이로 인해 인근 시설물에 누수에 의한 피해가 발생하였습니다.	구체적인 문제 상황
문제 제시	일반적인 소방배관의 배관연결(이음)방식과 배관의 이탈(누수)이 발생하는 원인에 대해 설명해 보시오.	문제 상황 해결을 위한 기본 지식 문항
	담당자로서 본 사고를 현장에서 긴급히 처리하는 프로세스를 제시하고, 보수완료 후 사후적 조치가 필요한 부분 및 재발방지 방안에 대해 설명해 보시오.	문제 상황 해결을 위한 추가 대응 문항

3. 발표 면접

① 발표 면접의 특징

- 직무관련 주제에 대한 지원자의 생각을 정리하여 의견을 제시하고, 발표 및 질의응답을 통해 지원자의 직무능력을 평가하는 면접입니다.
- 발표 주제는 직무와 관련된 자료로 제공되며, 일정 시간 후 지원자가 보유한 지식 및 방안에 대한 발표 및 후속 질문을 통해 직무적합성을 평가합니다.

- 주요 평가요소
  - 설득적 말하기 / 발표능력 / 문제해결능력 / 직무관련 전문성
- 이미 언론을 통해 공론화된 시사 이슈보다는 해당 직무분야에 관련된 주제가 발표면접의 과제로 선정되는 경우가 최근 들어 늘어나고 있음
- 짧은 시간 동안 주어진 과제를 빠른 속도로 분석하여 발표문을 작성하고 제한된 시간 안에 면접관에게 효과적인 발표를 진행하는 것이 핵심

발표 면접의 형태

[면접관 1] [면접관 2]   [면접관 1] [면접관 2]

[지원자]   [지원자 1] [지원자 2] [지원자 3]

〈개별 과제 발표〉   〈팀 과제 발표〉

※ 면접관에게 시각적 효과를 사용하여 메시지를 전달하는 쌍방향 커뮤니케이션 방식
※ 심층면접을 보완하기 위한 방안으로 최근 많은 기업에서 적극 도입하는 추세

② 발표 면접 예시

1. 지시문

당신은 현재 A사에서 직원들의 성과평가를 담당하고 있는 팀원이다. 인사팀은 지난주부터 사내 조직문화관련 인터뷰를 하던 도중 성과평가제도에 관련된 개선 니즈가 제일 많다는 것을 알게 되었다. 이에 팀장님은 인터뷰 결과를 종합하려 성과평가제도 개선 아이디어를 A4용지에 정리하여 신속 보고할 것을 지시하셨다. 당신에게 남은 시간은 1시간이다. 자료를 준비하는 대로 당신은 팀원들이 모인 회의실에서 5분 간 발표할 것이며, 이후 질의응답을 진행할 것이다.

2. 배경자료

<성과평가제도 개선에 대한 인터뷰>

최근 A사는 회사 사세의 급성장으로 인해 작년보다 매출이 두 배 성장하였고, 직원 수 또한 두 배로 증가하였다. 회사의 성장은 임금, 복지에 대한 상승 등 긍정적인 영향을 주었으나 업무의 불균형 및 성과보상의 불평등 문제가 발생하였다. 또한 수시로 입사하는 신입직원과 경력직원, 퇴사하는 직원들까지 인원들의 잦은 변동으로 인해 평가해야 할 대상이 변경되어 현재의 성과평가제도로는 공정한 평가가 어려운 상황이다.

[생산부서 김상호]
우리 팀은 지난 1년 동안 생산량이 급증했기 때문에 수십 명의 신규인력이 급하게 채용되었습니다. 이 때문에 저희 팀장님은 신규 입사자들의 이름조차 기억 못할 때가 많이 있습니다. 성과평가를 제대로 하고 있는지 의문이 듭니다.

[마케팅 부서 김흥민]
개인의 성과평가의 취지는 충분히 이해합니다. 그러나 현재 평가는 실적기반이나 정성적인 평가가 많이 포함되어 있어 객관성과 공정성에는 의문이 드는 것이 사실입니다. 이러한 상황에서 평가제도를 재수립하지 않고, 인센티브에 계속 반영한다면, 평가제도에 대한 반감이 커질 것이 분명합니다.

[교육부서 홍경민]
현재 교육부서는 인사팀과 밀접하게 일하고 있습니다. 그럼에도 인사팀에서 실시하는 성과평가제도에 대한 이해가 부족한 것 같습니다.

[기획부서 김경호 차장]
저는 저의 평가자 중 하나가 연구부서의 팀장님인데, 일 년에 몇 번 같이 일하지 않는데 어떻게 저를 평가할 수 있을까요? 특히 연구팀은 저희가 예산을 배정하는데, 저에게는 좋지만….

4. 토론 면접

① 토론 면접의 특징
- 다수의 지원자가 조를 편성해 과제에 대한 토론(토의)을 통해 결론을 도출해가는 면접입니다.
- 의사소통능력, 팀워크, 종합인성 등의 평가에 용이합니다.

> - 주요 평가요소
>   - 설득적 말하기, 경청능력, 팀워크, 종합인성
> - 의견 대립이 명확한 주제 또는 채용분야의 직무 관련 주요 현안을 주제로 과제 구성
> - 제한된 시간 내 토론을 진행해야 하므로 적극적으로 자신 있게 토론에 임하고 본인의 의견을 개진할
>   수 있어야 함

토론 면접의 형태

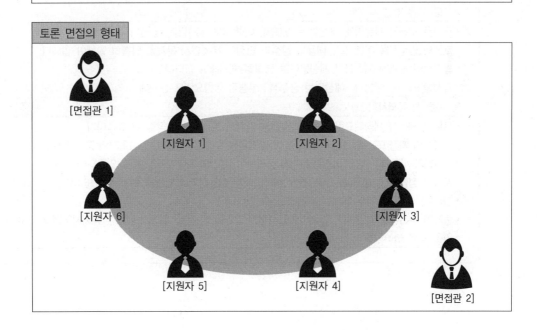

② 토론 면접 예시

고객 불만 고충처리

1. 들어가며

최근 우리 상품에 대한 고객 불만의 증가로 고객고충처리 TF가 만들어졌고 당신은 여기에 지원해 배치받았다. 당신의 업무는 불만을 가진 고객을 만나서 애로사항을 듣고 처리해 주는 일이다. 주된 업무로는 고객의 니즈를 파악해 방향성을 제시해 주고 그 해결책을 마련하는 일이다. 하지만 경우에 따라서 고객의 주관적인 의견으로 인해 제대로 된 방향으로 의사결정을 하지 못할 때가 있다. 이럴 경우 설득이나 논쟁을 해서라도 의견을 관철시키는 것이 좋을지 아니면 고객의 의견대로 진행하는 것이 좋을지 결정해야 할 때가 있다. 만약 당신이라면 이러한 상황에서 어떤 결정을 내릴 것인지 여부를 자유롭게 토론해 보시오.

2. 1분 자유 발언 시 준비사항

• 당신은 의견을 자유롭게 개진할 수 있으며 이에 따른 불이익은 없습니다.

• 토론의 방향성을 이해하고, 내용의 장점과 단점이 무엇인지 문제를 명확히 말해야 합니다.

• 합리적인 근거에 기초하여 개선방안을 명확히 제시해야 합니다.

• 제시한 방안을 실행 시 예상되는 긍정적 · 부정적 영향요인도 동시에 고려할 필요가 있습니다.

3. 토론 시 유의사항

• 토론 주제문과 제공해드린 메모지, 볼펜만 가지고 토론장에 입장할 수 있습니다.

• 사회자의 지정 또는 발표자가 손을 들어 발언권을 획득할 수 있으며, 사회자의 통제에 따릅니다.

• 토론회가 시작되면, 팀의 의견과 논거를 정리하여 1분간의 자유발언을 할 수 있습니다. 순서는 사회자가 지정합니다. 이후에는 자유롭게 상대방에게 질문하거나 답변을 하실 수 있습니다.

• 핸드폰, 서적 등 외부 매체는 사용하실 수 없습니다.

• 논제에 벗어나는 발언이나 지나치게 공격적인 발언을 할 경우, 위에서 제시한 유의사항을 지키지 않을 경우 불이익을 받을 수 있습니다.

1. 면접 Role Play 편성

• 교육생끼리 조를 편성하여 면접관과 지원자 역할을 교대로 진행합니다.
• 지원자 입장과 면접관 입장을 모두 경험해 보면서 면접에 대한 적응력을 높일 수 있습니다.

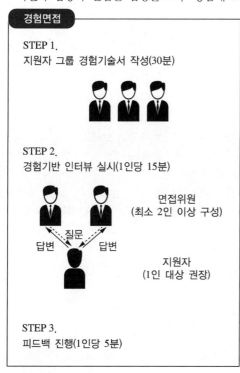

경험면접

STEP 1.
지원자 그룹 경험기술서 작성(30분)

STEP 2.
경험기반 인터뷰 실시(1인당 15분)

면접위원
(최소 2인 이상 구성)

질문
답변   답변

지원자
(1인 대상 권장)

STEP 3.
피드백 진행(1인당 5분)

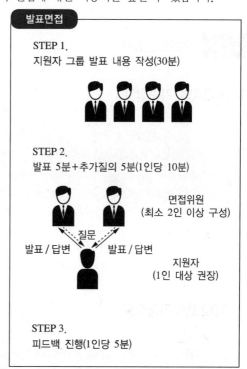

발표면접

STEP 1.
지원자 그룹 발표 내용 작성(30분)

STEP 2.
발표 5분+추가질의 5분(1인당 10분)

면접위원
(최소 2인 이상 구성)

질문
발표 / 답변   발표 / 답변

지원자
(1인 대상 권장)

STEP 3.
피드백 진행(1인당 5분)

Tip

면접 준비하기
1. 면접 유형 확인 필수
   • 기업마다 면접 유형이 상이하기 때문에 해당 기업의 면접 유형을 확인하는 것이 좋음
   • 일반적으로 실무진 면접, 임원면접 2차례에 거쳐 면접을 실시하는 기업이 많고 실무진 면접과 임원 면접에서 평가
     요소가 다르기 때문에 유형에 맞는 준비방법이 필요
2. 후속 질문에 대한 사전 점검
   • 블라인드 채용 면접에서는 주요 질문과 함께 후속 질문을 통해 지원자의 직무능력을 판단
     → STAR 기법을 통한 후속 질문에 미리 대비하는 것이 필요

01 부산항만공사

1. 2024년 기출질문

- 조직 내에서 처음 합의와 다르게 진행되었을 때 어떻게 해결하였는지 말해 보시오.
- 조직 내에서 소수 의견을 귀담아 들어 결과를 낸 경험이 있다면 말해 보시오.
- 부산항만공사에 입사하기 위해 어떤 노력을 했는지 말해 보시오.
- 공공기관의 직원으로서 가져야 할 가치관이 무엇인지 말해 보시오.
- 조작 내에서 조금 역량이 부족하거나 이해가 느린 조직원과 협업한 경험이 있다면 말해 보시오.
- 입사하게 된다면 어떻게 할 것인지 간단하게 포부를 말해 보시오.

2. 2023년 기출질문

- 6개월 이상 노력한 경험이 있다면 말해 보시오.
- 본인의 선택을 후회한 경험이 있다면 말해 보시오.
- 가덕도신공항 개항 시 부산항에 미칠 영향에 대해 말해 보시오.
- 부산항만공사의 경쟁사는 어디라고 생각하는지 말해 보시오.
- 경영 성과와 안전 추구의 상충에 대해 어떻게 생각하는지 말해 보시오.
- 한정된 자원으로 성과를 냈던 경험이 있다면 말해 보시오.

3. 2022년 기출질문

- 북항 재개발 사업에 대해 아는 대로 설명해 보시오.
- 산업 재해에 대한 실질적인 해결 방안을 말해 보시오.
- 공공성 강화에 대해 어떻게 생각하는지 말해 보시오.
- 신입사원에게 가장 중요한 자세는 무엇이라고 생각하는지 말해 보시오.

4. 2021년 기출질문

- 부산항만공사의 인재상에 대해 말해 보시오.
- 창의성을 발휘한 경험이 있다면 말해 보시오.

5. 2020년 기출질문

- 항만의 기능에 대해 말해 보시오.
- 신입사원으로서의 자세에 대해 말해 보시오.
- 직업인으로서 가져야 할 자세에 대해 말해 보시오.
- 민원 발생 시 대처 방안에 대해 말해 보시오.
- 그동안의 경험을 통해 깨달은 점을 말해 보시오.
- 부산항만공사의 문제점에 대해 말해 보시오.
- 포복절도한 경험이 있다면 말해 보시오.
- 회사를 선택할 때 본인만의 기준을 말해 보시오.

6. 과년도 기출질문

- 미세먼지의 정의에 대해 말해 보시오.
- 미세먼지 저감 방안에 대해 말해 보시오.
- 기성세대와의 조화를 어떻게 이룰 수 있을지 말해 보시오.
- 에너지 하베스팅에 대해 아는 대로 설명해 보시오.
- 수소발전에 대해 아는 대로 설명해 보시오.
- 부산항만공사에서 지원 분야의 업무를 어떻게 수행할 것인지 말해 보시오.
- 부산항만공사의 IT 서비스 종류를 아는 대로 말해 보시오.
- 부산항만공사의 발전 방향에 대해 말해 보시오.
- 부산항만공사에게 가장 시급한 것은 무엇이라고 생각하는지 말해 보시오.
- 현 상황을 외국어로 말해 보시오.
- 부산항의 종류와 역할에 대해 말해 보시오.
- 공기업과 사기업의 차이점을 말해 보시오.
- 부산항만공사의 적절한 운영 형태에 대해 말해 보시오.
- 수익성 업무를 담당하는 공기업으로서 부산항만공사가 경영의 자율권을 어디까지 보장해야 할지 말해 보시오.
- 부산항만공사의 물동량 증대 방안에 대해 말해 보시오.
- 부산항의 현안과 문제점, 구체적인 대응 방안에 대해 말해 보시오.
- 정보보안 문제의 해결 방안에 대해 말해 보시오.
- 수출입 물류 흐름에 대해 말해 보시오.

- 입사하게 된다면 어떤 직무에서 일하고 싶은지 말해 보시오.
- 사장이 된다면 경영방침을 무엇으로 할 것인지 4글자로 말해 보시오.
- 북항 재개발과 신항 개발에 대해 아는 대로 설명해 보시오.
- 사업 진행을 원활히 할 수 있는 방안에 대해 말해 보시오.
- 부산항만공사의 2030전략에 대해 아는 대로 말해 보시오.
- 안벽에 대해 아는 대로 설명해 보시오.
- 지진이 일어났을 때 육상과 해상에서의 문제점과 그 대책 방안에 대해 말해 보시오.
- 부산항만공사에 대해 어떻게 생각하는지 말해 보시오.

02 인천항만공사

1. 2024년 기출질문

- 최근 항만 관련 이슈에 대해서 아는 대로 말해 보시오.
- 인천항만공사 담당 사업을 아는 대로 말해 보시오.
- 인천항만공사의 장단점에 대해서 말해 보시오.
- 다른 공공기관이 아닌 항만공사에 지원한 이유를 말해 보시오.
- 입사하게 된다면 담당해 보고 싶은 업무에 대해서 구체적으로 말해 보시오.

2. 2023년 기출질문

- MOF에 대해 아는 대로 설명해 보시오.
- 인생에서 가장 힘들었던 시기와 그 시기를 극복했던 방안에 대해 말해 보시오.
- 인천항만공사의 홈페이지를 보고 느낀 점을 말해 보시오.

3. 2022년 기출질문

- 실패했던 경험과 이를 통해 깨달은 점을 말해 보시오.
- 현장에서 설계와는 다른 상황이 발생했을 경우 어떻게 대처할 것인지 말해 보시오.
- 준설선의 종류에 대해 아는 대로 설명해 보시오.
- 인천항만공사의 특징에 대해 말해 보시오.
- 인천항만공사에 지원한 동기에 대해 말해 보시오.
- 본인 성격의 장점과 단점을 말해 보시오.

4. 2021년 기출질문

- 항만의 3요소에 대해 말해 보시오.
- 자기소개를 영어로 해 보시오.
- 본인이 불만을 표현하는 방식에 대해 말해 보시오.
- 다른 사람을 배려하거나 설득한 경험이 있다면 말해 보시오.
- 문제를 해결한 경험이 있다면 말해 보시오.
- 조직 내 사람들과 친해지는 본인만의 방식을 말해 보시오.
- 기억에 남는 프로젝트가 있다면 말해 보시오.
- 소통과 방향성 중 하나를 선택하고, 본인의 경험에 빗대어 말해 보시오.
- 본인은 친구가 많은 편인지 말해 보시오.

5. 2020년 기출질문

- 인천항만공사에 대해 아는 대로 말해 보시오.
- 인천항만공사의 주요 사업 중 현재 관심 있게 지켜보고 있는 사업이 있는지 말해 보시오.
- 입사하게 된다면 무엇을 배우고 싶은지 말해 보시오.
- 산업안전보건법 개정안 등 안전 관련 법령에 대해 아는 대로 말해 보시오.
- 안전성을 높이기 위해 할 수 있는 일에 대해 말해 보시오.
- 물류 운송에 항공과 항만 중 어떤 것이 더 좋을지 말해 보시오.
- 동료와의 의견 충돌이 발생했다면 어떻게 해결할 것인지 말해 보시오.
- 항만 서비스를 개선할 수 있는 방안에 대해 말해 보시오.

6. 과년도 기출질문

- 전교조에 대해 어떻게 생각하는지 말해 보시오.
- 본인이 외주업체 선정 담당자라면 어떠한 기준으로 선정할 것인지 말해 보시오.
- 사드 문제로 중국 관광객이 많이 감소하였는데, 인천항만공사가 받은 타격을 해결하기 위한 여객 증대 방안에 대해 말해 보시오.
- 인천항만공사의 신항만과 구항만 개발 방안에 대해 말해 보시오.
- 인천항만공사의 안전 관리 영역에서 기계직 종사자가 특히 신경 써야 할 것은 무엇인지 말해 보시오.
- 4차 산업혁명의 특징과 이를 인천항만공사의 사업에 어떻게 적용할 것인지 말해 보시오.
- 상사에게 지적받은 것을 고친 경험이 있다면 말해 보시오.
- 인천항만공사에 입사하기 위해 준비한 것이 무엇인지 말해 보시오.
- 무역 거래 시 많이 사용되는 계약 조건에 대해 말해 보시오.
- 본인은 공격수와 수비수 중 어떠한 성향인지 말해 보시오.
- 토양 오염 해결 방안에 대해 말해 보시오.
- 인천항만공사가 친환경 사업을 하며 추진해야 할 방향은 무엇인지 말해 보시오.
- 단체 생활에서 지적받았던 경험이 있다면 말해 보시오.
- 어려운 일을 극복한 경험이 있다면 말해 보시오.
- 하인리히 법칙에 대해 아는 대로 설명해 보시오.
- CM과 PM의 차이점에 대해 말해 보시오.
- 한국 최초의 등대는 어디에 있는지 말해 보시오.
- 인천항의 최대 수심은 얼마인지 말해 보시오.
- 토목과 건축의 차이점에 대해 말해 보시오.
- 본인은 갈등을 해결할 때 이야기를 들어주는 편인지, 자기주장을 많이 이야기하는 편인지 말해 보시오.
- 스트레스를 푸는 본인만의 방식을 말해 보시오.
- 갑문시설의 현대화 방안에 대해 말해 보시오.
- 전 세계 해운 물동량은 얼마인지 말해 보시오.
- 엑셀 피벗 테이블의 활용 방안에 대해 말해 보시오.

1. 2024년 기출질문

- 상사의 지시를 어긴 경험이 있다면 말해 보시오.
- 가장 기억에 남는 칭찬과 피드백을 1가지씩 말해 보시오.
- 입사 후 본인의 목표에 대해서 말해 보시오.

2. 2023년 기출질문

- 의사소통에서 가장 중요하게 생각하는 것이 무엇인지 말해 보시오.
- 모르는 사람에게 선의를 베푼 경험이 있다면 말해 보시오.
- 해운업과 관련된 최근 이슈와 그에 대한 본인의 생각을 말해 보시오.
- 윤리를 지킨 경험이 있다면 말해 보시오.
- 남들이 꺼려하는 일을 나서서 해결한 경험이 있다면 말해 보시오.
- 팀 프로젝트에 무임승차하는 사람이 있다면 어떻게 할 것인지 말해 보시오.

3. 2022년 기출질문

- 연약개량공법에 대해 아는 대로 설명해 보시오.
- 위험성 평가에 대해 아는 대로 설명해 보시오.
- 다른 부서와의 갈등 시 어떤 의견을 제시할 것인지 말해 보시오.
- 울산항의 발전에 대해 어떻게 생각하는지 말해 보시오.
- 본인은 리더형 타입인지, 팔로워형 타입인지 말해 보시오.

4. 2021년 기출질문

- 자기소개를 해 보시오.
- 본인이 지원한 직무에 잘 적응할 것 같은 사람을 말해 보시오.

5. 2020년 기출질문

- 본인이 지원한 직무에 대해 아는 대로 말해 보시오.
- 1인 미디어가 대세인데, 이를 더 성장시키기 위해 어떻게 할 것인지 말해 보시오.
- 상사와 의견이 다를 경우 상사를 설득할 것인지, 상사의 의견을 따를 것인지 말해 보시오.
- 우리나라의 항만공사 개수와 그들이 관리하는 항들의 차이점을 말해 보시오.

6. 과년도 기출질문

- 살아가면서 가장 중요하게 생각하는 가치는 무엇인지 말해 보시오.
- 현재 해운업계의 상황이 어떻다고 생각하는지 말해 보시오.
- 울산항만공사가 진행하는 업무에 대해 아는 대로 말해 보시오.
- 북극해 항로 및 오일허브에 대해 아는 대로 설명해 보시오.
- 본인의 취미에 대해 말해 보시오.
- 울산항만공사의 홈페이지에서 고칠 점에 대해 말해 보시오.
- 3D 프린터에 대해 어떻게 생각하는지 말해 보시오.
- 살면서 힘들었던 경험이 있다면 말해 보시오.
- 항만공사의 노사 갈등이 발생한다면 어떻게 해결할 것인지 말해 보시오.
- 입사 후 하고 싶은 업무에 대해 말해 보시오.
- OSI 7계층에 대해 아는 대로 설명하고, TCP/IP 4계층과의 차이점에 대해 말해 보시오.

1. 2024년 기출질문

- 많은 회사 중에 여수광양항만공사를 지원한 이유를 말해 보시오.
- 그동안 입사를 위해서 준비한 것에 대해서 말해 보시오.
- 지원한 직무와 관련된 경험 중에서 본인에게 의미가 컸던 것은 무엇인지 말해 보시오.
- 다른 지원자들보다 뛰어나다고 생각하는 본인의 강점은 무엇인지 말해 보시오.
- 의도치 않게 상대방의 기분을 나쁘게 한 경험이 있는지 말해 보시오.
- 팀워크를 발휘해서 좋은 결과를 만들어 본 경험이 있는지 말해 보시오.

2. 2023년 기출질문

- 본인의 역량이 가장 잘 발휘될 것 같은 부서는 어디인지 말해 보시오.
- 여수광양항만공사에 지원한 동기에 대해 말해 보시오.
- 공익과 사익을 만족시키기 위해 어떻게 할 것인지 말해 보시오.
- 30초 동안 자기소개를 해 보시오.
- 주변 사람들이 본인을 어떻게 생각하는지 말해 보시오.
- 다른 사람을 올바른 방향으로 설득한 경험이 있다면 말해 보시오.

3. 2021년 기출질문

- 여수광양항만공사와 관련된 기사 중 최근에 본 것이 있다면 말해 보시오.
- 신뢰란 무엇이라고 생각하는지 말해 보시오.
- 배리어프리 활성화 방안에 대해 말해 보시오.
- 촉법소년 규제 및 범죄 해결 방안에 대해 말해 보시오.
- 전문성을 키우려면 어떻게 해야 할지 말해 보시오.
- 직무 수행에 필요한 역량을 NCS 4가지 항목에 맞추어 말해 보시오.
- 남을 돕기 위해 희생한 경험이 있다면 말해 보시오.

4. 2020년 기출질문

- 다른 사람을 도와준 경험이 있다면 말해 보시오.
- 본인의 좋지 않은 습관을 창의적인 방법으로 고친 경험이 있다면 말해 보시오.
- 본인 성격의 장점과 단점을 말해 보시오.
- 본인의 직무에서 중요한 이슈와 그 해결 방안에 대해 말해 보시오.
- 스마트 물류에 대해 아는 대로 설명해 보시오.

5. 과년도 기출질문

- 중고자동차 수출단지 조성과 관련하여 지역주민과의 마찰을 해결할 방안에 대해 말해 보시오.
- 지진이나 태풍 등 자연 재해 발생 시 대처 방안에 대해 말해 보시오.

05 경기평택항만공사

1. 2022년 기출질문

- 본인의 취미 생활에 대해 말해 보시오.
- 경기평택항만공사와 관련된 최근 이슈에 대해 말해 보시오.
- 자기소개를 해 보시오.
- 친구들 사이에서 본인의 성격이 어떠한지 말해 보시오.

2. 2021년 기출질문

- 경기평택항만공사의 사업에 대해 아는 대로 말해 보시오.
- 평소 멘토로 생각하는 인물과 그 이유를 말해 보시오.

3. 과년도 기출질문

- 소통에서 가장 중요하게 생각하는 것이 무엇인지 말해 보시오.
- 경기평택항만공사의 장점을 말해 보시오.

행운이란 100%의 노력 뒤에 남는 것이다.

- 랭스턴 콜만 -

얼마나 많은 사람들이 책 한 권을 읽음으로써
인생에 새로운 전기를 맞이했던가.

– 헨리 데이비드 소로 –

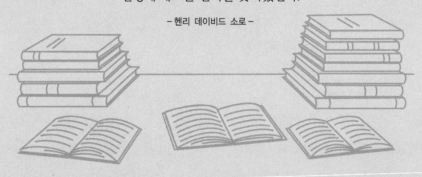

답안채점 • 성적분석 서비스

모바일
OMR

도서 내 모의고사
우측 상단에 위치한
QR코드 찍기

→

로그인
하기

→

'시작하기'
클릭

→

'응시하기'
클릭

→

나의 답안을
모바일 OMR
카드에 입력

→

'성적분석 & 채점결과'
클릭

→

현재 내 실력
확인하기

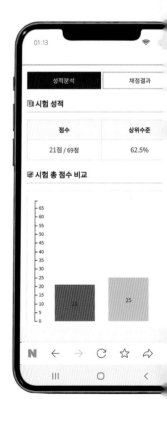

도서에 수록된 모의고사에 대한
객관적인 결과(정답률, 순위)를
종합적으로 분석하여 제공합니다.

5대 항만공사
통합편

정답 및 해설

NCS+전공+모의고사 5회

편저 | SDC(Sidae Data Center)

판매량
1위
항만공사 통합편
YES24

기출복원문제부터
대표기출유형 및
모의고사까지

한 권으로
마무리!

SDC
SDC는 시대에듀 데이터 센터의 약자로
약 30만 개의 NCS · 적성 문제 데이터를
바탕으로 최신 출제경향을 반영하여
문제를 출제합니다.

시대에듀

Add+

특별부록

CHAPTER 01 2024년 하반기 주요 공기업 NCS 기출복원문제

CHAPTER 02 2024 ~ 2023년 주요 공기업 전공 기출복원문제

01	02	03	04	05	06	07	08	09	10	11	12	13	14	15	16	17	18	19	20
④	③	⑤	③	③	③	④	④	③	⑤	③	④	②	①	③	④	⑤	④	③	④
21	22	23	24	25	26	27	28	29	30	31	32	33	34	35	36	37	38	39	40
⑤	③	②	⑤	⑤	③	③	③	①	①	③	①	②	①	④	③	④	④	④	③
41	42	43	44	45	46	47	48	49	50										
②	③	⑤	③	①	④	④	⑤	②	②										

01

정답 ④

쉼이란 대화 도중에 잠시 침묵하는 것을 말한다. 쉼을 사용하는 대표적인 경우는 다음과 같다.
• 이야기의 전이 시(흐름을 바꾸거나 다른 주제로 넘어갈 때)
• 양해, 동조, 반문의 경우
• 생략, 암시, 반성의 경우
• 여운을 남길 때
위와 같은 목적으로 쉼을 활용함으로써 논리성, 감정 제고, 동질감 등을 확보할 수 있다.
반면, 연단공포증은 면접이나 발표 등 청중 앞에서 이야기할 때 가슴이 두근거리고, 입술이 타고, 식은땀이 나고, 얼굴이 달아오르는 생리적인 현상으로 쉼과는 관련이 없다. 따라서 연단공포증은 90% 이상의 사람들이 호소하는 불안이므로 극복하기 위해서는 연단공포증에 대한 걱정을 떨쳐내고 이러한 심리현상을 잘 통제하여 의사 표현하는 것을 연습해야 한다.

02

정답 ③

미국의 심리학자인 도널드 키슬러는 대인관계 의사소통 방식을 체크리스트로 평가하여 8가지 유형으로 구분하였다. 이 중 친화형은 따뜻하고 배려심이 깊으며, 타인과의 관계를 중시하는 유형이다. 또한 협동적이고 조화로운 성격으로, 자기희생적인 경향이 강하다.

> **키슬러의 대인관계 의사소통 유형**
> • 지배형 : 자신감이 있고 지도력이 있으나 논쟁적이고 독단이 강하여 대인 갈등을 겪을 수 있으므로 타인의 의견을 경청하고 수용하는 자세가 필요하다.
> • 실리형 : 이해관계에 예민하고 성취 지향적으로 경쟁적인 데다 자기중심적이어서 타인의 입장을 배려하고 관심을 갖는 자세가 필요하다.
> • 냉담형 : 이성적인 의지력이 강하고 타인의 감정에 무관심하며 피상적인 대인관계를 유지하므로 타인의 감정 상태에 관심을 가지고 긍정적인 감정을 표현하는 것이 필요하다.
> • 고립형 : 혼자 있는 것을 선호하고 사회적 상황을 회피하며 지나치게 자신의 감정을 억제하므로 대인관계의 중요성을 인식하고 타인에 대한 비현실적인 두려움의 근원을 성찰하는 것이 필요하다.
> • 복종형 : 수동적이고 의존적이며 자신감이 없으므로 적극적인 자기표현과 주장이 필요하다.
> • 순박형 : 단순하고 솔직하며 자기주관이 부족하므로 자기주장을 하는 노력이 필요하다.
> • 친화형 : 따뜻하고 인정이 많고 자기희생적이나 타인의 요구를 거절하지 못하므로 타인과의 정서적인 거리를 유지하는 노력이 필요하다.
> • 사교형 : 외향적이고 인정하는 욕구가 강하며, 타인에 대한 관심이 많아서 간섭하는 경향이 있고 흥분을 잘 하므로 심리적 안정과 지나친 인정욕구에 대한 성찰이 필요하다.

03

정답 ⑤

철도사고는 달리는 도중에도 발생할 수 있으므로 먼저 인터폰을 통해 승무원에게 사고를 알리고, 열차가 멈춘 후에 안내방송에 따라 비상핸들이나 비상콕크를 돌려 문을 열고 탈출해야 한다. 만일 화재가 발생했을 경우에는 승무원에게 사고를 알리고 곧바로 119에도 신고를 해야 한다.

[오답분석]
① 침착함을 잃고 패닉에 빠지게 되면, 적절한 행동요령에 따라 대피하기 어렵다. 따라서 사고현장에서 대피할 때는 승무원의 안내에 따라 질서 있게 대피해야 한다.
② 화재사고 발생 시 승객들은 여유가 있을 경우 전동차 양 끝에 비치된 소화기를 통해 초기 진화를 시도해야 한다.
③ 역이 아닌 곳에서 열차가 멈췄을 경우 감전의 위험이 있으므로 반드시 승무원의 안내에 따라 반대편 선로의 열차 진입에 유의하며 대피 유도등을 따라 침착하게 비상구로 대피해야 한다.
④ 전동차에서 대피할 때는 부상자, 노약자, 임산부 등 탈출이 어려운 사람부터 먼저 대피할 수 있도록 배려하고 도와주어야 한다.

04

정답 ③

하향식 읽기 모형은 독자의 배경지식을 바탕으로 글의 맥락을 먼저 파악하는 읽기 전략이다. ③의 경우 제품 설명서를 통해 세부 기능과 버튼별 용도를 파악하고 기계를 작동시켰으므로 상향식 읽기를 수행한 사례이다. 제품 설명서를 하향식으로 읽는다면 제품 설명서를 읽기 전 제품을 보고 배경지식을 바탕으로 어떤 기능이 있는지 예측하고, 해당 기능을 수행하는 세부 방법을 제품 설명서를 통해 찾아봐야 한다.

[오답분석]
① 회의의 주제에 대한 배경지식을 가지고 회의 안건을 예상한 후 회의 자료를 파악하였으므로 하향식 읽기 모형에 해당한다.
② 헤드라인을 먼저 읽어 배경지식을 바탕으로 전체적인 내용을 파악하고 상세 내용을 읽었으므로 하향식 읽기 모형에 해당한다.
④ 요리에 대한 경험과 지식을 바탕으로 요리 과정을 파악하였으므로 하향식 읽기 모형에 해당한다.
⑤ 해당 분야에 대한 기본적인 지식을 바탕으로 서문이나 목차를 통해 책의 전체적인 흐름을 파악하였으므로 하향식 읽기 모형에 해당한다.

05

정답 ③

농도가 15%인 소금물 200g의 소금의 양은 $200 \times \frac{15}{100} = 30$g이고, 농도가 20%인 소금물 300g의 소금의 양은 $300 \times \frac{20}{100} = 60$g이다. 따라서 두 소금물을 섞었을 때의 농도는 $\frac{30+60}{200+300} \times 100 = \frac{90}{500} \times 100 = 18\%$이다.

06

정답 ③

여직원끼리 인접하지 않는 경우는 남직원과 여직원이 번갈아 앉는 경우뿐이다. 이때 여직원 D의 자리를 기준으로 남직원 B가 옆에 앉는 경우를 다음과 같이 나눌 수 있다.
i) 첫 번째, 여섯 번째 자리에 여직원 D가 앉는 경우
   남직원 B가 여직원 D 옆에 앉는 경우는 1가지뿐으로, 남은 자리에 남직원, 여직원이 번갈아 앉아 경우의 수는 $2 \times 1 \times 2! \times 2! = 8$가지이다.
ii) 두 번째, 세 번째, 네 번째, 다섯 번째 자리에 여직원 D가 앉는 경우
   각 경우에 대하여 남직원 B가 여직원 D 옆에 앉는 경우는 2가지이다. 남은 자리에 남직원, 여직원이 번갈아 앉으므로 경우의 수는 $4 \times 2 \times 2! \times 2! = 32$가지이다.
따라서 구하고자 하는 경우의 수는 $8+32=40$가지이다.

07

정답 ④

제시된 수열은 홀수 항일 때 +12, +24, +48, … 이고, 짝수 항일 때 +20인 수열이다.
따라서 빈칸에 들어갈 수는 13+48=61이다.

08

정답 ④

2022년에 중학교에서 고등학교로 진학한 학생의 비율은 99.7%이고, 2023년에 중학교에서 고등학교로 진학한 학생의 비율은 99.6%이다. 따라서 진학한 비율이 감소하였으므로 중학교에서 고등학교로 진학하지 않은 학생의 비율은 증가하였음을 알 수 있다.

오답분석

① 중학교의 취학률이 가장 낮은 해는 97.1%인 2020년이다. 이는 97% 이상이므로 중학교의 취학률은 매년 97% 이상이다.
② 매년 초등학교의 취학률이 가장 높다.
③ 고등교육기관의 취학률은 2020년 이후로 계속해서 70% 이상을 기록하였다.
⑤ 고등교육기관의 취학률이 가장 낮은 해는 2016년이고, 고등학교의 상급학교 진학률이 가장 낮은 해 또한 2016년이다.

09

정답 ③

오답분석

① B기업의 매출액이 가장 많은 때는 2024년 3월이지만, 그래프에서는 2024년 4월의 매출액이 가장 많은 것으로 나타났다.
② 2024년 2월에는 A기업의 매출이 더 많지만, 그래프에서는 B기업이 더 많은 것으로 나타났다.
④ A기업의 매출액이 가장 적은 때는 2024년 4월이지만, 그래프에서는 2024년 3월의 매출액이 가장 적은 것으로 나타났다.
⑤ A기업과 B기업의 매출액의 차이가 가장 큰 때는 2024년 1월이지만, 그래프에서는 2024년 5월과 6월의 매출액 차이가 더 큰 것으로 나타났다.

10

정답 ⑤

스마트 팜 관련 정부 사업 참여 경험은 K사의 강점 요인이다. 또한 정부의 적극적인 지원은 스마트 팜 시장 성장에 따른 기회 요인이다. 따라서 스마트 팜 관련 정부 사업 참여 경험을 바탕으로 정부의 적극적인 지원을 확보하는 것은 내부의 강점을 통해 외부의 기회 요인을 극대화하는 SO전략에 해당한다.

오답분석

①·②·③·④ 외부의 기회를 이용하여 내부의 약점을 보완하는 WO전략에 해당한다.

11

정답 ③

A~F 모두 문맥을 무시하고 일부 문구에만 집착하여 뜻을 해석하고 있으므로 '과대해석의 오류'를 범하고 있다. 과대해석의 오류는 전체적인 상황이나 맥락을 고려하지 않고 특정 단어나 문장에만 집착하여 의미를 해석하는 오류로 글의 의미를 지나치게 확대하거나 축소하여 생각하고, 문자 그대로의 의미에만 너무 집착하여 다른 가능성이나 해석을 배제하게 되는 논리적 오류이다.

오답분석

① 무지의 오류 : '신은 존재하지 않는다가 증명되지 않았으므로 신은 존재한다.'처럼 증명되지 않았다고 해서 그 반대의 주장이 참이라고 생각하는 오류이다.
② 연역법의 오류 : '조류는 날 수 있다. 펭귄은 조류이다. 따라서 펭귄은 날 수 있다.'처럼 잘못된 삼단논법에 의해 발생하는 논리적 오류이다.
④ 허수아비 공격의 오류 : '저 사람은 과거에 거짓말을 한 적이 있으니 이번에 일어난 사기 사건의 범인이다.'처럼 개별적 인과관계를 입증하지 않고 전혀 상관없는 별개의 논리를 만들어 공격하는 논리적 오류이다.
⑤ 권위나 인신공격에 의존한 논증 : '제정신을 가진 사람이면 그런 주장을 할 수가 없다.'처럼 상대방의 주장 대신 인격을 공격하거나, '최고 권위자인 A교수도 이런 말을 했습니다.'처럼 자신의 논리적인 약점을 권위자를 통해 덮으려는 논리적 오류이다.

12

정답 ④

A∼E열차의 운행시간 단위를 시간 단위로, 평균 속력의 단위를 시간당 운행거리로 통일하여 정리하면 다음과 같다.

구분	운행시간	평균 속력	운행거리
A열차	900분=15시간	50m/s=(50×60×60)m/h=180km/h	15×180=2,700km
B열차	10시간 30분=10.5시간	150km/h	10.5×150=1,575km
C열차	8시간	55m/s=(55×60×60)m/h=198km/h	8×198=1,584km
D열차	720분=12시간	2.5km/min=(2.5×60)km/h=150km/h	12×150=1,800km
E열차	10시간	2.7km/min=(2.7×60)km/h=162km/h	10×162=1,620km

따라서 C열차의 운행거리는 네 번째로 길다.

13

정답 ②

K대학교 기숙사 운영위원회는 단순히 '기숙사에 문제가 있다.'라는 큰 문제에서 벗어나 식사, 시설, 통신환경이라는 세 가지 주요 문제를 파악하고 문제별로 다시 세분화하여 더욱 구체적으로 인과관계 및 구조를 파악하여 분석하고 있다. 따라서 제시문에서 나타난 문제해결 절차는 '문제 도출'이다.

문제해결 절차 5단계

1. 문제 인식 : 해결해야 할 전체 문제를 파악하여 우선순위를 정하고 선정 문제에 대한 목표를 명확히 하는 단계
2. 문제 도출 : 선정된 문제를 분석하여 해결해야 할 것이 무엇인지를 명확히 하는 단계로, 현상에 대한 문제를 분해하여 인과관계 및 구조를 파악하는 단계
3. 원인 분석 : 파악된 핵심 문제에 대한 분석을 통해 근본 원인을 도출해 내는 단계
4. 해결안 개발 : 문제로부터 도출된 근본 원인을 효과적으로 해결할 수 있는 최적의 해결 방안을 수립하는 단계
5. 실행 및 평가 : 해결안 개발을 통해 만들어진 실행 계획을 실제 상황에 적용하는 단계로, 해결안을 통해 문제의 원인들을 제거해 나가는 단계

14

정답 ①

공공사업을 위해 투입된 세금을 본래의 목적에 사용하지 않고 무단으로 다른 곳에 쓴 상황이므로 '예정되어 있는 곳에 쓰지 아니하고 다른 데로 돌려서 씀'을 의미하는 '전용(轉用)'이 가장 적절한 단어이다.

오답분석

② 남용(濫用) : 일정한 기준이나 한도를 넘어서 함부로 씀
③ 적용(適用) : 알맞게 이용하거나 맞추어 씀
④ 활용(活用) : 도구나 물건 따위를 충분히 잘 이용함
⑤ 준용(遵用) : 그대로 좇아서 씀

15

정답 ③

제시문에 따르면, 시조새는 비대칭형 깃털을 가진 최초의 동물 중 하나로, 현대의 날 수 있는 조류처럼 바람을 맞는 곳의 깃털은 짧고, 뒤쪽은 긴 형태로 이루어졌으며 이와 같은 비대칭형 깃털이 양력을 제공하여 짧은 거리의 활강을 가능하게 하였다. 따라서 비행을 하기 위한 시조새의 신체 조건은 날개의 깃털이 비대칭 구조로 형성되어 있는 것이다.

오답분석

① 제시문에서 언급하지 않은 내용이다.
②·④ 세 개의 갈고리 발톱과 척추뼈가 꼬리까지 이어지는 구조는 공룡의 특징을 보여주는 신체 조건이다.
⑤ 시조새는 현대 조류처럼 가슴뼈가 비행에 최적화된 형태로 발달되지 않았다고 언급하고 있다.

16

제시문은 서양의학에 중요한 영향을 준 히포크라테스와 갈레노스에 대해 소개하고 있다. 히포크라테스는 자연적 관찰을 통해 의사를 과학적인 기반 위의 직업으로 만들었으며, 히포크라테스 선서와 같이 전문직업으로써의 윤리적 기준을 마련한 서양의학의 상징이라고 소개하고 있다. 또한, 갈레노스는 실제 해부와 임상 실험을 통해 의학 이론을 증명하고 방대한 저술을 남겨 후대 의학 발전에 큰 영향을 주었음을 설명하고 있다. 따라서 제시문의 주제는 '히포크라테스와 갈레노스가 서양의학에 끼친 영향과 중요성'이다.

오답분석

① 갈레노스의 의사로서의 이력은 언급하고 있지만, 생애에 대해 구체적으로 밝히는 글은 아니다.
② 갈레노스가 해부와 실험을 통해 의학 이론을 증명하였음을 설명할 뿐이며, 해부학의 발전 과정에 대해 설명하는 글은 아니다.
③ 히포크라테스 선서는 히포크라테스가 서양의학에 남긴 중요한 윤리적 기준이지만, 이를 중심으로 설명하는 글은 아니다.
⑤ 히포크라테스와 갈레노스 모두 4체액설과 같은 부분에서는 현대 의학과는 거리가 있었음을 밝히고 있다.

17

정답 ⑤

'비상구'는 '화재나 지진 따위의 갑작스러운 사고가 일어날 때에 급히 대피할 수 있도록 특별히 마련한 출입구'이다. 따라서 이와 가장 비슷한 단어는 '갇힌 곳에서 빠져나가거나 도망하여 나갈 수 있는 출구'를 의미하는 '탈출구'이다.

오답분석

① 진입로 : 들어가는 길
② 출입구 : 나갔다가 들어왔다가 하는 어귀나 문
③ 돌파구 : 가로막은 것을 쳐서 깨뜨려 통과할 수 있도록 뚫은 통로나 목
④ 여울목 : 여울물(강이나 바다 따위의 바닥이 얕거나 폭이 좁아 물살이 세게 흐르는 곳의 물)이 턱진 곳

18

정답 ④

A열차의 속력을 V_a, B열차의 속력을 V_b라 하고, 터널의 길이를 l, 열차의 전체 길이를 x라 하자.

A열차가 터널을 진입하고 빠져나오는 데 걸린 시간은 $\dfrac{l+x}{V_a}$=14초이다. B열차가 A열차보다 5초 늦게 진입하고 5초 빠르게 빠져나

왔으므로 터널을 진입하고 빠져나오는 데 걸린 시간은 14−5−5=4초이다. 그러므로 $\dfrac{l+x}{V_b}$=4초이다.

따라서 $V_a=14(l+x)$, $V_b=4(l+x)$이므로 $\dfrac{V_a}{V_b}=\dfrac{14(l+x)}{4(l+x)}=3.5$배이다.

19

정답 ③

A팀은 5일마다, B팀은 4일마다 회의실을 사용하므로 두 팀이 회의실을 사용하고자 하는 날은 20일마다 겹친다. 첫 번째 겹친 날에 A팀이 먼저 사용했으므로 20일 동안 A팀이 회의실을 사용한 횟수는 4회이다. 두 번째 겹친 날에는 B팀이 사용하므로 40일 동안 A팀이 회의실을 사용한 횟수는 7회이고, 세 번째로 겹친 날에는 A팀이 회의실을 사용하므로 60일 동안 A팀은 회의실을 11회 사용하였다. 이를 정리하면 다음과 같다.

겹친 횟수	첫 번째	두 번째	세 번째	네 번째	다섯 번째	…	$(n-1)$번째	n번째
회의실 사용 팀	A팀	B팀	A팀	B팀	A팀	…	A팀	B팀
A팀의 회의실 사용 횟수	4회	7회	11회	14회	18회	…		

겹친 날을 기준으로 A팀은 9회, B팀은 8회를 사용하였으므로 다음으로는 B팀이 회의실을 사용할 순서이다. 이때, B팀이 m번째로 회의실을 사용할 순서라면 A팀이 이때까지 회의실을 사용한 횟수는 $7m$회이다. 따라서 B팀이 겹친 날을 기준으로 회의실을 8회까지 사용하였고, 9번째로 사용할 순서이므로 이때까지 A팀이 회의실을 사용한 횟수는 최대 7×9=63회이다.

20

마지막 조건에 따라 광물 B는 인회석이고, 광물 B로 광물 C를 긁었을 때 긁힘 자국이 생기므로 광물 C는 인회석보다 무른 광물이다. 한편, 광물 A로 광물 C를 긁었을 때 긁힘 자국이 생기므로 광물 A는 광물 C보다 단단하고, 광물 A로 광물 B를 긁었을 때 긁힘 자국이 생기지 않으므로 광물 A는 광물 B보다는 무른 광물이다. 따라서 가장 단단한 광물은 B이며, 그다음으로 A, C 순으로 단단하다.

오답분석

① 광물 C는 인회석보다 무른 광물이므로 석영이 아니다.
② 광물 A는 인회석보다 무른 광물이지만, 방해석인지는 확인할 수 없다.
③ 가장 무른 광물은 C이다.
⑤ 광물 B는 인회석이므로 모스 굳기 단계는 5단계이다.

21

J공사의 지점 근무 인원이 71명이므로 가용 인원수가 부족한 B오피스는 제외된다. 또한, 시설 조건에서 스튜디오와 회의실이 필요하다고 했으므로 스튜디오가 없는 D오피스도 제외된다. 나머지 A, C, E오피스는 모두 교통 조건을 충족하므로 임대비용만 비교하면 된다. A, C, E오피스의 5년 임대비용은 다음과 같다.

- A오피스 : 600만×71×5=213,000만 원 → 21억 3천만 원
- C오피스 : 3,600만×12×5=216,000만 원 → 21억 6천만 원
- E오피스 : (3,800만×12×0.9)×5=205,200만 원 → 20억 5천 2백만 원

따라서 사무실 이전 조건을 바탕으로 가장 저렴한 공유 오피스인 E오피스로 이전한다.

22

에너지바우처를 신청하기 위해서는 소득기준과 세대원 특성기준을 모두 충족해야 한다. C는 생계급여 수급자이므로 소득기준을 충족하고, 65세 이상이므로 세대원 특성기준도 충족한다. 그러나 C의 경우 보장시설인 양로시설에 거주하는 보장시설 수급자이므로 지원 제외 대상이다. 따라서 C는 에너지바우처를 신청할 수 없다.

오답분석

① A의 경우 의료급여 수급자이므로 소득기준을 충족하고, 7세 이하의 영유아가 있으므로 세대원 특성기준도 충족한다. 따라서 에너지바우처를 신청할 수 있다.
② B의 경우 교육급여 수급자이므로 소득기준을 충족하고, 한부모가족이므로 세대원 특성기준도 충족한다. 또한 4인 이상 세대에 해당하므로 바우처 지원금액은 716,300원으로 70만 원 이상이다.
④ 동절기 에너지바우처 지원방법은 요금차감과 실물카드 2가지 방법이 있다. 이 중 D의 경우 연탄보일러를 이용하고 있으므로 실물카드를 받아 연탄을 직접 결제하는 방식으로 지원받아야 한다.
⑤ E의 경우 생계급여 수급자이므로 소득기준을 충족하고, 희귀질환을 앓고 있는 어머니가 세대원으로 있으므로 세대원 특성기준도 충족한다. 또한 2인 세대에 해당하므로 하절기 바우처 지원금액인 73,800원이 지원된다. 이때, 하절기는 전기요금 고지서에서 요금을 자동으로 차감해 주므로 전기비에서 73,800원이 차감될 것이다.

23

A가족과 B가족 모두 소득기준과 세대원 특성기준이 에너지바우처 신청기준을 충족한다. A가족의 경우 5명이므로 총 716,300원을 지원받을 수 있다. 그러나 이미 연탄쿠폰을 발급받았으므로 동절기 에너지바우처는 지원받을 수 없다. 그러므로 하절기 지원금액인 117,000원을 지원받는다. B가족의 경우 2명이므로 총 422,500원을 지원받을 수 있으며, 지역난방을 이용 중이므로 하절기와 동절기 모두 요금차감의 방식으로 지원받는다. 따라서 두 가족의 에너지바우처 지원 금액은 117,000+422,500=539,500원이다.

CHAPTER 01 2024년 하반기 주요 공기업 NCS 기출복원문제 • **7**

24

제시된 프로그램은 'result'의 초기 값을 0으로 정의한 후 'result' 값이 2를 초과할 때까지 하위 명령을 실행하는 프로그램이다. 이때 'result' 값을 1 증가시킨 후 그 값을 출력하고, 다시 1을 빼므로 0 → 1 → 1 출력 → 0 → 1 → 1 출력 → 0 → 1 → 1 출력 → …과정을 무한히 반복하게 된다. 따라서 1이 무한히 출력된다.

25

ROUND 함수는 인수를 지정한 자릿수로 반올림한 값을 구하는 함수로, 「=ROUND(인수,자릿수)」로 표현한다. 이때 자릿수는 다음과 같이 나타낸다.

만의 자리	천의 자리	백의 자리	십의 자리	일의 자리	소수점 첫째 자리	소수점 둘째 자리	소수점 셋째 자리
-4	-3	-2	-1	0	1	2	3

따라서 「=ROUND(D2,-1)」는 [D2] 셀에 입력된 117.3365의 값을 십의 자리로 반올림하여 나타내므로, 출력되는 값은 120이다.

26

제시문은 ADHD의 원인과 치료 방법에 대한 글이다. 첫 번째 문단에서는 ADHD가 유전적 원인에 의해 발생한다고 설명하고, 두 번째 문단에서는 환경적 원인에 의해 발생한다고 설명하고 있다. 이를 종합하면 ADHD가 다양한 원인이 복합적으로 작용하는 질환임을 알 수 있다. 또한 빈칸 뒤에서도 다양한 원인에 부합하는 맞춤형 치료와 환경 조성이 필요하다고 하였으므로 빈칸에 들어갈 내용으로 가장 적절한 것은 ③이다.

27

~율/률의 앞 글자가 'ㄱ' 받침을 가지고 있으므로 '출석률'이 옳은 표기이다.

> **~율과 ~률의 구별**
> • ~율 : 앞 글자의 받침이 없거나 받침이 'ㄴ'인 경우 → 비율, 환율, 백분율
> • ~률 : 앞 글자의 받침이 있는 경우(단, 'ㄴ' 받침 제외) → 능률, 출석률, 이직률, 합격률

28

남성 합격자 수와 여성 합격자 수의 비율이 2 : 3이므로 여성 합격자는 48명이다.
남성 불합격자 수와 여성 불합격자 수가 모두 a명이라 하면 다음과 같이 정리할 수 있다.

(단위 : 명)

구분	합격자	불합격자	전체 지원자
남성	$2b=32$	a	$a+2b$
여성	$3b=48$	a	$a+3b$

남성 전체 지원자 수는 $(a+32)$명이고, 여성 전체 지원자 수는 $(a+48)$명이다.
$(a+32):(a+48)=6:7$
→ $6\times(a+48)=7\times(a+32)$
→ $a=(48\times6)-(32\times7)$
∴ $a=64$
따라서 전체 지원자 수는 $2a+5b=(64\times2)+(16\times5)=128+80=208$명이다.

29

A씨는 2023년에는 9개월 동안 K공사에 근무하였다. (건강보험료)=(보수월액)×(건강보험료율)이고, 2023년 1월 1일 이후 (장기요양

보험료)=(건강보험료)×$\dfrac{(장기요양보험료율)}{(건강보험료율)}$ 이므로 (장기요양보험료)=(보수월액)×(건강보험료율)×$\dfrac{(장기요양보험료율)}{(건강보험료율)}$ 이다.

그러므로 (보수월액)=$\dfrac{(장기요양보험료)}{(장기요양보험료율)}$ 이다.

따라서 A씨의 2023년 장기요양보험료는 35,120원이고, 장기요양보험료율은 0.9082%이므로 보수월액은 $\dfrac{35,120}{0.9082}\times100$ ≒

3,866,990원이다.

30

'가명처리'란 개인정보의 일부를 삭제하거나 일부 또는 전부를 대체하는 등의 방법으로 추가 정보가 없이는 특정 개인을 알아볼
수 없도록 처리하는 것을 말한다(개인정보보호법 제2조 제1의2호).

[오답분석]
② 개인정보보호법 제2조 제3호
③ 개인정보보호법 제2조 제1호 가목
④ 개인정보보호법 제2조 제2호

31

「=COUNTIF(범위,조건)」 함수는 조건을 만족하는 범위 내 인수의 개수를 셈하는 함수이다. 이때, 열 전체에 적용하려면 해당 범위
에서 숫자를 제외하면 된다. 따라서 B열에서 값이 100 이하인 셀의 개수를 구하는 함수는 「=COUNTIF(B:B,"<=100")」이다.

32

• 초등학생의 한 달 용돈의 합계는 B열부터 E행까지 같은 열에 있는 금액의 합이므로 (A)에 들어갈 함수는 「=SUM(B2:E2)」이다.
• 한 달 용돈이 150,000원 이상인 학생 수는 [F2] 셀부터 [F7] 셀까지 금액이 150,000원 이상인 셀의 개수로 구할 수 있다. 따라서
 (B)에 들어갈 함수는 「=COUNTIF(F2:F7,">=150,000")」이다.

33

빅데이터 분석을 기획하고자 할 때는 먼저 범위를 설정한 다음 프로젝트를 정의해야 한다. 그 후에 수행 계획을 수립하고 위험
계획을 수립해야 한다.

34

㉠ 짜깁기 : 기존의 글이나 영화 따위를 편집하여 하나의 완성품으로 만드는 일
㉡ 뒤처지다 : 어떤 수준이나 대열에 들지 못하고 뒤로 처지거나 남게 되다.

[오답분석]
• 짜집기 : 짜깁기의 비표준어형
• 뒤쳐지다 : 물건이 뒤집혀서 젖혀지다.

35

공문서에서 날짜를 작성할 때 날짜 다음에 괄호를 사용할 경우에는 마침표를 찍지 않아야 한다.

> **공문서 작성 시 유의사항**
> • 한 장에 담아내는 것이 원칙이다.
> • 마지막엔 반드시 '끝'자로 마무리한다.
> • 날짜 다음에 괄호를 사용할 경우에는 마침표를 찍지 않는다.
> • 복잡한 내용은 항목별로 구분한다('-다음-', 또는 '-아래-').
> • 대외문서이며 장기간 보관되는 문서이므로 정확하게 기술한다.

36

정답 ③

영서가 1시간 동안 빚을 수 있는 만두의 수를 x개, 어머니가 1시간 동안 빚을 수 있는 만두의 수를 y개라 할 때 다음과 같은 식이 성립한다.

$\frac{2}{3}(x+y)=60 \cdots \bigcirc$

$y=x+10 \cdots \bigcirc$

$\bigcirc \times \frac{3}{2}$에 $\bigcirc$을 대입하면 다음과 같다.

$x+(x+10)=90$

$\rightarrow 2x=80$

$\therefore x=40$

따라서 영서는 혼자서 1시간 동안 40개의 만두를 빚을 수 있다.

37

정답 ④

ⅰ) 1,000 이상 10,000 미만일 경우

맨 앞과 맨 뒤의 수가 같은 경우는 1~9의 수가 올 수 있으므로 9가지이고, 각각의 경우에 따라 두 번째 수와 네 번째 수로 0~9의 수가 올 수 있으므로 경우의 수는 10가지이다. 그러므로 모든 네 자리 대칭수의 개수는 9×10=90개이다.

ⅱ) 10,000 이상 50,000 미만일 경우

맨 앞과 맨 뒤의 수가 같은 경우는 1, 2, 3, 4의 수가 올 수 있으므로 4가지이고, 각각의 경우에 따라 두 번째 수와 네 번째 수로 0~9의 수가 올 수 있으므로 경우의 수는 10가지, 그 각각의 경우에 따라 세 번째에 올 수 있는 수 또한 0~9의 수가 올 수 있으므로 경우의 수는 10가지이다. 그러므로 10,000~50,000 사이의 대칭수의 개수는 4×10×10=400개이다.

따라서 1,000 이상 50,000 미만의 모든 대칭수의 개수는 90+400=490개이다.

38

정답 ④

어떤 자연수의 모든 자릿수의 합이 3의 배수일 때, 그 자연수는 3의 배수이다. 그러므로 2+5+□의 값이 3의 배수일 때, 25□는 3의 배수이다. 2+5=7이므로, 7+□의 값이 3의 배수가 되도록 하는 □의 값은 2, 5, 8이다. 따라서 가능한 모든 수의 합은 2+5+8=15이다.

39

바이올린(V), 호른(H), 오보에(O), 플루트(F) 중 첫 번째 조건에 따라 호른과 바이올린을 묶었을 때 가능한 경우는 3!=6가지로 다음과 같다.

- (HV) – O – F
- (HV) – F – O
- F – (HV) – O
- O – (HV) – F
- F – O – (HV)
- O – F – (HV)

이때 두 번째 조건에 따라 오보에는 플루트 왼쪽에 위치하지 않으므로 (HV) – O – F, O – F – (HV) 2가지는 제외된다.

따라서 왼쪽에서 두 번째 칸에는 바이올린, 호른, 오보에만 위치할 수 있으므로 플루트는 배치할 수 없다.

40
정답 ③

사회적 기업은 수익 창출을 통해 자립적인 운영을 추구하고, 사회적 문제 해결과 경제적 성장을 동시에 달성하려는 특징을 가진 기업 모델로, 영리 조직에 해당한다.

> **영리 조직과 비영리 조직**
> - 영리 조직 : 이윤 추구를 주된 목적으로 하는 집단으로, 일반적인 사기업이 해당된다.
> - 비영리 조직 : 사회적 가치 실현을 위해 공익을 추구하는 집단으로 자선단체, 의료기관, 교육기관, 비정부기구(NGO) 등이 해당된다.

41
정답 ②

(영업이익률)$=\dfrac{(영업이익)}{(매출액)}\times 100$이고, 영업이익을 구하기 위해서는 매출총이익을 먼저 계산해야 한다. 따라서 2022년 4분기의 매출총이익은 $60-80=-20$십억 원이고, 영업이익은 $-20-7=-27$십억 원이므로 영업이익률은 $-\dfrac{27}{60}\times 100=-45\%$이다.

42
정답 ③

1시간은 3,600초이므로 36초는 $36초\times\dfrac{1시간}{3,600초}=0.01$시간이다. 그러므로 무빙워크의 전체 길이는 $5\times 0.01=0.05$km이다.

따라서 무빙워크와 같은 방향으로 4km/h의 속력으로 걸을 때의 속력은 $5+4=9$km/h이므로 걸리는 시간은 $\dfrac{0.05}{9}=\dfrac{5}{900}=\dfrac{5}{900}$

$\times\dfrac{3,600초}{1시간}=20초$이다.

43
정답 ⑤

제시된 순서도는 result 값이 6을 초과할 때까지 2씩 증가하고, result 값이 6을 초과하면 그 값을 출력하는 순서도이다. 따라서 result 값이 5일 때 2를 더하여 $5+2=7$이 되어 6을 초과하므로 출력되는 값은 7이다.

44

방문 사유 → 파손 관련(NO) → 침수 관련(NO) → 데이터 복구 관련(YES) → ◎ 출력 → STOP
따라서 출력되는 도형은 ◎이다.

45

상품코드의 맨 앞 자릿수가 '9'이므로 2 ~ 7번째 자릿수의 이진코드 변환 규칙은 'ABBABA'를 따른다. 이를 변환하면 다음과 같다.

3	8	7	6	5	5
A	B	B	A	B	A
0111101	0001001	0010001	0101111	0111001	0110001

따라서 주어진 수를 이진코드로 바르게 변환한 것은 ①이다.

46

안전 스위치를 누르는 동안에만 스팀이 나온다고 하였으므로 안전 스위치를 누르는 등의 외부 입력이 없다면 스팀은 발생하지 않는다.

오답분석

① 기본형 청소구로 카펫를 청소하면 청소 효율이 떨어질 뿐이며, 카펫 청소는 가능하다고 언급되어 있다.
② 스팀 청소 완료 후 충분히 식지 않은 상태에서 통을 분리하면 뜨거운 물이 새어 나와 화상의 위험이 있다고 언급되어 있다.
③ 기본형 청소구의 돌출부를 누른 상태에서 잡아당기면 좁은 흡입구를 꺼낼 수 있다고 언급되어 있다.
⑤ 스팀 청소구의 물통에 물을 채우는 작업, 걸레판에 걸레를 부착하는 작업 모두 반드시 전원을 분리한 상태에서 진행해야 한다고 언급되어 있다.

47

바닥에 물이 남는다면 스팀 청소구를 좌우로 자주 기울이지 않도록 주의하거나 젖은 걸레를 교체해야 한다.

48

팀 목표를 달성하도록 팀원을 격려하는 환경을 조성하기 위해서는 동료의 피드백이 필요하다. 긍정이든 부정이든 피드백이 없다면 팀원들은 개선을 이루거나 탁월한 성과를 내고자 하는 노력을 게을리하게 된다.

동료의 피드백을 장려하는 4단계
1. 간단하고 분명한 목표와 우선순위를 설정하라.
2. 행동과 수행을 관찰하라.
3. 즉각적인 피드백을 제공하라.
4. 뛰어난 수행성과에 대해 인정하라.

49

업무적으로 내적 동기를 유발하기 위해서는 업무 관련 교육을 꾸준히 하여야 한다.

> **내적 동기를 유발하는 방법**
> • 긍정적 강화법 활용하기
> • 새로운 도전의 기회 부여하기
> • 창의적인 문제해결법 찾기
> • 자신의 역할과 행동에 책임감 갖기
> • 팀원들을 지도 및 격려하기
> • 변화를 두려워하지 않기
> • 지속적인 교육 실시하기

50

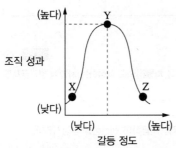

갈등 정도와 조직 성과에 대한 그래프에서 갈등이 X점 수준일 때에는 조직 내부의 의욕이 상실되고 환경의 변화에 대한 적응력도 떨어져 조직 성과가 낮아진다. 갈등이 Y점 수준일 때에는 갈등의 순기능이 작용하여 조직 내부에 생동감이 넘치고 변화 지향적이며 문제해결능력이 발휘되어 조직 성과가 높아진다. 반면, 갈등이 Z점 수준일 때에는 오히려 갈등의 역기능이 작용하여 조직 내부에 혼란과 분열이 발생하고 조직 구성원들이 비협조적이 되어 조직 성과는 낮아지게 된다.

2024 ~ 2023년 주요 공기업
전공 기출복원문제

01 경영

01	02	03	04	05	06	07	08	09	10	11	12	13	14	15	16	17	18	19	20
③	⑤	④	③	⑤	④	③	③	①	①	④	②	①	③	④	①	④	③	③	④
21	22	23	24	25															
④	③	③	④	④															

01

정답 ③

테일러의 과학적 관리법은 하루 작업량을 과학적으로 설정하고 과업 수행에 따른 임금을 차별적으로 설정하는 차별적 성과급제를 시행한다.

오답분석

①·② 시간연구와 동작연구를 통해 표준 노동량을 정하고 해당 노동량에 따라 임금을 지급하여 생산성을 향상시킨다.
④ 각 과업을 전문화하여 관리한다.
⑤ 근로자가 노동을 하는 데 필요한 최적의 작업조건을 유지한다.

02

정답 ⑤

기능목록제도는 종업원별로 기능보유색인을 작성하여 데이터베이스에 저장하여 인적자원관리 및 경력개발에 활용하는 제도이며, 근로자의 직무능력 평가에 있어 필요한 정보를 파악하기 위해 개인능력평가표를 활용한다.

오답분석

① 자기신고제도 : 근로자에게 본인의 직무내용, 능력수준, 취득자격 등에 대한 정보를 직접 자기신고서에 작성하여 신고하게 하는 제도이다.
② 직능자격제도 : 직무능력을 자격에 따라 등급화하고 해당 자격을 취득하는 경우 직위를 부여하는 제도이다.
③ 평가센터제도 : 근로자의 직무능력을 객관적으로 발굴 및 육성하기 위한 제도이다.
④ 직무순환제도 : 담당직무를 주기적으로 교체함으로써 직무 전반에 대한 이해도를 높이는 제도이다.

03

정답 ④

데이터베이스 마케팅(DB 마케팅)은 고객별로 맞춤화된 서비스를 제공하기 위해 정보 기술을 이용하여 고객의 정보를 데이터베이스로 구축하여 관리하는 마케팅 전략이다. 이를 위해 고객의 성향, 이력 등 관련 정보가 필요하므로 기업과 고객 간 양방향 의사소통을 통해 1 : 1 관계를 구축하게 된다.

04

공정성 이론에 따르면 공정성 유형은 크게 절차적 공정성, 상호작용적 공정성, 분배적 공정성으로 나누어진다.
- 절차적 공정성 : 과정통제, 접근성, 반응속도, 유연성, 적정성
- 상호작용적 공정성 : 정직성, 노력, 감정이입
- 분배적 공정성 : 형평성, 공평성

05

e-비즈니스 기업은 비용절감 등을 통해 더 낮은 가격으로 우수한 품질의 상품 및 서비스를 제공할 수 있다는 장점이 있다.

06

조직시민행동은 조직 구성원의 내재적 만족으로 인해 촉발되므로 구성원에 대한 처우가 합리적일수록 자발적으로 일어난다.

07

협상을 통해 공동의 이익을 확대(Win – Win)하는 것은 통합적 협상의 특징이다.

분배적 협상과 통합적 협상의 비교
- 분배적 협상
  - 고정된 자원을 대상으로 합리적인 분배를 위해 진행하는 협상이다.
  - 한정된 자원량으로 인해 제로섬 원칙이 적용되어 갈등이 발생할 가능성이 많다.
  - 당사자 간 이익 확보를 목적으로 하며, 협상 참여자 간 관계는 단기적인 성격을 나타낸다.
- 통합적 협상
  - 당사자 간 이해관계를 조율하여 더 큰 이익을 추구하기 위해 진행하는 협상이다.
  - 협상을 통해 확보할 수 있는 자원량이 변동될 수 있어 갈등보다는 문제해결을 위해 노력한다.
  - 협상 참여자의 이해관계, 우선순위 등이 달라 장기적인 관계를 가지고 통합적인 문제해결을 추구한다.

08

워크 샘플링법은 전체 작업과정에서 무작위로 많은 관찰을 실시하여 직무활동에 대한 정보를 얻는 방법으로, 여러 직무활동을 동시에 기록하기 때문에 전체 직무의 모습을 파악할 수 있다.

[오답분석]
① 관찰법 : 조사자가 직접 조사대상과 생활하면서 관찰을 통해 자료를 수집하는 방법이다.
② 면접법 : 조사자가 조사대상과 직접 대화를 통해 자료를 수집하는 방법이다.
④ 질문지법 : 설문지로 조사내용을 작성하고 자료를 수집하는 방법이다.
⑤ 연구법 : 기록물, 통계자료 등을 토대로 자료를 수집하는 방법이다.

09

가구, 가전제품 등은 선매품에 해당하고, 전문품에는 명품제품, 자동차, 아파트 등이 해당한다.

10

연속생산은 동일제품을 대량생산하기 때문에 규모의 경제가 적용되어 여러 가지 제품을 소량생산하는 단속생산에 비해 단위당 생산원가가 낮다.

오답분석

② 연속생산의 경우, 표준화된 상품을 대량으로 생산함에 따라 운반에 따른 자동화 비율이 매우 높고, 속도가 빨라 운반비용이 적게 소요된다.
③·④ 제품의 수요가 다양하거나 제품의 수명이 짧은 경우 단속생산 방식이 적합하다.
⑤ 연속생산은 작업자의 숙련도와 관계없이 작업에 참여가 가능하다.

11

ELS는 주가연계증권으로, 사전에 정해진 조건에 따라 수익률이 결정되며 만기가 있다.

오답분석

① 주가연계펀드(ELF)에 대한 설명이다.
② 주가연계파생결합사채(ELB)에 대한 설명이다.
③ 주가지수연동예금(ELD)에 대한 설명이다.
⑤ 주가연계신탁(ELT)에 대한 설명이다.

12

브룸은 동기 부여에 대해 기대이론을 적용하여 기대감, 수단성, 유의성을 통해 구성원의 직무에 대한 동기 부여를 결정한다고 주장하였다.

오답분석

① 로크의 목표설정이론에 대한 설명이다.
③ 매슬로의 욕구 5단계이론에 대한 설명이다.
④ 맥그리거의 XY이론에 대한 설명이다.
⑤ 허즈버그의 2요인이론에 대한 설명이다.

13

시장세분화 단계에서는 시장을 기준에 따라 세분화하고, 각 세분시장의 고객 프로필을 개발하여 차별화된 마케팅을 실행한다.

오답분석

②·③ 표적시장 선정 단계에서는 각 세분시장의 매력도를 평가하여 표적시장을 선정한다.
④ 포지셔닝 단계에서는 각각의 시장에 대응하는 포지셔닝을 개발하고 전달한다.
⑤ 재포지셔닝 단계에서는 자사와 경쟁사의 경쟁위치를 분석하여 포지셔닝을 조정한다.

14

수익이 많고 안정적이어서 현상을 유지하는 것이 필요한 사업은 현금젖소(Cash Cow)이다. 스타(Star)는 성장률과 시장 점유율이 모두 높아 추가적인 자금흐름을 통해 성장시킬 필요가 있는 사업을 의미한다.

BCG 매트릭스의 영역
- 물음표(Question Mark) : 성장률은 높으나 점유율이 낮아 수익이 적고 현금흐름이 마이너스인 사업이다.
- 스타(Star) : 성장률과 시장 점유율이 모두 높아 수익이 많고, 더 많은 투자를 통해 수익을 증대하는 사업이다.
- 현금젖소(Cash Cow) : 성장률은 낮으나 점유율이 높아 안정적인 수익이 확보되는 사업으로, 투자 금액이 유지·보수 차원에서 머물게 되어 자금 투입보다 자금 산출이 많다.
- 개(Dog) : 성장률과 시장 점유율이 모두 낮아 수익이 적거나 마이너스인 사업이다.

15

변혁적 리더십에서 구성원의 성과 측정뿐만 아니라 구성원들을 리더로 얼마나 육성했는지도 중요한 평가 요소라 할 수 있다.

16

감정적 치유는 서번트 리더십의 구성요소에 해당한다.

변혁적 리더십의 구성요소
- 카리스마 : 변혁적 리더십의 가장 핵심적인 구성요소로, 명확한 비전을 제시하고 집합적인 행동을 위해 동기를 부여하며, 환경 변화에 민감하게 반응하는 일련의 과정을 의미한다.
- 영감적 동기화 : 구성원에게 영감을 주고 격려를 통해 동기를 부여하는 것을 의미한다.
- 지적 자극 : 구성원들이 기존 조직의 가치관, 신념, 기대 등에 대해 끊임없이 의문을 가지도록 지원하는 것을 의미한다.
- 개별 배려 : 구성원을 개별적으로 관리하며, 개인적인 욕구, 관심 등을 파악하여 만족시키고자 하는 것을 의미한다.

17

매트릭스 조직은 기존의 기능별 조직구조 상태를 유지하면서 특정한 프로젝트를 수행할 때는 다른 부서의 인력과도 함께 일하는 조직설계 방식으로, 서로 다른 부서 구성원이 함께 일하면서 효율적인 자원 사용과 브레인스토밍을 통한 창의적인 대안 도출도 가능하다.

오답분석

① 매트릭스 조직은 조직목표와 외부 환경 간 발생하는 갈등이 내재하여 갈등과 혼란을 초래할 수 있다.
② 복수의 상급자를 상대해야 하므로 역할에 대한 갈등 등으로 구성원이 심한 스트레스에 노출될 수 있다.
③ 힘의 균형이 치우치게 되면 조직의 구성이 깨지기 때문에 경영자의 개입 등으로 힘의 균형을 유지하기 위한 노력이 필요하다.

18

정답 ③

가치사슬(Value Chain)은 기업의 경쟁적 지위를 파악하고 이를 향상할 수 있는 지점을 찾기 위해 사용하는 모형으로, 고객에게 가치를 제공함에 있어서 부가가치 창출에 직·간접적으로 관련된 일련의 활동·기능·프로세스의 연계를 뜻한다. 가치사슬의 각 단계에서 가치를 높이는 활동을 어떻게 수행할 것인지, 비즈니스 과정이 어떻게 개선될 수 있는지를 조사·분석하여야 한다.

가치사슬 분석의 효과
- 프로세스 혁신 : 생산, 물류, 서비스 등 기업의 전반적 경영활동을 혁신할 수 있다.
- 원가 절감 : 낭비요소를 사전에 파악하여 제거함으로써 원가를 절감할 수 있다.
- 품질 향상 : 기술개발 등을 통해 더욱 양질의 제품을 생산할 수 있다.
- 기간 단축 : 조달, 물류, CS 등을 분석하여 고객에게 제품을 더욱 빠르게 납품할 수 있다.

19

정답 ③

- (당기순이익)=(총수익)-(총비용)=35억-20억=15억 원
- (기초자본)=(기말자본)-(당기순이익)=65억-15억=50억 원
- (기초부채)=(기초자산)-(기초자본)=100억-50억=50억 원

20

정답 ④

상위에 있는 욕구를 충족시키지 못하면 하위에 있는 욕구는 더욱 크게 증가하여, 하위욕구를 충족시키기 위해 훨씬 더 많은 노력이 필요하게 된다.

오답분석
① 심리학자 앨더퍼가 인간의 욕구에 대해 매슬로의 욕구 5단계설을 발전시켜 주장한 이론이다.
②·③ 존재욕구를 기본적 욕구로 정의하며, 관계욕구, 성장욕구로 계층화하였다.

21

정답 ④

사업 다각화는 무리하게 추진할 경우 수익성에 악영향을 줄 수 있다는 단점이 있다.

오답분석
① 지속적인 성장을 추구하여 미래 유망산업에 참여하고, 구성원에게 더 많은 기회를 줄 수 있다.
② 기업이 한 가지 사업만 영위하는 데 따르는 위험에 대비할 수 있다.
③ 보유자원 중 남는 자원을 활용하여 범위의 경제를 실현할 수 있다.

22

정답 ③

종단분석은 시간과 비용의 제약으로 인해 표본 규모가 작을수록 좋으며, 횡단분석은 집단의 특성 또는 차이를 분석해야 하므로 표본이 일정 규모 이상일수록 정확하다.

23

정답 ③

채권이자율이 시장이자율보다 높아지면 채권가격은 액면가보다 높은 가격에 거래된다. 단, 만기에 가까워질수록 채권가격이 하락하여 가격위험에 노출된다.

오답분석
①·②·④ 채권이자율이 시장이자율보다 낮은 할인채에 대한 설명이다.

24

정답 ④

물음표(Question Mark) 사업은 신규 사업 또는 현재 시장점유율은 낮으나, 향후 성장 가능성이 높은 사업이다. 따라서 기업 경영 결과에 따라 개(Dog) 사업 또는 스타(Star) 사업으로 바뀔 수 있다.

[오답분석]

① 스타(Star) 사업 : 성장 가능성과 시장점유율이 모두 높아서 계속 투자가 필요한 유망 사업이다.
② 현금젖소(Cash Cow) 사업 : 높은 시장점유율로 현금창출은 양호하나, 성장 가능성은 낮은 사업이다.
③ 개(Dog) 사업 : 성장 가능성과 시장점유율이 모두 낮아 철수가 필요한 사업이다.

25

정답 ④

테일러의 과학적 관리법에서는 작업에 사용하는 도구 등을 표준화하여 관리 비용을 낮추고 효율성을 높이는 것을 추구한다.

[오답분석]

① 과학적 관리법의 특징 중 동기부여에 대한 설명이다.
② 과학적 관리법의 특징 중 표준화에 대한 설명이다.
③ 과학적 관리법의 특징 중 통제에 대한 설명이다.

02 경제

01	02	03	04	05	06	07	08	09	10	11	12	13	14	15					
⑤	②	①	④	⑤	①	④	③	③	③	④	③	①	③	②					

01

정답 ⑤

가격탄력성이 1보다 크면 탄력적이라고 할 수 있다.

[오답분석]

①・② 수요의 가격탄력성은 가격의 변화에 따른 수요의 변화를 의미하는 것으로, 분모는 상품 가격의 변화량을 상품 가격으로 나눈 값이고, 분자는 수요량의 변화량을 수요량으로 나눈 값이다.
③ 대체재가 많을수록 해당 상품 가격 변동에 따른 수요의 변화는 더 크게 반응하게 된다.

02

정답 ②

GDP 디플레이터는 명목 GDP를 실질 GDP로 나누어 물가상승 수준을 예측할 수 있는 물가지수로, 국내에서 생산된 모든 재화와 서비스 가격을 반영한다. 따라서 GDP 디플레이터를 구하는 계산식은 (명목 GDP)÷(실질 GDP)×100이다.

03

정답 ①

한계소비성향은 소비의 증가분을 소득의 증가분으로 나눈 값으로, 소득이 1,000만 원 늘었을 때 현재 소비자들의 한계소비성향이 0.7이므로 소비는 700만 원이 늘었다고 할 수 있다. 따라서 소비의 변화폭은 7000이다.

04

㉠ 환율이 상승하면 제품을 수입하기 위해 더 많은 원화를 필요로 하고, 이에 따라 수입이 감소하게 되므로 순수출이 증가한다.
㉡ 국내이자율이 높아지면 국내자산 투자수익률이 좋아져 해외로부터 자본유입이 확대되고, 이에 따라 환율은 하락한다.
㉢ 국내물가가 상승하면 상대적으로 가격이 저렴한 수입품에 대한 수요가 늘어나 환율은 상승한다.

05

독점적 경쟁시장은 광고, 서비스 등 비가격경쟁이 가격경쟁보다 더 활발히 진행된다.

06

케인스학파는 경기침체 시 정부가 적극적으로 개입하여 총수요의 증대를 이끌어야 한다고 주장하였다.

오답분석
② 고전학파의 거시경제론에 대한 설명이다.
③ 케인스학파의 거시경제론에 대한 설명이다.
④ 고전학파의 이분법에 대한 설명이다.
⑤ 케인스학파의 화폐중립성에 대한 설명이다.

07

오답분석
① 매몰비용의 오류 : 이미 투입한 비용과 노력 때문에 경제성이 없는 사업을 지속하여 손실을 키우는 것을 의미한다.
② 감각적 소비 : 제품을 구입할 때, 품질, 가격, 기능보다 디자인, 색상, 패션 등을 중시하는 소비 패턴을 의미한다.
③ 보이지 않는 손 : 개인의 사적 영리활동이 사회 전체의 공적 이익을 증진시키는 것을 의미한다.
⑤ 희소성 : 사람들의 욕망에 비해 그 욕망을 충족시켜 주는 재화나 서비스가 부족한 현상을 의미한다.

08

- (실업률)=(실업자)÷(경제활동인구)×100
- (경제활동인구)=(취업자)+(실업자)
∴ $5,000 ÷ (20,000+5,000) × 100 = 20\%$

09

(한계비용)=(총비용 변화분)÷(생산량 변화분)
- 생산량이 50일 때 총비용 : 16(평균비용)×50(생산량)=800
- 생산량이 100일 때 총비용 : 15(평균비용)×100(생산량)=1,500
따라서 한계비용은 $700 ÷ 50 = 14$이다.

10

노트북 1대를 생산할 때 A국이 B국보다 기회비용이 더 적으므로 A국은 노트북 생산에 비교우위가 있고, TV 1대를 생산할 때 B국이 A보다 기회비용이 더 적으므로 B국은 TV 생산에 비교우위가 있다.

구분	노트북 1대	TV 1대
A국	TV 0.75	노트북 1.33
B국	TV 1.25	노트북 0.8

11

다이내믹 프라이싱의 단점은 소비자 후생이 감소해 소비자의 만족도가 낮아진다는 것이다. 이로 인해 기업이 소비자의 불만에 직면할 수 있다는 리스크가 발생한다.

12

ⓛ 빅맥 지수는 동질적으로 판매되는 상품의 가치는 동일하다는 가정에서 나라별 화폐로 해당 제품의 가격을 평가하여 구매력을 비교하는 것이다.

ⓒ 맥도날드의 대표적 햄버거인 빅맥 가격을 기준으로 한 이유는 전 세계에서 가장 동질적으로 판매되고 있기 때문이며, 이처럼 품질, 크기, 재료가 같은 물건이 세계 여러 나라에서 팔릴 때 나라별 물가를 비교하기 수월하다.

[오답분석]

ⓐ 빅맥 지수는 영국 경제지인 이코노미스트에서 최초로 고안하였다.

ⓔ 빅맥 지수에 사용하는 빅맥 가격은 제품 가격만 반영하고 서비스 가격은 포함하지 않기 때문에 나라별 환율에 대한 상대적 구매력 평가 외에 다른 목적으로 사용하기에는 측정값이 정확하지 않다.

13

확장적 통화정책은 국민소득을 증가시켜 이에 따른 보험료 인상 등 세수확대 요인으로 작용한다.

[오답분석]

② 이자율이 하락하고, 소비 및 투자가 증가한다.

③·④ 긴축적 통화정책이 미치는 영향이다.

14

토지, 설비 등이 부족하면 한계 생산가치가 떨어지기 때문에 노동자를 많이 고용하는 게 오히려 손해이다. 따라서 노동 수요곡선은 왼쪽으로 이동한다.

[오답분석]

① 노동 수요는 재화에 대한 수요가 아닌 재화를 생산하기 위해 파생되는 수요이다.

② 상품 가격이 상승하면 기업은 더 많은 제품을 생산하기 위해 노동자를 더 많이 고용한다.

④ 노동에 대한 인식이 긍정적으로 변화하면 노동시장에 더 많은 노동력이 공급된다.

15

S씨가 최선의 선택을 하려면 순편익이 가장 높은 운동을 골라야 한다.

- 헬스 : (순편익)=5만－3만=2만 원
- 수영 : (순편익)=7만－2만=5만 원
- 자전거 : (순편익)=8만－5만=3만 원
- 달리기 : (순편익)=4만－3만=1만 원

따라서 S씨가 할 수 있는 최선의 선택은 순편익이 가장 높은 수영이다.

남에게 이기는 방법의 하나는 예의범절로 이기는 것이다.

- 조쉬 빌링스 -

PART 1

직업기초능력평가

CHAPTER 01   의사소통능력

CHAPTER 02   자원관리능력

CHAPTER 03   수리능력

CHAPTER 04   조직이해능력

CHAPTER 05   문제해결능력

01

정답 ②

다리뼈는 연골세포의 세포분열로 인해 뼈대의 성장이 일어난다.

오답분석

① 사춘기 이후 호르몬에 의한 뼈의 길이 성장은 일어나지 않는다.
③ 뼈끝판의 세포층 중 뼈대의 경계면에 있는 세포층이 아닌 뼈끝과 경계면이 있는 세포층에서만 세포분열이 일어난다.
④ 남성호르몬인 안드로겐은 사춘기 여자에게서도 분비된다.
⑤ 뇌에서 분비하는 성장호르몬은 뼈에 직접적으로 도움을 준다.

02

정답 ①

통합허가 관련 서류는 통합환경 허가시스템을 통해 온라인으로도 제출할 수 있다.

오답분석

② 관리방식의 통합은 총 10종에 이르는 인허가를 통합허가 1종으로 줄였다.
③ 사업장별로 지역 맞춤형 허가기준을 부여해 5 ~ 8년마다 주기적으로 검토한다.
④ 사업장에 최적가용기법을 보급해 사업장이 자발적으로 환경 관리와 허가에 사용할 수 있도록 한다.
⑤ 통합환경 관리제도는 대기, 수질, 토양 등 개별적으로 이루어지던 관리 방식을 하나로 통합해 환경오염물질이 다른 분야로 전이되는 것을 막기 위해 만들어졌다.

03

정답 ②

제시문에 따르면 능허대는 백제가 당나라와 교역했던 사실을 말해주는 대표적인 유적으로, 국내 교역이 아닌 외국과의 교역 증거이다.

04

정답 ⑤

제시문에 따르면 사회적 합리성을 위해서는 개인의 노력도 중요하지만 그것만으로는 안 되고 '공동'의 노력이 필수이다.

05

정답 ⑤

ㄷ. H공사는 온실가스를 많이 배출하고 에너지 소비가 큰 업체를 매년 관리대상 업체로 지정한다.
ㄹ. 공공부문은 2030년까지 온실가스를 30% 이상 줄이는 것을 목표로 하고 있다.
ㅁ. 관리대상으로 지정된 업체가 목표를 달성하지 못한 경우 상부 업체가 아닌 정부가 과태료를 부과한다.

대표기출유형 02   기출응용문제

01
정답 ②

제시문은 텔레비전의 언어가 개인의 언어 습관에 미치는 악영향을 경계하면서, 올바른 언어 습관을 길들이기 위해 문학 작품의 독서를 강조하고 있다. 따라서 제시문의 핵심 내용으로 가장 적절한 것은 ②이다.

02
정답 ②

제시된 기사는 여성 고위공무원과 공공기관의 임원 여성 비율을 확대하기 위한 정부의 정책과 이에 대한 성과를 이야기하고 있다. 또한 앞으로는 정부가 민간부문에 대해서도 지원할 계획이라고 밝히며 여성 고위관리직 확대를 위한 정부의 노력을 이야기하고 있다. 따라서 기사의 주제로 ②가 가장 적절하다.

03
정답 ③

제시된 기사는 대기업과 중소기업 간의 상생경영의 중요성을 강조하는 글로, 기존에는 대기업이 시혜적 차원에서 중소기업에게 베푸는 느낌이 강했지만, 현재는 협력사의 경쟁력 향상이 곧 기업의 성장으로 이어질 것으로 보고 상생경영의 중요성을 높이고 있다고 하였다. 또한 대기업이 지원해 준 업체의 기술력 향상으로 더 큰 이득을 보상받는 등 상생 협력이 대기업과 중소기업 모두에게 효과적임을 알 수 있다. 따라서 ③은 기사의 제목으로 적절하지 않다.

대표기출유형 03   기출응용문제

01
정답 ④

㉠의 앞 문장을 보면 에밀레종이 세계의 보배라 여겨지고 있지만, ㉠의 뒤 문장에서는 에밀레종이 갖는 음향공학 차원의 가치는 간과되고 있다고 하였으므로 ㉠에는 역접의 접속어인 '그러나'가 적절하다. 다음으로 ㉡의 앞 문장에서는 한국 범종과 중국 범종의 유사점을 이야기하고 있으나, ㉡의 뒤 문장에서는 중국 범종과의 차이점을 이야기하고 있으므로 ㉡에는 역접의 접속어인 '하지만'이 적절하다. ㉢의 뒤 문장 역시 중국 범종과의 차이점을 추가적으로 이야기하고 있으므로 ㉢에는 '거기에다 더'의 의미를 지닌 '또한'이 적절하다.

02
정답 ①

• 첫 번째 빈칸 : 공간 정보가 정보 통신 기술의 발전으로 시간에 따른 변화를 반영할 수 있게 되었다는 빈칸 뒤의 내용을 통해 빈칸에는 시간에 따른 공간의 변화를 포함한 공간 정보를 이용할 수 있게 되면서 '최적의 경로 탐색'이 가능해졌다는 내용의 ㉠이 적절함을 알 수 있다.
• 두 번째 빈칸 : ㉡은 빈칸 앞 문장의 '탑승할 버스 정류장의 위치, 다양한 버스 노선, 최단 시간 등을 분석하여 제공하는' 지리정보 시스템이 '더 나아가' 제공하는 정보에 대해 이야기하므로 빈칸에는 ㉡이 적절함을 알 수 있다.
• 세 번째 빈칸 : 빈칸 뒤의 내용에서는 공간 정보가 활용되고 있는 다양한 분야와 앞으로 활용될 수 있는 분야를 이야기하고 있으므로 빈칸에는 공간 정보의 활용 범위가 계속 확대되고 있다는 ㉢이 적절함을 알 수 있다.

03

정답 ①

갑돌이의 성품이 탁월하다고 볼 수 있는 것은 그의 성품이 곧고 자신감이 충만하며, 다수의 옳지 않은 행동에 대하여 비판의 목소리를 낼 것이고 그렇게 하는 데 별 어려움을 느끼지 않을 것이기 때문이다. 또한, 세 번째 문단에 따르면 탁월한 성품은 올바른 훈련을 통해 올바른 일을 바르고 즐겁게 그리고 어려워하지 않으며 처리할 수 있는 능력을 뜻한다. 따라서 아리스토텔레스의 입장에서는 '엄청난 의지를 발휘'하고 자신과의 '힘든 싸움'을 해야 했던 병식이보다는 잘못된 일에 '별 어려움' 없이 '비판의 목소리'를 내는 갑돌이의 성품을 탁월하다고 여길 것이다.

대표기출유형 04   기출응용문제

01

정답 ④

제시문은 글쓴이가 글을 쓸 때 전략이 있어야 함을 밝히며 구체적인 예를 들어 설명하고, 이에 따라 독자 역시 글을 읽을 때 글쓴이의 의도를 파악해야 함을 그 구체적인 예를 들어 설명하는 글이다. 따라서 (나) 글쓴이가 글을 쓰는 목적에 따라 달라지는 글쓰기 전략 – (다) 글을 쓰는 목적에 따른 글쓰기 전략의 예 – (라) 독자가 글을 읽는 방법 – (가) 독자가 글을 읽는 방법에 대한 구체적인 예시 순으로 나열하는 것이 적절하다.

02

정답 ②

제시문은 가격을 결정하는 요인과 이를 통해 일반적으로 할 수 있는 예상을 언급하고, 현실적인 여러 요인으로 인해 '거품 현상'이 나타나기도 하며 '거품 현상'이란 구체적으로 무엇인지를 설명하는 글이다. 따라서 (가) 수요와 공급에 의해 결정되는 가격 – (마) 상품의 가격에 대한 일반적인 예상 – (다) 현실적인 가격 결정 요인 – (나) 이로 인해 예상치 못하게 나타나는 '거품 현상' – (라) '거품 현상'에 대한 구체적인 설명의 순으로 나열하는 것이 적절하다.

대표기출유형 05   기출응용문제

01

정답 ④

오답분석
① 문자와 모양의 의미를 외워야 하는 것은 문자 하나하나가 의미를 나타내는 표의문자 '한자'에 해당한다.
② 한글이 표음문자인 것은 맞지만, 기본적으로 24개의 문자를 익혀야지 학습할 수 있다.
③ '세종이 만든 28자는 세계에서 가장 훌륭한 알파벳'이라고 평가한 사람은 미국의 다이아몬드(J. Diamond) 교수이다.
⑤ 한글이 세계 언어학계에 본격적으로 알려진 것은 1960년대이다.

02

정답 ③

철학의 여인에 따르면 보에티우스의 건강을 회복할 방법은 병의 원인이 되는 잘못된 생각을 바로잡아 주는 것이다. 즉, 건강을 회복하기 위해서는 만물의 궁극적인 목적이 선을 지향하는 데 있다는 것과 세상이 정의에 의해 다스려진다는 것을 깨달아야 한다. 따라서 적절한 것은 ㄱ, ㄴ이다.

[오답분석]

ㄷ. 보에티우스가 모든 소유물을 박탈당했다고 생각하는 것은 운명의 본모습을 모르기 때문이라고 말하고 있다.

03

정답 ①

제시문은 진정한 자유란 무엇인지에 대한 대립적인 두 의견을 소개하고 있다. 벌린은 어떠한 간섭도 받지 않는 '소극적 자유'를 진정한 자유라고 보고 있고, 스키너는 간섭의 부재가 진정한 자유를 의미하지는 않는다고 했다. 즉, 국민이든 국가의 조직체이든 원하는 목표를 실현하기 위해 그 의지에 따라 권력을 행사하는 데 제약을 받지 않는 것이 진정한 자유라고 했다. 따라서 스키너의 주장에 따르면 개인의 자유이든 공동선을 추구하는 국가이든 둘 다 제약을 받지 않고 목표를 실현하기 위해 노력할 것이므로 오히려 양립을 추구한다.

CHAPTER
02
자원관리능력

대표기출유형 01 기출응용문제

01
정답 ④

전 직원이 이미 확정된 스케줄의 변동 없이 1시간을 사용할 수 있는 시간은 10:00 ~ 11:00와 14:00 ~ 15:00의 두 시간대이다. 그러나 은행장은 가능한 빨리 완료할 것을 지시하였으므로 10:00 ~ 11:00가 가장 적절하다.

02
정답 ④

체육대회는 주말에 한다고 하였으므로 평일과 비가 오는 장마 기간은 제외한다. 12일과 13일에는 사장이 출장으로 자리를 비우고, 마케팅팀이 출근해야 하므로 적절하지 않다. 19일은 서비스팀이 출근해야 하며, 26일은 마케팅팀이 출근해야 한다. 또한, H운동장은 둘째, 넷째 주말에는 개방하지 않는다. 따라서 27일을 제외하면 남은 날은 20일이다.

03
정답 ①

- 인천에서 아디스아바바까지 소요 시간
  (인천 → 광저우)   3시간 50분
  (광저우 경유 시간)   +4시간 55분
  (광저우 → 아디스아바바)   +11시간 10분
                          =19시간 55분
- 아디스아바바에 도착한 현지 날짜 및 시각
  한국 시각   4월 5일 오전 8시 40분
  소요 시간   +19시간 55분
  시차   −6시간
                =4월 5일 오후 10시 35분

04

- 인천에서 말라보까지 소요 시간

  (인천 → 광저우)　　　　3시간 50분

  (광저우 경유 시간)　　+4시간 55분

  (지연출발)　　　　　　+2시간

  (광저우 → 아디스아바바)　+11시간 10분

  (아디스아바바 경유 시간)　+6시간 10분

  <u>(아디스아바바 → 말라보)　+5시간 55분</u>

  　　　　　　　　　　=34시간

- 말라보에 도착한 현지 날짜 및 시각

  한국 시각　　　　　4월 5일 오전 8시 40분

  소요 시간　　　　　+34시간

  <u>시차　　　　　　　−8시간</u>

  　　　　　　　　　=4월 6일 오전 10시 40분

대표기출유형 02　기출응용문제

01

먼저 A씨의 퇴직금을 구하기 위해서는 1일 평균임금을 구해야 한다.

3개월간 임금 총액은 6,000,000+720,000=6,720,000원이고, 1일 평균임금은 6,720,000원÷80=84,000원이다.

따라서 퇴직금은 84,000원×30일×(730÷365)=5,040,000원이다.

02

- 1월 8일

  출장지는 K시이므로 출장수당은 10,000원이고, 교통비는 20,000원이다. 그러나 관용차량을 사용했으므로 교통비에서 10,000원이 차감된다. 즉, 1월 8일의 출장여비는 10,000+(20,000−10,000)=20,000원이다.

- 1월 16일

  출장지는 S시이므로 출장수당은 20,000원이고, 교통비는 30,000원이다. 그러나 출장 시작 시각이 14시이므로 10,000원이 차감된다. 즉, 1월 16일의 출장여비는 (20,000−10,000)+30,000=40,000원이다.

- 1월 19일

  출장지는 B시이므로 출장비는 20,000원이고, 교통비는 30,000원이다. 이때, 업무추진비를 사용했으므로 10,000원이 차감된다. 즉, 1월 19일의 출장여비는 (20,000−10,000)+30,000=40,000원이다.

따라서 H사원이 1월 출장여비로 받을 수 있는 총액은 20,000+40,000+40,000=100,000원이다.

03

B기업에서 오후 회의실 사용을 취소한다고 하였으므로, 오전 회의실 사용에 대해서는 고려하지 않아도 된다.

ⅰ) B기업에서 오후에 예약한 회의실

조건에서 예약 시 최소 인원은 수용 인원의 $\frac{1}{2}$ 이상이어야 한다고 하였으므로 충족하는 회의실은 세미나 3·4이다. 또한,

예약 가능한 회의실 중 비용이 저렴한 쪽을 선택한다고 하였으므로 세미나 3과 세미나 4의 사용료를 구하면 다음과 같다.
- 세미나 3 : 74,000(기본임대료)+37,000(추가임대료)+20,000(노트북 대여료)+50,000(빔프로젝터 대여료)=181,000원
- 세미나 4 : 110,000(기본임대료)+55,000(추가임대료)+20,000(노트북 대여료)+50,000(빔프로젝터 대여료)=235,000원
그러므로 B기업에서 오후에 예약한 회의실은 세미나 3이다.

ⅱ) B기업이 환불받을 금액

B기업에서는 이용일 4일 전에 사용을 취소했으므로 환불규칙에 의해 취소수수료 10%가 발생한다. 따라서 환불받을 금액을 구하면 181,000×0.9=162,900원이다.

대표기출유형 03 기출응용문제

01

입사예정인 신입사원은 총 600명이므로 볼펜 600개와 스케줄러 600권이 필요하다.

A, B, C 세 업체 모두 스케줄러의 구매가격에 따라 특가상품 구매 가능 여부를 판단할 수 있으므로 스케줄러의 가격을 먼저 계산하면 다음과 같다.
- A도매업체 : 25만 원×6=150만 원
- B도매업체 : 135만 원
- C도매업체 : 65만 원×2=130만 원

세 업체 모두 특가상품 구매 조건을 충족하였으므로 특가상품을 포함해 볼펜의 구매가격을 구하면 다음과 같다.
- A도매업체 : 25.5만 원(볼펜 300개 특가)+(13만 원×2SET)=51.5만 원
- B도매업체 : 48만 원(볼펜 600개 특가)
- C도매업체 : 23.5만 원(볼펜 300개 특가)+(8만 원×3SET)=47.5만 원

업체당 전체 구매가격을 구하면 다음과 같다.
- A도매업체 : 150만 원+51.5만 원=201.5만 원
- B도매업체 : 135만 원+48만 원=183만 원
- C도매업체 : 130만 원+47.5만 원=177.5만 원

따라서 가장 저렴하게 구매할 수 있는 업체는 C도매업체이며, 구매가격은 177.5만 원이다.

02

업체들의 항목별 가중치 미반영 점수를 도출한 후, 가중치를 적용하여 선정점수를 도출하면 다음과 같다.

(단위 : 점)

구분	납품품질 점수	가격 경쟁력 점수	직원규모 점수	가중치 반영한 선정점수
A업체	90	90	90	(90×0.4)+(90×0.3)+(90×0.3)=90
B업체	80	100	90	(80×0.4)+(100×0.3)+(90×0.3)=89
C업체	70	100	80	(70×0.4)+(100×0.3)+(80×0.3)=82
D업체	100	70	80	(100×0.4)+(70×0.3)+(80×0.3)=85
E업체	90	80	100	(90×0.4)+(80×0.3)+(100×0.3)=90

따라서 선정점수가 가장 높은 업체는 90점을 받은 A업체와 E업체이며, 이 중 가격 경쟁력 점수가 더 높은 A업체가 선정된다.

03

정답 ③

가장 수수료가 적은 여권은 단수여권으로 20,000원이다. 하지만 단수여권은 1년 이내에 1회만 사용할 수 있는 여권이므로 여행 출발일이 1년 2개월 남은 시점에 발급받기에는 적절하지 않다. 따라서 복수여권 중 5년, 10년 이내 여권을 발급받을 수 있으며 성인이기 때문에 기간이 10년인 여권을 선택한다. 발급수수료가 최소여야 한다는 조건에 따라 10년 이내, 24면을 선택하면 발급수수료 총액은 50,000원이다.

대표기출유형 04 | 기출응용문제

01

정답 ③

먼저 모든 면접위원의 입사 후 경력은 3년 이상이어야 한다는 조건에 따라 A, E, F, H, I, L직원은 면접위원으로 선정될 수 없다. 이사 이상의 직급으로 6명 중 50% 이상 구성되어야 하므로 자격이 있는 C, G, N은 반드시 면접위원으로 포함한다. 다음으로 인사팀을 제외한 부서는 2명 이상 구성할 수 없으므로 이미 N이사가 선출된 개발팀은 더 선출할 수 없고, 인사팀은 반드시 2명을 포함해야 하므로 D과장은 반드시 선출된다. 이를 정리하면 다음과 같다.

구분	1	2	3	4	5	6
경우 1	C이사	D과장	G이사	N이사	B과장	J과장
경우 2	C이사	D과장	G이사	N이사	B과장	K대리
경우 3	C이사	D과장	G이사	N이사	J과장	K대리

따라서 B과장이 면접위원으로 선출됐더라도 K대리가 선출되지 않는 경우도 있다.

02

정답 ④

B동에 사는 변학도 씨는 매주 월, 화 오전 8시부터 오후 3시까지 하는 카페 아르바이트로 화~금 오전 9시 30분부터 오후 12시까지 진행되는 '그래픽 편집 달인되기'를 수강할 수 없다.

03

정답 ①

평가지표 결과와 지표별 가중치를 이용하여 지원자들의 최종 점수를 계산하면 다음과 같다.
• A지원자 : $(3\times3)+(3\times3)+(5\times5)+(4\times4)+(4\times5)+5=84$점
• B지원자 : $(5\times3)+(5\times3)+(2\times5)+(3\times4)+(4\times5)+5=77$점
• C지원자 : $(5\times3)+(3\times3)+(3\times5)+(3\times4)+(5\times5)=76$점
• D지원자 : $(4\times3)+(3\times3)+(3\times5)+(5\times4)+(4\times5)+5=81$점
• E지원자 : $(4\times3)+(4\times3)+(2\times5)+(5\times4)+(5\times5)=79$점
따라서 H공사에서 채용할 지원자는 A, D지원자이다.

대표기출유형 01　기출응용문제

01
정답 ②

나래가 자전거를 탈 때의 속력을 $x$km/h, 진혁이가 걷는 속력을 $y$km/h라고 하자.

$1.5(x-y)=6 \cdots ㉠$

$x+y=6 \cdots ㉡$

㉠과 ㉡을 연립하면 $x=5$, $y=1$이다.

따라서 나래의 속력은 5km/h이다.

02
정답 ②

2명씩 짝을 지어 한 그룹으로 보고 원탁에 앉는 방법을 구하기 위해서 원순열 공식 $(n-1)!$을 이용한다.

2명씩 3그룹이므로 $(3-1)!=2 \times 1=2$가지이다. 또한 그룹 내에서 2명이 자리를 바꿔 앉을 수 있는 경우는 2가지씩이다.

따라서 6명이 원탁에 앉을 수 있는 방법은 $2 \times 2 \times 2 \times 2=16$가지이다.

03
정답 ③

수영장에 물이 가득 찼을 때의 일의 양을 1이라 하면, 수도관 A로는 1시간에 $\frac{1}{6}$ 만큼, B로는 $\frac{1}{4}$ 만큼을 채울 수 있다. A, B 두 수도관을 모두 사용하여 수영장에 물을 가득 채우는 데 걸리는 시간을 x시간이라고 하자.

$$\left(\frac{1}{6}+\frac{1}{4}\right) \times x=1$$

$$\rightarrow \frac{5}{12} x=1$$

$$\therefore x=\frac{12}{5}=2\frac{2}{5}$$

따라서 A, B 두 수도관을 모두 사용하면 물을 가득 채우는 데 $2\frac{2}{5}$ 시간, 즉 2시간 24분이 걸린다.

04
정답 ①

농도가 14%인 A설탕물 300g과 18%인 B설탕물 200g을 합친 후 100g의 물을 더 넣으면 600g의 설탕물이 되고, 이 설탕물에 녹아 있는 설탕의 양은 $(300 \times 0.14)+(200 \times 0.18)=78$g이다. 여기에 C설탕물을 합치면 $600+150=750$g의 설탕물이 되고, 이 설탕물에 녹아 있는 설탕의 양은 $78+(150 \times 0.12)=96$g이다.

따라서 마지막 200g의 설탕물에 들어 있는 설탕의 질량은 $200 \times \frac{96}{750}=200 \times 0.128=25.6$g이다.

01

- 2023년 총투약일수가 120일인 경우 종합병원의 총약품비 : $2,025 \times 120 = 243,000$원
- 2024년 총투약일수가 150일인 경우 상급종합병원의 총약품비 : $2,686 \times 150 = 402,900$원

따라서 두 병원의 총약품비의 합은 $243,000 + 402,900 = 645,900$원이다.

02

제시된 자료에서 50대의 해외・국내여행 평균횟수는 매년 1.2회씩 증가하는 것을 알 수 있다.

따라서 빈칸에 들어갈 수치는 $31.2 + 1.2 = 32.4$이다.

03

H씨는 휴일 오후 3시에 택시를 타고 서울에서 경기도 맛집으로 이동 중이다. 택시요금 계산표에 따라 경기도 진입 전까지 기본요금으로 2km까지 3,800원이며, $4.64 - 2 = 2.64$km는 주간 거리요금으로 계산하면 $\dfrac{2,640}{132} \times 100 = 2,000$원이 나온다. 경기도에 진입한 후 맛집까지의 거리는 $12.56 - 4.64 = 7.92$km로 시계외 할증이 적용되어 심야 거리요금으로 계산하면 $\dfrac{7,920}{132} \times 120 = 7,200$원이고, 경기도 진입 후 택시가 멈춰있었던 8분의 시간요금은 $\dfrac{8 \times 60}{30} \times 120 = 1,920$원이다.

따라서 H씨가 가족과 맛집에 도착하여 지불하게 될 택시요금은 총 $3,800 + 2,000 + 7,200 + 1,920 = 14,920$원이다.

04

- 1학년 전체 학생 중 빨강을 좋아하는 학생 수의 비율 : $\dfrac{50}{250} \times 100 = 20\%$
- 2학년 전체 학생 중 노랑을 좋아하는 학생 수의 비율 : $\dfrac{75}{250} \times 100 = 30\%$

01

남자가 소설을 대여한 횟수는 60회이고, 여자가 소설을 대여한 횟수는 80회이므로 $\frac{60}{80} \times 100 = 75\%$이다.

오답분석

① 40세 미만의 전체 대여 횟수는 120회, 40세 이상의 전체 대여 횟수는 100회이므로 옳다.

② 소설 전체 대여 횟수는 140회, 비소설 전체 대여 횟수는 80회이므로 옳다.

④ 40세 미만의 전체 대여 횟수는 120회이고, 그중 비소설 대여는 30회이므로 $\frac{30}{120} \times 100 = 25\%$이다.

⑤ 40세 이상의 전체 대여 횟수는 100회이고, 그중 소설 대여는 50회이므로 $\frac{50}{100} \times 100 = 50\%$이다.

02

A국과 F국을 비교해 보면 참가선수는 A국이 더 많지만, 동메달 수는 F국이 더 많다.

03

2023년 E강사의 수강생 만족도는 3.2점이므로 2024년 E강사의 시급은 2023년과 같은 48,000원이다. 2024년 시급과 수강생 만족도를 참고하여 2025년 강사별 시급과 2024년과 2025년의 시급 차이를 구하면 다음과 같다.

구분	2025년 시급	(2025년 시급)－(2024년 시급)
A강사	55,000(1+0.05)=57,750원	57,750－55,000=2,750원
B강사	45,000(1+0.05)=47,250원	47,250－45,000=2,250원
C강사	54,600(1+0.1)=60,060원 → 60,000원(∵ 시급의 최대)	60,000－54,600=5,400원
D강사	59,400(1+0.05)=62,370원 → 60,000원(∵ 시급의 최대)	60,000－59,400=600원
E강사	48,000원	48,000－48,000=0원

따라서 2024년과 2025년의 시급 차이가 가장 큰 강사는 C이다.

오답분석

① E강사의 2024년 시급은 48,000원이다.

② 2025년 D강사의 시급과 C강사의 시급은 60,000원으로 같다(∵ 강사가 받을 수 있는 최대 시급 60,000원).

④ 2024년 C강사의 시급 인상률을 $a\%$라고 하면 다음과 같은 식이 성립한다.

$$52,000\left(1+\frac{a}{100}\right)=54,600$$

$$\rightarrow 520a=2,600$$

$$\therefore a=5$$

따라서 2024년 C강사의 시급 인상률은 5%이므로, 2023년 수강생 만족도 점수는 4.0점 이상 4.5점 미만이다.

⑤ 2025년 A강사와 B강사의 시급 차이는 57,750－47,250=10,500원이다.

04

정답 ②

ㄱ. 연도별 지하수 평균 수위 자료를 통해 확인할 수 있다.

ㄴ. 2024년 지하수 온도가 가장 높은 곳은 영양입암 관측소이고, 온도는 27.1℃이다. 2024년 지하수 평균 수온과의 차이는 27.1 −14.4＝12.7℃이다.

[오답분석]

ㄷ. 2024년 지하수 전기전도도가 가장 높은 곳은 양양손양 관측소이고, 전기전도도는 38,561.0μS/cm이다. 38,561.0÷516≒ 74.73이므로 2024년 지하수 전기전도도가 가장 높은 곳의 지하수 전기전도도는 평균 전기전도도의 76배 미만이다.

대표기출유형 04 | 기출응용문제

01

정답 ⑤

강수량의 증감추이를 나타내면 다음과 같다.

1월	2월	3월	4월	5월	6월
–	증가	감소	증가	감소	증가
7월	8월	9월	10월	11월	12월
증가	감소	감소	감소	감소	증가

따라서 이와 동일한 추이를 보이는 그래프는 ⑤이다.

02

정답 ⑤

2024년 각국의 가계 금융자산 구성비와 2024년 각국의 가계 총자산 대비 예금 구성비는 일치하지 않는다.

01
정답 ④

경영은 경영목적, 인적자원, 자금, 전략의 4요소로 구성된다. 경영목적은 조직의 목적을 달성하기 위해 경영자가 수립하는 것으로 보다 구체적인 방법과 과정이 담겨 있다. 인적자원은 조직에서 일하는 구성원으로 경영은 이들의 직무수행에 기초하여 이루어지기 때문에 인적자원의 배치 및 활용이 중요하다. 자금은 경영을 하는 데 사용할 수 있는 돈으로 자금이 충분히 확보되는 정도에 따라 경영의 방향과 범위가 정해지게 된다. 경영 전략은 조직이 변화하는 환경에 적응하기 위하여 경영활동을 체계화하는 것으로, 목표달성을 위한 수단이다. 또한 경영 전략은 조직의 목적에 따라 전략 목표를 설정하고, 조직의 내·외부 환경을 분석하여 도출한다.

02
정답 ①

㉠ 원가우위 : 원가절감을 통해 해당 산업에서 우위를 점하는 전략이다.
㉡ 차별화 : 조직이 생산품이나 서비스를 차별화하여 고객에게 가치가 있고 독특하게 인식되도록 하는 전략이다.
㉢ 집중화 : 한정된 시장을 원가우위나 차별화 전략을 사용하여 집중적으로 공략하는 전략이다.

01
정답 ③

비영리조직이면서 대규모조직인 학교에서 5시간 있었다.
• 학교 : 공식조직, 비영리조직, 대규모조직
• 카페 : 공식조직, 영리조직, 대규모조직
• 스터디 : 비공식조직, 비영리조직, 소규모조직

[오답분석]
① 비공식적이면서 소규모조직인 스터디에서 2시간 있었다.
② 공식조직인 학교와 카페에서 8시간 있었다.
④ 영리조직인 카페에서 3시간 있었다.
⑤ 비공식적이면서 비영리조직인 스터디에서 2시간 있었다.

02

정답 ②

H사는 기존에 수행하지 않던 해외 판매 업무가 추가될 것이므로 그에 따른 해외영업팀 등의 신설 조직이 필요하게 된다. 해외에 공장 등의 조직을 보유하게 됨으로써 이를 관리하는 해외관리 조직이 필요할 것이며, 물품의 수출에 따른 통관 업무를 담당하는 통관물류팀, 외화 대금 수취 및 해외 조직으로부터의 자금 이동 관련 업무를 담당할 외환업무팀, 국제 거래상 발생하게 될 해외 거래 계약 실무를 담당할 국제법무팀 등이 필요하게 된다. 따라서 기업회계팀은 H사의 해외 사업과 상관없이 기존 회계를 담당하는 조직이므로 H사가 추가해야 할 조직으로 옳지 않다.

03

정답 ③

오답분석

- B : 사장 직속으로 4개의 본부가 있다는 설명은 옳지만, 인사를 전담하고 있는 본부는 없으므로 적절하지 않다.
- C : 감사실이 분리되어 있다는 설명은 옳지만, 사장 직속이 아니므로 적절하지 않다.

04

정답 ③

마케팅기획본부는 해외마케팅기획팀과 마케팅기획팀으로 구성된다고 했으므로 적절하지 않다.

오답분석

① · ② 마케팅본부의 마케팅기획팀과 해외사업본부의 해외마케팅기획팀을 통합해 마케팅기획본부가 신설된다고 했으므로 적절하다.
④ 해외사업본부의 해외사업 1팀과 해외사업 2팀을 해외영업팀으로 통합하고 마케팅본부로 이동한다고 했으므로 적절하다.
⑤ 구매 · 총무팀에서 구매팀과 총무팀이 분리되고 총무팀과 재경팀을 통합 후 재무팀이 신설된다고 했으므로 적절하다.

대표기출유형 03 기출응용문제

01

정답 ④

업무 순서를 나열하면 '회사 홈페이지, 관리자 페이지 및 업무용 메일 확인 − 외주업체로부터 브로슈어 샘플 디자인 받기 − 회의실 예약 후 마이크 및 프로젝터 체크 − 팀 회의 참석 − 외근 지출결의서 총무부 제출'이다. 따라서 출근 후 2번째로 해야 할 일은 '외주업체로부터 판촉 행사 브로슈어 샘플 디자인 받기'이다.

02

정답 ①

ㄱ. 조직의 업무는 원칙적으로 업무분장에 따라 이루어져야 하지만, 실제 수행 시에는 상황에 따라 효율성을 극대화시키기 위해 변화를 주는 것이 바람직하다.
ㄴ. 구성원 개인이 조직 내에서 책임을 수행하고 권한을 행사할 때 기반이 되는 것은 근속연수가 아니라 직급이다.

오답분석

ㄷ. 업무는 관련성, 동일성, 유사성, 수행시간대 등 다양한 기준에 따라 통합 혹은 분할하여 수행하는 것이 효율적이다.
ㄹ. 직위는 조직의 각 구성원에게 수행해야 할 일정 업무가 할당되고, 그 업무를 수행하는 데 필요한 권한과 책임이 부여된 조직상의 위치이다.

03

담당	과장	부장	상무이사	전무이사
아무개	최경옥	김석호	대결 최수영	전결

ㄱ. 최수영 상무이사가 결재한 것은 대결이다. 대결은 결재권자가 출장, 휴가, 기타 사유로 상당기간 부재중일 때 긴급한 문서를 처리하고자 할 경우에 결재권자의 차하위 직위의 결재를 받아 시행하는 것을 말한다.

ㄴ. 대결 시에는 기안문의 결재란 중 대결한 자의 란에 '대결'을 표시하고 서명 또는 날인한다.

ㄹ. 대결의 경우 원결재자가 문서의 시행 이후 결재하는데 이를 후결이라 하며, 전결 사항은 전결권자에게 책임과 권한이 위임되었으므로 중요한 사항이라면 원결재자에게 보고하는 데 그친다.

04

이사원에게 현재 가장 긴급한 업무는 미팅 장소를 변경해야 하는 것이다. 미리 안내했던 장소를 사용할 수 없으므로 오전 11시에 사용 가능한 다른 회의실을 예약해야 한다. 그 후 바로 거래처 직원에게 미팅 장소가 변경된 점을 안내해야 하므로 ㄴ이 ㄷ보다 먼저 이루어져야 한다. 거래처 직원과의 미팅 이후에는 오후 2시에 예정된 김팀장과의 면담이 이루어져야 한다. 김팀장과의 면담 시간은 미룰 수 없으므로 이미 예정되었던 시간에 맞춰 면담을 진행한 후 부서장이 요청한 문서 작업 업무를 처리하는 것이 적절하다. 따라서 이사원은 ㄴ - ㄷ - ㄱ - ㄹ - ㅁ의 순으로 업무를 처리해야 한다.

05

ㄱ. 전결권자인 전무가 출장 중인 경우 대결권자가 이를 결재하고 전무가 후결을 하는 것이 바람직하다.

ㄴ. 부서장이 전결권자이므로 해당 직원을 채용하는 부서(영업부, 자재부 등)의 부서장이 결재하는 것이 바람직하다.

ㄹ. 교육훈련 대상자 선정은 이사에게 전결권이 있으므로 잘못된 결재 방식이다.

CHAPTER

05

문제해결능력

대표기출유형 01 | 기출응용문제

01 정답 ⑤

주어진 조건을 정리하면 '진달래를 좋아함 → 감성적 → 보라색을 좋아함 → 백합을 좋아하지 않음'이다. 따라서 진달래를 좋아하는 사람은 보라색을 좋아한다.

02 정답 ①

한 번 거주했던 층에서는 다시 거주할 수 없기 때문에 가는 3층, 나는 2층에 배정될 수 있다. 다는 1층 또는 4층에 배정될 수 있지만, 라는 1층에만 거주할 수 있기 때문에, 다는 4층, 라는 1층에 배정된다. 이를 정리하면 다음과 같다.

가	나	다	라
3층	2층	4층	1층

따라서 항상 참인 것은 ①이다.

[오답분석]

② · ③ · ④ 주어진 조건만으로는 판단하기 힘들다.

⑤ 매년 새롭게 층을 배정하기 때문에 나 또한 3년 이상 거주했을 것이다.

03 정답 ④

조건에 따르면 지하철에는 D를 포함한 두 사람이 타는데, B가 탈 수 있는 교통수단은 지하철뿐이므로 지하철에는 D와 B가 타며, 둘 중 한 명은 라 회사에 지원했다. 또한, 어떤 교통수단을 선택해도 지원한 회사에 갈 수 있는 E는 버스와 택시로 서로 겹치는 회사인 가 회사에 지원했음을 알 수 있다. 한편, A는 다 회사에 지원했고 버스나 택시를 타야 하는데, 택시를 타면 다 회사에 갈 수 없으므로 A는 버스를 탄다. 즉, C는 나 또는 마 회사에 지원했음을 알 수 있으며, 택시를 타면 갈 수 있는 회사 중 가 회사를 제외하면 버스로 갈 수 있는 회사와 겹치지 않으므로, C는 택시를 이용한다. 따라서 E가 라 회사에 지원했다는 ④는 옳지 않다.

04 정답 ①

A와 B를 기준으로 조건을 정리하면 다음과 같다.

• A : 디자인을 잘하면 편집을 잘하고, 편집을 잘하면 영업을 잘한다. 영업을 잘하면 기획을 못한다.

• B : 편집을 잘하면 영업을 잘하고, 영업을 잘하면 기획을 못한다.

따라서 조건에 따르면 A만 옳다.

05

주어진 조건에 따라 수진, 지은, 혜진, 정은의 수면 시간을 정리하면 다음과 같다.
• 수진 : 22:00 ~ 07:00 → 9시간
• 지은 : 22:30 ~ 06:50 → 8시간 20분
• 혜진 : 21:00 ~ 05:00 → 8시간
• 정은 : 22:10 ~ 05:30 → 7시간 20분
따라서 수진이의 수면 시간이 가장 긴 것을 알 수 있다.

06

정답 ③

제시된 A ~ D 4명의 진술을 정리하면 다음과 같다.

구분	진술 1	진술 2
A	C는 B를 이길 수 있는 것을 냈다.	B는 가위를 냈다.
B	A는 C와 같은 것을 냈다.	A가 편 손가락의 수는 B보다 적다.
C	B는 바위를 냈다.	A ~ D는 같은 것을 내지 않았다.
D	A, B, C 모두 참 또는 거짓을 말한 순서가 동일하다.	이 판은 승자가 나온 판이었다.

먼저 A ~ D는 반드시 가위, 바위, 보 세 가지 중 하나를 내야 하므로 그 누구도 같은 것을 내지 않았다는 C의 진술 2는 거짓이 된다. 따라서 C의 진술 중 진술 1이 참이 되므로 B가 바위를 냈다는 것을 알 수 있다. 이때, B가 가위를 냈다는 A의 진술 2는 참인 C의 진술 1과 모순되므로 A의 진술 중 진술 2가 거짓이 되는 것을 알 수 있다. 결국 A의 진술 중 진술 1이 참이 되므로 C는 바위를 낸 B를 이길 수 있는 보를 냈다는 것을 알 수 있다.
한편, 바위를 낸 B는 손가락을 펴지 않으므로 A가 편 손가락의 수가 자신보다 적었다는 B의 진술 2는 거짓이 된다. 따라서 B의 진술 중 진술 1이 참이 되므로 A는 C와 같은 보를 냈다는 것을 알 수 있다.
이를 바탕으로 A ~ C의 진술에 대한 참, 거짓 여부와 가위바위보를 정리하면 다음과 같다.

구분	진술 1	진술 2	가위바위보
A	참	거짓	보
B	참	거짓	바위
C	참	거짓	보

따라서 참 또는 거짓에 대한 A ~ C의 진술 순서가 동일하므로 D의 진술 1은 참이 되고, 진술 2는 거짓이 되어야 한다. 이때, 승자가 나오지 않으려면 D는 반드시 A ~ C와 다른 것을 내야 하므로 가위를 낸 것을 알 수 있다.

오답분석
① B와 같은 것을 낸 사람은 없다.
② 보를 낸 사람은 2명이다.
④ B가 기권했다면 가위를 낸 D가 이기게 된다.
⑤ 바위를 낸 사람은 1명이다.

대표기출유형 02   기출응용문제

01

리스크 관리 능력의 부족은 기업 내부환경의 약점 요인에 해당한다. 따라서 위협은 외부환경 요인에 해당하므로 위협 요인에는 회사 내부를 제외한 외부에서 비롯되는 요인이 들어가야 한다.

02

ㄱ. 한류의 영향으로 한국 제품을 선호하므로 한류 배우를 모델로 하여 적극적인 홍보 전략을 추진한다.
ㄷ. 빠른 제품 개발 시스템이 있기 때문에 소비자 기호를 빠르게 분석하여 제품 생산에 반영한다.

오답분석

ㄴ. 인건비 상승과 외국산 저가 제품 공세 강화로 인해 적절한 대응이라고 볼 수 없다.
ㄹ. 선진국은 기술 보호주의를 강화하고 있으므로 적절한 대응이라고 볼 수 없다.

대표기출유형 03   기출응용문제

01

을·정·무는 정이 운전을 하고 을이 차장이며, 부상 중인 사람이 없기 때문에 17:00에 도착하므로 정의 당직 근무에도 문제가 없다. 따라서 가능한 조합이다.

오답분석

① 갑·을·병 : 갑이 부상인 상태이므로 B지사에 17시 30분에 도착하는데, 을이 17시 15분에 계약업체 면담을 진행해야 하므로 가능하지 않은 조합이다.
② 갑·병·정 : 갑이 부상인 상태이므로 B지사에 17시 30분에 도착하는데, 정이 17시 10분부터 당직 근무가 예정되어 있으므로 가능하지 않은 조합이다.
③ 을·병·무 : 1종 보통 운전면허를 소지하고 있는 사람이 없으므로 가능하지 않은 조합이다.
⑤ 병·정·무 : 책임자로서 차장 직급이 한 명은 포함되어야 하므로 가능하지 않은 조합이다.

02

H공사의 구매 담당자는 기계의 성능을 모두 같다고 보는데 E사 제품이 성능 면에서 뒤처진다고 설득하는 내용이므로 옳지 않다.

03

오답분석

① 법정대리인 신청 시 부모 각각의 동의서가 필요하다.
② 법정대리인 동의서 양식은 '홈페이지 → 고객센터 → 약관·설명서·서식 → 서식자료' 중 '전자금융게시'의 내용을 참고하면 된다.
③ 법정대리인이 자녀와 함께 방문한 경우 법정대리인의 실명확인증표로 인감증명서를 대체 가능하다.
⑤ 만 18세인 지성이가 전자금융서비스를 변경하기 위해서는 법정대리인 동의서와 성명·주민등록번호·사진이 포함된 학생증이 필요하다. 학생증에 주민등록번호가 포함되지 않은 경우, 미성년자의 기본증명서가 추가로 필요하다.

01

정답 ④

오답분석

① 재질이 티타늄, 용도가 일반이므로 옳지 않다.
② 용도가 선박이므로 옳지 않다.
③ 재질이 크롬 도금, 직경이 12mm이므로 옳지 않다.
⑤ 재질이 티타늄, 직경이 12mm이므로 옳지 않다.

02

정답 ②

A/S 접수 현황에서 잘못 기록된 일련번호는 총 7개이다.

분류 1	• ABE1C6<u>100121</u> → 일련번호가 09999 이상인 것은 없음 • MBE1D<u>B</u>001403 → 제조월 표기기호 중 'B'는 없음
분류 2	• MBP2CO<u>120202</u> → 일련번호가 09999 이상인 것은 없음 • ABE2D<u>0</u>001063 → 제조월 표기기호 중 '0'은 없음
분류 3	• CBL3<u>S</u>8005402 → 제조연도 표기기호 중 'S'는 없음
분류 4	• SBE4D5<u>101483</u> → 일련번호가 09999 이상인 것은 없음 • CBP4D6<u>100023</u> → 일련번호가 09999 이상인 것은 없음

03

정답 ④

제조연도는 시리얼 번호 중 앞에서 다섯 번째 알파벳으로 알 수 있다. 2020년도는 'A', 2021년도는 'B'로 표기되어 있으며, A/S 접수 현황에서 찾아보면 총 9개이다.

PART 2

직무수행능력평가

CHAPTER 01   경영학원론

CHAPTER 02   경제학원론

01	02	03	04	05	06	07	08	09	10	11	12	13	14	15	16	17	18	19	20
④	②	②	③	②	⑤	③	③	③	③	①	①	②	⑤	③	①	②	②	③	③

01
정답 ④

기계적 조직은 집권적이며 규칙과 절차가 많고 엄격한 반면, 유기적 조직은 분권적이며 융통성이 높고 제약이 적은 편이다.

02
정답 ②

앰부시 마케팅(Ambush Marketing)의 앰부시(Ambush)는 '매복'을 뜻하는 말로, 교묘히 규제를 피해 가는 매복 마케팅이라고도 한다. 대형 스포츠 이벤트에서 공식 후원사가 아니면서도 TV 광고나 개별 선수 후원을 활용해 공식 스폰서 같은 인상을 줘서 홍보 효과를 극대화하는 전략이다.

오답분석

① 니치 마케팅(Niche Marketing) : '틈새시장'이라는 뜻을 가진 말로 시장의 빈틈을 공략하는 새로운 상품을 잇따라 시장에 내놓음으로써 다른 특별한 제품 없이도 셰어(Share)를 유지시켜 가는 마케팅 기법이다.
③ 버즈 마케팅(Buzz Marketing) : 소비자들이 자발적으로 메시지를 전달하게 하여 상품에 대한 긍정적인 입소문을 내게 하는 마케팅 기법이다.
④ 플래그십 마케팅(Flagship Marketing) : 시장에서 성공을 거둔 특정 상품을 중심으로 판촉활동을 하는 마케팅 기법이다.
⑤ 바이럴 마케팅(Viral marketing) : 네티즌들이 이메일이나 메신저 혹은 블로그 등을 통해 자발적으로 기업이나 상품을 홍보하도록 만드는 마케팅 기법이다.

03
정답 ②

ㄱ. 고전학파는 금리가 통화량 변동과 아무 관계없이 생산성 변동, 소비절약과 같은 실물요인에 의해서만 영향을 받는다고 주장했다.
ㄷ. 케인스는 유동성선호설을 근거로 화폐수요에 의해 이자율이 결정된다고 주장했다.

오답분석

ㄴ. 통화량의 변동이 장기적으로 물가수준의 변동만을 가져온다고 주장하는 것은 고전학파 이론이다.
ㄹ. 오린과 로버트슨은 대부자금의 공급을 결정하는 요인으로 실물부분의 저축과 통화공급의 증감분을 주장하였다.

04
정답 ③

원가우위전략은 경쟁사보다 저렴한 원가로 경쟁하며 동일한 품질의 제품을 경쟁사보다 낮은 가격에 생산 및 유통한다는 점에 집중되어 있다. 반면에 디자인, 브랜드 충성도 또는 성능 등으로 우위를 점하는 전략은 차별화 전략이다.

05

정답 ②

통제범위란 관리자 대 작업자의 비율을 뜻한다. 스텝으로부터의 업무상 조언과 지원의 횟수는 통제의 범위와는 직접적 관련이 없다.

> **통제범위(Span of Control)**
> 권한계층(Hierarchy of Authority)과 동일하며, 관리자가 직접 관리·감독하는 부하의 수를 말한다. 통제범위가 좁으면 조직 계층이 높아지고, 통제범위가 넓으면 조직계층이 낮아져 조직이 수평적으로 변한다.

06

정답 ⑤

H팀장은 평소 팀원들과 돈독한 관계를 맺으며 충성심과 존경을 바탕으로 부하들로부터 헌신과 동일화, 내재화를 이끌어내고 있으므로 준거적 권력의 사례에 해당한다.

> **준거적 권력(Reference Power)**
> 개인적인 매력과 존경심 등을 바탕으로 한 준거적 권력은 부하들로부터 헌신과 동일화, 내재화를 지속적으로 이끌어낼 수 있는 가장 훌륭한 권력의 원천이 된다. 자신이 알고 있는 지식이나 기술 노하우 등은 업무가 바뀌거나 환경이 바뀌면 그 가치가 없어질 수도 있지만, 개인적 특성은 상황에 따라 변하거나 사라지는 성질이 아니기 때문이다. 따라서 장기적이고 지속적으로 부하나 주위 사람들에게 영향력을 행사하고 싶다면 준거적 권력이 전문적 권력보다 더 바람직하다.

07

정답 ③

대량생산·대량유통으로 규모의 경제를 실현하여 비용절감을 하는 전략은 비차별화 전략으로, 단일제품으로 단일화된 세분시장을 공략하는 집중화 전략과는 반대되는 전략이다.

08

정답 ③

ㄱ. 이윤 극대화의 1차 조건은 $MR = MC$를 만족할 때이다. 즉, 재화 1단위를 더 판매할 때 추가로 얻는 수입과 재화 1단위를 더 생산할 때 추가 비용이 같아져야 함을 의미한다.
ㄴ. 이윤 극대화의 2차 조건은 한계수입곡선의 기울기보다 한계비용곡선의 기울기가 더 커야 한다는 것이다. 이는 한계비용곡선이 한계수입곡선을 아래에서 위로 교차해야 함을 의미한다.

[오답분석]
ㄷ. 평균수입곡선과 평균비용곡선이 교차하는 것은 이윤 극대화 조건과 아무런 관계가 없다.

09

정답 ③

인지 부조화 이론은 페스팅거에 의해 제시된 이론이며, 자신이 가진 내적 신념이나 태도에 일치하지 않을 때 긴장상태(불편한 상태)가 발생되는 상황으로 소비 맥락에서 일어나는 인지 부조화를 구매 후 부조화라고 한다. 따라서 이러한 불편한 상태는 자신의 기대를 낮추거나 다른 정당성을 부여함으로써 구매 후 부조화를 해소하며, 가격이 높은 제품일수록 구매 후 부조화는 더욱 커지게 된다.

10

정답 ③

제시문은 컨조인트 분석(Conjoint Analysis)에 대한 설명이다.

11

정답 ①

페이욜의 경영활동
- 기술적 활동 : 생산, 제조, 가공
- 상업적 활동 : 구매, 판매, 교환
- 재무적 활동 : 자본의 조달과 운용
- 보호적 활동 : 재화와 종업원의 보호
- 회계적 활동 : 재산목록, 대차대조표, 원가, 통계 등
- 관리적 활동 : 계획, 조직, 명령, 조정, 통제

12

정답 ①

기준금리 인하는 자산가격의 상승을 유도한다.

[오답분석]
② 천연가스 가격이 오르면 대체재인 원유를 찾는 소비자가 늘어나게 되어 공급이 늘어나므로 공급곡선은 오른쪽으로 이동한다.
③ 초과공급에 대한 설명이다.
④ CD금리는 CD(양도성예금증서)가 유통시장에서 거래될 때 적용받는 이자율이다.
⑤ 기준금리는 2016년까지 연 12회였으나, 2017년부터 연 8회로 변경되었다.

13

정답 ②

직무특성모형은 해크먼과 올드햄(Hackman & Oldham)에 의해 제시된 이론으로, 현대적 직무설계의 이론적 지침이 되고 있다.
직무특성모형의 핵심직무차원은 다음과 같다.
- 기술의 다양성
- 과업의 정체성
- 과업의 중요성
- 자율성
- 피드백

14

정답 ⑤

포터는 기업의 가치 창출 활동을 본원적 활동(Primary Activities)과 지원 활동(Support Activities)의 2가지 범주로 구분하고
있다.
- 본원적 활동(Primary Activities) : 입고, 운영·생산, 출고, 마케팅 및 영업, 서비스
- 지원 활동(Support Activities) : 회사 인프라, 인적자원관리, 기술개발, 구매 활동

15

정답 ③

BCG 매트릭스는 기업이 사업에 대한 전략을 결정할 때 시장점유율과 시장성장률을 고려한다고 가정하고 이 두 가지 요소를 기준으로 별(Star) 사업, 현금젖소(Cash Cow) 사업, 물음표(Question Mark) 사업, 개(Dog) 사업으로 나누었다. 현금젖소(Cash Cow)는
시장성장률은 낮지만 높은 상대적 시장점유율을 유지하고 있는 영역으로, 제품수명주기상에서 성숙기에 속하는 영역이다.

16

기대이론(Expectancy Theory)이란 구성원 개인의 동기부여의 강도를 성과에 대한 기대와 성과의 유의성에 의해 설명함으로써 동기유발을 위한 동기요인들의 상호작용에 관심을 둔 이론이다.

브룸(V. Vroom)의 기대이론에 의하면 동기부여(Motivation)는 기대(Expectancy)・수단성(Instrumentality)・유의성(Valence) 의 3요소에 영향을 받는다. 이때, 유의성은 특정 보상에 대해 갖는 선호의 강도, 수단성은 성과달성에 따라 주어지리라고 믿는 보상의 정도이고, 기대는 어떤 활동이 특정 결과를 가져온다고 믿는 가능성을 말한다. 따라서 '(동기부여의 강도)=(기대감)×(수단성)×(유의성)'으로 나타낼 수 있다.

17

오답분석

① 지주회사 : 다른 회사의 주식을 소유함으로써 사업활동을 지배하는 것을 주된 사업으로 하는 회사이다.

③ 컨글로머리트 : 복합기업, 다종기업이라고도 하며, 서로 업종이 다른 이종기업 간의 결합에 의한 기업형태이다.

④ 트러스트 : 동일산업 부문에서의 자본의 결합을 축으로 한 독점적 기업결합이다.

⑤ 콘체른 : 법률적으로 독립하고 있는 몇 개의 기업이 출자 등의 자본적 연휴를 기초로 하는 지배・종속 관계에 의해 형성되는 기업결합체이다.

18

오답분석

① 곰의 포옹 : 사전 경고 없이 매수자가 목표 기업의 경영진에 편지를 보내 매수제의를 하고 신속한 의사결정을 요구하는 대표적인 적대적 M&A 수단이다.

③ 포이즌 필(Poison Pill) : 적대적 M&A 위기에 놓인 기업이 택할 수 있는 경영권 방어전략 중의 하나로, 기존 주주들에게 시가보다 매우 싼 가격에 지분을 매입할 수 있도록 미리 권리를 부여하는 제도이다.

④ 황금낙하산 : 인수대상 기업의 이사가 임기 전에 물러나게 될 때 일반적인 퇴직금 외에 거액의 특별 퇴직금이나 보너스, 스톡옵션 등을 주도록 하는 제도이다.

⑤ 백기사 : 기업들 간 적대적 인수・합병(M&A)이 진행되는 경우 현 경영진의 경영권 방어에 우호적인 주주이다.

19

주식회사는 그 구성원인 사원이 주주가 되어 자기의 출자액의 주식금액을 한도로 하여 회사의 자본 위험에 대한 책임을 지는데 이를 주주의 유한책임이라 한다. 따라서 ③은 주식회사의 특징으로 옳지 않다.

20

테일러는 조직적 태업의 근본적 문제가 표준작업량의 불명확성에 있는 것을 해결하기 위해 시간연구와 동작연구를 이용해 표준작업량을 설정하였다. 따라서 테일러의 과업관리(Task Management)의 목표는 '높은 임금, 낮은 노무비의 원리'로 집약된다.

01	02	03	04	05	06	07	08	09	10	11	12	13	14	15	16	17	18	19	20
②	⑤	③	④	①	④	③	③	③	③	⑤	①	④	⑤	④	②	④	②	⑤	⑤

01
정답 ②

구축효과에 대한 설명으로, 채권가격 변화에 의한 구축효과의 경로는 다음과 같다.
정부의 국공채 발행 → 채권의 공급 증가 → 채권가격 하락 → 이자율 상승(채권가격과 이자율과는 음의 관계) → 투자 감소

02
정답 ⑤

순현재가치를 구하는 식은 다음과 같다.
[순현재가치(NPV)]$=-1,000+(600\div1.1)+[600\div(1.1\times1.1)]\fallingdotseq-1,000+545+496=-1,000+1,041=41$만 원
즉, 1,000만 원을 투자하면 41만 원만큼 이득을 보는 것이므로 투자를 하는 것이 이득이므로 1,041만 원 미만을 투자하면 이득인
셈이다. 따라서 프로젝트 수행자가 시장에서 투자 자금을 공개적으로 모집한다면 이 프로젝트를 구입하려는 금액(가격)은 1,041만
원에 수렴할 것이다. 이처럼 미래에 현금수입이 발생하는 모든 수익성 자산의 가격은 미래에 들어올 현금유입액의 현재가치에
접근하게 되며, 주식 채권 상가 등 모든 자산의 이론가격은 미래 현금유입액의 현재가치라고 할 수 있다. 그러므로 미래 현금이
영구적으로 들어올 경우 연현금흐름을 시장이자율로 나눠주면 바로 그 자산의 가격이 된다.

03
정답 ③

케인스가 주장한 절약의 역설은 개인이 소비를 줄이고 저축을 늘리는 경우 저축한 돈이 투자로 이어지지 않기 때문에 사회 전체적으
로 볼 때 오히려 소득의 감소를 초래할 수 있다는 이론이다. 저축을 위해 줄어든 소비로 인해 생산된 상품은 재고로 남게 되고
이는 총수요 감소로 이어져 결국 국민소득이 줄어들 수 있다.

04
정답 ④

효용이 극대화가 되는 지점은 무차별곡선과 예산선이 접하는 지점이므로 무차별곡선의 기울기인 한계대체율과 예산선의 기울기
값이 같을 때 효용이 극대화된다. 따라서 $MRS_{xy}=\dfrac{MU_x}{MU_y}=\dfrac{P_x}{P_y}$이고, $MU_x=600$, $P_x=200$, $P_y=300$이므로 $MU_y=900$이
되며, 한계효용이 900이 될 때까지 Y를 소비하므로, Y의 소비량은 4개가 된다.

05
정답 ①

차선이론이란 모든 파레토효율성 조건이 동시에 충족되지 못하는 상황에서 더 많은 효율성 조건이 충족된다고 해서 더 효율적인
자원배분이라는 보장이 없다는 이론이다. 차선이론에 따르면 점진적인 제도개혁을 통해서 일부의 효율성 조건을 추가로 충족시킨다
고 해도 사회후생이 증가한다는 보장이 없다. 한편, 후생경제학에서 효율성은 파레토효율성을 통하여 평가하고, 공평성은 사회후생
함수(사회무차별곡선)를 통해 평가한다. 후생경제학의 제1정리를 따르면 모든 경제주체가 합리적이고 시장실패 요인이 없으면 완전
경쟁시장에서 자원배분은 파레토효율적이다.

06
정답 ④

GDP 디플레이터는 명목 GDP와 실질 GDP 간의 비율로서 국민경제 전체의 물가압력을 측정하는 지수로 사용되며, 통화량 목표설정에 있어서도 기준 물가상승률로 사용된다.

07
정답 ③

[오답분석]

ㅁ. 어떤 정책을 실시할 때 정책 실행시차가 부재한다면 정부정책이 보다 효과적으로 될 가능성이 높다.

08
정답 ③

- 변동 전 균형가격은 $4P+P=600$이므로 균형가격 P는 120이다.
- 변동 전 균형거래량은 $4\times120=480$이고, 변동 후 균형가격은 $4P+P=400$이므로 균형가격 P는 80이다. 따라서 변동 후 균형거래량은 $4\times80=320$이다.

09
정답 ③

독점적 경쟁시장에서는 제품의 차별화가 클수록 수요의 가격탄력성은 작아져서 서로 다른 가격의 수준을 이루게 된다.

10
정답 ③

$$\text{(실업률)}=\frac{\text{(실업자 수)}}{\text{(경제활동인구)}}\times100=\frac{\text{(실업자 수)}}{\text{(취업자 수)}+\text{(실업자 수)}}\times100$$

ㄴ. 실업자가 비경제활동인구로 전환되면 분자와 분모 모두 작아지게 되는데 이때 분자의 감소율이 더 크므로 실업률은 하락한다.
ㄷ. 비경제활동인구가 취업자로 전환되면 분모가 커지게 되므로 실업률은 하락한다.

[오답분석]

ㄱ. 취업자가 비경제활동인구로 전환되면 분모가 작아지므로 실업률은 상승한다.
ㄹ. 비경제활동인구가 실업자로 전환되면 분자와 분모 모두 커지게 되는데 이때 분자의 상승률이 더 크므로 실업률은 상승한다.

11
정답 ⑤

슈타켈버그(Stackelberg) 모형에서는 두 기업 중 하나 또는 둘 모두가 '생산량'에 대해 추종자가 아닌 선도자의 역할을 한다.

12
정답 ①

완전경쟁기업은 가격과 한계비용이 같아지는($P=MC$) 점에서 생산하므로, 주어진 비용함수를 미분하여 한계비용을 구하면 $MC=10q$이다. 시장전체의 단기공급곡선은 개별기업의 공급곡선을 수평으로 합한 것이므로 시장 전체의 단기공급곡선은 $P=\frac{1}{10}Q$로 도출된다. 이제 시장수요함수와 공급함수를 연립해서 계산하면 $350-60P=10P$이므로 $P=5$이다.

13

실업률이란 일할 능력과 취업 의사가 있는 사람 가운데 실업자가 차지하는 비율로, 실업자를 경제활동인구로 나누어 계산한다. 단, 만 15세 이상 생산가능인구 중 학생, 주부, 환자 등은 경제활동인구에서 제외된다. 호준이 여동생은 가정주부이고 남동생은 대학생이기 때문에 비경제활동이므로 호준이 가족의 경제활동인구는 아버지, 어머니, 호준이 총 3명이다. 이 중 호준이와 어머니가 실업자이므로 호준이 가족의 실업률은 $\frac{2}{3} \times 100 = 67\%$이다.

14

제시된 수요곡선의 방정식은 $P = -Q + 100$이다. 수요의 가격탄력성이 1일 경우는 수요곡선상의 중점이므로 이때의 X재 가격은 50원이다. 따라서 독점기업은 항상 수요의 가격탄력성보다 큰 구간에서 재화를 생산하므로 독점기업이 설정하는 가격은 50원 이상이다.

[오답분석]
① 수요곡선의 방정식에 따르면, 가격이 100원이면 X재의 수요량은 0이고, 가격이 30원이면 X재의 수요량은 70이다.
② 수요곡선이 우하향의 직선인 경우 수요곡선상의 우하방으로 이동할수록 수요의 가격탄력성이 점점 작아지므로 수요곡선상의 모든 점에서 수요의 가격탄력성이 다르게 나타난다.
③ X재는 정상재이므로 소득이 증가하면 수요곡선이 오른쪽으로 이동한다.
④ X재와 대체관계에 있는 Y재의 가격이 오르면 X재의 수요가 증가하므로 X재의 수요곡선은 오른쪽으로 이동한다.

15

ⓒ 의무발행업종이 현금영수증을 발급하지 않은 경우 미발급금액의 20%(2019년 1월 1일 이후)의 가산세를 부과한다.
② 현금영수증 자진발급 기한은 현금을 받은 날부터 5일 이내이다.

[오답분석]
㉠ 최종 소비자에게는 현금(소득공제)을, 사업자에게는 현금(지출증빙)을 표기한다.
ⓒ 의무발행업종 사업자는 건당 거래금 10만 원 이상인 재화 또는 용역을 공급하고 그 대금을 현금으로 받은 경우 현금영수증가맹점 가입여부와 관계없이 의무적으로 현금영수증을 발급해야 한다.

16

표에 제시된 'A국 통화로 표시한 B국 통화 1단위의 가치'란 A국 통화의 명목환율을 의미한다.

명목환율을 e, 실질환율을 ε, 외국 물가를 P_f, 국내 물가를 P라고 할 때, 실질환율은 $\varepsilon = \frac{e \times P_f}{P}$로 표현된다.

이것을 각 항목의 변화율에 대한 식으로 바꾸면, $\frac{\Delta e}{\varepsilon} = \frac{\Delta e}{e} + \frac{\Delta P_f}{P_f} - \frac{\Delta P}{P}$이 된다.

제시된 자료에서 명목환율은 15%, A국(자국) 물가지수는 7%, B국(외국) 물가지수는 3% 증가하였으므로, 앞의 식에 대입하면 실질환율(ε)의 변화율은 15+3-7=11%(상승)이다. 따라서 실질환율이 상승하면 수출품의 가격이 하락하게 되므로 수출량은 증가한다.

17

벤담, 제임스 밀, 존 스튜어트 밀 등이 대표적인 학자인 공리주의는 최대 다수의 최대 행복을 목적으로 한다. 따라서 공리주의에 따르면 구성원들의 소득 합이 가장 많아서 효용이 가장 큰 대안을 선택해야 하므로 A안(13억 원), B안(8억 원), C안(12억 원) 중 A안을 선택한다. 반면 롤스는 최소 수혜자의 최대 행복을 목적으로 하기 때문에 전체 효용이 아니라 최소 수혜자가 얼마만큼 효용을 얻는지 살펴야 한다. A안은 구성원 2가 0억 원을, B안은 구성원 3이 1억 원을, C안은 구성원 1이 3억 원을 얻으므로 최소 수혜자가 가장 많은 행복을 얻을 수 있는 C안이 가장 바람직한 선택이다. 결론적으로 공리주의를 따르면 A안, 롤스를 따르면 C안을 선택하는 것이 바람직하다.

18

단위당 보조금의 크기가 공급곡선 S_1 과 S_2 의 수직거리이고, 보조금 지급이후의 거래량은 Q_2 이므로 정부가 지급한 보조금의 크기는 $(a+b+c+d+e+f)$이다.

오답분석

① 정부가 지급한 보조금 중에서 소비자와 생산자에게 귀속되지 않은 부분인 $(c+f)$가 보조금 지급에 따른 사회적 후생손실에 해당한다.
③ 보조금 지급으로 인해 생산자가 받는 가격이 $P_1 \rightarrow P_3$로 상승하면 생산자잉여는 $(a+b)$만큼 증가한다.
④ 보조금이 지급되어 공급곡선이 $S_1 \rightarrow S_2$로 이동하면, 재화의 시장가격이 $P_1 \rightarrow P_2$로 낮아지므로 소비자 잉여는 $(d+e)$만큼 증가한다.
⑤ 보조금 지급 이후의 시장가격은 P_2이나 생산자는 공급곡선 S_1 과 S_2 의 수직거리에 해당하는 단위당 보조금을 지급받으므로 생산자가 실제로 받는 가격은 P_3이다.

19

ㄴ. 코즈의 정리에 의하면 외부성이 존재하는 경우 재산권이 명확하게 설정되면 이해관계 당사자 간의 협상을 통해 파레토 효율을 달성할 수 있다.
ㄷ. 공공재는 배제가 불가능하여 생산비를 내지 않은 개인도 소비할 수 있으므로 공공재 공급을 사기업에 맡기면 생산이 전혀 이루어지지 않을 수 있다.
ㄹ. 공공재는 비경합성과 비배재성이라는 두 가지 특징을 지니고 있다. 따라서 공공재에 대한 어떤 사람의 소비가 다른 사람들이 소비할 수 있는 양을 감소시키지 않고, 재화 사용에 대가를 내지 않아도 소비를 막을 수 없다는 것이다. 그러나 이러한 특징은 공유지의 비극과 같은 단점으로 인해 시장실패의 원인이 될 수 있다.
ㅁ. 시장실패의 원인은 크게 정보의 비대칭, 불완전 경쟁시장, 공공재, 외부효과로 나눌 수 있다. 그중에서 외부효과는 거래에 직접 관련되지 않은 당사자에게 거래가 이익 또는 비용을 생성될 때 발생한다.

20

비교우위를 계산하기 위해서는 각 상품을 생산할 때의 기회비용을 계산해야 한다. 두 국가의 기회비용을 정리하면 다음과 같다.

구분	C상품	D상품
A국가	$\dfrac{6}{10}$	$\dfrac{10}{6}$
B국가	$\dfrac{6}{2}$	$\dfrac{2}{6}$

따라서 A국가는 B국가에 C상품을, B국가는 A국가에 D상품을 수출하면 두 국가 모두에게 이득이다.

할 수 있다고 믿는 사람은 그렇게 되고,
할 수 없다고 믿는 사람도 역시 그렇게 된다.

- 샤를 드골 -

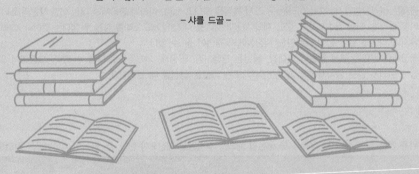

PART 3

최종점검 모의고사

제1회 최종점검 모의고사

제2회 최종점검 모의고사

01	02	03	04	05	06	07	08	09	10	11	12	13	14	15	16	17	18	19	20
②	①	①	②	③	①	④	④	④	③	⑤	④	⑤	⑤	①	③	③	③	②	④
21	22	23	24	25	26	27	28	29	30	31	32	33	34	35	36	37	38	39	40
①	②	③	⑤	④	②	③	②	③	①	③	③	⑤	②	③	③	④	④	④	②
41	42	43	44	45	46	47	48	49	50										
③	②	②	③	⑤	④	①	③	②	③										

01 　문서 작성　　　　　　　　　　　　　　　　　　　　　　　　　　　　정답 ②

기획안을 작성할 때는 관련된 내용을 깊이 있게 담아 상대가 채택하게끔 설득력을 갖춰야 한다. 또한, 상대가 요구하는 것이 무엇인지 고려하여 작성하는 것이 필요하다.

02 　문서 내용 이해　　　　　　　　　　　　　　　　　　　　　　　　　정답 ①

오답분석

② 에코누리호는 아시아 최초의 LNG 연료 추진 선박이다.
③ 학생 단체의 경우 매월 첫째 주와 셋째 주 금요일에만 견학이 가능하다.
④ 운항코스는 인천항 내의 5개의 부두(1·4·5·6·8부두)를 돌아보는 것이다.
⑤ 승선장소까지의 이동 차량은 준비해야 하며 선박 운항과 관련한 비용은 발생하지 않는다.

03 　글의 주제　　　　　　　　　　　　　　　　　　　　　　　　　　　정답 ①

제시문은 '탈원전·탈석탄 공약에 맞는 제8차 전력공급기본계획(안) 수립 – 분산형 에너지 생산시스템으로의 정책 방향 전환 – 분산형 에너지 생산시스템에 대한 대통령의 강한 의지 – 중앙집중형 에너지 생산시스템의 문제점 노출 – 중앙집중형 에너지 생산시스템의 비효율성'의 내용으로 전개되고 있다. 따라서 제시문은 일관되게 '에너지 분권의 필요성과 나아갈 방향을 모색해야 한다.'는 점을 말하고 있다.

오답분석

② 다양한 사회적 문제점들과 기후, 천재지변 등에 의한 문제점들을 언급하고 있으나, 이는 글의 주제를 뒷받침하기 위한 이슈이므로 제시문 전체의 주제로 보기는 어렵다.
③·⑤ 제시문에서 언급되지 않았다.
④ 전력수급기본계획의 수정 방안을 제시하고 있지는 않다.

04 　전개 방식　　　　　　　　　　　　　　　　　　　　　　　　　　　정답 ②

제시문에서는 법조문과 관련된 '반대 해석'과 '확장 해석'의 개념을 일상의 사례를 들어 설명하고 있다.

05 빈칸 삽입
정답 ③

제시문에 따르면 얼굴을 맞대고 하는 접촉이 매체를 통한 접촉보다 언어 변화에 결정적인 영향력을 미치며, 이에 따라 매체를 통해서보다 자주 접촉하는 사람들을 통해 언어 변화가 진전된다. 따라서 빈칸에는 직접 접촉과 간접 접촉, 즉 접촉의 형식에 따라 언어 변화의 영향력의 차이가 있다는 내용이 들어가는 것이 가장 적절하다.

06 내용 추론
정답 ①

(가) 문단에서는 인류가 바람을 에너지원으로 사용한 지 1만 년이 넘었다고 제시되어 있을 뿐이므로 이를 통해 풍력에너지가 인류에서 가장 오래된 에너지원인지는 추론할 수 없다.

07 글의 주제
정답 ④

(라) 문단은 비행선 등을 활용하여 고고도풍(High Altitude Wind)을 이용하는 발전기 회사의 사례를 제시하고 있지만, 그 기술의 한계에 대한 내용은 언급하고 있지 않다. 따라서 ④는 (라) 문단에 대한 주제로 적절하지 않다.

08 문단 나열
정답 ④

제시문은 우리나라가 인구감소 시대에 돌입함에 따른 공공재원의 효율적 활용 필요성에 대해 설명하고 있다. 따라서 '(나) 문제제기 : 인구감소 시대에 돌입 - (라) 문제분석 : 공공재원 확보・확충의 어려움 - (가) 문제해결 : 공공재원의 효율적 활용 방안 - (다) 향후과제 : 공공재원의 효율적 활용 등에 대한 논의 필요' 순으로 나열하는 것이 적절하다.

09 문서 내용 이해
정답 ④

담수 동물은 육상 동물과 같이 오줌 배출을 통해 몸 밖으로 수분을 내보내지만, 육상 동물의 경우에는 수분 유지를 위한 것이 아니라 체내 수분이 빠져나가는 방법의 일종이므로 오줌 배출을 통한 체내 수분 유지는 공통점이 아니다.

10 빈칸 삽입
정답 ③

- (가) : 빈칸 (가)의 다음 문장에서 사회의 기본 구조를 통해 이것을 공정하게 분배해야 된다고 했으므로 ㉡이 가장 적절하다.
- (나) : '원초적 상황'에서 합의 당사자들은 인간의 심리, 본성 등에 대한 지식 등 사회에 대한 일반적인 지식은 알고 있지만, 이것에 대한 정보를 모르는 무지의 베일 상태에 놓인다고 했으므로 사회에 대한 일반적인 지식과 반대되는 개념, 즉 개인적 측면의 정보인 ㉠이 가장 적절하다.
- (다) : 빈칸 (다)에 대하여 사회에 대한 일반적인 지식이라고 하였으므로 ㉢이 가장 적절하다.

11 품목 확정
정답 ⑤

각 업체의 선정점수를 항목별로 동일한 가중치로 합산하여 계산하면 다음과 같다.

(단위 : 점)

구분	A업체	B업체	C업체	D업체	E업체
선정점수	67	75	72	71	73

세 번째 조건에 따라 건축안정성 점수가 17점 미만인 D업체는 제외되고, 네 번째 조건에 따라 입찰가격 점수가 10점 미만인 B업체는 제외된다. 또한, 마지막 조건에 따라 C업체는 내진설계를 포함하지 않아 제외된다. 따라서 나머지 업체인 A, E업체 중 선정점수가 가장 높은 E업체가 선정된다.

12 품목 확정

정답 ④

전자제품의 경우 관세와 부가세의 합이 18%로 모두 동일하며, 전자제품의 가격이 다른 가격보다 월등하게 높기 때문에 대소 비교는 전자제품만 비교하면 된다. 이 중 A의 TV와 B의 노트북은 가격이 동일하기 때문에 굳이 계산할 필요가 없고 TV와 노트북을 제외한 휴대폰과 카메라를 비교해야 한다. B의 카메라가 A의 휴대폰보다 비싸기 때문에 B가 더 많은 관세를 낸다.

구분	전자제품	전자제품 외
A	TV(110만), 휴대폰(60만)	화장품(5만), 스포츠용 헬멧(10만)
B	노트북(110만), 카메라(80만)	책(10만), 신발(10만)

B가 내야 할 세금을 계산해 보면, 우선 카메라와 노트북의 부가세를 포함한 관세율은 18%로, 190만×0.18=34.2만 원이다. 이때, 노트북은 100만 원 이상 전자제품에 해당하므로 특별과세 110만×0.5=55만 원이 더 과세된다. 나머지 품목들의 세금은 책이 10만×0.1=1만 원, 신발이 10만×0.23=2.3만 원이다. 따라서 B가 내야 할 관세 총액은 34.2만+55만+1만+2.3만=92.5만 원이다.

13 품목 확정

정답 ⑤

해외출장 일정을 고려해 이동수단별 비용을 구하면 다음과 같다.
• 렌터카 : (50+10)×3=$180
• 택시 : 1×(100+50+50)=$200
• 대중교통 : 40×4=$160

따라서 경제성에서 대중교통, 렌터카, 택시 순서로 상-중-하로 평가된다.
두 번째 조건에 따라 이동수단별 평가표를 점수로 환산한 후 최종점수를 구하면 다음과 같다.

(단위 : 점)

구분	경제성	용이성	안전성	최종점수
렌터카	2	3	2	7
택시	1	2	4	7
대중교통	3	1	4	8

따라서 총무팀이 선택하게 될 이동수단은 최종점수가 가장 높은 대중교통이고, 비용은 $160이다.

14 비용 계산

정답 ⑤

2024년 3분기의 이전 분기 대비 수익 변화량(-108)이 가장 크다.

[오답분석]
① 수익은 2024년 2분기에 유일하게 증가하였다.
② 재료비를 제외한 금액은 2024년 4분기가 2023년 4분기보다 낮다.
③ 수익의 변화량은 제품가격의 변화량과 밀접한 관계가 있다.
④ 조사 기간에 수익이 가장 높을 때는 2024년 2분기이고, 재료비가 가장 낮을 때는 2024년 1분기이다.

15 비용 계산

정답 ①

2025년 1분기의 재료비는 (1.6×70,000)+(0.5×250,000)+(0.15×200,000)=267,000원이다.
2025년 1분기의 제품가격은 (2025년 1분기 수익)+(2025년 1분기 재료비)이며, 2025년 1분기의 수익은 2024년 4분기와 같게 유지된다고 하였으므로 291,000원이다. 따라서 2025년 1분기 제품가격은 267,000+291,000=558,000원이다.

16 시간 계획   정답 ③

대화 내용을 살펴보면 A과장은 패스트푸드점, B대리는 화장실, C주임은 은행, D사원은 편의점을 이용한다. 이는 동시에 이루어지는 일이므로 가장 오래 걸리는 일의 시간만을 고려하면 된다. 은행이 30분으로 가장 오래 걸리므로 17:20에 모두 모이게 된다. 그러므로 17:00, 17:15에 출발하는 버스는 이용하지 못한다. 그리고 17:30에 출발하는 버스는 잔여석이 부족하여 이용하지 못하므로 최종적으로 17:45에 출발하는 버스를 탈 수 있다. 따라서 서울에 도착 예정시각은 19:45이다.

17 시간 계획   정답 ③

4월 21일의 팀미팅은 워크숍 시작시간 전 오후 1시 30분에 끝나므로 오후 3시에 출발 가능하며, 22일의 일정이 없기 때문에 4월 21 ~ 22일이 워크숍 날짜로 적절하다.

오답분석

① 4월 9 ~ 10일 : 다른 팀과 함께하는 업무가 있는 주로 워크숍이 불가능하다.
② 4월 18 ~ 19일 : 19일은 주말이므로 워크숍이 불가능하다.
④ 4월 28 ~ 29일 : 28일은 E대리 휴가로 모든 팀원이 참여가 불가능하다.
⑤ 4월 29 ~ 30일 : 30일은 말일이므로 워크숍이 불가능하다.

18 인원 선발   정답 ③

접수 건수가 제일 많은 지원유형은 신입유형으로, 직원채용절차에 학업성적심사가 포함되어 있지 않다.

19 비용 계산   정답 ②

경력직원채용절차를 처리하기 위한 비용은 500(접수확인)＋1,000(직무능력검사)＋400(합격여부 통지)＝1,900원이다.

20 인원 선발   정답 ④

지원유형 중 가장 합격률이 낮은 유형은 인턴유형으로 합격률이 12.5%이다. 경력유형의 합격률은 약 16.67%이다.

21 자료 이해   정답 ①

메달 및 상별 점수는 다음과 같다.

구분	금메달	은메달	동메달	최우수상	우수상	장려상
총개수(개)	40	31	15	41	26	56
개당 점수(점)	3,200÷40=80	2,170÷31=70	900÷15=60	1,640÷41=40	780÷26=30	1,120÷56=20

따라서 금메달은 80점, 은메달은 70점, 동메달은 60점임을 알 수 있다.

오답분석

② 경상도가 획득한 메달 및 상의 총개수는 4＋8＋12＝24개이며, 획득한 메달 및 상의 총개수가 가장 많은 지역은 13＋1＋22＝36개인 경기도이다.
③ 전국기능경기대회 결과표에서 동메달이 아닌 장려상이 56개로 가장 많다.
④ 울산에서 획득한 메달 및 상의 총점은 (3×80)＋(7×30)＋(18×20)＝810점이다.
⑤ 장려상을 획득한 지역은 대구, 울산, 경기도이며, 세 지역 중 금・은・동메달 총개수가 가장 적은 지역은 금메달만 2개인 대구이다.

22 자료 계산   **정답** ②

H통신회사의 기본요금을 x원이라 하면 8월과 9월의 요금 계산식은 각각 다음과 같다.

$x+60a+30\times2a=21,600 \rightarrow x+120a=21,600\cdots\bigcirc$

$x+20a=13,600\cdots\bigcirc\hspace{-1.2em}\bigcirc$

㉠과 ㉡을 연립하면 다음과 같다.

$100a=8,000$

$\therefore \ a=80$

따라서 $a=80$이다.

23 자료 이해   **정답** ③

ㄴ. 연령대별 아메리카노와 카페라테의 선호율의 차이를 구하면 다음과 같다.

(단위 : %)

구분	20대	30대	40대	50대
아메리카노 선호율	42	47	35	31
카페라테 선호율	8	18	28	42
차이	34	29	7	11

따라서 아메리카노와 카페라테의 선호율 차이가 가장 적은 연령대는 40대임을 알 수 있다.

ㄷ. 20대와 30대의 선호율 하위 3개 메뉴를 정리하면 다음과 같다.
- 20대 : 핫초코(6%), 에이드(3%), 아이스티(2%)
- 30대 : 아이스티(3%), 핫초코(2%), 에이드(1%)

따라서 20대와 30대의 선호율 하위 3개 메뉴는 동일함을 알 수 있다.

오답분석

ㄱ. 연령대별 아메리카노 선호율은 20대 42%, 30대 47%, 40대 35%, 50대 31%로 30대의 선호율은 20대보다 높음을 알 수 있다.

ㄹ. 40대와 50대의 선호율 상위 2개 메뉴가 전체 선호율에서 차지하는 비율을 구하면 다음과 같다.
- 40대 : 아메리카(35%), 카페라테(28%) → 63%
- 50대 : 카페라테(42%), 아메리카노(31%) → 73%

따라서 50대의 선호율 상위 2개 메뉴가 전체 선호율에서 차지하는 비율은 70%를 넘지만, 40대에서는 63%로 70% 미만이다.

24 응용 수리   **정답** ⑤

A, G를 제외한 5명 중 C, D, E가 이웃하여 서는 경우의 수는 3!×3!=36가지이고, A와 G는 자리를 바꿀 수 있다.

따라서 3!×3!×2=72가지이다.

25 자료 이해   **정답** ④

농업에 종사하는 고령근로자 수는 600×0.2=120명이고, 교육 서비스업은 48,000×0.11=5,280명, 공공기관은 92,000×0.2=18,400명이다. 따라서 총 120+5,280+18,400=23,800명으로, 과학 및 기술업에 종사하는 고령근로자 수인 160,000×0.125=20,000명보다 많다.

오답분석

① 건설업에 종사하는 고령근로자 수는 97,000×0.1=9,700명으로, 외국기업에 종사하는 고령근로자 수의 3배인 12,000×0.35×3=12,600명보다 적다.

② 모든 업종의 전체 근로자 수에서 제조업에 종사하는 전체 근로자 비율은 $\dfrac{1,080}{(0.6+1,080+97+180+125+160+48+92+12)}$

×100≒60.2%로 80% 미만이다.

③ 국가별 65세 이상 경제활동 조사 인구가 같을 경우 그래프에 나와 있는 비율로 비교하면 된다. 따라서 미국의 고령근로자 참가율 17.4%는 영국의 참가율의 2배인 8.6×2=17.2%보다 높다.

⑤ 독일, 네덜란드와 아이슬란드의 65세 이상 경제활동 참가율의 합은 4.0+5.9+15.2=25.1%이고, 한국은 29.4%이다. 따라서 세 국가의 참가율 합은 한국의 참가율 합의 $\frac{25.1}{29.4} \times 100 ≒ 85.4\%$로 90% 미만이다.

26   자료 계산   정답 ②

(A) 한국 경제활동 고령근로자 수 : 750만×0.294=220.5만 명
(B) 스웨덴 경제활동 고령근로자 수 : 5,600만×0.32=1,792만 명

27   자료 계산   정답 ③

2018 ~ 2023년의 KTX 부정승차 적발 건수 평균이 70,000건이라고 하였으므로 2018년 부정승차 적발 건수를 a건이라고 하면
$$\frac{a+65,000+70,000+82,000+62,000+67,000}{6}=70,000$$
$\rightarrow a+346,000=420,000$
$\therefore a=74,000$
그러므로 2018년 부정승차 적발 건수는 74,000건이다.
또한 2019 ~ 2024년 부정승차 적발 건수 평균이 65,000건이라고 하였으므로 2024년 부정승차 적발 건수를 b건이라고 하면
$$\frac{65,000+70,000+82,000+62,000+67,000+b}{6}=65,000$$
$\rightarrow 346,000+b=390,000$
$\therefore b=44,000$
그러므로 2024년 부정승차 적발 건수는 44,000건이다.
따라서 2018년 부정승차 적발 건수와 2024년 부정승차 적발 건수의 차이는 74,000-44,000=30,000건이다.

28   자료 이해   정답 ②

(B빌라 월세)+(한 달 교통비)=250,000+(2.1×2×20×1,000)=334,000원
따라서 B빌라에서 살 경우 334,000원으로 살 수 있다.

오답분석

① A빌라는 392,000원, B빌라는 334,000원, C아파트는 372,800원이므로 모두 40만 원으로 가능하다.
③ C아파트가 편도 거리 1.82km로 교통비가 가장 적게 든다.
④ C아파트의 한 달 금액은 372,800원이므로 A빌라보다 19,200원 덜 든다.
⑤ B빌라에 두 달 살 경우 668,000원이고, A빌라와 C아파트의 한 달 금액을 합하면 764,800원이므로 적절하지 않다.

29   자료 이해   정답 ③

원자력 소비량 수치는 증감을 반복하고 있는 것을 확인할 수 있다.

오답분석

① 석탄 소비량은 2015 ~ 2021년까지 지속적으로 상승하다가 2022년 감소한 뒤 2023년부터 다시 상승세를 보이고 있다.
② 기타 에너지 소비량은 지속적으로 증가하고 있다.
④ 2015년 석유 소비량을 제외한 나머지 에너지 소비량의 합을 구하면 54.8+30.4+36.7+5.3=127.2백만 TOE이다. 즉, 석유 소비량인 101.5백만 TOE보다 크다. 2016 ~ 2024년 역시 석유 소비량을 제외한 나머지 에너지 소비량의 합을 구해 석유 소비량과 비교하면, 석유 소비량이 나머지 에너지 소비량의 합보다 적음을 알 수 있다.
⑤ 2019년에는 LNG 소비량이 감소했으므로 증가 추세가 심화되었다고 볼 수 없다.

30 자료 변환 〔정답〕①

② 2024년 성비가 자료와 다르다.
③ 남성과 여성의 자료가 전체적으로 바뀌었다.
④ 자료에 따르면 남성의 경우 진료인원이 계속 증가하는데 그래프는 계속 감소하고 있다.
⑤ 2021 ~ 2022년 남성 진료인원과 여성 진료인원의 수가 바뀌었다.

31 업무 종류 〔정답〕③

9월 4일은 진행될 업무는 시장조사, 신상품 기획, 상품 출시, Web 광고, 시장 반응조사의 5가지 업무로, 진행될 업무가 가장 많음을 알 수 있다.

오답분석
① Web 광고는 4일간(3일, 4일, 5일, 8일) 업무가 진행될 예정이다.
② 상품 출시와 거리 판촉은 2일간(9일, 10일) 업무가 함께 진행될 예정이다.
④ 시장 반응조사는 4일, 신상품 기획은 5일간 업무가 진행된다.
⑤ 9월에 가장 빠르게 시작하는 업무는 시장조사이다.

32 조직 구조 〔정답〕③

조직의 구조, 기능, 규정 등이 조직화되어 있는 것은 공식조직이며, 비공식조직은 개인들의 협동과 상호작용에 따라 형성된 자발적인 집단으로 볼 수 있다. 공식조직은 인간관계에 따라 형성된 비공식조직으로부터 시작되지만, 조직의 규모가 커지면서 점차 조직 구성원들의 행동을 통제할 장치를 마련하게 되고, 이를 통해 공식화된다.

33 조직 구조 〔정답〕⑤

비영리조직은 공익을 추구하는 특징을 가진다. 반면에 기업은 이윤을 목적으로 하는 영리조직이다.

34 업무 종류 〔정답〕②

오답분석
①・④ 전결권자는 상무이사이다.
③・⑤ 대표이사의 결재가 필수이다(전결 사항이 아님).

35 경영 전략 〔정답〕③

(가)는 경영 전략 추진과정 중 환경분석이며, 이는 외부 환경분석과 내부 환경분석으로 구분된다. 외부환경으로는 기업을 둘러싸고 있는 경쟁자, 공급자, 소비자, 법과 규제, 정치적 환경, 경제적 환경 등을 볼 수 있으며, 내부환경은 기업구조, 기업문화, 기업자원 등이 해당된다. 따라서 ③에서 설명하는 예산은 기업자원으로서 내부 환경분석의 성격을 가지며, 다른 사례들은 모두 외부 환경분석의 성격을 가짐을 알 수 있다.

36 경영 전략 〔정답〕③

제시문의 내용을 살펴보면 H전자는 성장성이 높은 LCD 사업 대신에 익숙한 PDP 사업에 더욱 몰입하였으나, 점차 LCD의 경쟁력이 높아짐으로써 PDP가 무용지물이 되었다는 것을 알 수 있다. 따라서 H전자는 LCD 시장으로의 사업전략을 수정할 수 있었지만, 보다 익숙한 PDP 사업을 선택하고 집중함으로써 시장에서 경쟁력을 잃는 결과를 얻게 되었다.

37 업무 종류 정답 ④

시스템 오류 발생 원인 확인 및 시스템 개선 업무는 고객지원팀이 아닌 시스템개발팀이 담당하는 업무이다.

38 경영 전략 정답 ④

기업이 공익을 침해할 경우 우선 합리적인 절차에 따라 문제 해결을 해야 하며, 기업 활동의 해악이 심각할 경우 근로자 자신이 피해를 볼지라도 신고해야 할 윤리적 책임이 있다.

[오답분석]
ㄱ. 신고자의 동기가 사적인 욕구나 이익을 충족시켜서는 안 된다.

39 경영 전략 정답 ③

H회사 직원들은 의사결정방법 중 브레인스토밍 기법을 사용하고 있다. 브레인스토밍은 문제에 대한 제안이 자유롭게 이어질수록, 아이디어는 많을수록 좋으며, 제안한 모든 아이디어를 종합하여 해결책을 내는 방법이다. 따라서 다른 직원의 의견에 대해 반박을 한 D주임의 태도는 브레인스토밍에 적절하지 않다.

40 국제 동향 정답 ②

미국인들과 악수를 할 때에는 손끝만 살짝 잡아서는 안 되며, 오른손으로 상대방의 오른손을 잠시 힘주어서 잡아야 한다.

41 자료 해석 정답 ③

제시된 조건을 항목별로 정리하면 다음과 같다.
- 부서배치
  - 성과급 평균은 48만 원이므로, A는 영업부 또는 인사부에서 일한다.
  - B와 D는 비서실, 총무부, 홍보부 중에서 일한다.
  - C는 인사부에서 일한다.
  - D는 비서실에서 일한다.
  따라서 A-영업부, B-총무부, C-인사부, D-비서실, E-홍보부에서 일한다.
- 휴가
  - A는 D보다 휴가를 늦게 간다.
  따라서 C-D-B-A 또는 D-A-B-C 순으로 휴가를 간다.
- 성과급
  - C사원 : 40만 원
  - D사원 : 60만 원

[오답분석]
① A : 20만×3=60만 원, C : 40만×2=80만 원
② C가 제일 먼저 휴가를 갈 경우, A가 제일 마지막으로 휴가를 가게 된다.
④ 휴가를 가지 않은 E는 두 배의 성과급을 받기 때문에 총 120만 원의 성과급을 받게 되고, D의 성과급은 60만 원이기 때문에 두 사람의 성과급 차이는 두 배이다.
⑤ C가 제일 마지막에 휴가를 갈 경우, B는 A보다 늦게 출발한다.

42 명제 추론

첫 번째 조건에서 D는 A의 바로 왼쪽에 앉으며, 마지막 조건에서 B는 E의 바로 오른쪽에 앉으므로 'D − A', 'E − B'를 각각 한 묶음으로 생각할 수 있다. 두 번째 조건에서 C는 세 번째 자리에 앉아야 하며, 세 번째 조건에 의해 'D − A'는 각각 첫 번째, 두 번째 자리에 앉아야 한다. 이를 정리하면 다음과 같다.

첫 번째 자리	두 번째 자리	세 번째 자리	네 번째 자리	다섯 번째 자리
D	A	C	E	B

따라서 E는 네 번째 자리에 앉을 수 있다.

[오답분석]

① D는 첫 번째 자리에 앉는다.
③ C는 세 번째 자리에 앉는다.
④ C는 A의 바로 오른쪽에 앉는다.
⑤ C는 E의 바로 왼쪽에 앉는다.

43 SWOT 분석 정답 ②

ㄱ. 소비자의 낮은 신뢰도는 H항공사가 겪고 있는 문제에 해당하므로 내부환경인 약점 요인에 해당한다.
ㄷ. 해외 여행객의 증가는 항공사가 성장할 수 있는 기회가 되므로 외부환경에서 비롯되는 기회 요인에 해당한다.

[오답분석]

ㄴ. 안전 품질 기준에 대한 인증 획득은 기업이 가진 경영자원에 해당하므로 내부환경인 강점 요인에 해당한다.
ㄹ. 항공사에 대한 소비자의 기대치가 상승한다는 것은 그만큼 항공사가 만족시켜야 할 요건들이 많아진다는 것을 의미하므로 외부환경에서 비롯되는 위협 요인에 해당한다.

44 자료 해석 정답 ③

주어진 조건에 따라 점수를 정리하면 다음과 같다.

구분	총점(점)	해외 및 격오지 근무경력	선발여부
A	27	2년	
B	25		
C	25		
D	27	5년	선발
E	24.5		
F	25		
G	25		
H	27	3년	
I	27.5		선발

따라서 총점이 27.5점으로 가장 높은 I는 우선 선발된다. A, D, H는 총점이 27점으로 같으므로, 해외 및 격오지 근무경력이 가장 많은 D가 선발된다.

45 　자료 해석

변경된 조건에 따라 해외 및 격오지 근무경력이 4년 이상인 대상자들의 점수를 정리하면 다음과 같다.

(단위 : 점)

구분	해외 및 격오지 근무경력 점수	외국어능력	필기	면접	총점	선발여부
C	4	9	9	7	29	
D	5	10	8.5	8.5	32	
E	5	7	9	8.5	29.5	
F	4	8	7	10	29	
G	7	9	7	9	32	선발
I	6	10	7.5	10	33.5	선발

따라서 총점이 33.5점으로 가장 높은 I는 우선 선발된다. D와 G는 총점이 32점으로 같으므로, 해외 및 격오지 근무경력이 가장 많은 G가 선발된다.

46 　규칙 적용

파일 이름에 주어진 규칙을 적용하여 암호를 구하면 다음과 같다.
1. 비밀번호 중 첫 번째 자리에는 파일 이름의 첫 문자가 한글일 경우 @, 영어일 경우 #, 숫자일 경우 *로 특수문자를 입력한다.
   • 2022매운전골Cset3인기준recipe8 → *
2. 두 번째 자리에는 파일 이름의 총 자리 개수를 입력한다.
   • 2022매운전골Cset3인기준recipe8 → *23
3. 세 번째 자리부터는 파일 이름 내에 숫자를 순서대로 입력한다. 숫자가 없을 경우 0을 두 번 입력한다.
   • 2022매운전골Cset3인기준recipe8 → *23202238
4. 그 다음 자리에는 파일 이름 중 한글이 있을 경우 초성만 순서대로 입력한다. 없다면 입력하지 않는다.
   • 2022매운전골Cset3인기준recipe8 → *23202238ㅁㅇㅈㄱㅇㄱㅈ
5. 그 다음 자리에는 파일 이름 중 영어가 있다면 뒤에 덧붙여 순서대로 입력하되, 'a, e, I, o, u'만 'a=1, e=2, I=3, o=4, u=5'로 변형하여 입력한다. 단, 대문자・소문자 구분 없이 모두 소문자로 입력한다.
   • 2022매운전골Cset3인기준recipe8 → *23202238ㅁㅇㅈㄱㅇㄱㅈcs2tr2c3p2
따라서 주어진 파일 이름의 암호는 '*23202238ㅁㅇㅈㄱㅇㄱㅈcs2tr2c3p2'이다.

47 　자료 해석

오전 심층면접은 9시 10분에 시작하므로, 12시까지 170분의 시간이 있다. 1명당 15분씩 면접을 볼 때, 가능한 면접 인원은 170÷15≒11명이다. 또한 오후 심층면접은 1시부터 바로 진행할 수 있으므로 종료시간인 5시까지 240분의 시간이 있다. 1명당 15분씩 면접을 볼 때 가능한 인원은 240÷15=16명이다. 즉, 심층면접을 할 수 있는 최대 인원수는 11+16=27명이므로 27번째 면접자의 기본면접이 끝나기까지 걸리는 시간은 10분×27명+60분(점심・휴식 시간)=330분이다. 따라서 마지막 심층면접자의 기본면접 종료 시각은 오전 9시+330분=오후 2시 30분이다.

제시된 자료와 상황을 바탕으로 투자액에 따른 득실을 정리하면 다음과 같다.

구분		투자액	감면액	득실
1등급	최우수	2억 1천만 원	2억 4천만 원	+3천만 원
	우수	1억 1천만 원	1억 6천만 원	+5천만 원
2등급	최우수	1억 9천만 원	1억 6천만 원	-3천만 원
	우수	9천만 원	8천만 원	-1천만 원

따라서 옳은 것은 ㄱ, ㄴ이다.

오답분석

ㄷ. 에너지효율 2등급을 받기 위해 투자하는 경우, 최소 1천만 원에서 최대 3천만 원의 경제적 손실을 입는다.

예상되는 평가점수는 63점이고, 에너지효율 등급은 3등급이기 때문에 취·등록세액 감면 혜택을 얻을 수 없다. 추가 투자를 통해서 친환경 건축물 평가점수와 에너지효율 등급을 높여야 취·등록세액 감면 혜택을 받게 된다.

오답분석

① 현재 신축 건물의 예상되는 친환경 건축물 평가점수는 63점으로 우량 등급이다.
③ 친환경 건축물 우수 등급, 에너지효율 1등급을 받을 때 경제적 이익이 극대화된다.
④·⑤ 예산 관리는 활동이나 사업에 소요되는 비용을 산정하고, 예산을 편성하는 것뿐만 아니라 예산을 통제하는 것 모두를 포함한 다고 볼 수 있다.

ㄴ. WO전략은 약점을 보완하여 기회를 포착하는 전략이다. ㄴ의 원전 운영 기술력은 강점에 해당되므로 적절하지 않다.
ㄷ. ST전략은 강점을 살려 위협을 회피하는 전략이다. ㄷ은 위협 회피와 관련하여 정부의 탈원전 정책 기조를 고려하지 않았으므로 적절하지 않다.

오답분석

ㄱ. SO전략은 강점을 살려 기회를 포착하는 전략이다. 강점인 기술력을 활용해 해외 시장에서 우위를 점하려는 것은 적절한 SO전략으로 볼 수 있다.
ㄹ. WT전략은 약점을 보완하여 위협을 회피하는 전략이다. 안전우려를 고려하여 안전점검을 강화하고, 정부의 탈원전 정책 기조에 협조하는 것은 적절한 WT전략으로 볼 수 있다.

01	02	03	04	05	06	07	08	09	10	11	12	13	14	15	16	17	18	19	20
①	②	④	⑤	⑤	④	④	③	①	①	①	④	①	①	③	④	③	④	④	④
21	22	23	24	25	26	27	28	29	30	31	32	33	34	35	36	37	38	39	40
②	⑤	④	⑤	④	⑤	⑤	③	④	④	④	②	②	④	⑤	⑤	②	③	④	④
41	42	43	44	45	46	47	48	49	50	51	52	53	54	55	56	57	58	59	60
③	④	②	④	④	①	⑤	①	⑤	⑤	①	①	⑤	①	①	④	①	①	②	③
61	62	63	64	65	66	67	68	69	70	71	72	73	74	75	76	77	78	79	80
③	④	③	③	⑤	②	⑤	④	⑤	④	④	②	②	⑤	①	①	②	②	④	
81	82	83	84	85	86	87	88	89	90	91	92	93	94	95	96	97	98	99	100
③	④	②	⑤	④	③	④	①	⑤	②	⑤	④	⑤	④	⑤	②	①	②	④	④

01 직업기초능력평가

01 글의 주제 정답 ①

제시문의 첫 번째 문단에서는 '사회적 자본'이 늘어나면 정치 참여도가 높아진다는 주장을 하였고, 두 번째 문단에서는 '사회적 자본'의 개념을 사이버공동체에 도입하였으나 현실과 잘 맞지 않는다고 하면서 '사회적 자본'의 한계를 서술했다. 그리고 마지막 문단에서는 이 같은 사회적 자본만으로는 정치 참여가 늘어나기 어렵고 '정치적 자본'의 매개를 통해서만이 가능하다는 주장을 하고 있다. 따라서 ①이 제시문의 주제로 가장 적절하다.

02 문단 나열 정답 ②

제시문은 강이 붉게 물들고 산성으로 변화하는 이유인 티오바실러스와 강이 붉어지는 것을 막기 위한 방법에 대하여 설명하고 있다. 따라서 (가) 철2가 이온(Fe^{2+})과 철3가 이온(Fe^{3+})의 용해도가 침전물 생성에 중요한 역할을 함 – (라) 티오바실러스가 철2가 이온(Fe^{2+})을 산화시켜 만든 철3가 이온(Fe^{3+})이 붉은 침전물을 만듦 – (나) 티오바실러스는 이황화철(FeS_2)을 산화시켜 철2가 이온(Fe^{2+}), 철3가 이온(Fe^{3+})을 얻음 – (다) 티오바실러스에 의한 이황화철(FeS_2)의 가속적인 산화를 막기 위해서는 광산의 밀폐가 필요함의 순으로 나열하는 것이 적절하다.

03 문서 내용 이해 정답 ④

세 번째 문단의 '상품에 응용된 과학 기술이 복잡해지고 첨단화되면서 상품 정보에 대한 소비자의 정확한 이해도 기대하기 어려워졌다.'는 내용과 일맥상통한다.

04 내용 추론   정답 ⑤

제시문에 따르면 일반적으로 다의어의 중심 의미는 주변 의미보다 사용 빈도가 높다. 다만, '사회생활에서의 관계나 인연'의 의미와 '길이로 죽 벌이거나 늘여 있는 것'의 의미는 모두 '줄'의 주변 의미에 해당하므로 두 가지 의미의 사용 빈도는 서로 비교하기 어렵다.

[오답분석]
① 일반적으로 중심 의미는 주변 의미보다 언어의 습득 시기가 빠르므로 아이들은 '앞'의 중심 의미인 '향하고 있는 쪽이나 곳'의 의미를 주변 의미인 '장차 올 시간'보다 먼저 배울 것이다.
② '손'이 '노동력'의 의미로 쓰일 때는 '부족하다, 남다' 등의 용언과만 함께 쓰일 수 있으므로 '넣다'와는 사용될 수 없다.
③ 다의어의 문법적 제약은 주변 의미로 사용될 때 나타나며, 중심 의미로 사용된다면 '물을 먹이다.' '물이 먹히다.'와 같이 제약 없이 사용될 수 있다.
④ 문법적 제약이나 의미의 추상성·관련성 등은 제시문에서 설명하는 다의어의 특징이므로 이를 통해 동음이의어와 다의어를 구분할 수 있음을 추론할 수 있다.

05 문서 내용 이해   정답 ⑤

두 번째 문단에서 부조화를 감소시키는 행동은 비합리적인 면이 있는데, 그러한 행동들이 자신들의 문제에 대해 실제적인 해결책을 찾지 못하도록 할 수 있다고 하였다.

[오답분석]
① 인지부조화는 불편함을 유발하기 때문에 사람들은 이것을 감소시키려고 한다.
② 제시문에는 부조화를 감소시키는 행동의 합리적인 면이 나타나 있지 않다.
③ 제시문에 따르면 부조화를 감소시키려는 자기방어적인 행동은 부정적인 결과를 초래한다고 하였다.
④ 부조화를 감소시키는 행동으로 사람들은 자신의 긍정적인 측면의 이미지를 유지하게 되는데, 이를 통해 부정적인 이미지를 감소시키는지는 알 수 없다.

06 내용 추론   정답 ④

⊙의 앞 내용에 따르면 인지부조화 이론에서 '사람들은 현명한 사람을 자기 편, 우매한 사람을 다른 편이라 생각할 때 마음이 편안해질 것이다.'라고 하였다. 따라서 자신의 의견과 동일한 주장을 하는 글로는 논리적인 글을 기억하고, 자신의 의견과 반대되는 주장을 하는 글로는 터무니없는 글을 기억할 것이라 예측할 수 있다.

07 빈칸 삽입   정답 ④

(라)의 앞부분에서는 녹조 현상에 따른 조류의 문제점을 설명하였으나, (라)의 뒷부분에서는 녹조의 원인이 되는 조류가 생태계 유지에 중요한 역할을 담당하고 있다고 설명한다. 따라서 (라)의 뒤에서는 앞의 내용과 달리 녹조의 긍정적인 면을 설명하고 있으므로 '녹조가 무조건 나쁜 것은 아니다.'라는 보기의 문장은 (라)에 들어가는 것이 가장 적절하다.

08 전개 방식   정답 ③

제시문의 핵심 내용은 '기본 모델'에서는 증권시장에서 주식의 가격이 '기업의 내재적인 가치'라는 객관적인 기준에 근거하여 결정된다고 보지만 '자기참조 모델'에서는 주식의 가격이 증권시장에 참여한 사람들의 여론에 의해, 즉 인간의 주관성에 의해 결정된다고 본다는 것이다. 따라서 제시문은 주가 변화의 원리에 초점을 맞추어 다른 관점들을 대비하고 있다.

09 문서 내용 이해   정답 ①

제시문에 따르면 객관적인 기준을 중시하는 기본 모델은 주가 변화를 제대로 설명하지 못하지만, 인간의 주관성을 중시하는 자기참조 모델은 주가 변화를 제대로 설명하고 있다. 따라서 증권시장의 객관적인 기준이 인간의 주관성보다 합리적임을 보여준다는 ①은 제시문의 내용으로 적절하지 않다.

10 | 글의 제목

제시문은 일반적인 의미와 다른 나라의 사례를 통해 대체의학의 정의를 설명하고, 크게 세 가지 유형으로 대체의학의 종류를 설명하고 있다. 따라서 '대체의학의 의미와 종류'가 글의 제목으로 가장 적절하다.

오답분석

② 제시문에서 대체의학의 문제점은 언급되지 않았다.
③ 제시문에서 대체의학으로 인한 부작용 사례는 언급되지 않았다.
④ 제시문에서 대체의학이 무엇인지 설명하고 있지만 개선 방향에 대해 언급되지 않았다.
⑤ 제시문에서 대체의학의 종류 등은 설명하였지만 연구 현황과 미래를 언급되지 않았다.

11 | 품목 확정

두 번째 조건에서 총 구매금액이 30만 원 이상이면 총금액에서 5%를 할인해 주므로 한 벌당 가격이 300,000÷50=6,000원 이상인 품목은 할인 적용이 들어간다. 업체별 품목 금액을 보면 모든 품목이 6,000원 이상이므로 모두 5% 할인 적용 대상이다. 그러므로 모든 품목에 할인 조건이 적용되어 정가로 비교가 가능하다.
세 번째 조건에서 차순위 품목이 1순위 품목보다 총 금액이 20% 이상 저렴한 경우 차순위를 선택하므로 한 벌당 가격으로 계산하면 1순위인 A업체 카라 티셔츠의 20% 할인된 가격은 8,000×0.8=6,400원이다. 따라서 정가가 6,400원 이하인 품목은 A업체의 티셔츠이므로 사장은 1순위 카라 티셔츠보다 2순위인 A업체의 티셔츠를 구입할 것이다.

12 | 비용 계산

통화 내역을 통해 국내통화인지 국제통화인지 구분한다.
• 국내통화 : 3/5(화), 3/6(수), 3/8(금) → 10+30+30=70분
• 국제통화 : 3/7(목) → 60분
따라서 H대리가 사용한 통화요금은 총 (70분×15)+(60분×40)=3,450원이다.

13 | 시간 계획

조건에 따르면 하루에 6명 이상 근무해야 하므로 2명까지만 휴가를 중복으로 쓸 수 있다. 따라서 하계워크숍 기간을 제외하고 A사원이 4일 이상 휴가를 쓰면서 1일 최대 휴가 인원이 2명을 초과하지 않으려면 A사원이 휴가를 쓸 수 있는 기간은 6~11일이다.

오답분석

② A사원은 4일 이상 휴가를 사용해야 하므로, 기간이 3일인 7~11일은 적절하지 않다.
③ 12일, 14일은 5명이 근무하게 되므로 11~16일은 적절하지 않다.
④ 14일, 17일, 18일은 5명이 근무하게 되므로 13~18일은 적절하지 않다.
⑤ 19일, 20일은 5명이 근무하게 되므로 19~24일은 적절하지 않다.

14 | 비용 계산

최단 시간으로 가는 방법은 택시만 이용하는 방법이고, 최소 비용으로 가는 방법은 버스만 이용하는 방법이다.
• 최단 시간으로 가는 방법의 비용 : 2,000(기본요금)+100×4(추가요금)=2,400원
• 최소 비용으로 가는 방법의 비용 : 500원
따라서 (최단 시간으로 가는 방법의 비용)-(최소 비용으로 가는 방법의 비용)=2,400-500=1,900원이다.

15 시간 계획

정답 ③

대중교통 이용 방법이 정해져 있을 경우, 비용을 최소화하기 위해서는 회의장에서의 대기시간을 최소화하는 동시에 지각하지 않아야 한다. 거래처에서 회의장까지 2분이 소요되므로 정민이는 오후 1시 58분에 거래처에 도착해야 한다. H회사에서 B지점까지는 버스를, B지점에서 거래처까지는 택시를 타고 이동한다고 하였으므로 환승시간을 포함하여 걸리는 시간은 3×2(버스 소요시간)$+2$(환승 소요시간)$+1\times3$(택시 소요시간)$=11$분이다. 따라서 오후 1시 58분$-$11분$=$오후 1시 47분에 출발해야 한다.

16 품목 확정

정답 ④

항목별 직원 수에 따른 원점수와 가중치 적용 점수는 다음과 같다.

구분	전혀 아니다	아니다	보통이다	그렇다	매우 그렇다
원점수	$21\times1=21$점	$18\times2=36$점	$32\times3=96$점	$19\times4=76$점	$10\times5=50$점
가중치 적용 점수	$21\times0.2=4.2$점	$36\times0.4=14.4$점	$96\times0.6=57.6$점	$76\times0.8=60.8$점	$50\times1.0=50$점

따라서 10명의 직원에 대해 가중치를 적용한 점수의 평균은 $\frac{4.2+14.4+57.6+60.8+50}{10}=18.7$점이다.

17 인원 선발

정답 ③

사장은 최소 비용으로 최대 인원을 채용하고자 한다. 이를 위해서는 가장 낮은 임금의 인원을 최우선으로 배치하되, 같은 임금의 인원은 가용시간 내에 분배하여 배치하는 것이 적절하다.

8시부터 근무는 김갑주가 임금이 가장 낮다. 이후 10시부터는 임금이 같은 한수미도 근무할 수 있으므로, 최대 인원을 채용하는 목적에 따라 한수미가 근무한다. 그다음 중복되는 12시부터는 조병수가 임금이 더 낮으므로 조병수가 근무하며, 임금이 가장 낮은 강을미는 15시부터 20시까지 근무한다. 조병수 다음으로 중복되는 14시부터 가능한 최강현은 임금이 비싸므로 근무하지 않는다(∵ 최소 비용을 최대 인원보다 우선함). 다음으로 중복되는 16시부터는 채미나가 조병수와 임금이 같으므로 채미나가 근무한다. 이를 표로 정리하면 다음과 같다.

<table>
<tr><th>구분</th><th colspan="2">월요일</th><th colspan="2">화요일</th><th colspan="2">수요일</th><th colspan="2">목요일</th><th colspan="2">금요일</th></tr>
<tr><td>08:00</td><td rowspan="7">기존 직원</td><td rowspan="2">김갑주</td><td rowspan="7">기존 직원</td><td rowspan="2">김갑주</td><td rowspan="7">기존 직원</td><td rowspan="2">김갑주</td><td rowspan="7">기존 직원</td><td rowspan="2">김갑주</td><td rowspan="7">기존 직원</td><td rowspan="2">김갑주</td></tr>
<tr><td>09:00</td></tr>
<tr><td>10:00</td><td rowspan="2">한수미</td><td rowspan="2">한수미</td><td rowspan="2">한수미</td><td rowspan="2">한수미</td><td rowspan="2">한수미</td></tr>
<tr><td>11:00</td></tr>
<tr><td>12:00</td><td rowspan="4">조병수</td><td rowspan="4">조병수</td><td rowspan="4">조병수</td><td rowspan="4">조병수</td><td rowspan="4">조병수</td></tr>
<tr><td>13:00</td></tr>
<tr><td>14:00</td></tr>
<tr><td>15:00</td><td rowspan="5">강을미</td><td rowspan="5">강을미</td><td rowspan="5">강을미</td><td rowspan="5">강을미</td><td rowspan="5">강을미</td></tr>
<tr><td>16:00</td><td rowspan="4">채미나</td><td rowspan="4">채미나</td><td rowspan="4">채미나</td><td rowspan="4">채미나</td><td rowspan="4">채미나</td></tr>
<tr><td>17:00</td></tr>
<tr><td>18:00</td></tr>
<tr><td>19:00</td></tr>
</table>

따라서 채용할 지원자는 김갑주, 강을미, 조병수, 채미나, 한수미이다.

18 비용 계산

정답 ④

하루에 지출되는 직원별 급여액은 다음과 같다.

- 기존 직원 : $8,000\times7=56,000$원
- 김갑주, 한수미 : $8,000\times2=16,000$원
- 강을미 : $7,000\times5=35,000$원
- 조병수, 채미나 : $7,500\times4=30,000$원

$\rightarrow 56{,}000+(16{,}000\times2)+35{,}000+(30{,}000\times2)=183{,}000$원
따라서 한 주의 급여는 $183{,}000\times5=915{,}000$원이다.

19 품목 확정

정답 ④

업체별 정비 1회당 품질개선효과와 1년 정비비, 1년 정비횟수를 정리하면 다음과 같다.

구분	1년 계약금(만 원)	1년 정비비(만 원)	1년 정비횟수(회)	정비 1회당 품질개선효과(점)
A업체	1,680	2,120	424	51
B업체	1,920	1,880	376	51
C업체	1,780	2,020	404	45
D업체	1,825	1,975	395	56
E업체	2,005	1,795	359	53

이를 바탕으로 품질개선점수를 도출하면 다음과 같다.

구분	정비 1회당 품질개선효과(점)	1년 정비횟수(회)	품질개선점수(점)
A업체	51	424	21,624
B업체	51	376	19,176
C업체	45	404	18,180
D업체	56	395	22,120
E업체	53	359	19,027

따라서 선정될 업체는 품질개선점수가 가장 높은 D업체이다.

20 시간 계획

정답 ④

행낭 배송 운행 속도는 시속 60km로 일정하므로 A지점에서 G지점까지의 최단 거리를 구한 뒤 소요 시간을 구하면 된다. 우선 배송 요청에 따라 지점 간의 순서 변경과 생략을 할 수 있으므로 거치는 지점을 최소화하여야 한다. 앞서 언급한 조건들을 고려하여 구한 최단 거리는 다음과 같다.
$A \rightarrow B \rightarrow D \rightarrow G \Rightarrow 6+2+8=16 \Rightarrow 16$분$(\because 60\text{km/h}=1\text{km/min})$
따라서 대출신청 서류가 A지점에 다시 도착할 최소 시간은 $16(A \rightarrow G)+30(\text{작성})+16(G \rightarrow A)=62$분$=1$시간 2분이다.

21 자료 계산

정답 ②

제시된 자료를 이용해 원격훈련 지원금 계산에 필요한 수치를 정리하면 다음과 같다.

구분	원격훈련 종류별 지원금	시간	수료인원	기업규모별 지원 비율
X기업	5,400원	6시간	7명	100%
Y기업	3,800원	3시간	4명	70%
Z기업	11,000원	4시간	6명	50%

세 기업의 원격훈련 지원금을 계산하면 다음과 같다.
• X기업 : $5{,}400\times6\times7\times1=226{,}800$원
• Y기업 : $3{,}800\times3\times4\times0.7=31{,}920$원
• Z기업 : $11{,}000\times4\times6\times0.5=132{,}000$원
따라서 바르게 짝지어진 것은 ②이다.

22 자료 이해   정답 ⑤

2021 ~ 2024년 음원 매출액의 2배를 구한 뒤 게임 매출액과 비교하면 다음과 같다.
- 2021년 : 199×2=398백만 원<485백만 원
- 2022년 : 302×2=604백만 원>470백만 원
- 2023년 : 411×2=822백만 원>603백만 원
- 2024년 : 419×2=838백만 원>689백만 원

따라서 2021년 게임 매출액은 음원 매출액의 2배 이상이지만, 2022 ~ 2024년 게임 매출액은 음원 매출액의 2배 미만이다.

오답분석

① · ④ 제시된 자료를 통해 확인할 수 있다.

② 유형별로 전년 대비 2024년 매출액 증가율을 구하면 다음과 같다.

- 게임 : $\dfrac{689-603}{603}\times100 ≒14.26\%$ • 음원 : $\dfrac{419-411}{411}\times100 ≒1.95\%$

- 영화 : $\dfrac{1,510-1,148}{1,148}\times100 ≒31.53\%$ • SNS : $\dfrac{341-104}{104}\times100 ≒227.88\%$

따라서 2024년의 전년 대비 매출액 증가율이 가장 큰 콘텐츠 유형은 SNS이다.

③ 2017 ~ 2024년 전체 매출액에서 영화 매출액이 차지하는 비중을 구하면 다음과 같다.

- 2017년 : $\dfrac{371}{744}\times100 ≒49.87\%$ • 2018년 : $\dfrac{355}{719}\times100 ≒49.37\%$

- 2019년 : $\dfrac{391}{797}\times100 ≒49.06\%$ • 2020년 : $\dfrac{508}{1,020}\times100 ≒49.80\%$

- 2021년 : $\dfrac{758}{1,500}\times100 ≒50.53\%$ • 2022년 : $\dfrac{1,031}{2,111}\times100 ≒48.84\%$

- 2023년 : $\dfrac{1,148}{2,266}\times100 ≒50.66\%$ • 2024년 : $\dfrac{1,510}{2,959}\times100 ≒51.03\%$

따라서 영화 매출액은 매년 전체 매출액의 40% 이상이다.

23 자료 계산   정답 ④

- 기본요금 : 1,600원
- 전력량요금
  - 처음 200kWh까지 : 200×93.3=18,660원
  - 다음 200kWh까지 : 200×187.9=37,580원

따라서 부가가치세는 총요금의 10%이므로 전기요금은 (1,600+18,660+37,580)×1.1≒63,620원(∵ 10원 미만 절사)이다.

24 자료 이해   정답 ⑤

2022년 대비 2024년 항공 화물 수송량 변동 비율은 $\dfrac{3,209-3,327}{3,327}\times100 ≒-3.55\%$이다. 따라서 4% 미만으로 감소하였으므로 옳지 않은 내용이다.

오답분석

① 2020년부터 2024년 항공 여객 수송량의 평균은 (35,341+33,514+40,061+42,649+47,703)÷5≒39,853천 명이다.

② 제시된 자료에서 분담률을 비교하면, 여객 수송은 항공이 절대적인 비중을 차지하고, 화물 수송은 해운이 절대적인 비중을 차지한다.

③ 총수송량은 해운과 항공의 수송량의 합으로 구할 수 있으며, 여객과 화물의 총수송량은 2021년부터 꾸준히 증가하고 있다.

④ 2021년 대비 2024년 해운 여객 수송량 변동 비율은 $\dfrac{2,881-2,089}{2,089}\times100 ≒37.91\%$이므로, 37% 이상 증가하였다.

25   자료 계산   정답 ④

각 연도의 총비율은 100%이므로 취업률의 변화율은 취업률 또는 비취업률의 증감률을 구하여 비교하면 된다. 선택지에 해당되는 비취업률의 증감률은 다음과 같다.

- 2005년 : $\dfrac{71-71.5}{71.5}\times100 \fallingdotseq -0.7\%$

- 2015년 : $\dfrac{65.5-69.2}{69.2}\times100 \fallingdotseq -5.3\%$

- 2018년 : $\dfrac{66.0-65.5}{65.5}\times100 \fallingdotseq 0.8\%$

- 2021년 : $\dfrac{71.1-66.0}{66.0}\times100 \fallingdotseq 7.7\%$

- 2024년 : $\dfrac{69.1-71.1}{71.1}\times100 \fallingdotseq -2.8\%$

따라서 조사한 직전 연도 대비 노인 취업률의 변화율이 가장 큰 연도는 2021년이다.

26   응용 수리   정답 ⑤

불만족을 선택한 직원은 $1,000\times0.4=400$명이고, 이 중 여직원은 $400\times0.7=280$명, 남직원은 $400\times0.3=120$명이다. 불만족을 표현한 직원 중 여직원 수는 전체 여직원의 20%이므로 전체 여직원 수는 $280\times5=1,400$명이고, 남직원 수는 전체의 10%이므로 $120\times10=1,200$명이다. 따라서 전체 직원 수는 $1,400+1,200=2,600$명이다.

27   자료 이해   정답 ⑤

3호선과 4호선의 7월 승차인원은 같으므로 1 ~ 6월 승차인원을 비교하면 다음과 같다.
- 1월 : $1,692-1,664=28$만 명
- 2월 : $1,497-1,475=22$만 명
- 3월 : $1,899-1,807=92$만 명
- 4월 : $1,828-1,752=76$만 명
- 5월 : $1,886-1,802=84$만 명
- 6월 : $1,751-1,686=65$만 명

따라서 3호선과 4호선의 승차인원 차이는 3월에 가장 컸다.

[오답분석]

①·② 제시된 자료를 통해 확인할 수 있다.

③ 8호선 7월 승차인원의 1월 대비 증가율 : $\dfrac{566-548}{548}\times100 \fallingdotseq 3.28\%$

④ · 2호선의 2 ~ 7월의 전월 대비 증감 추이 : 감소 - 증가 - 감소 - 증가 - 감소 - 증가
    · 8호선의 2 ~ 7월의 전월 대비 증감 추이 : 감소 - 증가 - 감소 - 증가 - 감소 - 증가

28   자료 이해   정답 ③

ㄴ. (교원 1인당 원아 수)$=\dfrac{(원아\ 수)}{(교원\ 수)}$이다. 따라서 교원 1인당 원아 수가 적어지는 것은 원아 수 대비 교원 수가 늘어나기 때문이다.

ㄹ. 제시된 자료만으로는 알 수 없다.

[오답분석]

ㄱ. 유치원 원아 수는 감소, 증가가 뒤섞여 나타나므로 옳은 설명이다.

ㄷ. 취원율은 2018년 26.2%를 시작으로 매년 증가하고 있다.

29 ＜ 자료 변환

오답분석

① 4월과 7월의 국외 개봉편수가 자료와 다르다.

② 8 ~ 10월의 국내 관객 수가 자료와 다르다.

③ 2 ~ 4월의 국내 관객 수와 국외 관객 수가 바뀌었다.

⑤ 1월과 12월의 국내 개봉편수와 국외 개봉편수가 바뀌었다.

30 ＜ 자료 이해

다국적기업에서 출원한 완제 의약품 특허출원 중 다이어트제 출원 비중은 제시된 자료에서 확인할 수 없다.

오답분석

① 의약품별 특허출원 현황의 합계를 통해 매년 감소하고 있음을 확인할 수 있다.

② 2024년 전체 의약품 특허출원에서 기타 의약품이 차지하는 비중 : $\frac{1,220}{4,719} \times 100 = 25.85\%$

③ • 2024년 원료 의약품 특허출원건수 : 500건
   • 2024년 다국적기업의 원료 의약품 특허출원건수 : 103건

따라서 2024년 원료 의약품 특허출원에서 다국적기업 특허출원이 차지하는 비중 : $\frac{103}{500} \times 100 = 20.6\%$이다.

31 ＜ 경영 전략

사례에 나타난 전략은 차별화 전략으로, 품질, 디자인, 서비스, 브랜드 이미지 등을 경쟁사와 차별화하여 이익을 올리는 전략이다. 따라서 광고는 회사의 브랜드 이미지를 상승시킬 수 있는 중요한 전략 중 하나이다.

오답분석

①·②·⑤ 원가우위 전략의 특징이다.

③ 집중화 전략의 특징이다.

32 ＜ 조직 구조

분권화된 의사결정이 가능한 사업별 조직 구조는 (가)보다 (나)의 조직 구조로 볼 수 있다.

(가)의 조직 구조는 업무의 내용이 유사하고 관련성이 있는 것들을 결합해서 기능적 조직 구조 형태를 이룬 것으로, 환경이 안정적이거나 일상적인 기술, 조직의 내부 효율성을 중요시할 때 나타난다.

(나)의 조직 구조는 급변하는 환경변화에 효과적으로 대응하고 제품, 지역, 고객별 차이에 신속하게 적응하기 위하여 분권화된 의사결정이 가능한 사업별 조직 구조의 형태를 이룬 것이다. 이를 통해 (나)의 조직 구조는 개별 제품, 서비스, 제품그룹, 주요 프로젝트나 프로그램 등에 따라 조직화된다.

33 ＜ 업무 종류

제시된 자료에는 각종 위원회 위원 위촉에 대한 전결규정은 없다. 단, 대표이사의 부재중에 부득이하게 위촉을 해야 하는 경우가 발생했다면 차하위자(전무)가 대결을 할 수는 있다.

34 경영 전략

R(Realistic)은 현실성을 의미하므로 실현 가능한 것을 계획해야 한다. 따라서 삶을 영위하는 데 있어 교통비나 식비 등의 생활비가 발생하므로 모든 수입을 저금하는 것은 사실상 불가능하다.

> **SMART 법칙**
> • S(Specific) : 구체적
> • M(Measurable) : 측정 가능한
> • A(Action-oriented) : 행동 지향적
> • R(Realistic) : 현실성
> • T(Time limited) : 기간

35 업무 종류

예산집행 조정, 통제 및 결산 총괄 등 예산과 관련된 업무는 자산팀(ⓒ)이 아닌 예산팀(㉠)이 담당하는 업무이며, 자산팀은 물품 구매와 장비·시설물 관리 등의 업무를 담당한다.

36 업무 종류

전문자격 시험의 출제정보를 관리하는 시스템의 구축·운영 업무는 정보화사업팀이 담당하는 업무로, 개인정보 보안과 관련된 업무를 담당하는 정보보안전담반의 업무로는 적절하지 않다.

37 국제 동향

제시된 체크리스트의 항목을 보면 국제감각 수준을 점검할 수 있는 체크리스트임을 알 수 있다. 따라서 (A)에 들어갈 내용으로는 국제적인 법규를 이해하고 있는지를 확인하는 ②가 가장 적절하다.

> **국제감각 수준 점검항목**
> • 다음 주에 혼자서 해외에 나가게 되더라도, 영어를 통해 의사소통을 잘할 수 있다.
> • VISA가 무엇이고 왜 필요한지 잘 알고 있다.
> • 각종 매체(신문, 잡지, 인터넷 등)를 활용하여 국제적인 동향을 파악하고 있다.
> • 최근 미달러화(US$), 엔화(¥)와 비교한 원화 환율을 구체적으로 알고 있다.
> • 영미권, 이슬람권, 중국, 일본 사람들과 거래 시 주의해야 할 사항들을 숙지하고 있다.

38 경영 전략

국제경쟁입찰의 과열 경쟁 심화와 컨소시엄 구성 시 민간기업과 업무배분, 이윤추구성향 조율의 어려움 등은 문제점에 대한 언급이기 때문에 추진방향으로 옳지 않다.

[오답분석]
①·②·④·⑤ 전략과제에서 도출할 수 있는 추진방향이다.

39 조직 구조

조직 문화의 역기능
• 환경 변화에 신속한 대응을 막고 변화에 대한 저항이 생길 수 있다.
• 외부(다른) 집단에 대해 강한 배타성을 가질 수 있다.
• 외부에서 새로 들어온 사람의 적응에 어려움을 줄 수 있다.
• 창의적 사고와 다양성의 저해요인이 될 수 있다.

40 경영 전략

밑줄 친 기법은 한정 판매 마케팅 기법으로, 한정판 제품의 공급을 통해 의도적으로 공급의 가격탄력성을 0에 가깝게 조정한 것이다. 이 기법은 판매 기업의 입장에서는 이윤 증대를 위한 경영 혁신이지만 소비자의 입장에서는 합리적 소비를 저해할 수 있다는 특징이 있다.

41 자료 해석

각 선택지의 통행료를 계산하면 다음과 같다. ②와 ⑤의 경로는 각각 나 게이트와 다 게이트에서 통행료 할인을 적용받는다.

구분	경로	통행료
①	A－B－가－S	$46,100+38,400=84,500$원
②	A－B－나－S	$46,100+(51,500\times0.9)=92,450$원
③	A－K－가－S	$37,900+38,400=76,300$원
④	A－K－나－S	$37,900+51,500=89,400$원
⑤	A－K－다－S	$37,900+(40,500\times0.95)=76,375$원

따라서 A－K－가－S 경로가 76,300원으로 통행료가 가장 저렴하다.

42 SWOT 분석

WT전략은 외부 환경의 위협 요인을 회피하고 약점을 보완하는 전략을 적용해야 하는데 강점인 'S'를 강화하는 방법에 대해 이야기하고 있으므로 옳지 않다.

[오답분석]
① SO전략은 기회를 활용하면서 강점을 더욱 강화시키는 전략이므로 옳다.
② WO전략은 외부의 기회를 사용해 약점을 보완하는 전략이므로 옳다.
③ ST전략은 외부 환경의 위협을 회피하며 강점을 적극 활용하는 전략이므로 옳다.
⑤ WT전략은 외부 환경의 위협 요인을 회피하고 약점을 보완하는 전략이므로 옳다.

43 자료 해석

주어진 기준에 따라 연구원들에 대한 정보를 정리하면 다음과 같다.

구분	학위	성과점수	종합기여도	지급 성과금
A연구원	석사	$(75\times60\%)+(85\times40\%)+(3\times2)-1=84$점	B등급	84만 원
B연구원	박사	$(80\times60\%)+(80\times40\%)+(3\times1)=83$점	B등급	105만 원
C연구원	석사	$(65\times60\%)+(85\times40\%)+2=75$점	C등급	60만 원
D연구원	학사	$(90\times60\%)+(75\times40\%)=84$점	B등급	70만 원
E연구원	학사	$(75\times60\%)+(60\times40\%)+(3\times3)+2=80$점	B등급	70만 원

따라서 가장 많은 성과급을 지급받을 연구원은 B연구원이다.

44 규칙 적용

• 702 나 2838 : '702'는 승합차에 부여되는 자동차 등록번호이다.
• 431 사 3019 : '사'는 운수사업용 차량에 부여되는 자동차 등록번호이다.
• 912 라 2034 : '912'는 화물차에 부여되는 자동차 등록번호이다.
• 214 하 1800 : '하'는 렌터카에 부여되는 자동차 등록번호이다.
• 241 가 0291 : '0291'은 발급될 수 없는 일련번호이다.
따라서 비사업용 승용차의 자동차 등록번호로 잘못 부여된 것은 모두 5개이다.

45 자료 해석

정답 ③

융자 신청기한을 참고하였을 때, 혼인신고일로부터 90일 이내에 신청하여야 한다. 따라서 4달(약 120일) 뒤에 신청한 정씨는 생활안정자금을 지원받을 수 없다.

46 자료 해석

정답 ①

강씨의 신용보증료는 900만×0.009÷2=40,500원이다.

47 명제 추론

정답 ④

세 번째 조건에서 C>D가 성립하고, 네 번째와 다섯 번째 조건에 의해 C=E>B=D가 성립한다. 따라서 점수가 높은 순서대로 나열하면, C·E>B·D가 되고 두 번째 조건에 의해 A와 B는 같이 합격하거나 같이 불합격한다고 하였으므로 둘 다 불합격한다. 그러므로 합격한 사람은 C와 E이다.

48 창의적 사고

정답 ①

브레인스토밍은 자유연상법의 한 유형으로, 어떤 문제의 해결책을 찾기 위해 여러 사람이 생각나는 대로 아이디어를 제안하는 방식으로 진행된다. 보령시에서 개최한 보고회는 각 부서의 업무에 국한하지 않고 가능한 많은 양의 아이디어를 자유롭게 제출하는 방식으로 진행되었으므로 브레인스토밍 방법이 사용되었음을 알 수 있다.

[오답분석]

② SCAMPER 기법 : 아이디어를 얻기 위해 의도적으로 시험할 수 있는 대체, 결합, 적용, 변경, 제거, 재배치, 다른 용도로 활용 등 7가지 규칙이다.
③ NM법 : 비교발상법의 한 유형으로, 대상과 비슷한 것을 찾아내 그것을 힌트로 새로운 아이디어를 생각해내는 방법이다.
④ Synectics법 : 비교발상법의 한 유형으로, 서로 관련이 없어 보이는 것들을 조합하여 새로운 것을 도출해내는 아이디어 발상법이다.
⑤ 육색사고모자 기법 : 한정된 역할을 제시하는 여섯 가지 색의 모자를 차례대로 바꾸어 쓰면서 모자 유형대로 생각해 보는 방법이다.

49 자료 해석

정답 ⑤

보기에 주어진 각 운전자의 운동량을 계산해 보면 다음과 같다.
• 갑 : 1.4×2=2.8
• 을 : 1.2×2×0.8=1.92
• 병 : 2×1.5=3
• 정 : (2×0.8)+(1×1.5)=3.1
• 무 : (0.8×2×0.8)+1.2=2.48
따라서 5명의 운전자를 운동량이 많은 순서대로 나열하면 정>병>갑>무>을이다.

50 자료 해석

정답 ⑤

• A : 해외여행에 결격사유가 있다.
• B : 지원분야와 전공이 맞지 않다.
• C : 대학 재학 중이므로 지원이 불가능하다.
• D : TOEIC 점수가 750점 이상이 되지 않는다.
• E : 병역 미필로 지원이 불가능하다.
따라서 A~E 5명 모두 지원자격에 부합하지 않는다.

51

경영관리란 경영상에서의 각종 업무수행이 경영목적을 위하여 가장 효과적으로 행해질 수 있도록 여러 가지 시책을 체계적으로 연구하고 경영조직체를 만들어 이를 운영하는 일을 의미한다.

정답 ①

52

정답 ①

비유동자산이란 재무상태표 작성일을 기준으로 1년 이내에 현금화할 수 없는 자산을 말하며 크게 투자자산, 유형자산, 무형자산으로 구분할 수 있다. '투자자산'은 기업의 본래 영업활동이 아닌 투자목적으로 보유하는 자산을 의미하고, '유형자산'은 토지, 건물 등 부동산 자산과 기계장치, 설비 등을 말한다. 그 외 영업권, 산업재산권 등을 '무형자산'이라고 한다. 따라서 ①이 비유동자산에 속한다.

[오답분석]
② 유동부채에 속한다.
③ 유동자산에 속한다.
④ 이익잉여금에 속한다.

53

정답 ⑤

마이클 포터(Michael Porter)의 산업구조 분석모델은 산업에 참여하는 주체를 기존기업(산업 내 경쟁자), 잠재적 진입자(신규 진입자), 대체재, 공급자, 구매자로 나누고 이들 간의 경쟁 우위에 따라 기업 등의 수익률이 결정되는 것으로 본다.

[오답분석]
① 정부의 규제 완화 : 정부의 규제 완화는 시장 진입장벽이 낮아지게 만들며, 신규 진입자의 위협으로 볼 수 있다.
② 고객의 충성도 : 고객의 충성도 정도에 따라 진입자의 위협도가 달라진다.
③ 공급업체의 규모 : 공급업체의 규모에 따라 공급자의 교섭력에 영향을 준다.
④ 가격의 탄력성 : 소비자들은 가격에 민감할 수도, 둔감할 수도 있기에 구매자 교섭력에 영향을 준다.

54

정답 ①

제시된 자료의 기회비용을 계산해 보면 다음과 같다.

구분	컴퓨터 1대 생산에 따른 기회비용	TV 1대 생산에 따른 기회비용
A국가	TV : 2.5(=20÷8)	컴퓨터 : 0.4(=8÷20)
B국가	TV : 5(=10÷2)	컴퓨터 : 0.2(=2÷10)

따라서 컴퓨터 1대 생산에 따른 기회비용이 A국가(2.5)가 B국가(5)보다 낮으므로 비교우위에 있다고 할 수 있다.

55

정답 ①

기업의 지배권을 가진 소유경영자가 전문경영자에 비해 상대적으로 더 강력한 리더십을 발휘할 수 있다. 주식회사의 대형화와 복잡화에 따라 조직의 경영을 위한 전문지식과 기술을 가진 전문경영자를 고용하여 기업의 운영을 전담시키게 된다. 전문경영자의 장점으로는 합리적 의사결정의 가능, 기업문화와 조직 혁신에 유리, 지배구조의 투명성 등이 있고, 단점으로는 책임에 대한 한계, 느린 의사결정, 단기적인 이익에 집착, 대리인 문제의 발생 등이 있다.

56

정답 ④

합병의 동기에는 시너지효과가설, 저평가설, 경영자주의가설, 대리이론 등이 있다. 시너지효과가설이란 합병 전 각 개별기업 가치의 단순 합보다 합병 후 기업가치가 더 커지는 시너지효과를 얻기 위한 합병의 동기를 의미한다. 시너지효과에는 영업시너지와 재무시너지가 있는데 영업시너지란 합병에 따라 현금흐름이 증가하여 기업가치가 증대되는 것을 의미하며, 재무시너지는 합병에 따라 자본비용이 감소하여 기업가치가 증대되는 효과를 의미한다.

57

정답 ①

테일러시스템은 표준작업량을 산출하여 노동의욕을 고취시키기 위해 차별적인 성과급제도를 채택한 관리방식이다.

58

정답 ①

조직 의사결정은 제약된 합리성 혹은 제한된 합리성에 기초하게 된다고 주장한 사람은 사이먼(H. Simon)이다.

59

정답 ②

5가지 성격 특성 요소(Big Five Personality Traits)
1. 개방성(Openness to Experience) : 상상력, 호기심, 모험심, 예술적 감각 등으로 보수주의에 반대하는 성향이다.
2. 성실성(Conscientiousness) : 목표를 성취하기 위해 성실하게 노력하는 성향이다. 과제 및 목적 지향성을 촉진하는 속성과 관련된 것으로, 심사숙고, 규준이나 규칙의 준수, 계획 세우기, 조직화, 과제의 준비 등과 같은 특질을 포함한다.
3. 외향성(Extraversion) : 다른 사람과의 사교, 자극과 활력을 추구하는 성향이다. 사회와 현실 세계에 대해 의욕적으로 접근하는 속성과 관련된 것으로, 사회성, 활동성, 적극성과 같은 특질을 포함한다.
4. 수용성(Agreeableness) : 타인에게 반항적이지 않은 협조적인 태도를 보이는 성향이다. 사회적 적응성과 타인에 대한 공동체적 속성을 나타내는 것으로, 이타심, 애정, 신뢰, 배려, 겸손 등과 같은 특질을 포함한다.
5. 안정성(Emotional Stability) : 스트레스를 견디는 개인의 능력으로, 정서가 안정적인 사람들은 온화하고 자신감이 있다.

60

정답 ③

테일러(Tailor)의 과학적 관리론은 노동자의 심리상태와 인격은 무시하고, 노동자를 단순한 숫자 및 부품으로 바라본다는 한계점이 있다. 이러한 한계점은 직무특성이론과 목표설정이론이 등장하는 배경이 되었다.

61

정답 ③

형식적 지식은 정형화 혹은 문서화되어 있는 지식으로, 경쟁기업이 쉽게 모방하거나 유출되기 쉽다. 따라서 경쟁우위를 유지하기 위해서는 지식보안에도 각별히 신경을 써야 한다.

62

정답 ③

노동자 1명을 더 고용했을 때 추가적으로 발생하는 수입인 한계생산가치는 요소의 한계생산에 산출물의 시장가격을 곱하여 구한다. 4번째 노동자의 한계생산가치는 70켤레×1만=70만 원이 되어 임금보다 크므로 고용을 하는 것이 기업에게 유리하다. 그러나 5번째 노동자의 한계생산가치는 60켤레×1만=60만 원이 되어 임금보다 작으므로 고용하지 말아야 한다.

PART 3

63

애덤스의 공정성이론의 불공정성 해소방법
- 투입의 변경 : 직무에 투입하는 시간, 노력, 기술, 경험 등을 줄인다.
- 산출의 변경 : 임금인상이나 작업조건의 개선 등을 요구한다.
- 준거대상의 변경 : 자신과 비교대상이 되는 인물, 집단 등을 비슷한 수준의 대상으로 변경한다.
- 현장 또는 조직으로부터의 이탈 : 직무환경에 불평등을 느낀 사람은 직무를 전환하거나 조직을 이탈한다.

64

BPR은 품질, 비용, 속도, 서비스와 같은 업무성과의 과감한 개선을 목표로 한다.

> **비즈니스 프로세스 리엔지니어링(BPR)**
> 마이클 해머에 의해 제창된 기법으로, 기존의 업무방식을 근본적으로 재고려하여 과격하게 비즈니스 시스템 전체를 재구성하는 것이다. 프로세스를 근본 단위로부터 업무, 조직, 기업문화까지 전 부분에 대하여 대폭적으로 성과를 향상시키는 것을 말한다.

65

시장지향적 마케팅이란 고객지향적 마케팅의 장점을 포함하면서 그 한계점을 극복하기 위한 포괄적 마케팅을 말하며, 기업이 최종 고객들과 원활한 교환을 통하여 최상의 가치를 제공하기 위해 기업 내외의 모든 구성요소들 간 상호 작용을 관리하는 총체적 노력이 수반되기도 한다. 그에 따른 노력으로 외부사업이나 이익 기회들을 확인해 다양한 시장 구성요소들이 완만하게 상호작용하도록 관리하며, 외부시장의 기회에 대해 적시하고 정확하게 대응한다. 또한 때에 따라 기존 사업시장을 포기하고 전혀 다른 사업부분으로 진출하기도 한다.

66

혼합 브랜드 전략(Mixed Brand Strategy)에 대한 설명이다.
복수 브랜드 전략은 동일한 제품 범주에서 시장을 세분화하여 소비자들의 기대와 욕구의 동질성을 파악한 후, 세분 시장마다 별도의 개별 브랜드를 도입하는 것이다. 대표적으로 농심 신라면, 농심 너구리, 농심 짜파게티 등을 예시로 들 수 있다.

67

라인 확장(Line Extension)이란 기존 상품을 개선한 신상품에 기존의 상표를 적용하는 브랜드 확장의 유형이다. 라인 확장은 적은 마케팅 비용으로 매출과 수익성 모두 손쉽게 높일 수 있고, 제품의 타겟이 아닌 소비자층을 타겟팅함으로써 소비자층을 확대할 수 있다는 장점이 있다. 하지만 무분별한 라인 확장은 브랜드 이미지가 약해지는 희석효과나 신제품이 기존제품 시장에 침범하는 자기잠식효과를 유발하는 등 역효과를 일으킬 수도 있기 때문에 주의해야 한다.

68

재고부족 현상이 발생하게 되면 EOQ 모형을 적용하기 어렵다. 하지만 실제 상황에서는 갑작스러운 수요 상승으로 인한 재고부족이 나타날 수 있고, 이러한 단점으로 인해 실제로는 추가적으로 여러 가지 요소들을 함께 고려해야 EOQ 모형을 적절하게 사용할 수 있다. 따라서 EOQ 모형을 사용하기 위해서는 재고부족 현상은 발생하지 않고, 주문 시 정확한 리드타임이 적용된다는 것을 가정으로 계산한다.

69

(시장평균수익률)=(시장포트폴리오의 기대수익률)

A주식의 균형기대수익률을 구하는 식은 다음과 같다.

(균형기대수익률)=(무위험이자율)+[(시장평균수익률)−(무위험이자율)]×β

따라서 A주식의 균형기대수익률은 $5+[(10-5)\times1.2]=11\%$이다.

70

정답 ⑤

주어진 매트릭스에서 시장 지위를 유지하며 집중 투자를 고려해야 하는 위치는 사업의 강점과 시장의 매력도가 높은 프리미엄이다. 따라서 프리미엄에서는 성장을 위하여 투자를 적극적으로 하며, 사업 다각화 전략과 글로벌 시장 진출 고려 또한 너무 미래지향적인 전략보다는 적정선에서 타협을 하는 단기적 수익을 수용하는 전략이 필요하다.

> **GE-맥킨지 매트릭스**
>
> 3×3 형태의 매트릭스이다. Y축 시장의 매력도에 영향을 끼치는 요인은 시장 크기, 시장성장률, 시장수익성, 가격, 경쟁 강도, 산업평균 수익률, 리스크, 진입장벽 등이 있으며, X축 사업의 강점에 영향을 끼치는 요인은 자사의 역량, 브랜드 자산, 시장점유율, 고객충성도, 유통 강점, 생산 능력 등이 있다.

71

정답 ④

분석 결과에 따라 초기 기업 목적과 시작 단계에서의 평가수정이 가능하다는 것이 앤소프 의사결정의 장점이다.

앤소프의 의사결정 유형

전략적 의사결정	운영적 의사결정	관리적 의사결정
• 기업의 목표 목적을 설정하고 그에 따른 각 사업에 효율적인 자원 배분을 전략화한다. • 비일상적이며 일회적인 의사결정이다.	• 기업 현장에서 일어나는 생산 판매 등 구체적인 행위에 대한 의사결정이다. • 일상적이면서 반복적인 의사결정이다.	• 결정된 목표와 전략을 가장 효과적으로 달성하기 위한 활동들과 관련되어 있다. • 전략적 의사결정과 운영적 의사결정의 중간 지점이다.

72

정답 ②

허즈버그(Herzberg)는 직무만족에 영향을 주는 요인을 동기요인(Motivator)으로, 직무불만족에 영향을 주는 요인을 위생요인(Hygiene Factor)으로 분류했다. 동기요인에는 성취, 인정, 책임소재, 업무의 질 등이 있으며, 위생요인에는 회사의 정책, 작업조건, 동료직원과의 관계, 임금, 지위 등이 있다. 그리고 인간이 자신의 일에 만족감을 느끼지 못하게 되면 위생요인에 관심을 기울이게 되고, 이에 만족하지 못할 경우에는 일의 능률이 크게 저하된다고 주장했다.

73

정답 ②

• (ㄱ) 집약적 유통 : 가능한 많은 중간상들에게 자사의 제품을 취급하도록 하는 것이다.
• (ㄴ) 전속적 유통 : 일정 지역 내에서의 독점판매권을 중간상에게 부여하는 방식이다.
• (ㄷ) 선택적 유통 : 집약적 유통과 전속적 유통의 중간 형태이다.

74

정답 ⑤

현금흐름표가 아닌 재무상태표의 작성목적이다.

75

스캔런 플랜은 보너스 산정방식에 따라 3가지로 분류된다. 단일비율 스캔런 플랜은 노동비용과 제품생산액의 산출 과정에서 제품의 종류와 관계없이 전체 공장의 실적을 보너스 산출에 반영한다. 분할비율 스캔런 플랜은 노동비용과 제품생산액을 산출할 때 제품별로 가중치를 둔다. 그리고 다중비용 스캔런 플랜은 노동비용뿐만 아니라 재료비와 간접비의 합을 제품생산액으로 나눈 수치를 기본비율로 사용한다. 이러한 모든 공식에는 재료 및 에너지 등을 포함하여 계산한다.

오답분석

② 러커 플랜(Rucker Plan) : 러커(Rucker)는 스캔런 플랜에서의 보너스 산정 비율은 생산액에 있어서 재료 및 에너지 등 경기 변동에 민감한 요소가 포함되어 있어, 종업원의 노동과 관계없는 경기 변동에 따라 비효율적인 수치 변화가 발생할 수 있는 문제점이 있다고 제시하였다. 노동비용을 판매액에서 재료 및 에너지, 간접비용을 제외한 부가가치로 나누는 것을 공식으로 하였다.
③ 임프로쉐어 플랜(Improshare Plan) : 회계처리 방식이 아닌 산업공학의 기법을 사용하여 생산단위당 표준노동시간을 기준으로 노동생산성 및 비용 등을 산정하여 조직의 효율성을 보다 직접적으로 측정하며, 집단성과급제 중 가장 효율성을 추구한다.
④ · ⑤ 커스터마이즈드 플랜(Customized Plan) : 집단성과배분제도를 각 기업의 환경과 상황에 맞게 수정하여 사용하는 방식이다. 커스터마이즈드 플랜은 성과측정의 기준으로서 노동비용이나 생산비용, 생산 이외에도 품질향상, 소비자 만족도 등 각 기업이 중요성을 부여하는 부분에 초점을 둔 새로운 지표를 사용한다. 성과를 측정하는 항목으로 제품의 품질, 납기준수실적, 생산비용의 절감, 산업 안전 등 여러 요소를 정하고, 분기별로 각 사업부서의 성과를 측정하고 성과가 목표를 초과하는 경우에 그 부서의 모든 사원들이 보너스를 지급받는 제도이다.

76

오답분석

ㄷ · ㄹ. 최고가격은 시장의 균형가격보다 낮은 수준에서 설정되어야 하며, 최고가격제가 실시되면 사회적 후생 손실이 발생한다.

77

ㄱ. 이부가격제에 대한 기본적인 개념이다.
ㄷ. 소비자잉여에서 사용료를 제한 부분에서 가입비를 부과할 수 있으므로, 사용료를 아예 부과하지 않는다면 소비자잉여는 독점기업이 부과할 수 있는 가입비의 한도액이 된다.

오답분석

ㄴ. 적은 수량을 소비하더라도 가입비는 동일하게 지급하므로 적은 수량을 소비할수록 소비자의 평균지불가격이 높아진다.
ㄹ. 자연독점하에서 기업이 평균비용 가격설정으로 인한 손실을 보전하기 위해 선택하는 것이 아니라, 종량요금이 얼마이든 소비자잉여를 가입비로 흡수할 수 있으므로 1차 가격차별과 근접한 방식으로 독점기업의 이윤을 늘리기 위해 선택한다.

78

i) P_e 가 3에서 5로 증가할 때 총수요곡선은 그대로이고 총공급곡선은 왼쪽으로 이동하므로 균형소득수준(ㄱ)은 하락하고 균형물가수준(ㄴ)은 상승함을 알 수 있다.
ii) P_e =3을 직접 대입해서 풀 경우 Y =1.5, P =2.5가 도출되며, P_e =5를 대입해서 풀 경우 Y =0.5, P =3.5가 도출되므로 동일한 결론을 얻을 수 있다.

79

오답분석

① 토빈의 Q는 장기적으로 투자와 주식시장 간의 관계를 설명하는 지표이다.

③ (토빈의 Q)=$\dfrac{(주식시장에서\ 평가된\ 기업의\ 시장가치)}{(기업의\ 실물자본의\ 대체비용)}$

④ 자본재시장 및 주식시장이 완전경쟁이고 효율적이라면 기업의 시장가치는 실물자본의 대체비용과 일치하므로 토빈의 Q는 1로 수렴하게 된다고 주장한다.

⑤ Q값은 주식시장의 상황으로 신규투자를 이끌어 낼 수 있어 신규투자의 변화와 관계가 있다.

80

정답 ④

비교우위는 같은 상품을 다른 나라에 비해 더 적은 기회비용으로 생산할 수 있는 능력을 말하며, 절대우위는 더 적은 양의 생산요소를 투입해 생산할 수 있는 능력을 말한다. 실제 두 국가 간의 교역은 절대우위에 의해 이루어지기도 하지만 사실상 비교우위에 의해 교역이 유발되는 경우가 더 많다. 절대우위 또는 비교우위가 있는 상품 생산에 특화하면 두 나라 모두 경제의 총 생산량과 소비자 잉여는 증가한다. 한편, 절대우위는 모든 재화에 대하여 가질 수 있지만 비교우위는 모든 재화에 대해 가질 수 없다. 즉, 절대우위에 있어도 비교열위에 놓일 수 있고, 절대열위에 있어도 비교우위에 놓일 수 있다.

81

정답 ③

금리는 수익률에 따라 필요한 곳에 합리적으로 자금이 배분되어 자금시장의 효율성을 제고하는 역할을 한다(자원배분 기능).

오답분석

① 금리는 소득을 현재 소비할지 미래에 소비할지 결정하는 대가로 작용한다.

②·④·⑤ 경기가 과열되면 금리 인상을 통해 시중자금 수급을 줄일 수 있고, 경기가 침체되면 금리 인하를 통해 시중자금 수급을 늘려 경기를 부양할 수 있다.

82

정답 ④

자연실업률은 경제 내에 마찰적 실업과 구조적 실업만 있고 경기적 실업이 없는 완전고용상태를 의미한다. 따라서 최저임금제, 효율성임금, 노조 등은 비자발적 실업을 유발하여 자연실업률을 높이는 요인으로 작용한다.

83

정답 ②

통신비(X재)가 항상 소득의 $\dfrac{1}{5}$이면, $P_X \cdot X = \dfrac{1}{5}M$이 성립한다. 즉, X재의 수요함수는 $X = \dfrac{0.2M}{P_X}$(X : 상승)이므로 X재 수요곡선이 직각쌍곡선이다. 수요곡선이 직각쌍곡선이면 수요의 가격탄력성은 항상 1이고, X재 수요의 소득탄력성도 1이다. 따라서 X재는 기펜재가 아니라 정상재이다.

84

정답 ⑤

오답분석

① 인플레이션이 발생하면 실질적인 조세부담이 커지게 된다.

② 피셔효과의 '(명목이자율)=(실질이자율)+(예상인플레이션율)'이라는 관계식에 의해 인플레이션 발생으로 인한 예상인플레이션율 상승으로 명목이자율도 비례적으로 상승하게 된다.

③ 명목소득이 불변일 때, 인플레이션이 발생하면 실질소득은 감소한다.

④ 실질임금이 불변일 때, 인플레이션이 발생하면 명목임금은 물가상승율에 비례하여 증가한다.

85

오답분석

① 새고전학파는 경기안정화를 위한 정부개입이 불필요하다고 보는 반면, 새케인스학파는 정부개입이 필요하다고 주장한다.
② 새고전학파는 경기변동을 완전고용의 국민소득수준 자체가 변하면서 발생하는 현상으로 보는 반면, 새케인스학파는 완전고용의 국민소득수준에서 이탈하면서 발생하는 현상으로 본다.
③ 새고전학파와 새케인스학파 모두 합리적 기대를 전제로 경기변동이론을 전개한다.
⑤ 새고전학파는 가격변수가 신축적으로 조정된다고 보는 반면, 새케인스학파는 가격변수가 단기에는 경직적이라고 본다.

86

정답 ③

공공재란 재화와 서비스에 대한 비용을 지불하지 않더라도 모든 사람이 공동으로 이용할 수 있는 재화 또는 서비스를 말한다. 공공재는 비경합성과 비배제성을 동시에 가지고 있으며, 공공재의 비배제성 성질에 따르면 재화와 서비스에 대한 비용을 지불하지 않더라도 공공재의 이익을 얻을 수 있는 '무임승차 문제'가 발생한다. 한편, 공공재라도 민간이 생산, 공급할 수 있다.

87

정답 ④

일반적인 폐쇄경제 모형에서 정부저축은 이자율의 함수로 표현되지 않는다. 따라서 이자율이 하락할 경우 투자가 증가하지만 $S_P + S_G = I$에 따르면 민간저축이 증가한 상태에서 정부저축이 증가했는지 감소했는지를 단정하기 어렵다.

88

정답 ①

자본투입을 늘리고 노동투입을 줄일 경우 생산성도 높아지고 비용도 줄어들기 때문에 동일한 양의 최종생산물을 산출하면서도 비용을 줄일 수 있다.

89

정답 ⑤

총수요의 변동으로 경기변동이 발생하면 경기와 물가는 같은 방향으로 움직이므로 경기 순응적이 된다.

90

정답 ②

절대우위는 다른 생산자에 비해 더 적은 생산요소를 투입해 같은 상품을 생산할 수 있는 능력이고 비교우위는 다른 생산자보다 더 적은 기회비용으로 생산할 수 있는 능력이다. A사는 B사보다 모터, 펌프 모두 시간당 최대 생산량이 많으므로 모터, 펌프 모두에 절대우위가 있다. 반면, A사의 펌프 생산 기회비용은 모터 1개지만 B사의 펌프 생산 기회비용은 모터 $\frac{2}{3}$개다. 따라서 B사는 펌프 생산에 비교우위가 있다.

91

정답 ⑤

밀 가격이 하락하기 전에 정부가 가격통제정책(가격상한제)을 통해 밀가루 가격을 통제한다면 공급자는 자신이 원하는 가격을 받을 수 없어 공급량이 줄어든다. 반면, 소비자는 원래의 균형가격보다 싸기 때문에 수요량을 늘리게 된다. 따라서 $(Q_1 \sim Q_2)$만큼의 밀가루에 대한 초과수요가 존재한다.

오답분석

① 가격상한제의 예로는 분양가상한제, 임대료 상한제 등이 있다. 최저임금제는 가격하한제의 예이다.
② 밀 가격이 하락한 후에는 통제가격이 균형가격보다 높기 때문에 암시장이 나타나기 어렵다.
③ 밀 가격이 하락한 후에는 밀가루 시장의 균형거래량은 Q_2와 Q_3 사이에서 결정된다.
④ 밀 가격이 하락하면 밀가루는 가격상한제 가격보다 아래인 수요곡선(D)과 새로운 공급곡선(S_1)이 만나는 곳에서 결정된다.

92

정답 ④

오답분석

① $(10분위분배율) = \dfrac{(최하위\ 40\%\ 소득계층의\ 소득)}{(최상위\ 20\%\ 소득계층의\ 소득)} = \dfrac{12\%}{(100-52)\%} = \dfrac{1}{4}$

② 지니계수는 면적 A를 삼각형 OCP 면적(A+B)으로 나눈 값이다. 따라서 $\dfrac{A\ 면적}{\triangle OCP\ 면적} = \dfrac{A}{A+B}$ 의 값이 지니계수이다.

③ 중산층 붕괴 시 A의 면적은 증가하고, B의 면적은 감소한다.

⑤ 미국의 서브프라임모기지 사태는 로렌츠곡선을 대각선에서 멀리 이동시킨다.

93

정답 ⑤

국내총생산(GDP)에 포함되는 것은 최종재의 가치이다. 최종재란 생산된 후 소비자에게 최종 소비되는 재화를 의미하므로 최종재 생산에 투입되는 중간재의 가치는 포함되지 않는다.

ㄷ. 요리를 위해 분식점에 판매된 고추장은 최종재인 떡볶이를 만드는 재료로 쓰이는 중간재이므로 GDP 측정 시 포함되지 않는다.

ㅁ. 토지가격 상승에 따른 자본이득은 아무런 생산과정이 없기 때문에 토지가 매매되기 전까지는 GDP에 포함되지 않는다.

94

정답 ④

독점시장의 시장가격은 완전경쟁시장의 가격보다 높게 형성되므로 소비자잉여는 줄어든다.

95

정답 ⑤

IS-LM 모형은 이자율과 국민소득과의 관계를 분석하는 경제모형이다. 이 모형은 물가가 고정되어 있다는 한계점을 가지고 있긴 하나, 여전히 유용한 경제모형으로 활용되고 있다. IS 곡선은 생산물시장의 균형을 달성하는 이자율과 국민소득을 나타내며, LM 곡선은 화폐시장의 균형을 달성하는 이자율과 국민소득을 나타낸다. IS-LM 모형에서 균형이 $Y=25$, $r=2.5$이고, 현재 $Y=30$, $r=2.5$이므로, 현재상태가 IS 곡선 상방에 있어 상품시장에서 초과공급, LM 곡선 하방에 있어 화폐시장에서 초과수요이다.

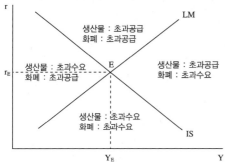

96

정답 ②

시장구조가 완전경쟁이라고 하더라도 불완전경쟁, 외부성, 공공재 등 시장실패 요인이 존재한다면 파레토효율적인 자원배분이 이루어지지 않는다.

97

정답 ①

중첩임금계약은 명목임금이 경직적인 이유를 설명한다. 케인스학파는 화폐에 대한 착각현상으로 임금의 경직성이 나타난다고 설명하고, 새케인스학파는 노동자가 합리적인 기대를 가지나 현실적으로는 메뉴비용 등의 존재로 임금 경직성이 발생한다고 설명한다.

98

무관세 자유무역과 비교하면 관세부과 때문에 CGH+FIK라는 총잉여가 감소했으며, 관세에 의한 경제적 순손실이 발생하였다. 따라서 CGH는 과잉생산으로 인한 경제적 순손실이며, FIK는 과소소비에 의한 경제적 순손실이다.

99

농산물은 필수재이므로 수요의 가격탄력성이 낮다. 따라서 수요의 가격탄력성이 낮으면 공급이 증가할 때 가격이 상대적으로 큰 폭으로 하락하게 된다. 하지만 가격이 하락하더라도 수요가 크게 증가하지 않으므로 수입은 감소하게 된다.

100

오답분석

① 수요의 가격탄력성이 1보다 작은 경우, 가격이 하락하면 총수입은 감소한다.
② 수요의 가격탄력성이 커질수록 물품세 부과로 인한 경제적 순손실은 커진다.
③ 소비자 전체 지출에서 차지하는 비중이 큰 상품일수록 수요의 가격탄력성은 커진다.
⑤ 대체재가 많을수록 수요의 가격탄력성은 커진다.

5대 항만공사 통합편 NCS 답안카드

성 명

지원분야

문제지 형별기재란

(형)　Ⓐ　Ⓑ

수험번호

	⓪	①	②	③	④	⑤	⑥	⑦	⑧	⑨
	⓪	①	②	③	④	⑤	⑥	⑦	⑧	⑨
	⓪	①	②	③	④	⑤	⑥	⑦	⑧	⑨
	⓪	①	②	③	④	⑤	⑥	⑦	⑧	⑨
	⓪	①	②	③	④	⑤	⑥	⑦	⑧	⑨
	⓪	①	②	③	④	⑤	⑥	⑦	⑧	⑨
	⓪	①	②	③	④	⑤	⑥	⑦	⑧	⑨

감독위원 확인

(인)

1	① ② ③ ④ ⑤	21	① ② ③ ④ ⑤	41	① ② ③ ④ ⑤
2	① ② ③ ④ ⑤	22	① ② ③ ④ ⑤	42	① ② ③ ④ ⑤
3	① ② ③ ④ ⑤	23	① ② ③ ④ ⑤	43	① ② ③ ④ ⑤
4	① ② ③ ④ ⑤	24	① ② ③ ④ ⑤	44	① ② ③ ④ ⑤
5	① ② ③ ④ ⑤	25	① ② ③ ④ ⑤	45	① ② ③ ④ ⑤
6	① ② ③ ④ ⑤	26	① ② ③ ④ ⑤	46	① ② ③ ④ ⑤
7	① ② ③ ④ ⑤	27	① ② ③ ④ ⑤	47	① ② ③ ④ ⑤
8	① ② ③ ④ ⑤	28	① ② ③ ④ ⑤	48	① ② ③ ④ ⑤
9	① ② ③ ④ ⑤	29	① ② ③ ④ ⑤	49	① ② ③ ④ ⑤
10	① ② ③ ④ ⑤	30	① ② ③ ④ ⑤	50	① ② ③ ④ ⑤
11	① ② ③ ④ ⑤	31	① ② ③ ④ ⑤		
12	① ② ③ ④ ⑤	32	① ② ③ ④ ⑤		
13	① ② ③ ④ ⑤	33	① ② ③ ④ ⑤		
14	① ② ③ ④ ⑤	34	① ② ③ ④ ⑤		
15	① ② ③ ④ ⑤	35	① ② ③ ④ ⑤		
16	① ② ③ ④ ⑤	36	① ② ③ ④ ⑤		
17	① ② ③ ④ ⑤	37	① ② ③ ④ ⑤		
18	① ② ③ ④ ⑤	38	① ② ③ ④ ⑤		
19	① ② ③ ④ ⑤	39	① ② ③ ④ ⑤		
20	① ② ③ ④ ⑤	40	① ② ③ ④ ⑤		

※ 본 답안지는 마킹연습용 모의 답안지입니다.

5대 항만공사 통합편 NCS + 전공 답안카드

직업기초능력평가

번호	1	2	3	4	5
1	①	②	③	④	⑤
2	①	②	③	④	⑤
3	①	②	③	④	⑤
4	①	②	③	④	⑤
5	①	②	③	④	⑤
6	①	②	③	④	⑤
7	①	②	③	④	⑤
8	①	②	③	④	⑤
9	①	②	③	④	⑤
10	①	②	③	④	⑤
11	①	②	③	④	⑤
12	①	②	③	④	⑤
13	①	②	③	④	⑤
14	①	②	③	④	⑤
15	①	②	③	④	⑤
16	①	②	③	④	⑤
17	①	②	③	④	⑤
18	①	②	③	④	⑤
19	①	②	③	④	⑤
20	①	②	③	④	⑤
21	①	②	③	④	⑤
22	①	②	③	④	⑤
23	①	②	③	④	⑤
24	①	②	③	④	⑤
25	①	②	③	④	⑤
26	①	②	③	④	⑤
27	①	②	③	④	⑤
28	①	②	③	④	⑤
29	①	②	③	④	⑤
30	①	②	③	④	⑤
31	①	②	③	④	⑤
32	①	②	③	④	⑤
33	①	②	③	④	⑤
34	①	②	③	④	⑤
35	①	②	③	④	⑤
36	①	②	③	④	⑤
37	①	②	③	④	⑤
38	①	②	③	④	⑤
39	①	②	③	④	⑤
40	①	②	③	④	⑤
41	①	②	③	④	⑤
42	①	②	③	④	⑤
43	①	②	③	④	⑤
44	①	②	③	④	⑤
45	①	②	③	④	⑤
46	①	②	③	④	⑤
47	①	②	③	④	⑤
48	①	②	③	④	⑤
49	①	②	③	④	⑤
50	①	②	③	④	⑤

직무수행능력평가

번호	1	2	3	4	5
51	①	②	③	④	⑤
52	①	②	③	④	⑤
53	①	②	③	④	⑤
54	①	②	③	④	⑤
55	①	②	③	④	⑤
56	①	②	③	④	⑤
57	①	②	③	④	⑤
58	①	②	③	④	⑤
59	①	②	③	④	⑤
60	①	②	③	④	⑤
61	①	②	③	④	⑤
62	①	②	③	④	⑤
63	①	②	③	④	⑤
64	①	②	③	④	⑤
65	①	②	③	④	⑤
66	①	②	③	④	⑤
67	①	②	③	④	⑤
68	①	②	③	④	⑤
69	①	②	③	④	⑤
70	①	②	③	④	⑤
71	①	②	③	④	⑤
72	①	②	③	④	⑤
73	①	②	③	④	⑤
74	①	②	③	④	⑤
75	①	②	③	④	⑤
76	①	②	③	④	⑤
77	①	②	③	④	⑤
78	①	②	③	④	⑤
79	①	②	③	④	⑤
80	①	②	③	④	⑤
81	①	②	③	④	⑤
82	①	②	③	④	⑤
83	①	②	③	④	⑤
84	①	②	③	④	⑤
85	①	②	③	④	⑤
86	①	②	③	④	⑤
87	①	②	③	④	⑤
88	①	②	③	④	⑤
89	①	②	③	④	⑤
90	①	②	③	④	⑤
91	①	②	③	④	⑤
92	①	②	③	④	⑤
93	①	②	③	④	⑤
94	①	②	③	④	⑤
95	①	②	③	④	⑤
96	①	②	③	④	⑤
97	①	②	③	④	⑤
98	①	②	③	④	⑤
99	①	②	③	④	⑤
100	①	②	③	④	⑤

성 명

지원 분야

문제지 형별기재란 Ⓐ Ⓑ
( )형

수 험 번 호

⓪	①	②	③	④	⑤	⑥	⑦	⑧	⑨
⓪	①	②	③	④	⑤	⑥	⑦	⑧	⑨
⓪	①	②	③	④	⑤	⑥	⑦	⑧	⑨
⓪	①	②	③	④	⑤	⑥	⑦	⑧	⑨
⓪	①	②	③	④	⑤	⑥	⑦	⑧	⑨
⓪	①	②	③	④	⑤	⑥	⑦	⑧	⑨
⓪	①	②	③	④	⑤	⑥	⑦	⑧	⑨

감독위원 확인

인

시대에듀 5대 항만공사 통합편
NCS + 전공 + 최종점검 모의고사 5회 + 무료NCS특강

개정13판1쇄 발행	2025년 05월 20일 (인쇄 2025년 04월 18일)
초 판 발 행	2017년 11월 20일 (인쇄 2017년 10월 30일)
발 행 인	박영일
책 임 편 집	이해욱
편 저	SDC(Sidae Data Center)
편 집 진 행	김재희 · 신주희
표지디자인	조혜령
편집디자인	김경원 · 장성복
발 행 처	(주)시대고시기획
출 판 등 록	제10-1521호
주 소	서울시 마포구 큰우물로 75 [도화동 538 성지 B/D] 9F
전 화	1600-3600
팩 스	02-701-8823
홈 페 이 지	www.sdedu.co.kr
I S B N	979-11-383-9216-7 (13320)
정 가	25,000원

5대 항만공사

통합편

NCS + 전공 + 모의고사 5회

최신 출제경향 전면 반영

시대에듀가 합격을 준비하는
당신에게 제안합니다.

성공의 기회
시대에듀를 잡으십시오.

NEXT STEP

시대에듀

기회란 포착되어 활용되기 전에는 기회인지조차 알 수 없는 것이다.
- 마크 트웨인 -